Ludwig Trutnau
Terraristik

Ludwig Trutnau

Terraristik

100 Farbfotos
 49 Schwarzweißfotos
 15 Zeichnungen

VERLAG
EUGEN
ULMER

Umschlag Großes Foto: Gekko gecko, Tokee (Südostasien).
Kleines Foto links: Coronella austriaca, Glattnatter (Mitteleuropa).
Kleines Foto rechts: Phyllomedusa sauvagei (Paraguay).

Die Deutsche Bibliothek – CIP-Einheitsaufnahme

Trutnau, Ludwig:
Terraristik / Ludwig Trutnau. –
Stuttgart : Ulmer, 1994
ISBN 3-8001-7306-9

© 1994 Eugen Ulmer GmbH & Co.
Wollgrasweg 41, 70599 Stuttgart (Hohenheim)
Printed in Germany
Lektorat: Werner Baumeister
Herstellung: Thomas Eisele
Einbandgestaltung: Alfred Krugmann, Freiberg am Neckar
Mit Fotos von Dr. Armin Trutnau und Ludwig Trutnau
Satz: Steffen Hahn GmbH, Kornwestheim
Druck und Bindung: Friedr. Pustet, Regensburg

Vorwort

Während die Pflege und Nachzucht von Zierfischen ein von einer Millionenschar von Liebhabern betriebenes Hobby ist, blieb die Beschäftigung mit Lurchen, Kriechtieren, der Herpetologie und der Terrarienkunde, lange Zeit hindurch eher einer Minderheit vorbehalten.

Beim Studium der zunehmend anwachsenden Terrarienliteratur fällt dem sachkundigen Leser auf, daß der Schwerpunkt bisher auf der Beschaffung und dem Bau von Terrarien, den technischen Geräten, der Unterhaltung der gepflegten Tiere und der Futtertierzucht lag. Gerade feldherpetologische Tätigkeiten und deren praktische Anwendungen sind aber die Grundlage für eine sachgerechte Amphibien- und Reptilienhaltung.

Um zu Erfolgen zu gelangen, müssen wir daher die wesentlichen natürlichen Umweltfaktoren, die ein zu pflegendes Tier verlangt, so gut wie nur eben möglich in einem entsprechend dimensionierten Terrarium nachahmen. Je nach der in Obhut genommenen Art gehören dazu vor allem gleichmäßige oder wechselnde Temperaturzyklen nicht nur im Tag- und Nacht-, sondern auch im jahreszeitlichen Klimarhythmus, sich an natürlichen Verhältnissen orientierende Licht-, Boden- sowie Luftfeuchtigkeitsveränderungen und die notwendigen Unterschlupfmöglichkeiten in Form von übereinandergeschichteten Steinplatten, Felsbrocken, Baumstubben, dicken Ästen, Wurzeln, Pflanzen und Ähnlichem. Auch eine naturgemäße Ernährung der Pfleglinge zum richtigen Zeitpunkt darf nicht übergangen werden, wenn wir unsere Tiere bei stets guter Gesundheit halten wollen. Natürlich ist eine vollständige Übertragung der Verhältnisse, wie sie die freie Natur bietet, auf den Lebensraum Terrarium nur in Ansätzen möglich.

Nicht minder wesentlich für eine jahrelange, von Zuchterfolgen gekrönte Pflege von Amphibien und Reptilien sind vor allem genaue Kenntnisse des Kriechtierverhaltens, wozu Verhaltensweisen wie Beuteerwerb und Nahrungsaufnahme, Fortpflanzung, Warnen und Drohen, Fluchtverhalten, Schutzanpassungen und saisonbedingte Ruheperioden gehören. Es ist eine Selbstverständlichkeit, daß man in dem eingegrenzten Lebensraum Terrarium fast nie mehrere verschiedene Arten gemeinsam halten kann, wie dies in den natürlichen Lebensräumen von Tieren und Pflanzen mit ähnlichen Grundbedürfnissen die Regel ist, sondern stets nur eine einzige Art in wenigen Individuen oder von Fall zu Fall sogar nur ein Einzeltier.

Fundierte Kenntnisse der Biotopbedingungen und des Verhaltens der Lurche und Kriechtiere in der freien Natur, die die Voraussetzungen für eine gelungene Pflege und Nachzucht in einem artgerecht eingerichteten Terrarium sind, erwirbt man zuerst und am besten durch intensiv betriebene Lebensraumstudien und durch Beobachtungen im Freiland.

Das vorliegende Werk bemüht sich, die Terrarienkunde einem weiten Leserkreis auch aus ökologischer und ethologischer Sicht möglichst verständlich nahezubringen, ohne die grundlegenden Kapitel über Terrarienbeschaffung und Terrarienbau und über die Unterhaltung und praktische Pflege eines

Terrariums und seiner Insassen zu vernachlässigen.

Den Herren Dr. Daniel Beck (Albuquerque, New Mexico), John Tashjian (San Marcos, Kalifornien), meinem Sohn Dr. A. Trutnau (Lohra-Willershausen) und meinem Freund Maurice Vanderhaege (Metz, Frankreich) bin ich für die Überlassung von Dias zu Dank verpflichtet. Besonderer Dank gebührt Herrn Dr. Heinz Wermuth (Freiberg), der das Manuskript einer gründlichen Durchsicht unterzogen und mit förderlichen Vorschlägen nicht gespart hat. Herrn von Kampen von der Firma Kölle-Zoo sei für seine Unterstützung bei der Erstellung des Bildmaterials für die technischen Geräte gedankt. Schließlich schulde ich auch dem Verlag Eugen Ulmer größten Dank, der auf meisterhafte Art und Weise meine Vorstellungen und Ausführungen in Wort und Bild mit diesem Werk verwirklicht hat.

Altrich, im März 1994   Ludwig Trutnau

Inhaltsverzeichnis

Zoologie für Terrarianer

Körperbau und Körperformen der Amphibien

Noch zu Beginn des vergangenen Jahrhunderts waren die Amphibien, auch Lurche genannt, mit den Reptilien in einer Klasse vereint. BLAINVILLE, ein Schüler des französischen Zoologen und Paläontologen GEORGES CUVIER (1769–1832), trennte vor ungefähr 170 Jahren die Amphibien von den Reptilien ab. So unterscheidet man auch heute noch in der Herpetologie, der Lehre von den Amphibien und Reptilien, zwei voneinander gesonderte Klassen.

Die **Amphibien** sind wechselwarme Geschöpfe, deren Körpertemperatur sich der Umgebungstemperatur anpaßt. Sie besitzen eine nackte, drüsenreiche Haut, haben in der Regel vier Gliedmaßen, die rückgebildet sein oder auch ganz fehlen können. Krallen an den Fingern und an den Zehen sind die Ausnahme. Das dreiteilige Herz besteht aus einer einfachen Herzkammer und aus zwei unvollständig oder vollständig geteilten Vorhöfen. Das Blut enthält rote und weiße Blutkörperchen und spindelförmige Blutplättchen. Die Amphibien atmen durch Lungen und, vor allem im Larvenzustand, durch Kiemen. Alle Arten haben eine zusätzliche Hautatmung und nehmen auch über die Mundschleimhaut Sauerstoff auf. Am Hinterhaupt befinden sich zwei Gelenkhöcker. Nur wenige Amphibien, wie z. B. einige Froscharten, zeigen Hautverknöcherungen auf dem Rücken. Bei den Blindwühlen sind winzige Kalkschuppen in der Haut erhalten geblieben. Der Tastsinn spielt bei den Lurchen eine große Rolle, was durch die große Anzahl von freien Nervenendigungen in der Haut bedingt ist. Die Frösche haben ein deutlich sichtbares Mittelohr, das den Blindwühlen und den Schwanzlurchen fehlt.

Vom Körperbau her zeigen die drei existierenden Amphibienordnungen eine unterschiedliche Gestalt. Die **Frösche** sind meist gedrungen gebaut und im verwandelten Zustand schwanzlos. Sie besitzen zwei lange Hinterglied- und zwei kurze Vordergliedmaßen. Die **Schwanzlurche** sind von langgestreckter Körperform mit vertikal abgeplattetem, ovalem oder mehr oder weniger rundlichem Schwanz. Auch sie besitzen vier Beine, von denen das hintere Paar fehlen kann. Die **Blindwühlen** haben eine wurmähnliche Gestalt und sind extremitätenlos.

Die Lurche machen eine Metamorphose (Gestaltwechsel) durch. Aus den Eiern schlüpfen Larven, die oft im Wasser leben und durch Kiemen atmen. Beim Übergang zum Landleben machen sich bei den Larven komplizierte körperliche Umgestaltungen bemerkbar, die sich vor allem im Kreislauf- und im Atmungssystem zeigen. Zahlreiche Amphibienarten treiben Brutpflege. Mit Ausnahme der Antarktis und der Gebiete, die ständig mit Eis bedeckt sind, wie auch weitgehend der Meere, haben sich die Amphibien über sämtliche Teile der Erde verbreitet, wo sie nahezu alle Lebensräume erobert haben.

Die erdgeschichtliche Verbreitung der Lurche erstreckt sich vom Devon (400–345 Millionen Jahre) bis in die Gegenwart mit einer Blütezeit im Karbon (345–265 Mil-

Oben: Leptodactylus laticeps ist das, was man unter einem typischen Frosch versteht. Er hat zwei lange, kräftige Hinterbeine und zwei kurze Vorderbeine. Der im argentinischen und paraguayanischen Chaco lebende Frosch kommt in Höhlen von Säugetieren vor und ernährt sich vorwiegend von kleineren Fröschen.
Unten: Tylototriton verrucosus ist ein typischer Schwanzlurch aus den Bergen Südchinas, Nordthailands, Sikkims und Nordburmas.

lionen Jahre) und im Perm (265–220 Millionen Jahre). Die primitivsten Amphibienformen sind die Dachschädler (Stegocephalen), die sich von den Fischen herleiten.

Die Haut

Die Haut der Amphibien zeigt im Querschnitt zwei Lagen. Sie besteht aus der mehrschichtigen verhornten **Oberhaut** (Epidermis) und der **Unterhaut** (Corium). Die Haut ist überaus drüsenreich. Es werden zwei Hautdrüsenarten unterschieden: Die Schleimdrüsen sind klein, die Körner- oder Giftdrüsen sind groß. Die Drüsen liegen sackartig vertieft in der Unterhaut.

Die **Schleimdrüsen** scheiden einen homogenen bis feinkörnigen, klebrigen Schleim ab, der eine neutrale bis alkalische Reaktion zeigt und zuweilen auch etwas Gift und Exkrete enthält, wodurch die Ausscheidungsorgane ein wenig entlastet werden. Das Schleimdrüsensekret hält die gut durchblutete Haut ständig feucht und ermöglicht so eine ständige Hautatmung. Es verdunstet und sorgt durch die dabei entstehende Verdunstungskälte für die Abkühlung des Körpers. Bei im Wasser lebenden Amphibienarten verhindert der Schleim das osmotische Eindringen von zuviel Wasser. Manche Amphibien können die Austrittsmengen von Schleim regulieren.

Die **Giftdrüsen** treten an bestimmten Körperstellen in gehäufter Verteilung auf. Bei Kröten finden sie sich in deutlich sichtbaren Wülsten im Bereich der Ohrregion und in den Warzen der Rückenhaut. Bei den Salamandern sind die Körnerdrüsen ebenfalls in der Ohrregion und in Form von Längsreihen entlang der Rückenmitte zu beobachten. Bei den Fröschen sind sie in den Längsleisten der Rückenseite verankert. Das bei Reizung von Muskeln herausgedrückte giftige Sekret ist milchig-weiß, riecht eigenartig und reagiert sauer. Seine biologische Bedeutung liegt in der Abwehr von Feinden. Es wirkt stark reizend auf die Schleimhäute ein. Darüber hinaus wirkt das Gift der Froschlurche bei Eintritt in die Blutbahn unterschiedlich stark auf das Herz, auf die Atmungs- und Darmfunktionen, auf die Rückenmarkszentren und auf die Muskulatur ein. Zusammen mit Pflanzengiften, gewonnen aus bestimmten Arten der Gattung *Strychnos*, wird das Hautgift der Pfeilgiftfrösche (Dendrobatidae) von den Amazonasindianern durch Gärung zum sogenannten Curare verarbeitet und auf Pfeilspitzen gestrichen. Curare tötet beim Eintritt in die Blutbahn größere Säugetiere in Sekunden bis Minuten.

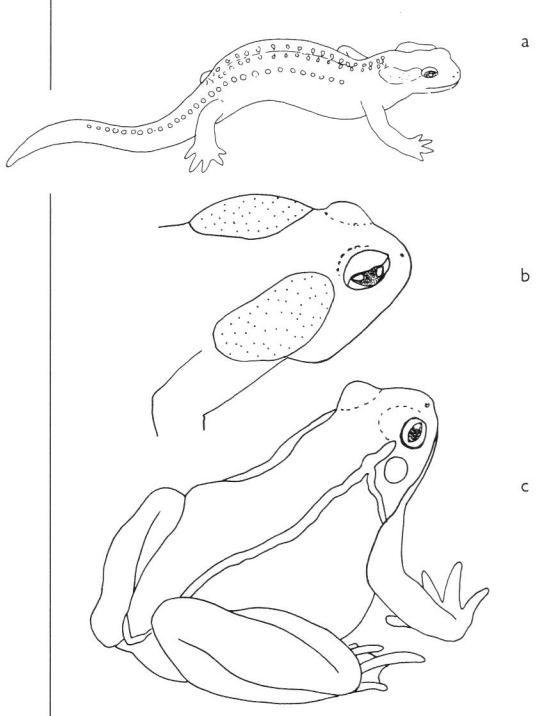

Anordnung der Giftdrüsen bei verschiedenen Amphibien: a. Alpensalamander (Salamandra atra), b. Aga-Kröte (Bufo marinus), c. Grasfrosch (Rana temporaria) (in Anlehnung an Werner aus Herter 1955).

Normalerweise sollten Terrarientiere nicht angefaßt werden. Sollte dies dennoch einmal notwendig werden, so müssen die Hände anschließend sorgfältig gereinigt werden.

In der Unterhaut und gelegentlich auch in der Oberhaut sind Farbzellen, die für die Körperfärbung, die Körperzeichnung und für den Farbwechsel verantwortlich sind. Diese **Farbzellen**, auch Chromatophoren genannt, enthalten Farbstoffkörnchen, die sich ausbreiten oder im Zellinneren zusammenziehen können. Diese Pigmentwanderungen werden von Erregungen ausgelöst und vom Nervensystem oder von Hormondrüsen gesteuert. Psychische Erregungen, Trockenheit, Feuchtigkeit, Wärme, Kälte, Helligkeit, Dunkelheit und die Beschaffenheit des Untergrundes, auf dem das Tier sitzt, sind die Faktoren, die den Farbwechsel verursachen. Der Farbwechsel läßt sich auch als Schutz gegen Feinde deuten (Tarnung).

Das Skelett

Das Skelett und die Muskeln sind wesentliche Teile des Bewegungssystems der Amphibien. Das Skelett der Blindwühlen besteht aus dem Schädel und der Wirbelsäule, die bis zu 300 Wirbel enthalten kann. Bei den Schwanzlurchen und den Froschlurchen ist die Wirbelsäule in eine Hals-, Rumpf-, Kreuzbein- und Schwanzregion gegliedert. Bei den erwachsenen Fröschen folgt auf die genannten Knochenteile ein langer Knochenstab (Os coccygis). Die Anzahl der Wirbel variiert.

Die Rumpfwirbel der Blindwühlen und Schwanzlurche haben kurze Rippen, die nie mit dem Brustbein verbunden sind. Die Anzahl der Schwanzwirbel variiert bei den Schwanzlurchen zwischen 25 und 30. Die der Bewegung dienenden Skeletteile besitzen Gelenke.

Während der Schädel der Amphibienlarven vollständig knorpelig ist, zeichnet er sich

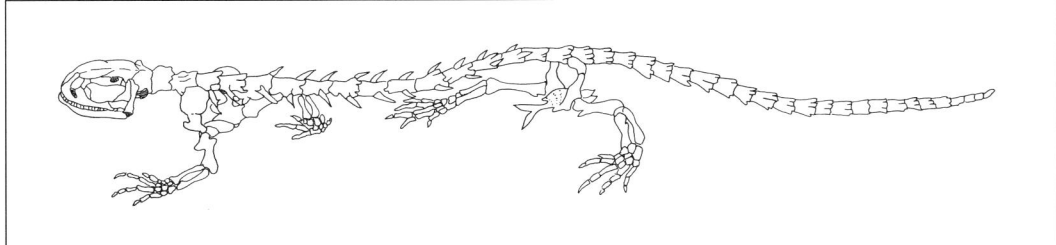

Skelett eines Feuersalamanders (Salamandra salamandra) (nach Hatschek-Cori aus Herter 1955).

bei erwachsenen Exemplaren durch mehr oder weniger starke Verknöcherungen aus. Bei den Blindwühlen ist er am stärksten verknöchert, was durch die grabende Lebensweise bedingt ist.

Die meisten Amphibien haben Zähne. Es gibt jedoch auch zahnlose Formen wie die Wabenkröten (Pipidae).

Der Schultergürtel setzt sich aus drei paarigen, bei den Schwanzlurchen weniger, bei den Froschlurchen stärker verknöcherten Knorpelstücken zusammen. Der Beckengürtel ist nur an einem Wirbel befestigt. Bei den Fröschen ist das Becken seitlich zusammengedrückt und hat einen scharfen Kiel in der Mitte.

Die Gliedmaßen der Schwanzlurche zeigen einen einfacheren Aufbau als die der Froschlurche. Dies drückt sich vor allem in der weniger starken Verwachsung von Hand- und Fußwurzelknochen aus.

Bei den Froschlurchen sind die Hinterbeine, da diese als Springorgane dienen, länger als die Vorderbeine. Die meisten Amphibien haben vier Finger und fünf Zehen.

Während die Rumpfmuskulatur bei den Fischen noch recht einheitlich ist, gliedert sie sich bei den Amphibien in zahlreiche Einzelmuskeln auf, die die mannigfaltigen Körperbewegungen auf dem Lande ermöglichen.

Das Nervensystem

Das Nervensystem der Amphibien besteht aus dem **Gehirn**, dem **Rückenmark**, dem **sympathischen Nervensystem** und den **Gehirn-** und **Rückenmarksnerven**. Das Gehirn ist klein und von einfachem Bau. Das Rückenmark reicht bei den Molchen bis in die Schwanzspitze und bei den Froschlurchen bis in das Steißbein. Das sympathische Nervensystem ist bei den Froschlurchen gut entwickelt. Über den sogenannten Grenzstrang steht es mit dem Zentralnervensystem in Verbindung. Die Amphibien verfügen nur über zehn Gehirnnerven.

Die Sinnesorgane

Die wichtigsten Sinnesorgane der Amphibien sind die gut entwickelten **Augen**, die nur bei wenigen unterirdisch lebenden und höh-

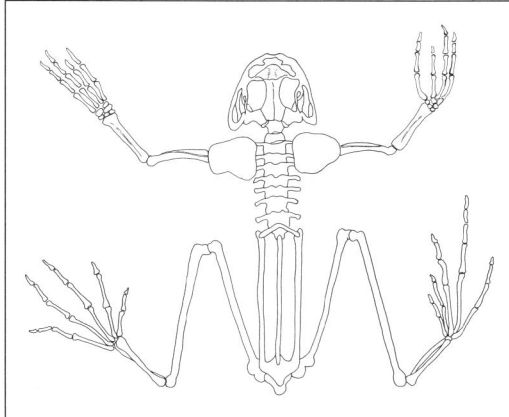

Skelett eines Teichfrosches (Rana esculenta).

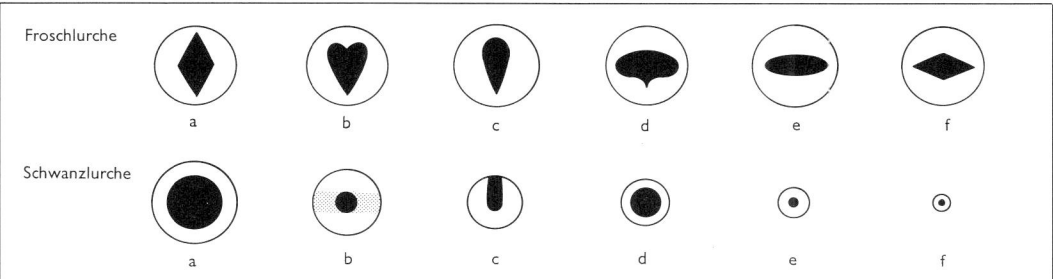

Pupillenformen verschiedener Lurche. A Froschlurche: a = Alytes obstretricans, b, b1, b2 = Bombina variegata, c = Pelobates fuscus, d = Rana esculenta, e = Hyla arborea, f = Bufo calamita.
B Schwanzlurche: a = Ambrystoma tigrinum, b, b1, b2 = Triturus helveticus, c = Cryptobranchus alleganiensis, d = Gyrinophilus palleucus, e = Siren lacertina f = Typhlomolge rathbuni.
Die unterschiedliche Augengröße bei den Schwanzlurchen ist zu beachten.

lenbewohnenden Molchen unvollkommen entwickelt sind. In seinem anatomischen Bau unterscheidet sich das Amphibienauge nicht von dem der anderen Wirbeltiere. Die unterschiedlich geformten Pupillen sind senkrecht elliptisch bei den Geburtshelferkröten *(Alytes)*, dreieckig oder herzförmig bei den Unken *(Bombina)* und horizontal elliptisch bei den meisten Froschlurchen. Die Salamandriden besitzen ein oberes und ein unteres Augenlid. Mit Ausnahme der Gattung *Pipa* haben die Froschlurche außer dem oberen Lid eine Nickhaut. Die Amphibien besitzen einen **Haut-Lichtsinn**. Die Rezeptoren dieses Haut-Lichtsinns sind die freien Nervenendigungen in der Haut. Ein weiteres mögliches Lichtsinnesorgan ist das **Pinealauge**, das in Form eines Scheitelflecks mitten auf der Kopfoberseite liegt.

Allen Amphibien fehlt ein äußeres **Ohr**. Die meisten Froschlurche haben ein Mittelohr. Die Trommelfelle liegen als gut sichtbare, runde oder ovale Membranen zu beiden Kopfseiten. Das Trommelfell befindet sich über der Paukenhöhle, die durch die eustachische Röhre mit der Mundhöhle in Verbindung steht. Bei den Schwanzlurchen sind das Trommelfell und der schalleitende Apparat extrem zurückgebildet. Es scheint fraglich, ob diese Tiere hören können. Jedoch ist es

denkbar, daß Bodenerschütterungen über die Vordergliedmaßen auf das paarig vorhandene **Labyrinthorgan** übertragen werden können. Das Labyrinth nimmt mechanische Reize auf, die durch die Schwerkraft, durch Schallwellen und durch Eigenbewegungen des Tieres verursacht werden.

Von den Hautsinnesorganen spielt der **Tastsinn** eine besondere Rolle. Die Tastsinnesorgane liegen als freie Nervenendigungen überall verteilt in der Haut und konzentriert als dunkle Tastflecken an verschiedenen Körperstellen. Im Wasser lebende Lurche und Larven haben in ihrer Oberhaut **Sinnesknospen**. Auch die **Seitenorgane**, die bei den Larven zu beiden Seiten des Rumpfes und des Schwanzes liegen, dienen Berührungsreizen und somit dem Tastsinn. Die Tentakeln zwischen den Augen und den Nasenöffnungen der Blindwühlen, die vorgestoßen und zurückgezogen werden können, haben an ihrer Spitze freie Nervenendigungen. Auch sie nehmen Tastreize auf.

Die Amphibien nehmen **Wärme**- und **Kältereize** ebenfalls mit in der Haut liegenden freien Nervenendigungen auf.

Der **Geruchsinn** beschränkt sich auf die Nasenhöhlen, die **Geschmacksorgane** liegen auf der Zunge, am Gaumen und auf dem Mundboden.

Das Blutgefäßsystem

Wie bereits erwähnt, besteht das Herz der Amphibien aus einer Kammer und aus zwei Vorhöfen. Bei den kiemenatmenden Amphibienlarven tritt aus der Kammer nach vorne hin ein Arterienstamm aus, von dem vier Arterienbögen ausgehen. Die drei ersten Arterienbögen verlaufen zu den Kiemen und bilden dort Kapillarnetze. Hier wird das Blut mit Sauerstoff angereichert. Die Kapillarnetze vereinigen sich dann zu den drei Kiemenvenen, die über Anastomosen – hierbei handelt es sich um eine Verbindung zwischen Gefäßen – mit den Kiemenarterien verbunden sind. Daher führen die Kiemenarterien nicht nur rein arterielles Blut. Die erste Kiemenvene spaltet in die Carotis interna und die Carotis externa auf, die den Kopf versorgen. Die 2. und die 3. Kiemenvene bilden gemeinsam mit einem Zweig der ersten Kiemenvene die Aortenwurzeln. Die rechte Aortenwurzel vereinigt sich mit der linken Aortenwurzel zur Aorta descendens. Die Aorta descendens zieht zur hinteren Körperregion

und gibt Äste an die verschiedenen Körperteile und Organe ab. Der 4. Arterienbogen verläuft zur Lungenarterie. Diese zweigt von der 3. Kiemenvene ab. So erhält die zunächst noch nicht funktionierende Lunge mehr sauerstoffreiches, arterielles Blut als venöses. Im Zuge der Metamorphose kommt es zu einer Rückbildung der Kiemen, und die Verhältnisse im Blutgefäßsystem ändern sich. Der 1. Arterienbogen wird zu den Carotiden, der 2. wird zur Aortenwurzel, der 3. wird rückgebildet und der 4. bildet die Wurzel der Lungenarterie.

Bei den Froschlurchen sind zwischen Haut und Muskulatur große **Lymphräume**. Diese sind die Ursache dafür, daß sich die Haut leicht verschieben und abziehen läßt.

Das Atmungssystem

Bei den Amphibien gibt es vier Atmungsweisen: die Haut-, die Kehlkopf-, die Kiemen- und die Lungenatmung. Die wichtigste Atmung der Amphibien sind die **Haut-** und die **Kehlkopfatmung**. Bei in der Überwinterung befindlichen Fröschen im Schlamm wird die gesamte Atmung über Monate von der Haut übernommen. Die Haut ist von zahlreichen feinen Kapillaren durchzogen und somit gut durchblutet. Die gute Hautdurchblutung garantiert eine optimale Sauerstoffversorgung aller Organe und Körperteile über den Blutweg. Der Austausch der Gase Sauerstoff und Kohlendioxid findet sowohl an der Luft als auch im Wasser statt. Die Schleimhaut der Mund- und Rachenhöhle ist von zahlreichen Kapillaren durchzogen. Der Gaswechsel zwischen der Luft oder dem Wasser und dem Blut findet hier statt. Insbesondere bei den nordamerikanischen Molchen der Familie der Plethodontidae fehlen sogar die Lungen.

Larve des Feuersalamanders mit deutlich sichtbaren Kiemen.

Die Lungenatmung wird hier durch die Haut- und Kehlkopfatmung völlig ersetzt.

Die **Kiemenatmung** funktioniert ausschließlich im Wasser. Es gibt zwei Typen von Kiemen: die **äußeren** und die **inneren Kiemen**. Molchlarven und junge Froschlarven haben in der Regel drei Paar verästelte, gut durchblutete, hinter dem Kopf stehende Kiemen. Gleiches gilt für erwachsene Grottenolme und die Armmolche *Siren lacertina* und *Pseudobranchus striatus*. Hinter den gut sichtbaren, äußeren Kiemenbüscheln sind Kiemenspalten, die mit der Mundhöhle in Verbindung stehen. Ältere Froschlarven bilden die äußeren Kiemen zurück und ersetzen sie durch innere. Die inneren Kiemen liegen in Kiemenhöhlen. Die Kiemenhöhle steht über ein kleines Loch, dem sogenannten Spiraculum, mit der Außenwelt in Verbindung.

Die **Lungen** sind in der Regel in Form von zwei Lungenflügeln vorhanden. Sie dienen ausschließlich der Luftatmung. Bei den drei Amphibienordnungen haben sie einen unterschiedlichen Entwicklungsstand erreicht. Die Lungen der Schwanzlurche und der Frösche entwickeln sich noch während des Wasseraufenthaltes der Larven. Während der Lungenbildung werden die Kiemen bis zum vollständigen Verschwinden zurückgebildet.

Die Ausscheidungs- und Fortpflanzungsorgane

Die stets paarig vorhandenen **Nieren** stellen das Hauptausscheidungssystem der Amphibien dar. Bei den Amphibienlarven treten sie in Form von zwei Vornieren, bei den erwachsenen Tieren als Urnieren auf. Die Niere der Schwanzlurche gliedert sich in eine hintere breite Beckenniere und in eine vordere schmale Rumpfniere, welche im männlichen Geschlecht mit den Hoden verbunden ist. Von den **Hoden** ziehen Gänge in die Rumpfniere. Von hier aus besteht eine weitere Ver-

bindung zu den Harnkanälchen und zum Urnierengang. Nur die Beckenniere produziert Harn, der durch Harnsammelröhrchen fließt. Die Harnsammelröhrchen vereinigen sich mit dem Urnierengang, auch Wolffscher Gang genannt, kurz vor Eintritt in die Kloake. Die **Samenfäden** der Männchen gelangen von den Hoden aus in die Rumpfniere, von hier aus durch die Harnkanälchen in den Wolffschen Gang als Harnsamenleiter und anschließend in die Kloake. Die Nieren der Schwanzlurche sind langgestreckt, die der Froschlurche sind gedrungener gebaut. Die Verbindungen der Hoden mit den Nieren sind bei den Froschlurchen nicht einheitlich. Bei Kröten der Gattung *Bufo* und Fröschen der Gattung *Rana* verlaufen kleine Kanälchen von den Hoden in die Nieren, wo sich der Urin mit dem Sperma mischt. Bei den Scheibenzünglern *(Discoglossus)* und den Geburtshelferkröten *(Alytes)* werden die Samenfäden direkt in den Wolffschen Gang und dann in die Kloake geleitet. Ein sekundärer Harnleiter verbindet in den beiden zuletzt genannten Fällen die Niere mit dem Wolffschen Gang, der in die Kloake mündet.

Das **Verdauungssystem** beginnt in der Mundhöhle mit einer muskulösen Zunge. Diese ist vollständig oder vorne an der Kieferrundung angewachsen oder am Rande frei. Bei manchen Molchen und Fröschen kann sie herausgeklappt oder vorgeschnellt werden. Die Speiseröhre ist kurz. Der Magen verläuft bei den Schwanzlurchen in der Längs- und bei den Fröschen in der Querrichtung. An den vielfach gewundenen Mitteldarm schließt sich ein verhältnismäßig kurzer, erweiterter Enddarm an, der gleichfalls in die Kloake mündet. Eine Bauchspeicheldrüse, eine Leber und eine Gallenblase sind stets vorhanden.

Die **Eierstöcke**, aus denen die Eier in die Leibeshöhle fallen, sind bei den Schwanzlurchen länglich und bei den Fröschen eher rund. Die Eier werden von den Flimmertrichtern der Eileiter aufgenommen. Die Eileiter (Müllersche Gänge) münden unmittelbar in die Kloake. Bei den Blindwühlen, bei lebendgebärenden Schwanzlurchen und bei den Froschlurchen erweitern sich die Eileiter am Ende zur Gebärmutter. Die in unmittelbarer Nähe der Keimdrüsen liegenden Fettkörper liefern Reservestoffe zur Bildung der Geschlechtsprodukte. Bei Kröten liegt zwischen den Keimdrüsen und den Fettkörpern das paarige Biddersche Organ. Dies ist eine Drüse, die viele Eizellen enthält und im Jahresverlauf periodisch auf- und abgebaut wird. Bei Entfernung der Hoden kann sich das Biddersche Organ bei männlichen Kröten zu funktionsfähigen Eierstöcken umwandeln. Die zu Weibchen umgewandelten Männchen sind in der Lage, Eier abzulegen, aus denen normale Kaulquappen und junge Kröten entstehen. Die Samenzellen der Amphibien sind von unterschiedlicher Größe und Gestalt. Das gleiche gilt für die Eier.

Gelegentlich findet man in der Natur Zwitter. In der Regel sind die Amphibien aber getrenntgeschlechtlich.

Körperbau und Körperformen der Reptilien

Wie die Amphibien, so sind die Reptilien, auch unter der Bezeichnung Kriechtiere bekannt, wechselwarm und ihre Körpertemperatur ändert sich mit der Höhe der Umgebungstemperatur. Sie sind geschwänzte Tiere mit trockener, drüsenarmer, beschuppter und beschildeter Haut. In der Regel haben sie Krallen an Fingern und Zehen der Vorder- und Hintergliedmaßen. Letztere sind bei den Schlangen bis zum völligen Fehlen rückgebildet. Die Gliedmaßen müssen jedoch vor Urzeiten vorhanden gewesen sein, denn bei den Riesenschlangen, den Walzenschlangen *(Cylindrophis)* und einigen anderen urtümlichen Schlangen existieren rudimentäre Reste der

Hintergliedmaßen. Das Herz besteht aus zwei Vorhöfen und – mit Ausnahme der Krokodile – nicht völlig voneinander getrennten Kammern. Die Atmung erfolgt fast ausschließlich durch Lungen. Eine Metamorphose wie bei den Amphibien fehlt.

Bei den heute lebenden Kriechtieren lassen sich mehrere Bautypen unterscheiden. Die Brückenechsen, die Krokodile und die meisten Echsen haben einen langgestreckten Körper, zwei Gliedmaßenpaare und einen langen Schwanz. Die Schildkröten sind von rundlichem bis ovalem Körperbau. Sie sind in eine feste Knochenkapsel eingeschlossen, aus der der Kopf, die Gliedmaßen und der Schwanz hervorgestreckt und wieder eingezogen werden können. Die Schlangen und auch einige Echsen sind langgestreckt und gliedmaßenlos. Die meisten Kriechtiere legen Eier und nur wenige bringen lebende Junge zur Welt. Brutpflege ist nur bei einigen Schlangen und bei den Krokodilen mit Sicherheit bekannt.

Die heutigen Reptilien sind über alle Erdteile mit Ausnahme der Polargebiete verbreitet und haben alle Lebensräume erobert. Die erdgeschichtliche Verbreitung der Reptilien erstreckt sich vom Karbon (350–270 Millionen Jahre) bis in die Gegenwart. Ihre Blütezeit lag im Trias (225–180 Millionen Jahre), im Jura (180–135 Millionen Jahre) und in der Kreide (135–70 Millionen Jahre).

Die Haut

In Anpassung an die natürliche Umwelt auf dem Lande und im Wasser hat die Haut der Reptilien durch Verhornung der äußeren Schichten eine größere Festigkeit und Elastizität als die der Amphibien. Auffällig ist die Drüsenarmut der Haut, die eine übermäßige Verdunstung unterbindet. Die Haut der Kriechtiere besteht aus einer mehrschichtigen **Oberhaut** (Epidermis) und einer **Lederhaut** (Corium). Die Epidermis, die sich aus fünf bis zehn Zellschichten aufbaut, ist in eine äußere Hornschicht und eine untere Keimzone aufgegliedert. Beide sind durch eine Zwischenzone miteinander verbunden. Aus der unteren Keimzone gehen andauernd lebende Zellen hervor, die sich abplatten und nach außen schieben, wobei die Zellkerne und schließlich auch die Zellen zugrunde gehen. Die abgestorbenen Zellen bilden dann die **Hornschicht**, die besondere Formen haben kann.

In der Oberhaut sind nur ausnahmsweise Farbzellen anzutreffen. Die Lederhaut enthält jedoch zahlreiche Chromatophoren. Eine nicht unbeträchtliche Zahl von Reptilien (Krokodile, verschiedene Echsen) lagern Kalk in der Lederhaut ab, was zu Knochenschuppen im Bindegewebe führt.

Die vielfältig geformten **Hornschuppen** gehen alle aus der äußeren Hornschicht hervor. Es gibt gekielte und ungekielte Schuppen. Bei den Schlangen und den Echsen überdecken die vorderen Körperschuppen die hinteren dachziegelartig. Die Schuppen der Echsenschwänze sind oft zu regelmäßigen Wirteln angeordnet. Körnerschuppen können sich an der Kehle, an den Augenlidern und auf dem Rücken befinden. Die Schuppen können kegelartig entwickelt oder zu Dornen ausgezogen sein oder die Form von Rückenkämmen annehmen. Die Schuppen auf der Bauchseite werden als Schienen oder Schilde bezeichnet. Desgleichen die, die die Köpfe der Kriechtiere in gesetzmäßigen Mustern bedecken. Sie sind daher wichtige Hilfsmittel für die Artbestimmung. Das Gleiche gilt für die Beschuppung von Rükken, Bauch und Schwanz.

Die äußere Körperbedeckung der meisten Schildkröten, unter denen das knöcherne Innenskelett liegt, sind Hornplatten, wie auch die Kieferränder dieser Tiere nicht mit Zähnen, sondern mit Hornschneiden bewaffnet sind. Die Krallen der zwei- und vierfüßigen Reptilien sind ebenfalls aus Hornsubstanz

aufgebaut. Hornplatten überdecken den Knochenpanzer der Schildkröten. Die von der Epidermis gebildeten Hornplatten dekken sich an ihren Grenzen nicht mit den unter ihnen liegenden Knochenteilen. Der Rückenpanzer oder Carapax besteht aus den verbreiterten Dornfortsätzen der Rückenwirbel und aus den Rippen. Aus zusammengesetzten Knochenplatten besteht auch der

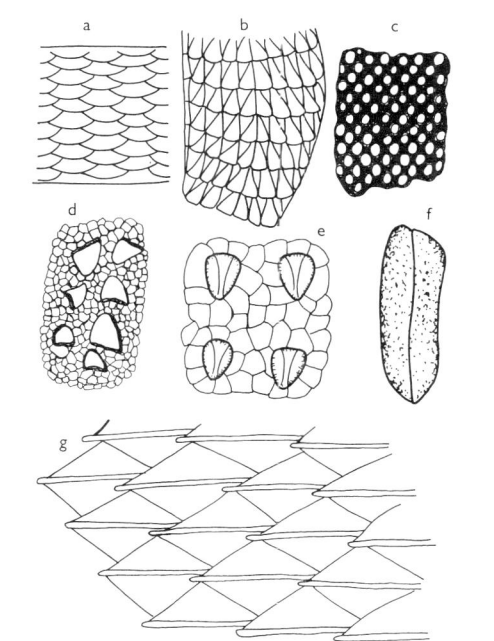

Unterschiedliche Typen von Schuppen bei verschiedenen Echsen: a. Schindelschuppen des Gefleckten Walzenskinks (Chalcides ocellatus), b. Schwanzschuppen beim Fransenfinger (Acanthodactylus vulgaris), c. Körnerschuppen der Mauereidechse (Podarcis muralis), d. Kegelschuppen des Harduns (Agama stellio), e. gekielte Höckerschuppen eines Geckos, f. dachförmige Schwanzschuppe der Smaragdeidechse (Lacerta viridis), g. gekielte Schindelschuppen eines algerischen Sandläufers (Psammodromus algirus) (nach Schreiber aus Herter 1960).

Oben: Der Mississippi-Alligator ist ein typisches Krokodil. Der lange, vertikal abgeflachte Schwanz dient vor allem zum Schwimmen.
Mitte links: Geochelone radiata. Die bekannteste Landschildkröte von Madagaskar.
Mitte rechts: Philodryas matogrossensis. Eine ungiftige Natter aus dem mittleren Südamerika.
Unten: Anolis trinitatis mit langem Schwanz und vier wohlausgebildeten Gliedmaßen. Heimat: St. Vincent/Grenada (Kleine Antillen).

Die Zwergklapperschlange (Sistrurus miliarius barbouri) weist deutlich gekielte Schuppen auf.

Naja mossambica pallida, die rote Speikobra mit deutlich ungekielten Körperschuppen. Heimat: Zentralafrika.

Der Riesengürtelschweif (Cordylus giganteus) mit deutlich entwickelten dornartigen Schuppen.

Bauchpanzer. Der Knochenpanzer wird in der Regel von Hornplatten überdeckt.

Bei manchen Schildkröten kann der vordere und hintere Teil des Bauchpanzers eingeklappt werden. Bei den Weichschildkröten *(Trionychidae)* fehlt der Hornpanzer. Der knöcherne Panzer ist hier von einer derben Haut überzogen. Junge Lederschildkröten haben in ihrer dicken Haut Hornschuppen, unter denen sich mit zunehmendem Wachstum entsprechende Knochenplatten bilden.

In der Haut der Kriechtiere sind nur wenige **Drüsen**. Die Schenkelporen, auch Femoralporen genannt, sind in der Lederhaut liegende Drüsen, die je durch einen Porus in eine Schuppe ausmünden. Von dem Porus

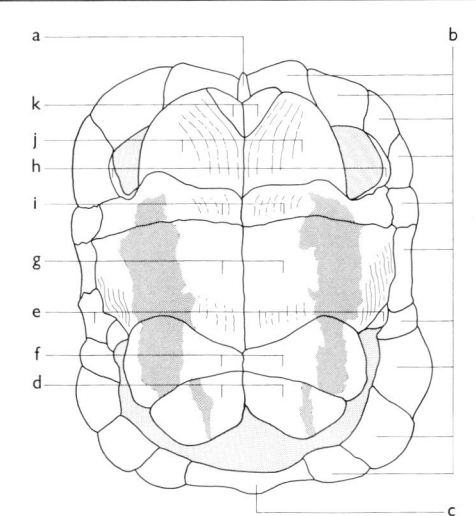

Bauchpanzer (Plastron) und Teile des Rückenpanzers (Carapax) der Maurischen Landschildkröte (Testudo graeca):
a. 1 Nackenschild (Praecentrale), b. 11 Randschilde (Marginalia), c. 1 Schwanzschild (Postcentrale), d. 2 Afterschilde (Analia), e. 2 Hüftschilde (Inguinalia), f. 2 Schenkelschilde (Femoralia), g. 2 Bauchschilde (Abdominalia), h. 2 Achselschilde (Axillaria), i. 2 Brustschilde (Pectorialia), j. 2 Armschilde (Humeralia), k. 2 Kehlschilde (Gularia).

aus verläuft eine Einsenkung, die sich an der Basis zu einem Drüsenkörper erweitert. In diesem Drüsenkörper bilden sich zahlreiche Zellen, die teilweise verhornen und sich danach als Zapfen aus dem Porus herausschieben. Der Zapfen zerfällt oft zu einem talgartigen Sekret. Die Femoralporen, die bei zahlreichen Echsen (Leguanen, Geckonen, Gürtelschweifen und anderen) auf der Innenfläche der Oberschenkel und gelegentlich vor der Kloake zu finden sind, sind wahrscheinlich Duftorgane und im Fortpflanzungsverhalten von Bedeutung. Die Krokodile haben zu beiden Seiten des Unterkiefers im Kehlbereich eine ausstülpbare Moschusdrüse, die in der Brunstzeit ein bräunliches, nach Moschus riechendes Sekret abscheidet. Ähnliche Drüsen kommen auch im Kehlbereich von Schildkröten vor. Zwei weitere Arten von Drüsen bei Krokodilen sind die Rücken- und die Kloakendrüsen. Der ölig-fettige Drüseninhalt fettet die Haut ein und macht sie glänzend. Das Drüsensekret dient wohl auch zum Geschmeidigmachen der Schildzwischenhäute und der gesamten Haut. Die beiden Kloakendrüsen liegen in der vorderen Hälfte der beiden Kloakenseitenwände. Ihre schlitzförmigen Ausführungsöffnungen liegen in der Mitte der Seitenwände unter der länglichen Kloakenspalte. Diese Drüsen, die dem Bau der Moschusdrüsen im Unterkiefer sehr ähneln, sind von eiförmiger Gestalt. Sie produzieren das gleiche nach Moschus riechende Sekret wie die Moschusdrüsen unter der Kehle. Das Sekret dieser Drüsen dient ebenfalls dem gegenseitigen Auffinden der Geschlechter, da der Moschusduft während der Paarungszeit am intensivsten ist. Die sogenannten Postanaldrüsen zahlreicher Reptilien spielen eine Rolle im Dienste der Fortpflanzung.

Die **Färbung** der Reptilien wird durch die in den Zellen der Lederhaut liegenden Chromatophoren verursacht. Die Körperfärbungen und Zeichnungsmuster der Reptilien sind überaus abwechslungsreich. Zahlreiche Reptilien verändern ihre Körperfärbung mit zunehmendem Alter. Schließlich sei noch auf den bekannten Farbwechsel der Chamäleons und Anolis hingewiesen, der durch bestimmte Reize ausgelöst wird. Nachgewiesen ist ein schnell verlaufender Farbwechsel auch bei Geckos und Agamen. Einige Krokodilarten und wenige Schlangen können, wie man seit einiger Zeit festgestellt hat, unter dem Einfluß von unterschiedlichen Temperaturen, Helligkeitswerten und von psychischen Erregungen, ihre Körperfärbung für kurze Zeit ändern.

Das Skelett

Mit Ausnahme der teilweise verknorpelten Nasenregion ist der Schädel der Reptilien fast vollständig verknöchert. Die Seitenteile des Oberkiefers treten bei den Krokodilen und den Schildkröten in einer Mittellinie zusammen und bilden einen knöchernen Gaumen. Hinter diesem öffnen sich die inneren Nasenlöcher. Das Hinterhauptloch umrahmen im äußersten Fall vier Knochen, von denen aber nur die beiden seitlichen die Begrenzung bilden. Das Schädeldach wird von den Scheitel- und Stirnbeinen gebildet. Mit Ausnahme der Schlangen und einiger Schildkröten findet sich eine senkrechte, häutige Wand in der Längsrichtung zwischen den Augen (Interorbitalseptum). Die Begrenzung des oberen Mundrandes im Bereich des Schnauzenteiles ist der paarig oder

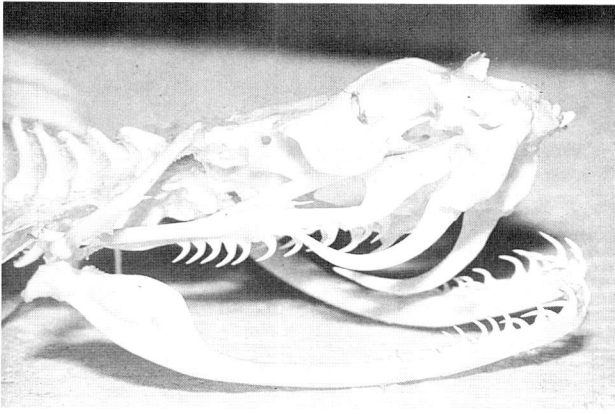

Kopfskelett einer Gabunviper (Bitis gabonica rhinoceros) mit langen, röhrenförmigen Giftzähnen, die im Maxillare verankert sind.

unpaarig vorhandene Zwischenkiefer. Der Oberkiefer befindet sich seitlich davon. Die mittlere Nasenregion wird nach oben hin durch die Nasenbeine und nach unten durch das paarige oder unpaare Pflugscharbein überdeckt. Die Gaumen- und Flügelbeine weichen bei vielen Echsen und bei Schlangen in der Mittellinie mehr oder weniger weit auseinander. Das Schläfenbein ist mit dem Schädel mehr oder weniger fest verbunden. Am Schläfenbein klinkt sich das stabförmige Quadratum ein, das bei allen Reptilien die Gelenkverbindung des Schädels mit dem Unterkiefer herstellt. Die Knochenverbindungen der Schläfengegend wie auch des Ober-

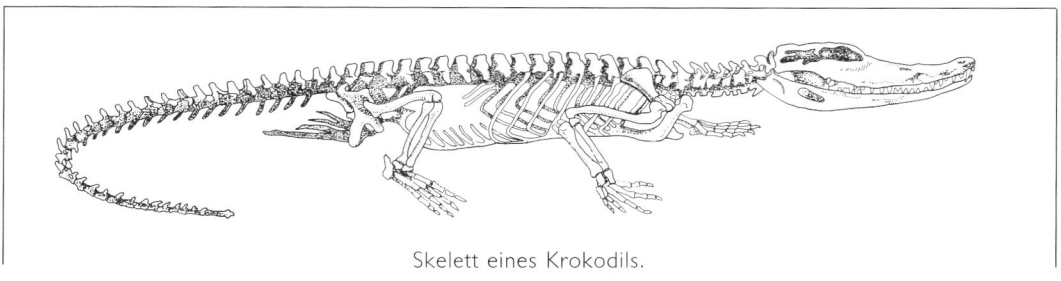

Skelett eines Krokodils.

kiefer-Gaumenapparates mit dem Schädel sind bei den verschiedenen Reptilien unterschiedlich fest. Am festesten sind die genannten Verbindungen bei den Schildkröten und bei den Krokodilen, am lockersten sind sie bei den Schlangen. Bei letzteren fehlt auch ein Jochbogen. Die Schlangen, die Echsen und die Krokodile weisen einen horizontalen Querpfeiler beidseitig zwischen Oberkiefer und Flügelbein auf. In der Nähe des vorderen Augenrandes liegt das Vorderstirnbein und hinter diesem das Tränenbein. Ein Zungenbein ist stets vorhanden, das bei den Schlangen und Echsen schmal, bei den Krokodilen und Schildkröten jedoch breit ist.

Die fast vollständig verknöcherte Wirbelsäule der Reptilien läßt eine Gliederung in eine Hals-, eine Brust-, eine Lenden-, eine Kreuzbein- und in die Schwanzregion erkennen, wenn ein Brustgürtel, ein Beckengürtel und Gliedmaßen vorhanden sind. Bei den Schlangen kann man nur von einer Rumpf- und einer Schwanzwirbelsäule sprechen. Die Halsregion ist hier vom Rumpf kaum abzugrenzen. Eine Kreuzbeingegend ist nur bei den Riesenschlangen angedeutet. Eine zuweilen reduzierte Schwanzwirbelsäule ist immer vorhanden. Die Schwanzwirbel von zahlreichen Echsen, besonders von Geckonen und auch von der Brückenechse, weisen zwischen ihren Wirbeln unverknöcherte, knorpelige Elemente auf. Wenn man beispielsweise eine Zauneidechse *(Lacerta agilis)* am Schwanz festhält, reißt der Schwanz an den Bruchstellen ab. Der Schwanz regeneriert an der Bruchstelle mit einer ungegliederten, elastischen Knorpelröhre, die zu keiner weiteren Autotomie fähig ist. Die Anzahl der Wirbel schwankt zwischen 30 und über 500.

Bei allen Reptilien sind Rippen vorhanden. Am ersten Halswirbel fehlen sie immer. Sie setzen in der Regel an den Rumpfwirbeln an. Bei den Schildkröten bilden sie durch seitliche plattenförmige Verbreiterungen die Seitenplatten des knöchernen Rückenpanzers. Die fünfzehigen Vorderextremitäten der vierfüßigen Reptilien setzen sich aus dem Oberarmknochen, der Elle und der Speiche (diese bilden den Unterarm), den Handwurzelknochen, den Mittelhandknochen und den Fingerknochen zusammen. Die Hintergliedmaßen bestehen aus dem Oberschenkelknochen, dem Schien- und dem Wadenbein (diese bilden den Unterschenkel), den Fußwurzelknochen, den Mittelfußknochen und den Zehen.

Das Nervensystem

Das Zentralnervensystem der Reptilien besteht aus einem verhältnismäßig großen, ungefurchten Vorderhirn, einem kleinen Zwischenhirn, einem Mittelhirn, einem Hinterhirn, einem Nachhirn und dem Rückenmark. Am **Vorderhirn** erkennt man zwei gut entwickelte Riechlappen. Bei den Schildkröten stehen letztere durch Nervenfasern direkt mit den Geruchsorganen in Verbindung. Vom Dach des **Zwischenhirns** entspringt die Epiphyse, die auf der Oberseite zwischen den Enden des Vorderhirns emporragt. An der Unterseite des Zwischenhirns hängt die Hypophyse. Das **Mittelhirn** ist vor allem für Bewegungsabläufe verantwortlich. Das **Hinterhirn** besteht bei den Schildkröten, einigen Echsen und der Brückenechse aus einer nach vorn ansteigenden Platte, die bei den Schlangen nach hinten ragt und die Rautengrube bedeckt. Bei den Krokodilen ist das Hinterhirn größer als bei den anderen Reptilien. Das meist unten gekrümmte **Nachhirn** verfügt über eine mehr oder weniger große Rautengrube. Im Nachhirn liegen vor allem die automatischen Zentren für die Atmung, den Blutkreislauf und die Reflexzentren für die Nahrungsaufnahme. Das **Rückenmark** verläuft durch den Wirbelkanal bis in das Schwanzende. Bei den Kriechtieren ist das sympathische Nervensystem gut entwickelt.

Die Sinnesorgane

Die Reptilien verfügen über Sehorgane, Hör-
und Gleichgewichtsorgane, Tastorgane, Ge-
ruchsinnesorgane, Geschmacksinnesorgane
und Temperatursinnesorgane.

Der **Sehsinn** ist bei den Reptilien meist gut
entwickelt. Von besonderer Bedeutung ist
das Bewegungssehen. Nach eigenen Erfahrungen fliehen Krokodile, Wasserschildkröten, die meisten Echsen und Schlangen sofort, wenn man bei selbst vorsichtiger Annä-
herung in freier Natur von ihnen bemerkt
wird. Alle Reptilien verfügen über Blasenau-
gen, die bei manchen unterirdisch lebenden
Formen (Doppelschleichen, Blindschlangen)
zurückgebildet oder aber klein (Blindschleichen), bei anderen (Geckonen, Nachtschlan-
gen) sehr groß sein können. Das in der Regel
gut entwickelte Auge besitzt ein oberes und
ein unteres Augenlid. Das untere Augenlid ist
bei den Schlangen, bei einigen Geckonen
und bei den Echsen durchsichtig, uhrglasför-
mig (diese sogenannte Brille verleiht den
Tieren den starren Blick) über das Auge
gezogen und mit dem oberen Augenlid ver-
wachsen. Die Chamäleons verfügen über ein
breites, ringförmiges Augenlid, in dem Knochenplatten liegen und das mit Körperhaut
bedeckt ist. Oft ist am inneren Augenlid eine
Nickhaut vorhanden. Gleichzeitig tritt eine
besondere Drüse, die sogenannte Hardersche
Drüse oder Nickhautdrüse auf. Die Harder-

Oben: Das breite, ringförmige Augenlid ist bei diesem Chamäleon gut sichtbar.
Mitte: Bei den Krokodilen liegt das spaltenförmige
Gehörorgan direkt hinter den Augen. Hier Crocodylus cataphractus.
Unten: Die beiden Wärmesinnesgruben liegen bei
den Klapperschlangen und anderen Grubenottern
schräg vor den Augen. Die Geschmacksorgane
liegen auf der Zunge. Bei dieser Schlange handelt
es sich um einen Crotalus viridis oreganus.

sche Drüse mündet bei den Schlangen in den Tränennasengang, wobei die Sekrete in die Mundhöhle laufen. Weitere Drüsen sind die Tränendrüsen, die bei den Schlangen, den Chamäleons und den Brückenechsen fehlen. Die Sekrete der beiden genannten Drüsenarten dienen dazu, die Nickhaut leichter über die Hornhaut gleiten zu lassen und bei im Meer lebenden Reptilien der Ausscheidung von Salzen. Besonders bei Echsen sind in die Lederhaut des Auges manchmal Knorpel- oder Knochenplättchen eingelagert, die scheinbar dem Schutz der Augen dienen. Schließlich sei noch das **Parietalorgan** (Parietalauge) erwähnt, das bei Waranen, Leguanen, Brückenechsen u. a. angetroffen wird. Dieses merkwürdige Organ steht mit der Epiphyse (Zirbeldrüse) in Kontakt. In seinem Bau hat es die Form eines Auges mit Linse, Netzhaut und Nerven und liegt in einer Grube des Scheitelbeins. Das Parietalauge soll bei den heutigen Reptilien funktionslos sein, doch bei ausgestorbenen Echsen und Amphibien der Lichtaufnahme gedient haben.

Unter den Reptilien haben die Krokodile das höchstentwickelte **Gehörorgan**, was durch das Vorhandensein eines spaltenförmigen äußeren Gehörganges deutlich wird. Der äußere Gehörgang kann beim Tauchen geschlossen werden. Das sehr geräumige Mittelohr ist durch mehrere Nebenhöhlen mit dem Mittelohr der anderen Seite und dem Rachen in Kontakt. Das Trommelfell ist groß und oval. Bei zahlreichen Reptilien liegt das Trommelfell oberflächlich oder mehr oder weniger tief eingesenkt an beiden Seiten des Hinterkopfes. Den Schlangen, den Doppelschleichen und den Brückenechsen fehlt das Trommelfell, den beiden ersten auch die zugehörige Paukenhöhle, und so können diese Reptilien nicht hören.

Das **Gleichgewichtsorgan** der Reptilien ist das Ohrlabyrinth.

Als **Tastorgane** spielen die freien Nervenendigungen in der Haut und die Tastflecke eine Rolle. Bei den Tastflecken handelt es sich um pigmentfreie Epidermisstellen, unter denen säulenartig angeordnete Zellen liegen, die von Nervennetzen durchzogen sind und auf Berührung empfindlich reagieren.

Der **Geruch** der Reptilien ist an das Riechepithel in den Nasenhöhlen gebunden. Das zweite Organ, das dem Geruchssinn vor allem der Echsen und Schlangen dient, ist das Jacobsonsche Organ, das in das Gaumendach eingesenkt und gut mit Nerven versorgt ist. Es wird vor allem beim Züngeln benutzt, bei dem die Spitzen der gespaltenen Zunge Duftstoffe aufnehmen, die beim Zurückziehen der Zunge in das Jacobsonsche Organ und damit auf das Riechepithel befördert werden. So finden viele Giftschlangen ihre Beute.

Die **Geschmacksorgane** liegen als sekundäre Sinneszellen in Form rundlicher Geschmacksknospen in der Mundschleimhaut. Sie liegen am Gaumen und am Boden der Mundhöhle. Bei Echsen und bei Schildkröten liegen sie auf der Zunge, bei den Krokodilen in der Speiseröhre und an zwei Wülsten unter dem Flügelbein. Bei den Giftschlangen liegen sie an den Scheiden der Giftzähne. Eidechsen unterscheiden sogar die vier Geschmacksqualitäten süß, sauer, salzig und bitter.

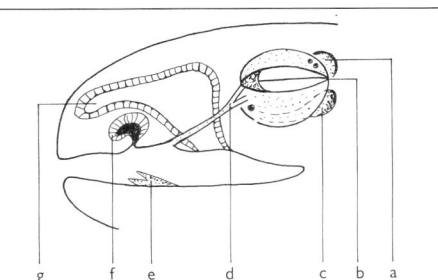

Jacobsonsches Organ sowie Tränengang und Augendrüsen bei einer Echse: a. Tränendrüse, b. Nickhaut, c. Hardersche Drüse, d. Tränengang, e. Zunge, f. Jacobsonsches Organ, g. Nasenhöhle (nach Obst, Richter und Jacob).

Bei allen Reptilien liegen **Wärmesinnesorgane** mehr oder weniger über den ganzen Körper verteilt in Form von freien Nervenendigungen in der Haut. Ganz auf die Aufnahme von Wärmestrahlung spezialisiert sind die Grubenorgane der Grubenottern wie auch die Lippengruben der Riesenschlangen.

Mit Hilfe dieses Wärmesinnesorgans sind die Schlangen in der Lage, auch bei Dunkelheit die von Feinden und Beutetieren ausgehenden Wärmestrahlen aufzunehmen.

Das Blutgefäßsystem

Das Herz der Reptilien, das in einen Herzbeutel eingeschlossen ist, liegt mit Ausnahme der Schlangen weit vorne in der Brusthöhle. Die Herzkammer ist durch eine Scheidewand in eine rechte und in eine linke Herzkammer geteilt. Bei den Krokodilen ist der Aortenhauptstamm vollständig geteilt, während er bei den Echsen und den Schildkröten äußerlich gemeinsam aus der rechten Herzkammer zu entspringen scheint. Aber auch hier ist er immer geteilt, so daß die Lungenarterie und der linke Aortenbogen das Blut aus der rechten, der rechte Bogen dagegen aus der linken Herzkammer wegführt. Bei den Echsen besteht die Aortenwurzel in der Regel jederseits aus zwei Aortenbögen, bei den anderen Reptilien aus einem Aortenbogen. Die beiden Aortenbögen der Echsen vereinigen sich dorsal vom Herzen. Das vom Körper und von den Organen kommende venöse Blut fließt hauptsächlich aus den großen Hohlvenen in den rechten Vorhof. Das in der Lunge mit Sauerstoff angereicherte, arterielle Blut fließt in den linken Vorhof. Die rechte Herzkammer erhält immer venöses und die linke immer arterielles Blut. Die Hauptmenge des venösen Blutes fließt aus der rechten Herzkammer zur Lunge.

Das Blut der Reptilien besteht aus dem Blutplasma, den roten und den weißen Blutkörperchen und den Blutplättchen.

Das Atmungssystem

Die **Lungen** sind das Hauptatmungsorgan der Kriechtiere. Sie sind von sackartiger Gestalt, weisen wabenähnliche Vorsprünge auf und stehen über die Bronchien, den Kehlkopf und die Luftröhre mit der Mundhöhle in Kontakt. Bei den Schildkröten und den Krokodilen stellen die Lungen dichte, schwammige Gewebe dar. Die Lungen von Schlangen und von schlangenähnlichen Echsen sind langgestreckt, wobei die linke mehr oder weniger rückgebildet ist oder auch gänzlich fehlt, während die rechte vergrößert und am Ende glattwandig ist. Neben den Lungen verfügen die Reptilien noch über einige andere Atmungsorgane. So können im Wasser lebende Schlangen und Schildkröten durch **Hautatmung** und durch **Mundhöhlenatmung** Sauerstoff aus dem Wasser aufnehmen. Daneben haben zahlreiche Wasserschildkröten dünnwandige, gut durchblutete und sehr große **Kloakensäcke**, die an der Rückwand der Kloake liegen. Die Kloakensäcke werden durch Kloakenspalten mit sauerstoffreichem Wasser gefüllt, das sauerstoffarm wieder ausgestoßen wird.

Die Ausscheidungs- und Fortpflanzungsorgane

Die beiden mehr oder weniger gestreckten **Nieren** der Reptilien sind sogenannte Nachnieren ohne Flimmertrichter. Sie liegen in der hinteren Körperregion zu beiden Seiten der Wirbelsäule. Die Nieren bestehen aus Bowmanschen Kapseln, in denen sich Kapillargefäßknäuel befinden (Glomeruli). Von den Bowmanschen Kapseln verlaufen röhrenförmige Gebilde in das Nierenbecken. Vom Nierenbecken zieht sich ein Harnleiter in die Kloake. Bei den Schildkröten und den meisten Echsen mündet der Harnleiter in die **Harnblase**, die an der Vorderwand der Kloake liegt. Den Krokodilen, den Schlangen, den

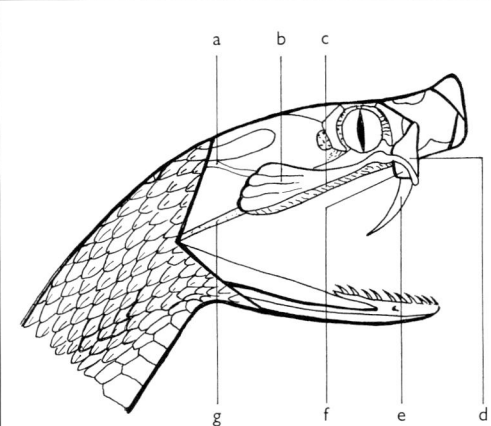

Giftapparat bei der Aspisviper (Vipera aspis):
a. Sehne, b. Giftdrüse, c. Oberlippendrüse,
d. Oberkiefer (Maxillare), e. Giftzahn, f. Giftausführgang, g. Sehne zwischen Oberkieferrand und dem Unterkiefergelenk (nach Phisalix aus Werner 1931).

Waranen und den Doppelschleichen fehlt die Harnblase. Der Urin der Reptilien wird nicht in der Niere, sondern in anderen Organen, besonders in der **Leber**, aus stickstoffhaltigen Stoffwechselendprodukten gebildet. Der Urin der Landreptilien enthält bis zu 90% Harnsäure. Krokodile und Wasserschildkröten scheiden auch Harnstoff und Ammoniak aus. Bei Schlangen und Echsen ist der Urin weiß gefärbt und von breiartiger Konsistenz.

Die **Zähne** und die Verdauungsorgane der Reptilien sind an deren Nahrung angepaßt. Außer den hornschneidentragenden Schildkröten haben alle anderen Kriechtiere Zähne, die auch rückgebildet sein können. Bei manchen Schlangen sind die Zähne im Oberkiefer und bei den Echsen der Gattung *Heloderma* die im Unterkiefer als **Giftzähne** entwickelt.

Das Gift der Giftschlangen und der Krustenechsen dient dem Töten und der Vorver-

dauung der Beutetiere sowie als Verteidigungswaffe gegen Feinde. Die Mundhöhle der Reptilien beherbergt weitere **Drüsen**: Zungendrüsen, Unterzungendrüsen, Lippendrüsen, Gaumendrüsen, Kieferdrüsen, Rachendrüsen, Schleimdrüsen und andere, die alle mehr oder weniger im Dienste der Vorverdauung stehen.

An die erweiterungsfähige und faltige Speiseröhre schließt sich der gestreckte **Magen** an, der bei den Schildkröten quergestellt ist. Auf den Magen folgt der **Dünndarm**. Letzterer ist je nach Art der Nahrung mehr oder weniger lang. Am längsten ist er bei den pflanzenfressenden Landschildkröten. In den vordersten Teil des Dünndarms, den Zwölffingerdarm, münden die Ausfuhrgänge der Bauchspeicheldrüse und der Leber. Auf den Dünndarm folgt der **Enddarm**, der zusammen mit den Harn- und Geschlechtsausführgängen in die Kloake mündet.

Bei den Reptilien gibt es grundsätzlich zwei unterschiedliche Geschlechter, die sich oft durch ihre Größe, ihre Färbung, ein verlängertes Schwanzende und besondere Körperanhänge voneinander unterscheiden.

Die Weibchen der Kriechtiere verfügen über **Eierstöcke**, die die reifen Eier in die Leibeshöhle entlassen. Dort werden sie von der Eileiteröffnung aufgenommen und weiterbefördert.

Die unterschiedlich gestalteten **Hoden** produzieren die Spermien. Diese gelangen von den Hoden durch die Nebenhodenkanälchen in die Samenleiter. Mit Ausnahme der Brückenechsen verfügen die Männchen aller Reptilien über männliche **Begattungsorgane**. Die Krokodile und die Schildkröten haben einen unpaaren, an der Kloakenwand sitzenden Penis.

Schlangen haben zwei mit Stacheln besetzte Hemipenes, von denen nur einer bei der Kopulation in die Kloake der Weibchen eingeführt wird. Jeder Hemipenis liegt in einer Hemipenistasche im Schwanzende.

Systematik

Die lebenden und die ausgestorbenen Tier- und Pflanzenarten zeigen untereinander geringere oder stärkere Übereinstimmungen in ihrem Körperbau. Die Übereinstimmungen führen zu Verwandtschaftsbeziehungen, die die Aufstellung eines hierarchisch geordneten Systems erlauben. Mit zunehmender Kenntnis der Baupläne, der Entwicklung und der Lebensweise der Lebewesen entstand ein sehr verfeinertes und in Einzelheiten gehendes System, das auch in der Gegenwart entsprechend dem Fortgang der Wissenschaft ständigen Änderungen unterliegt. Die Meinungen über Umbenennungen bzw. Umänderungen von Gattungen, Arten und Unterarten gehen oftmals auseinander, und somit wird die Systematik zu einem schwierigen und heiklen Kapitel, das besonders bei solchen Menschen, die die Terraristik aus reiner Liebhaberei betreiben, nicht sonderlich beliebt ist. Allerdings ist dieses Ordnungsprinzip dennoch notwendig. Ohne dessen Existenz würde es in allen Bereichen der Biologie zu einem Chaos kommen.

Die Systematik, auch Taxonomie genannt, bedient sich einer Reihe von Kategorien: Art, Gattung, Familie, Ordnung, Klasse, Stamm und Reich. Diese Kategorien genügen jedoch nicht, um die verwandtschaftlichen Verhältnisse hinreichend zu formulieren. Somit wurden weitere Kategorien, wie Unterarten, Untergattungen, Unterfamilien, Unterordnungen, aber auch Überfamilien, Überordnungen und andere Begriffe eingefügt.

Die wichtigste taxonomische Einheit ist die **Art**. Die Art ist definiert als »Gruppe von Individuen, die in allen wesentlichen erblichen Merkmalen übereinstimmen und in freier Natur fruchtbare Nachkommen hervorbringen«. Sie ist binominal benannt, d. h. zuerst kommt die Gattungs- und dann die Artbezeichnung. Die Gattungs- und Artbezeichnungen leiten sich aus dem Lateinischen und Griechischen her. Hinter der Artbezeichnung steht der Name des Autors, der die betreffende Art zum ersten Mal beschrieben hat und das Publikationsjahr. Wenn der Name des Autors und das Publikationsjahr in Klammern gesetzt sind, wurde der in der Originalbeschreibung verwendete Gattungsname zwischenzeitlich geändert.

Beispiel:

Vierstreifennatter
Elaphe quatuorlineata (LACÉPÈ, 1789)

Die Vierstreifennatter wurde 1789 von LACÉPÈDE unter dem Namen *Coluber quatuor-lineatus* erstmalig beschrieben. 1916 änderte NIKOLSKIJ dies aus verschiedenen Gründen in *Elaphe quatuorlineata* um und veröffentlichte diese Publikation. Somit heißt die Vierstreifennatter heute *Elaphe quatuorlineata* (LACÉPÈDE, 1789).

Die Amphibien und Reptilien in ihrem natürlichen Lebensraum

Die Klimazonen der Erde

Unter Klima versteht man den Gesamtcharakter aller Witterungseinflüsse einer bestimmten Örtlichkeit. Anhand der Breitengrade läßt sich das Klima ganz grob in eine **Tropenzone** zu beiden Seiten des Äquators, **zwei gemäßigte Zonen** und **zwei Polarzonen** einteilen. Die gemäßigten Zonen gehen in die beiden subarktischen und arktischen Zonen über. In Äquatorrichtung gehen die gemäßigten Zonen in die subtropischen Zonen, in die Zonen der Passate und Hochdruckgebiete, in die Zonen der äquatorialen Monsune und schließlich in die äquatoriale Zone über.

Die äquatoriale Zone, die das amazonische Tiefland, das Kongobecken und Teile Westafrikas, die Malayische Halbinsel, die Sundainseln und Neuguinea und seine Inseln umfaßt, ist durch eine hohe Luftfeuchtigkeit, die sich besonders am frühen Morgen dem Sättigungspunkt nähert, und durch eine gleichmäßig hohe Temperatur gekennzeichnet. Die Temperaturschwankungen sind in der Regel während einzelner Tage größer als während einzelner Monate. Die Niederschläge entladen sich häufig in Form heftigster Gewitter, von denen sich der Außenstehende kaum eine Vorstellung zu machen vermag, meist am Nachmittag, aber auch in der Nacht. Je nach Örtlichkeit schwanken die jährlichen Niederschläge zwischen 150 und 1200 cm.

Die Zonen der **äquatorialen Monsune** werden im Sommer von äquatorialer Luft überzogen. Im Winter transportieren die Passatströmungen in der Regel trockene Luft heran. Die Sommer sind hier durch gleichmäßige Temperaturen und hohe Niederschlagsmengen gekennzeichnet. Der Winter zeichnet sich durch beträchtliche Temperaturunterschiede und eine gewisse Trockenheit aus. In der Zone der äquatorialen Monsune kommen jedoch zahlreiche Abweichungen vor. Die Abweichungen werden durch die geographische Lage in Meeresnähe oder auf dem Kontinent, durch die Ost- oder Westlage auf dem Kontinent sowie durch Höhenunterschiede auf dem Land verursacht. Ein Charakteristikum dieses Klimatyps sind seine Niederschlagsgrenzen. Auf der einen Seite der Niederschlagsgrenze fallen hohe bis sehr hohe Niederschlagsmengen, während sich die andere Seite durch geringe Niederschlagsmengen auszeichnet und so zur Entstehung von Trockenzonen beigetragen hat.

In der Zone der äquatorialen Monsune fällt die eigentliche Hitzeperiode in das Frühjahr. Im Sommer fällt der Regen und die Temperaturen sinken gleichzeitig ab. Es ist verständlich, daß sich die Zone der äquatorialen Monsune in verschiedenen Varianten darbietet. Diese Varianten spiegeln sich auch in der wechselnden Vegetation mit Regenwäldern, Dschungeln, Trockenwäldern, Savannen, Steppen, Halbwüsten und Wüsten wider. Zu den Zonen äquatorialer Monsune rechnet man in Afrika die Länder, die sich vom Senegal aus quer über den Kontinent bis nach Somalia erstrecken, in Asien sind es Vorder- und Hinterindien, in Australien die Regenwälder an der Nordküste und die Savannen und Steppen, die sich ungefähr bis zum 20. Breitengrad anschließen. Für Südamerika sind zwei Zonen zu erwähnen. Die nördliche Zone umfaßt das nördliche Südamerika mit Kolumbien, Venezuela und Guayana, die südliche den Süden von Brasilien und angrenzende Gebiete.

In Afrika setzen monsunartige Regenfälle im Sommer im Senegal ein. Diese Niederschläge dringen mit abnehmender Häufigkeit und Intensität über den Kontinent in östlicher Richtung bis nach Somalia vor. Die Niederschlagsmengen hängen von der Höhenlage der Landschaft und der Gestalt der einzelnen Gebirge ab, welche die südwestliche Windrichtung beeinflussen. Die höher liegenden Gebiete erhalten in der Regel mehr Niederschläge als die tiefliegenden Nachbargebiete. Im Winter werden die Gebiete Ostafrikas von einem trockenen Nordostpassat überstrichen, der über den Wüsten sein Wasser verloren hat. Der Nordostpassat reichert sich über der äquatorialen Zone und dem Indischen Ozean mit Feuchtigkeit an, die dann über Ostafrika abregnet. Im Süden fällt der meiste Regen im Sommer und nur in geringer Menge im Winter.

In den afrikanischen Gebieten der äquatorialen Monsune finden sich vor allen Dingen Savannengebiete, die von Bäumen und Sträuchern durchsetzt sind sowie laubabwerfende Wälder.

In Vorder- und in Hinterindien dringt das äquatoriale Klima über den nördlichen Wendekreis vor. Im nördlichen Indien fällt im Winter gelegentlich sogar Schnee und es friert, während im Süden des Kontinentes sommerlich angenehme Temperaturen zwischen 20 und 30 °C herrschen. Die Südostküste Indiens erhält im Winter Regen durch den Nordostpassat. Im Frühjahr steigen die Temperaturen im Inneren des Landes auf unerträgliche Werte an. Schließlich setzen sich vom Norden wie vom Süden des Landes her Wolken in Bewegung, und massive Regenfälle ergießen sich über das Land. Die feuchte Jahreszeit mit sinkenden Temperaturen setzt ein. Die Regenfälle nehmen Ausmaße an, die für manchen Europäer kaum vorstellbar sind. In den indischen Westghats erreichen sie in vier Monaten die 3-Meter- und im gleichen Zeitraum im Himalaja die 8-Meter-Grenze. Im Khasigebirge in Assam soll die Regenmenge in manchen Jahren sogar 20 m erreichen. In Nordindien hört der Regen eher auf als in Südindien, und die Winterzeit setzt ohne Herbstübergang ein.

Ähnliche Klimaverhältnisse wie in Südasien sind auch für den Norden Australiens bezeichnend. Hier fällt der Regen bei gleichzeitigem Temperaturabfall im Sommer. Die Winterpassate aus den südlichen australischen Wüsten zeichnen sich durch eine große Trockenheit aus. Der feuchte Nordwestmonsun schlägt sich in Nordaustralien nieder. Im Süden dringt er kaum über den 20. Breitengrad vor. Die Küstenbereiche Nordaustraliens, die von tropischen Regenwäldern gesäumt werden, gehen nach Süden hin in Savannen und Steppen über.

Das nördliche Südamerika erhält in seinen Küstenbereichen heftige Regenfälle durch den Nordostpassat. Dort, wo die Wolken auf Gebirge stoßen, sind diese Regenfälle besonders intensiv. An der Westküste Südamerikas verlaufen die regenführenden Wolkenmassen in Nordrichtung sogar bis nach Mexiko. Im Landesinneren der zentralen und südlichen Landesteile Südamerikas südlich des Amazonas gibt es im Winter eine Trockenzeit und im Sommer eine Regenzeit, die sich deutlich voneinander abgrenzen. Wegen der verschiedenen Klimavarianten treten hier auch unterschiedliche Pflanzenformationen auf, die sich in Form von Regenwäldern, Parklandschaften, Savannen, Trockenwäldern und den gestrüppreichen, steppenähnlich-trockenen »Caatingas« präsentieren.

Die beiden Zonen der **Passate** und **Hochdruckgebiete** umfassen in ihren nördlichen Bereichen Mittelamerika, die Sahara und den

Süden Vorderasiens und in ihren südlichen Teilen Nordchile, Bolivien, Südbrasilien, sowie Teile Südafrikas und Australiens. Auch hier treten unterschiedliche Klimatypen auf. Diese lassen sich nach ihrer kontinentalen oder meernahen Lage und nach West- und Ostküsten einteilen. Trockene Winde, die zum Äquator hinstreichen, haben sich über dem Meer mit Feuchtigkeit aufgeladen. Der kontinentale Typ der Passate und Hochdruckgebiete ist durch trockene Sommer mit starker Sonneneinstrahlung charakterisiert. Während des Tages können die Lufttemperaturen weit über 50 °C ansteigen und in der Nacht sogar bis zur Frostgrenze hin und noch tiefer absinken. In solchen Gebieten hat man Oberflächentemperaturen bis zu 76,7 °C und am heißesten Ort, El Asisia in der Sahara, 58 °C im Schatten gemessen.

Solche Wüsten, wie die Sahara und das Innere Saudi-Arabiens, gleichen im Sommer während des Tages einem Brutofen. In der Nacht kühlt es gewaltig ab, so daß es zu Temperaturschwankungen von 35 °C und mehr kommt. Der fast immer wolkenlose Himmel wird nicht selten durch einen feinen Staub verschleiert. Mörderische Hitze wechselt mit schneidender Kälte ab. Durch die Temperaturdifferenzen entstehen heftige Stürme, die sich mit völliger Windstille abwechseln.

In Wüsten gibt es nur ein Mindestmaß an Bewölkung, und so fallen hier nur geringe Niederschlagsmengen. Es kommt vor, daß jahrelang nicht ein Tropfen Regen fällt. Nach langen Zeitabständen fällt der Regen plötzlich als Platzregen und führt nicht selten zu ausgedehnten Überschwemmungen, denen Tiere und sogar Menschen zum Opfer fallen können. Wenn in der Wüste einer der seltenen Platzregen niedergeht, keimen plötzlich zahllose Samen, die lange in der Erde lagen. Aus ihnen gehen prachtvolle Pflanzen mit schönen Blüten hervor. Diese blühen jedoch nur kurze Zeit und verwelken bald wieder. Je

nach Temperaturhöhen und Temperaturunterschieden, nach der Sonneneinstrahlungsdauer und der geographischen Lage ist auch die Vegetation unterschiedlich, so daß man Steppen, Halbwüsten und Wüsten unterscheiden kann.

In den Zonen der Passate und Hochdruckgebiete entwickeln sich über den Meeren Wirbelstürme, die als Naturkatastrophen gewaltige Zerstörungen in von Menschen besiedelten Gebieten auslösen können. Solche Wirbelstürme sind in Asien unter der Bezeichnung Taifun und in Amerika als Hurrikan bekannt.

Je nach der geographischen Küstenlage werden die Westküsten oft von kalten Meeresströmungen umflutet. So unterkühlen die zum Land hinströmenden Luftmassen und bilden Nebel aus. Solche Trockenregionen in Meeresnähe zeichnen sich durch wenig variierende Temperaturen, durch geringe Niederschläge, aber eine erhöhte Luftfeuchtigkeit aus. Die Ostküsten weisen im Sommer hohe Temperaturen und starke Niederschläge auf. Im Winter dringt in sie jedoch Kaltluft ein. Hier werden nur die bodennahen Schichten mit Feuchtigkeit beladen. Daher weisen die Gebirge unterschiedliche Niederschlagsmengen auf. Die Westküsten zeigen nicht selten das Gepräge einer Wüste, während wir an den Ostküsten je nach Lage der Gebirge tropische Wälder, Savannen und Steppen antreffen.

Die **Subtropen** stehen im Sommer unter dem Einfluß der Hochdruckzonen oder trockenen Winde. Mit dem Stand der Sonne verschieben sich deren Grenzen polwärts. Im Winter entfernt sich der Sonnenstand vom Äquator. Eine Mischung von polaren und tropischen Luftmassen führt zu Windbewegungen mit abwechselnden Witterungserscheinungen. Das Klima der Subtropen zeigt gleichfalls Abwandlungen. Die klimatischen Variationen der Subtropen sind bedingt durch kontinentale bzw. meeresnahe Lagen sowie durch Ostküsten und Westküsten. Ein Klima, das wir als Mittelmeerklima bezeichnen, ist stark vom Meer beeinflußt. Im westlichen europäischen Mittelmeergebiet macht sich bereits der afrikanische Einfluß mit seiner Trockenheit bemerkbar. An den nördlichen Grenzen des westlichen Mittelmeeres fällt trotzdem im Sommer hin und wieder Regen. In das östliche Mittelmeer dringen sommerlich-trockene Nordwinde ein. Das Klima zeigt hier eine bedeutende kontinentale Prägung, die sich durch größere Temperaturdifferenzen und geringere Niederschläge als im Westen ausdrückt. Im europäischen Mittelmeergebiet können sich die Hochdruckzonen während des Winters nach Süden verlagern. Luft polaren Ursprungs dringt dann selbst bis nach Nordafrika vor und löst durch seine niedrige Temperatur Niederschläge aus. Im Mittelmeergebiet sinken die Temperaturen nur gelegentlich unter den Gefrierpunkt. Die Gebirge bieten nämlich einen gewissen Schutz gegen arktische Luftmassen. Schneefälle sind somit eher eine Seltenheit. Ein Mittelmeerklima ist nicht nur typisch für den Süden Europas, sondern auch für die Westküste des südlichen Nordamerikas, für Teile Südafrikas, Südamerikas und Südaustraliens.

In Asien ist das subtropische Klima eher kontinental geprägt. Ein derart subtropisch-kontinentales Klima herrscht teilweise im Kaukasus im Ostpontischen Gebirge, an der Südküste des Kaspischen Meeres, im Süden, im Südosten und im Osten des Irans. Die Niederschläge nehmen im Winter nach Osten und nach Norden hin ab. Je mehr man in den Osten und in den Norden vordringt, desto kälter werden auch die Winter. Besonders kalt ist es in den Gebirgen von Armenien, Aserbeidschan und Afghanistan, wo die Temperaturen weit unter 0 °C absinken.

Die Subtropen Ostasiens liegen weitgehend in China. Je mehr man nach Süden kommt, desto höher sind die Niederschläge

im Sommer. Im Winter können die Temperaturen stark absinken.

Die Subtropen Nordamerikas beschränken sich vor allem auf Kalifornien, wo im Sommer Trockenheit herrscht und im Winter Regen fällt, weiterhin auf Gebiete östlich des Felsengebirges von Nordmexiko bis an den Missouri. Die südöstlichen Staaten der USA haben ebenfalls ein subtropisches Klima. Besonders hohe Niederschläge sind an der Ostküste zu verzeichnen.

In Afrika herrscht an den südlichsten Ost- und Westküsten subtropisches Klima. An der Westküste ist der Sommer sonnig, trocken und warm, während der Winter sich durch beträchtliche Regenfälle auszeichnet. An der Ostküste fällt der Regen im Sommer.

Die subtropische Zone Australiens liegt südlich des 30. Breitengrades. Die Südwestküste weist einen regenreichen, milden Winter auf. Während des sonnigen und warmen Sommers fällt nur wenig Regen. An der Ostküste fallen im Sommer monsunartige Regenfälle.

Die subtropischen Zonen Südamerikas erstrecken sich auf ein Gebiet südlich von Buenos Aires. Im Inneren dieses Gebiets stößt man auf Trockenräume, die durch den Regenschatten der Anden verursacht werden. An der Westküste jenseits der Anden regnet es im Winter und im Sommer herrscht Trockenheit. Auf der östlichen Seite der Anden erhalten die Trockengebiete im Sommer nur wenig Niederschläge.

Während das subtropische Klima weitgehend durch trockene, heiße Sommer und niederschlagsreiche, meist milde Winter gekennzeichnet ist, stellt sich das **gemäßigte Klima** durch ein tiefes Eindringen arktischer, antarktischer sowie tropischer Luftmassen dar. In den Zonen des gemäßigten Klimas wirken wandernde Zyklone auf Niederschläge, Wetterwechsel und auf die Sonneneinstrahlung ein. Die im Sommer recht intensive Sonneneinstrahlung wird durch das Auftreten von Wolken gemindert. Im Winter wird die schwächere Sonneneinstrahlung nicht selten von der Schneedecke reflektiert. Das gemäßigte Klima läßt sich in einen ozeanischen Typ, in einen kontinentalen Typ und in einen Typ, der an den Ostküsten der Nordkontinente auftritt, unterteilen. Letzterer, der nördlich und östlich des Chingangebirges in der Mandschurei zu finden ist, zeichnet sich durch kalte, wolkenarme Winter und durch regenreiche Sommer aus. In Nordamerika, ungefähr am 56. Grad nördlicher Breite, bringt der gerade erwähnte Klimatyp im Winter viel Schnee und im Sommer geringere Niederschläge. Der ozeanische Typ des gemäßigten Klimas ist für West- und Mitteleuropa bezeichnend. In Nordamerika nimmt er den schmalen Küstenstreifen am Stillen Ozean bis zu den Höhen des Felsengebirges ein und dehnt sich vom 61. Grad nördlicher Breite vom Golf von Alaska entlang der kanadischen Westküste nach Süden bis ungefähr nach San Francisco aus.

In Europa nehmen die Wintertemperaturen von Westen nach Osten hin ab. Das gleiche gilt auch für die Niederschläge. An den Küsten sind weitgehend gleichmäßige Temperaturen und Niederschläge zu verzeichnen, die vornehmlich von aus dem Westen kommenden Winden gesteuert werden. Die Sommertemperaturen resultieren aus dem Vorherrschen atlantischer Luftmassen aus dem Westen und aus erwärmter arktischer Luft aus dem Norden. In den Ebenen ist die Niederschlagshöhe geringer als in den Gebirgen.

Der ozeanische Typ des gemäßigten Klimas in Nordamerika ist im Sommer zwar trockener, aber nicht kühler als in Westeuropa. Ähnliche klimatische Verhältnisse spielen sich an der südamerikanischen Küste südlich des 40. Breitengrades und westlich der Anden ab. Hier sind die Temperaturen wegen kalter Meeresströmungen entlang der chilenischen Küste nicht so hoch wie in Nord-

amerika. Der kontinentale Typ des gemäßigten Klimas ist in Osteuropa und Sibirien mit eiskalten schneereichen Wintern besonders ausgeprägt. In Nordamerika herrscht der kontinentale Typ des gemäßigten Klimas zwischen dem Felsengebirge und der Hudson-Bay in Südkanada mit schneereichen, eiskalten Wintern und kurzen, warmen Sommern, die jedoch nicht die gleichen Wärmegrade wie in Eurasien erreichen.

Wegen der niedrigen Temperaturen konnte nur eine ganz geringe Anzahl von Amphibien und Reptilien bis in die subarktischen Zonen vordringen. Daher sind die Gebiete, in denen der subarktische Klimatyp herrscht, für den Reptilienliebhaber, Terrarianer und Herpetologen nur von untergeordneter Bedeutung.

Die heutigen Amphibien und Reptilien, die im Laufe ihrer millionenjahrealten Entwicklungsgeschichte fast das gesamte Festland der Erde erobert haben, fehlen in den beiden arktischen Zonen völlig. Die Weltmeere sind die Heimat einer Anzahl giftiger Seeschlangen und weniger Arten von Meeresschildkröten.

Ansprüche der Amphibien und Reptilien an die Umweltfaktoren

Wie alle Tiere, so sind auch die Lurche und Kriechtiere an ihren Lebensraum angepaßt, der wiederum ein Ergebnis der verschiedensten Faktoren ist. Die wichtigsten abiotischen Faktoren, die hier eine Rolle spielen, sind Temperatur, Licht, Feuchtigkeit und Luft.

Temperatur

Als wechselwarme Geschöpfe sind die Amphibien und Reptilien von der Temperatur ihrer Umgebung abhängig. Optimale Umgebungstemperaturen halten alle ihre Körperfunktionen und Lebensäußerungen aufrecht. So wird verständlich, warum die Verbreitung der Amphibien und Reptilien temperaturbedingt ist. Unter Temperaturbedingungen, wie sie in den Tropen herrschen, ist die Artenfülle und Formenmannigfaltigkeit daher am größten.

Wenn in den gemäßigten und subtropischen Klimagebieten der Erde jahreszeitlich bedingt die Luft- und Bodentemperaturen für mehrere Monate absinken, ziehen sich die Amphibien und Reptilien zur Überwinterung in ihre Schlupfwinkel zurück. Die Überwinterungsdauer hängt von der geographischen Lage und den dort herrschenden Temperaturen ab. Im gemäßigten und subtropischen Nordamerika, Europa und Asien nimmt die Überwinterungsdauer unterschiedliche Zeiträume zwischen drei bis fünf und sogar zwischen sieben bis neun Monaten in Anspruch. Letzteres ist im Hochgebirge und im hohen Norden der Fall.

Die niedrigen Umgebungs- und somit die Körpertemperaturen schränken während der Überwinterung alle Körperfunktionen wie Herz- und Atemtätigkeit, Körperbewegungen, Muskeltätigkeit, Verdauung usw. drastisch ein. Somit spricht man bei der Überwinterung von Amphibien und Reptilien auch von einer Kältestarre, was jedoch nicht völlig korrekt ist, da die überwinternden Tiere nicht völlig unbeweglich sind. Wenn die Temperaturen in den Überwinterungsstätten für längere Zeit unter 0 °C absinken, sterben die Tiere. Für kurze Dauer überstehen Grasfrösche *(Rana temporaria)* –1,4 °C, Mauereidechsen *(Podarcis muralis)* –4,5 °C, Zauneidechsen *(Lacerta agilis)* –5,4 °C. Nach eigenen Erfahrungen ertragen europäische Vipern mehrtägig Temperaturen von knapp unter dem Gefrierpunkt. Das Gleiche gilt für Kupferköpfe *(Agkistrodon contortrix, Agkistrodon halys, Agkistrodon intermedius, Agkistrodon blomhoffii* und *Elaphe schrencki).* Im Gegensatz dazu sterben der Mississippi-

Alligator *(Alligator mississippiensis)* und der China-Alligator *(Alligator sinensis)* bereits bei +4 °C. Im Gegensatz hierzu können Europäische Sumpfschildkröten *(Emys orbicularis)* sogar mit ihrem Rückenpanzer an der Eisschicht festfrieren und trotzdem überleben.

Eine große Anzahl von Amphibien und Reptilien verharrt den ganzen Winter hindurch im Zustand der Kältestarre in ihrem Versteck. Ein derartiges Verhalten scheint erblich bedingt zu sein. Mauereidechsen zeigen gelegentlich ein anderes Überwinterungsverhalten. An warmen, sonnigen Februartagen kann man Mauereidechsen gegen Mittag beim Sonnenbad an windgeschützten Stellen auf Legesteinmauern und zwischen Steinplatten beobachten. Hieraus geht deutlich hervor, daß die Temperatur des Substrates wichtiger ist als die der umgebenden Luft. Auch Kreuzottern hat man bei kalter Luft im hellen Sonnenlicht neben abschmelzenden Schneefeldern auf vergilbtem Gras beobachtet. Auch hier war das Substrat stets bedeutend wärmer als die umgebende Luft.

In diesem Zusammenhang sei auch darauf hingewiesen, daß Reptilien aus Zonen mit gemäßigtem Klima, die unter Obhut des Menschen gepflegt und nicht überwintert werden, für mindestens ein Jahr steril sind und im kommenden Jahr nicht zur Paarung schreiten. Somit ist eine Überwinterung von einheimischen, nordamerikanischen und zentralasiatischen Amphibien- und Reptilienarten für die Nachzucht im Terrarium von ausschlaggebender Bedeutung (s. Seite 82).

Alle Reptilien werden von Wärmequellen angezogen, die sie in den Strahlen der Sonne oder auf einer erwärmten Unterlage finden. So heizen sie ihren Körper auf und bringen ihn auf die für ihre Stoffwechselvorgänge notwendige Optimaltemperatur. Eine Eidechse oder eine Schlange, die sich bei einer Lufttemperatur von nur wenigen °C auf ei-

Oben links: Podarcis muralis muralis erträgt kurzzeitig Temperaturen unter 0 °C.
Unten links: Dipsosaurus dorsalis aus dem trockenen Südwesten der USA verträgt kurzzeitig Temperaturen von über 40 °C.
Rechts: Die Chamäleons nehmen bei niederen
Temperaturen eine dunkle Körperfärbung an, wie
dieses Chamaeleo (Bradypodion) fischeri aus
Tansania und Kenia.

nem dunklen Substrat sonnt, kann je nach
Lage der Örtlichkeit ihre Körpertemperatur
auf über 30 °C aufheizen. So kann das Reptil
bei einer niedrigen Lufttemperatur, die es
unter anderen Umständen lähmen würde, auf
der erwärmten Unterlage durchaus sehr aktiv
sein. Um die Wärmeaufnahme in den Körper
noch zu steigern, flachen zahlreiche Reptilien beim Sonnenbad ihren Rumpf ab.

Je nach Art ist die Vorzugstemperatur bei
den Reptilien unterschiedlich und variiert
zwischen 28 und 47 °C. Wüstenreptilien und
Reptilien, die in trockenen, warmen Gebieten leben, haben in der Regel eine höhere
Vorzugstemperatur als Reptilien aus den gemäßigten Klimazonen. Die Vorzugstemperatur eines Reptils oder eines Amphibiums ist
jedoch nicht notwendigerweise identisch mit
dessen normaler Aktivitätstemperatur.

Die Aktivitätstemperatur, bei der eine
Kriechtierart aktiv ist, kann großen Schwankungen unterworfen sein. Bei nachtaktiven

Echsen und Schlangen liegt die Aktivitäts-temperatur niedriger als bei tagaktiven Arten. Nach MERTENS (1959) variiert die Aktivitäts-temperatur bei kalifornischen Reptilien zwischen 15 und 42 °C. Im oberen Bereich nähert sich diese Temperatur bereits dem Letalpunkt, an dem die Tiere wegen Überhitzung sterben. Bei den tagaktiven Echsen liegt sie im Durchschnitt bei 37,3 °C und bei den tagaktiven Schlangen bei 31,1 °C. *Eumeces fasciatus*, ein Skink aus dem Osten der Vereinigten Staaten, hat eine optimale Körpertemperatur von 34 °C. Seine Aktivität bleibt auch weit unterhalb derselben noch normal erhalten. Dieser Skink kopuliert noch bei 21 °C und frißt auch noch bei 16 °C. Bei 10 °C kann er sich jedoch nicht mehr normal bewegen.

Aber nicht nur Reptilien, sondern auch Amphibien suchen häufig die direkte Sonne und eine erwärmte Unterlage auf. Das ist bei zahlreichen Fröschen der Fall, die stundenlang am Ufer eines Gewässers oder im seichten, angewärmten Wasser sitzen, und die sofort in rasender Flucht in weiten Sprüngen davoneilen, wenn sich ein Feind oder ein Mensch nähert.

Die Amphibien wie auch die Reptilien setzen sich erhöhten Vorzugstemperaturen in freier Natur nur eine begrenzte Zeit aus. Wenn Reptilien z. B. im Terrarium über einen langen Zeitraum hinweg einer zu hohen Temperatur ausgesetzt werden, werden sie sogar steril.

Während der Aktivitätsperiode variiert die Körpertemperatur einer Eidechse, einer Schlange, einer Schildkröte und eines Krokodils oft beträchtlich. Wenn die Körpertemperatur eines sich sonnenden Reptils einen gewissen Grenzwert überschreitet, verschwindet das Tier in seinem Unterschlupf. In zahlreichen Fällen hält sich ein Reptil auch an Plätzen auf, die der direkten, ungehinderten Sonneneinstrahlung entzogen sind. So kann man bei starkem Sonnenschein nicht selten Echsen, Schlangen und Landschildkröten im hohen Gras und im Gebüsch liegen sehen, wodurch ein unerträglich hohes Ansteigen der Körpertemperatur unterbunden werden soll. Die Hornviper *(Cerastes cerastes)* oder die Avicenna-Viper *(Cerastes vipera)* graben sich bei heißer Sonne oft in den Sand ein. Eine Anzahl anderer wüstenbewohnender Schlangen und wüstenbewohnender Echsen verhalten sich ähnlich. Auch kann man gelegentlich beobachten, wie Europäische Hornottern *(Vipera ammodytes)* und Aspisvipern *(Vipera aspis)*, aber auch andere Schlangen, ihren Vorderkörper den Sonnenstrahlen aussetzen, während sich der andere Rumpfteil noch im Schlupfwinkel befindet. Ein derartiges temperaturregulierendes Verhalten ist sicherlich zweckmäßig, da die Körpertemperatur so nicht übermäßig hoch ansteigen kann.

Die Wärmeregulation findet bei den Amphibien und den Reptilien aber nicht nur durch einen Wechsel zwischen Sonnenbaden und Aufsuchen eines Schattenplatzes statt, sondern bei den Wasserschildkröten und bei den Krokodilen z. B. durch einen Wechsel vom Land ins Wasser und umgekehrt oder durch einen Aufenthalt im teilweisen Schatten von hohen Gräsern, von Schilfrohr, von Gebüsch oder im Astwerk von Büschen und Bäumen.

Aber auch durch einen Farbwechsel ist dies möglich. So kann man bei niederen Temperaturen an zahlreichen Agamen, Gekkos, Anolis und Chamäleons eine dunkle Körperfärbung beobachten. Die dunkle Körperfärbung absorbiert die wärmenden Sonnenstrahlen besser als eine helle Körperfärbung. Steigt die Körpertemperatur bis zu einem gewissen Grenzwert an, so ändert das Reptil seine Farbe und wird hell bis gelblich. Ein durchaus gleiches Verhaltes demonstrieren Krokodile und manche Schlangen. Bei kühlem Morgenwetter steigen die Krokodile in der Regel in dunkler Körperfärbung aus dem Wasser. Wenn sie stundenlang in der warmen Sonne gelegen haben und ein gewisser Grenzwert bezüglich der Körpertemperatur überschritten ist, ziehen sich die dunklen Farbpigmente in der Haut zusammen und das Tier wird heller. Ein solcher Farbwechsel vollzieht sich auch beim südostasiatischen Netzpython *(Python reticulatus)* und einigen anderen Schlangen.

In diesem Zusammenhang sei auch auf den Melanismus bei manchen Schlangen, wie z. B. der Kreuzotter *(Vipera berus)*, der Aspisviper *(Vipera aspis)* oder der Iberienotter *(Vipera seoanei)* hingewiesen, die zum Teil auf hohen Bergen leben. Hier herrscht ein kühles Gebirgsklima, und die Aktivitätsdauer beschränkt sich oft nur auf vier bis fünf Monate. Diese Schlangen sind dann auf möglichst viel Sonnenenergie angewiesen, die sie mit Hilfe ihrer schwarzen Körperfarbe und der Abplattung ihres Rumpfes optimal ausnutzen.

Bei den Krokodilen und einer Anzahl von Echsen wird die Thermoregulation auch durch Aufsperren des Maules unterstützt. Die Krokodile liegen in der Mittagshitze oft mit geöffnetem Maul in der Sonne. Bei aufgerissenem Maul verdunsten die Mundschleimhäute viel Wasser und tragen auf physikalische Weise durch Entstehen von Verdunstungskälte zu einer optimalen Temperaturregulierung bei. Bei den Krokodilen dienen auch die gut durchbluteten Hautknochen unter den Hornschilden als Mechanismus für einen Wärmetransfer von außen nach innen sowie als Isolator gegen Wärmeabgabe nach außen. Die Haut eines Krokodils verdunstet viel Wasser, wodurch besonders beim Sonnenbaden eine Überhitzung vermieden wird. Die von der Sonne in den Krokodilkörper aufgenommene Sonnenenergie trägt nicht nur zur besseren Verdauung bei, sondern macht ein Krokodil auch zum Beutefang beweglicher.

Bei direkter Besonnung steht die Wärmeaufnahme im umgekehrten Verhältnis zur Körpermasse eines Reptils. Je kleiner ein Tier ist, desto relativ größer ist seine Körperober-

fläche und um so schneller steigt die Körpertemperatur bei Erwärmung und umgekehrt.

Ähnliches gilt auch für Amphibien, die die Höhe ihrer Körpertemperatur durch Wasserverdunstung durch ihre feuchte Haut regeln. Die Optimaltemperaturen sind bei den Amphibien gegenüber den Reptilien deutlich niedriger. Einige Amphibien, wie z. B. der Grottenolm *(Proteus anguinus)* aus den unterirdischen Bächen in den Kalksteingrotten von Nordwestjugoslawien wie auch die Südfrösche der Gattungen *Batrachophrynus* und *Telmatobius* oder *Hynobius keyserlingii* aus Sibirien leben konstant in kalter Umgebung und in kaltem Wasser und weisen dadurch Körpertemperaturen von nur 10 °C auf.

Gewisse Fortpflanzungseigentümlichkeiten hängen bei den Reptilien auch mit den Umgebungstemperaturen zusammen. Es ist kein Zufall, daß die Kreuzotter und die Bergeidechse, deren Verbreitungsgebiete bis in den hohen Norden Europas hineinreichen, lebende Junge zur Welt bringen. Bei den niedrigen Durchschnittstemperaturen und der im Zusammenhang damit bedingten kurzen Aktivitätsperiode von drei bis fünf Monaten können in den Erdboden abgelegte Eier nicht zur Entwicklung kommen. Auf der anderen Seite kann sich ein trächtiges Kreuzottern- oder Bergeidechsenweibchen aber den wärmenden Sonnenstrahlen aussetzen, wodurch die Körpertemperatur auf Werte ansteigt, die eine rechtzeitige Entwicklung der Jungen im Mutterleib möglich macht. Neben den beiden gerade genannten Arten zeigen zahlreiche andere Echsen und Schlangen Ovoviviparie, die dem Lebendgebären entspricht.

Die Weibchen einiger Pythonarten erhöhen während des Brütens ihre Körpertemperatur. Letztere unterscheidet sich dann um mehrere °C von der Umgebungstemperatur. Eine derartige physiologische Thermoregulation ist bei der Entwicklung der Jungen in den Eiern durchaus zweckmäßig.

Licht

Das Licht ist für die Lurche und Kriechtiere nicht von so vitaler Bedeutung wie die Temperatur. Das Sonnenlicht setzt sich aus Schwingungen unterschiedlicher Wellenlängen zusammen. Man kann das sichtbare Licht daher mit Hilfe eines Spektralapparates in seine einzelnen Farben zerlegen, die von Rot über Gelb, Grün, Blau bis Violett reichen. Die Bereiche unterschiedlicher Lichtfarben sind für die Amphibien und Reptilien von verschiedener Bedeutung. So sollen beispielsweise der blaue und grüne Strahlenanteil des Lichtes auf europäische Kröten und Frösche entwicklungshemmend, der rote Strahlenbereich jedoch entwicklungsfördernd wirken. Der ultraviolette Strahlenanteil ist für den Vitamin-D-Haushalt im menschlichen und tierischen Körper von Bedeutung, da er die Knochen- und Zahnentwicklung wirkungsvoll unterstützt.

Die meisten Reptilien und zahlreiche Amphibien suchen das Sonnenlicht auf, da es ihnen die notwendige Wärme bietet. Der Übergang vom Tag zur Nacht und der Übergang von der Helligkeit zur Dämmerung ist für den Lebensrhythmus der Lurche und Kriechtiere von so herausragender Bedeutung, daß sich verschiedene lichtabhängige und lichtunabhängige Formen herausgebildet haben. Es gibt eine Anzahl von Arten, die sich im Laufe der Stammesgeschichte an dauernde Dunkelheit angepaßt haben. Das ist beispielsweise beim Grottenolm *(Proteus anguinus)*, beim Blindsalamander *(Typhlomolge rathbuni)* aus den Höhlensystemen des Edwards-Plateaus in Texas oder beim Grottensalamander *(Typhlotriton spelaeus)* der Fall. In Anpassung an die lebenslange Dunkelheit in Höhlengewässern besitzen diese Schwanzlurche keine Pigmente in ihrer Haut und sind dadurch farblos.

Neben diesen Schwanzlurchen gibt es jedoch auch einige höhlenbewohnende Repti-
lienformen. Als Beispiel sei hier die Natter *Elaphe taeniura ridleyi* erwähnt, die auf der Malayischen Halbinsel bei Kuala Lumpur in tiefen Höhlen lebt und sich weitgehend von Fledermäusen ernährt. Sie ist auffallend hell gefärbt und unterscheidet sich somit von den anderen Unterarten der Art »*taeniura*«. Der auf Kuba in Höhlen lebende kleine *Anolis lucius* ist ebenfalls in Anpassung an seine Lebensweise in der Dunkelheit fast völlig farblos und zeigt auf durchsichtigem Körper ziegelrote Querbinden.

Neben den höhlenbewohnenden Formen gibt es noch eine Reihe von Echsen und Schlangen, die eine dauernde, unterirdische Lebensweise führen. Erwähnt seien die merkwürdigen, bräunlichen bis rotbraunen, regenwurmartigen Netzwühlen der Gattung *Blanus* oder die Blindschlangen *Typhlops*. Beide leben in der Erde, bevorzugt unter Steinen, führen eine wühlende Lebensweise und haben lediglich schwach entwickelte Augen.

Neben den lichtunabhängigen Formen lassen sich die Amphibien und Reptilien in Beziehung zum Licht in **tagaktive**, in **nachtaktive** und in **dämmerungsaktive** Formen einteilen. Mit Ausnahme von wenigen Beispielen sind die Echsen und die Schildkröten weitgehend tagaktiv. Die meisten Amphibien sind jedoch nachtaktiv. Neben den tagaktiven und den nachtaktiven Formen kennt man die dämmerungsaktiven Lurche und Kriechtiere und solche, die je nach der Jahreszeit sowohl am Tage als auch in der Nacht munter sind.

Typische nachtaktive Reptilien sind die meisten Geckos und die Nachtechsen *(Xanthusiidae)*, die sich während des Tages unter Steinen, in Felsspalten, unter altem Holz und Fallaub verbergen und in der Nacht allerlei Insekten und Gliederfüßern nachstellen. Einige Skinke sind dämmerungsaktiv. Unter den Schlangen hält sich der Anteil an tagaktiven wie an nachtaktiven Arten ungefähr die Waage. Der Aktivitätsrhythmus bestimmter Arten hängt von verschiedenen Faktoren ab. So spielen die Jahreszeiten, das Alter, der Biotop, das Klima und die Niederschläge eine gewisse Rolle. Zahlreiche Schlangen, wie z. B. die europäischen Viperiden, aber auch Klapperschlangen aus Nordamerika und andere Grubenottern, sind im Frühjahr und im Herbst tagaktiv, was wohl in erster Linie durch die niedrigen Temperaturen bedingt ist. Bei intensiver Sonneneinstrahlung und Hitze im Sommer ändert sich ihr Verhalten. Sie erscheinen frühmorgens auf ihren Stammplätzen, um sich zu sonnen. Recht bald verschwinden sie wieder in ihren Verstecken. Am späten Nachmittag oder frühen Abend verlassen sie ihren Unterschlupf erneut und sind dann in der Dämmerung und oft bis in die tiefe Nacht hinein munter.

Zur Fortpflanzungszeit im Frühjahr leben unsere einheimischen Molche weitgehend tagaktiv. Sie halten sich dann bevorzugt an besonnten Stellen im freien Wasser auf, wo sie ihr Paarungszeremoniell vollziehen. Junge Kröten, aber auch Kaulquappen, lieben das Sonnenlicht, während die erwachsenen Tiere die Dunkelheit ihrer Versteckplätze bevorzugen. Gewisse Schlangen reagieren ausgesprochen sensibel auf das Tageslicht. Aus dem Unterschlupf hervorgeholt, rollen sich z. B. der Erdpython *(Calabaria reinhardtii)* und Vertreter der Kraits *(Bungarus)* zu einem Knäuel zusammen und verstecken ihre Köpfe unter ihren Körperschlingen.

Die Beziehung zum Licht spiegelt sich auch in der Größe der Augen und in der Pupillenform wieder. Die Reptilien haben in der Mehrzahl der Fälle rundliche bis ovale Pupillen. Es gibt aber auch eine nicht unbeträchtliche Anzahl von Amphibien und Reptilien, bei denen sich die Pupille im hellen Licht zu einem engen, senkrechten Schlitz verengt. Die Pupillengröße steht natürlich auch in Beziehung zur Lichtintensität. Je heller das Licht ist, desto kleiner wird die Pupille, sei es, daß sie sich wie bei der nachtaktiven *Elaphe flavirufa* von der großen, rundlichen Form zu einem Punkt verengt, oder, wie es bei den Geckos, Vipern und Krokodilen der Fall ist, zu einem Schlitz wird. Wenn Krokodile in der Nacht von einem Scheinwerfer angestrahlt werden, leuchten ihre Augen, wie man es von Katzen her kennt. Ein derartiges Augenleuchten ist durch die Reflektion einer zurückstrahlenden Schicht im Augenhintergrund bedingt, die »Tapetum lucidum« genannt wird. Ein derartiges »Tapetum lucidum« findet sich auch bei Echsen und bei verschiedenen Fröschen.

Feuchtigkeit

Feuchtigkeit und Wasser sind für sämtliche Amphibien und Reptilien mehr oder minder von lebenswichtiger Bedeutung. Die meisten Amphibien und zahlreiche Reptilien sind an kleinere und größere Feuchtgebiete, wie Tümpel, Teiche, Sümpfe, Seen, Bäche, Flüsse usw., gebunden. Hier finden sie ihre Nahrung sowie Unterschlupf und können sich fortpflanzen. Die Beeinträchtigung, Vergiftung oder gar Vernichtung dieser Lebensstätten, die man unter der Bezeichnung »Feuchtgebiete« zusammenfaßt, sind die Hauptursache für den erschreckenden Artenschwund.

Neben den an Feuchtgebiete gebundenen Arten gibt es unter den Amphibien auch einige Froschlurche, die an das meist unterirdische Leben in Steppen, Savannen oder Wüsten angepaßt sind.

Mit Ausnahme einiger Salamander können die Amphibien nicht trinken, und so beschränkt sich ihre Wasseraufnahme auf ihre wasserabsorbierende Haut. Darüber hinaus sind eine ganze Reihe von Froschlurchen, besonders Kröten, in der Lage, ihre Harnblase gleichzeitig als Wasserspeicher zu verwenden. Gleiches gilt auch für zahlreiche Landschildkröten aus trockenen Gebieten, die in ihrer Harnblase Wasser speichern. Wenn man solche Tiere in freier Natur einfängt und einen Augenblick in der Hand hält, beobachtet man häufig, wie sie defensiv und reflexartig einen Flüssigkeitsstrahl von sich geben.

Ein besonders eindrucksvolles Beispiel für Feuchtigkeitsabsorption und Wasserspeicherung stellt der im englischsprechenden Raum als »Water-Holding Frog« bezeichnete *Cyclorana platycephalus* aus dem trockenen Zentralaustralien dar. Dieser Frosch erscheint nach heftigen Regenfällen auf der Erdoberfläche, wo er in nur kurzfristig wasserführenden Pfützen, Tümpeln und Bächen zur Fortpflanzung schreitet. Nach einer Regenperiode gräbt sich dieser Frosch tief in den Erdboden ein, wo er eine kokonartige Kammer mit einer wasserundurchlässigen Wand um sich baut, die wie die Harnblase, die Lymphsäcke und die Gewebe des Frosches mit Wasser angefüllt sind. In dieser Erdkammer überdauert er lange Trockenperioden, die für diese Gebiete charakteristisch sind. Neben *Cyclorana platycephalus* zeigen auch Vertreter der Gattung *Neobatrachus* und eine *Limnodynastes*-Art, die alle in den Trockengebieten Australiens beheimatet sind, ein solches Verhalten.

Bemerkenswert in diesem Zusammenhang sind auch die verdickten Schwänze einiger Wüstenechsen (*Heloderma*, Geckos, Skinke). Die Schwänze dieser Echsen dienen zum Teil als Wasserspeicher. Die Membranen der Fettzellen in diesen Schwänzen können Wasser absorbieren und setzen dies bei Bedarf auch wieder frei, wobei das Fett chemisch umgewandelt werden kann und dabei Wasser entsteht.

Wie lebensnotwendig Wasser für Amphibien und Reptilien ist, zeigt sich bereits bei der Fortpflanzung und bei der Entwicklung der Eier. Wenn die Trockenzeit in den Tropen beendet ist, verlassen zahlreiche Froschlurche ihre Verstecke. Die massiven Regengüsse wirken als Auslöser für die einsetzende Paarung. Diese findet oft erstaunlich rasch

statt. Die abgelegten Eier nehmen große Wassermengen auf, wobei sie oft stark aufquellen. Die Entwicklung der Kaulquappen vollzieht sich ebenfalls mit bemerkenswerter Geschwindigkeit. Wenn sich die nächste Trockenzeit nähert, sind die kleinen und großen Frösche und Kröten bereits im Erdboden und in sonstigen Verstecken verschwunden.

Weniger bekannt sind die Ruheperioden von Krokodilen während der Trockenzeit. So graben sich die südamerikanischen Kaimane während der heißen Jahreszeit beim Eintrocknen der Gewässer 40 bis 60 cm tief in den nassen Schlamm ein und verbringen hier eine Ruheperiode in einem starreähnlichen Zustand, falls sie nicht vorzeitig über Land wandern und ein anderes Gewässer aufsuchen. Wenn die Sümpfe zu Pfützen austrocknen, können sich an den noch nassen Stellen mehrere hundert Tiere ansammeln, die über- und nebeneinander liegen.

Nicht nur Amphibien-, sondern auch Reptilieneier sind wasserbedürftig. Die Eier vieler Echsen, Schlangen, Schildkröten und Krokodile wiegen gegen Ende ihrer Entwicklung zuweilen mehr als das Doppelte als zu Beginn der Eiablage, was darauf hindeutet, daß sie die Feuchtigkeit ihrem Substrat und der umgebenden Luft entziehen. Selbst die schlüpfenden Jungtiere sind schwerer als die gerade gelegten Eier. Bei Krokodilen und Meeresschildkröten können die Eier im Zuge ihrer Entwicklung bis zu 42% zusätzliche Feuchtigkeit aus ihrer Umgebung aufnehmen. Daher darf der Terrarianer abgelegte Reptilieneier auch nicht vollkommen trocken unterbringen, sondern in einem leicht feuchten Substrat bei einer Temperatur, die der betreffenden Art angemessen ist. Werden die Eier zu feucht oder gar naß inkubiert – ein Fehler, den man nie begehen darf –, so fangen die Eier an zu schimmeln, und die Embryonen gehen zugrunde.

Das Wasser spielt auch bei der Verbreitung der Amphibien eine Rolle. Nahezu alle Süßwasseransammlungen der Erde werden von Amphibien bewohnt. Das Meer ist dagegen fast gänzlich amphibienfrei, da Meerwasser auf die Erwachsenen, die Amphibieneier und auf die Larven eine tödliche Wirkung hat. Ausnahmen: Die Sandkröte *(Bufo arenarum)* aus Argentinien laicht in Tümpeln nahe der Meeresküste. Das brackige Wasser tut den Eiern und den Kaulquappen keinen Schaden an. Auch die Salzkröte *(Bufo boreas halophilus)* aus Nevada und Kalifornien lebt schadlos in alkaligesättigten Sümpfen und pflanzt sich hier auch fort. Die marin lebenden Reptilien sind gegen Salzwasser viel weniger empfindlich als die Amphibien. So besitzen die Echten Krokodile der Gattung *Crocodylus* in ihren Zungen Salzdrüsen, mit deren Hilfe sie Salze ausscheiden. In den Zungen der Alligatoren und der Kaimane fehlen die Salzdrüsen eigenartigerweise. Derartige Salzdrüsen mit osmoregulatorischen Funktionen findet man auch bei einigen Leguanen aus den Gattungen *Ctenosaura, Iguana, Sauromalus* und der Meerechse *Amblyrhynchus cristatus* von den Galapagos-Inseln. Im Meer lebende Schlangen, wie die Seeschlangen (Hydrophiidae) und die Warzenschlangen (Acrochordidae), haben Salzdrüsen im Gaumen. Die Meeresschildkröten aus den Familien der Cheloniidae und der Dermochelydidae scheiden Salz aus der sogenannten Harderschen Drüse im Augenbereich aus.

Die Reptilien sind durch ihre schuppige Haut gegen Feuchtigkeitsverluste weitgehend geschützt. Es gibt eine Reihe von Echsen und von Schlangen aus Feuchtgebieten, die bei Trockenheit schneller Wasser verlieren als solche aus Steppen oder gar aus Wüsten. Eigenartigerweise besitzen manche wüstenbewohnenden Echsen eine hygroskopisch wirkende Haut, die Feuchtigkeit aus der Umgebung aufnimmt. Die Krustenechse *(Heloderma suspectum)* aus den westlichen Vereinigten Staaten und aus Nordwest-Mexiko benötigt zu ihrem Wohlbefinden im Terrarium ein Wasserbecken, in dem sie sich oft stunden- oder gar tagelang aufhält, wenn der Bodengrund zu trocken ist.

Luft

Die Luft ist als abiotisches Element wohl am wichtigsten für die Amphibien und Reptilien. Die Lungen stehen über eine Luftröhre mit der Mundhöhle in Verbindung. Die Gestalt der Lungen richtet sich weitgehend nach der Körperform des betreffenden Tieres. So haben die Lungen bei sehr langgestreckten Echsen und besonders bei Schlangen eine lange Form. Neben der Lungenatmung existiert bei einigen Wasserschildkröten und Schlangen auch Hautatmung.

Manche Wasserschildkröten besitzen zottenartige Schleimhautfortsätze an der stark durchbluteten Schlundwand. So saugt die europäische Sumpfschildkröte *(Emys orbicularis)* das Wasser durch die Nase ein und stößt es durch den Mund wieder aus. Dabei wird dem Wasser der Sauerstoff entzogen. Die Mundhöhlenatmung spielt bei den Weichschildkröten eine besonders wichtige Rolle.

Eine weitere Atmungsweise ist die Afteratmung. An der Rückwand der Kloake befinden sich dünne und gut durchblutete Analsäcke. Die Analsäcke werden durch die Kloakalspalte mit Sauerstoff gefüllt. Wenn Wasserschildkröten am Grunde eines Gewässers überwintern, genügt die Analatmung. Dabei wird dem Wasser hinreichend Sauerstoff zur Aufrechterhaltung der durch niedrige Temperaturen verzögerten Lebensprozesse entzogen. Einige Seeschlangen (Hydrophiidae), wie z. B. *Pelamis platurus*, besitzen sehr gut durchblutete Mundhöhlen, durch welche sie den im Meerwasser gelösten Sauerstoff aufnehmen. Daneben gibt es andere Seeschlangenarten, bei denen die subepidermalen Hautschichten durch Kapillarnetze gut durchblutet sind. Diese subepidermalen

Hautschichten nehmen den im Wasser gelösten Sauerstoff gleichfalls über die Kapillarnetze auf.

Bei den Amphibien ist die Hautatmung ebenso wichtig wie die Lungenatmung. Die Lungenlosen Salamander (Plethodontidae), die in größter Artenfülle in Nordamerika beheimatet sind, besitzen keine Lungen und decken ihren Sauerstoffbedarf über eine stets feuchte Haut. Die Larven von Schwanz- und Froschlurchen besitzen weitgefächerte äußere und innere Kiemen mit großer Oberfläche. Beim Axolotl *(Ambystoma mexicanum)* sind die äußeren Kiemen besonders gut entwickelt.

Die Biotope der Amphibien und Reptilien

Ein **Ökosystem** ist ein über dem einzelnen Organismus stehender Verband mit einem bestimmten Arteninventar und meist sehr komplex aufgebaut. Es weist oft fließende Übergänge und unscharfe Grenzen auf. Ein derartiger fließender Übergang mit unscharfen Grenzen ist beispielsweise der Übergang vom Wald zur Steppe oder der graduelle Übergang vom Sumpf über das Röhricht zum See. Der Begriff Ökosystem ist rang- und dimensionslos. Daher kann man ihn sowohl auf ein einfaches Umwelt-Beziehungsgefüge anwenden, wie es z. B. ein gut funktionierendes Aquaterrarium mit Froschlurchen ist, als auch auf einen künstlich angelegten Gartenteich, einen See, einen Bach oder einen tropischen Regenwald.

Jedes Ökosystem setzt sich aus zwei Grundeinheiten zusammen: Biotop und Biozönose. Der **Biotop** stellt die abiotische Umwelt, wie Wärme, Licht, Wasserverhältnisse usw., dar. Ein Biotop ist ein natürlicher, abgrenzbarer Lebensraum. Die **Biozönose** ist eine Lebensgemeinschaft von bestimmten Tieren und Pflanzen.

Auf einen bestimmten Biotop ist stets eine bestimmte Lebensgemeinschaft abgestimmt. Letztere gliedert sich in Produzenten (Erzeuger), in Konsumenten (Verbraucher) und in Destruenten (Zersetzer). Die Produzenten sind die grünen Pflanzen und einige Bakterienarten, die organische Substanz, die der Biologe auch als Biomasse bezeichnet, aus anorganischen Stoffen (Kohlendioxid, Wasser) im Zuge der Photosynthese aufbauen. Die Konsumenten sind die Tiere und der Mensch. Die Pflanzenfresser bezeichnet man als primäre Konsumenten, die kleineren Fleischfresser als sekundäre Konsumenten. Die Großraubtiere, die kleinere Raubtiere (sekundäre Konsumenten) fressen, sind tertiäre Konsumenten. In einem Ökosystem können nur so viele Konsumenten leben, wie dies die Produktion der Produzenten möglich macht.

Lebewesen, die Leichen und tote organische Substanz zu einfacheren Stoffen und zu Wasser, Kohlendioxid und Mineralstoffen abbauen, nennt man Destruenten. Diese einfacheren Stoffe sind nach ihrem Abbau wieder Teile der abiotischen Umwelt. Die Destruenten gliedern sich in die sogenannten Saprophagen (Abfallfresser) auf und in die Mineralisierer. Die Saprophagen sind alle möglichen Kleintiere im Wasser und im Boden. Die Mineralisierer sind das große Heer der Bakterien und Pilze, die durch ihre zersetzende Tätigkeit die Kontinuität dieses Kreislaufes und damit des Lebens aufrecht erhalten.

Daraus geht hervor, daß zwischen Biotopen und Biozönosen oft schwer erfaßbare, zuweilen aber auch einfache Wechselbeziehungen bestehen.

Feuchtgebiete

Ein **Tümpel** ist ein stehendes Kleingewässer, das im Jahr ein oder mehrere Male austrocknen kann. Wasserpflanzen fehlen daher gelegentlich. In anderen Fällen sind sie vorhanden und bilden dann am Ufer, wo Schilfrohr,

Oben: Tümpel in Nordwest-Marokko. Biotop von Pleurodeles waltl, Rana perezi, Natrix maura.
Unten: Teich (Tachamar) im paraguayanischen Chaco. Biotop zahlreicher Amphibien (Phyllomedusa sauvagei, Phyllomedusa hypochondrialis, Phrynohyas venulosa, Dermatonotus muelleri etc.) und Reptilien (Kinosternon scorpioides seriei, Acanthochelys pallidipectoris, Phrynops chacoensis, Lystrophis semicinctus, Philodryas olfersii etc.).

Rohrkolben, Teichsimsen, Seggen, gelbe Schwertlilien und Froschlöffel wachsen, ein mehr oder weniger geschlossenes Pflanzendickicht.

Da Tümpel schnell austrocknen können, liegt es nahe, daß sie in der Regel nicht tief sind. Nicht selten liegen sie in der offenen Landschaft und werden somit im Frühjahr und Sommer von intensiven Sonnenstrahlen getroffen, wodurch die Wassertemperaturen stark ansteigen können. Tümpel entstehen in Geländesenken und werden durch Niederschläge, durch Schmelz-, Bach- oder Flußwasser gespeist. Zuweilen sind sie auch von Weiden, von Schwarzerlen oder niederem Gebüsch umgeben.

Tümpel können alle möglichen Formen aufweisen. Manche sind unregelmäßig gestaltet, andere eher rund bis oval, es können Gräben, Wagenspuren und sonstige Vertiefungen sein. Tümpel z. B. in der Eifel sind bevorzugte Laichgebiete für Grasfrösche, kleine Teichfrösche, Erdkröten, Teichmolche, Bergmolche, Fadenmolche und Kammolche. Gelbbauchunken, Geburtshelferkröten und Kreuzkröten sind leider seltener als früher. An manchen Tümpeln findet man hin und wieder Ringelnattern, die auf die dortigen Amphibien und auf kleine Fische, falls solche vorhanden sind, Jagd machen. Die Wechselbeziehungen unter den Organismen in und um einen Tümpel herum sind durchaus nicht so unkompliziert wie es vielen Menschen erscheint. Die Artenvielfalt ist in Tümpeln südlicher Länder bedeutend größer als in denen Mitteleuropas, besonders dann, wenn mehrere Tümpel netzartig miteinander in Verbindung stehen und die regulierende Hand des Menschen nicht eingegriffen hat.

Teiche oder **Weiher** sind kleinere oder größere stehende Gewässer mit unterschiedlicher Tiefe, denen jedoch die lichtlosen Tiefenzonen des Sees fehlen. Da Teiche oft stark besonnt sind, kann der Bodengrund eines Teiches vollständig von Wasserpflanzen be-

See in Nordwestspanien. Biotop von Rana perezi, Natrix maura, Natrix natrix astreptophora. An den Rändern und dahinter Lacerta lepida.

wachsen sein. Die Oberfläche ist nicht selten mehr oder weniger dicht von Schwimmpflanzen bedeckt. In der Mehrzahl der Fälle handelt es sich in unseren Breiten bei den Schwimmpflanzen um Wasserlinsen *(Lemna minor)* und Seerosen *(Nymphaea alba* und *Nuphar lutea)*. In den ufernahen Flachwasserzonen eines Teiches wuchern oft üppige Bestände von Rohrkolben *(Typha latifolia)*, Igelkolben *(Spargania emersum)*, Froschlöffel *(Alisma plantago)*, Sumpfkalla *(Calla palustris)*, Pfeilkraut *(Sagittaria sagittifolia)*, Froschbiß *(Hydrocharis morsus-ranae)*, Wassernabel *(Hydrocotyle vulgaris)* und anderen Sumpf- und Wasserpflanzen. Vom Menschen angelegte, intensiv genutzte Fischteiche sind fast immer faunistisch und floristisch verarmt und biologisch ohne Bedeutung. Um so wichtiger sind unberührte Naturteiche ohne Nutzfischbesatz mit weitausholenden Flachwasserzonen, die sich durch eine beeindruckende Vielfalt von Pflanzen- und Tierarten auszeichnen.

Zu solchen Naturteichen gehört das Heer von schwimmenden und fliegenden Wasserinsekten, von verschiedenen Muscheln und Schnecken, von Würmern und von Fischen. Unberührte Naturteiche zeichnen sich auch durch einen besonderen Vogelreichtum aus. Die wenigen Naturteiche Deutschlands werden von Teichmolchen, Bergmolchen, Fadenmolchen, Kammolchen und nicht selten von Feuersalamanderlarven bewohnt. Weiterhin siedeln Kleine Wasserfrösche, Wasserfrösche, Moorfrösche, Grasfrösche, Springfrösche, Erdkröten, Kreuzkröten und Wechselkröten in oder an der Umgebung von Naturteichen und laichen hier. Bergeidechsen, Zauneidechsen und Blindschleichen leben oft in unmittelbarer Nähe von Teichen an den dort wachsenden Uferbüschen. Ringelnattern sind häufige Erscheinungen an Naturteichen, da das Nahrungsangebot hier reichlich und abwechslungsreich ist. Gelegentlich stößt man sogar an Teichrändern auf Kreuzottern beim Sonnenbad, wenn der

Oben: Bach in Südspanien. Biotop von Mauremys leprosa, Emys orbicularis, Natrix maura, Rana perezi, Alytes cisternasii, Triturus marmoratus.
Unten: Mae Nam Kwai Noi in Westthailand in der Nähe von Burma. Ehemaliger Biotop von Crocodylus siamensis, Chitra indica, Trionyx cartilagineus, zahlreichen Schlangen- und Froscharten.

Teich in einem von Kreuzottern besiedelten Lebensraum, wie es ein Torfmoor ist, liegt. Auch hier ist die Vielfalt an Pflanzen- und Tierarten in Teichen tropischer Gebiete bedeutend größer als die in Mitteleuropa. Bereits in Nordamerika, das den gemäßigten und subtropischen Klimazonen zuzurechnen ist, sind viel mehr Lurche, Echsen, Schlangen und Wasserschildkröten an Teichen zu sehen als bei uns.

Seen sind große Standgewässer mit mehr als 2 m Tiefe. Sie unterscheiden sich von Teichen durch das Vorhandensein von lichtarmen bzw. lichtlosen Tiefenzonen. Ein See gliedert sich in verschiedene Lebensräume. Man unterscheidet eine Zone freien Wassers (Pelagial) vom Seeboden (Benthal). Die Uferzone (Litoral) des Seebodens ist der Bereich, in dem das Licht bis zum Grunde reicht, so daß der Gewässergrund von grünen Pflanzen bewachsen ist. Die Uferzone, die stets von Schilf und anderen Pflanzen dicht bewachsen ist, beherbergt eine charakteristische Tierwelt, vor allem Wasservögel und deren Nistplätze. Seen stellen den Lebensraum zahlreicher Amphibien- und aquatisch- und teilaquatisch lebender Reptilienarten dar. Im Bereich des Schilfgürtels leben nicht nur Schwanzlurche verschiedenster Gattungen und Arten, sondern auch eine Unzahl von Fröschen. Rein aquatil lebende Reptilienarten sind alle Wasserschildkröten und vor allem Krokodile. Hinzu kommen einige Schlangen, wie beispielsweise Anakondas *(Eunectes)*, die sich immer in direkter Nähe von Gewässern oder im Wasser selbst aufhalten.

Bäche sind kleine Fließgewässer mit unterschiedlicher Tiefe. Sie können einen steinigen, einen sandigen oder einen schlammigen Grund aufweisen. Je nach der Beschaffenheit des Bodengrundes, der Fließgeschwindigkeit, der Besonnung und des Uferbewuchses richtet sich die Zusammensetzung der Pflanzen- und Tiergesellschaften. Es gibt Bäche, die

KOSTENLOSE
ZUSATZ-INFOS

Wir haben noch mehr zu bieten.

BÜCHER UND ZEITSCHRIFTEN
ÜBER HOBBYTIERHALTUNG

(Gewünschtes bitte ankreuzen)

Schicken Sie mir bitte kostenlos informative
<u>Buchprospekte</u>

☐ über Aquaristik/Terraristik

☐ über Vögel

☐ über Haus- und Nutztiere

Schicken Sie mir bitte kostenlos ein Probeheft
der <u>Zeitschrift(en)</u> Kurzinformationen siehe Rückseite.

☐ Gefiederte Welt

☐ DATZ – *Aquarien Terrarien*

Name, Vorname

Straße/Nr.

PLZ/Ort

Tel.-Nr. (für Rückfragen)

W

Bitte hier vermerken, welchen Buch Sie diese Karte entnommen haben.

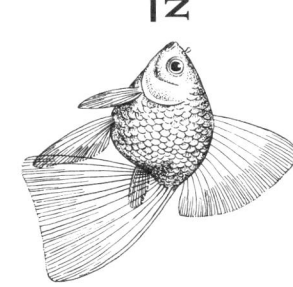

E.U.
VERLAG
EUGEN
ULMER

Verlag Eugen Ulmer

Postfach 70 05 61

7000 Stuttgart 70

→ **Gefiederte Welt.** Die Fachzeitschrift für Vogelfreunde, -pfleger und -züchter. Sie bietet ein breites Spezialwissen und vielfältige Informationen. Initiiert Leser-Leser-Kontakte. Erscheint monatlich.

→ **DATZ.** Für Liebhaber und Züchter von Aquarien- und Terrarientieren, denen neben der Freude an ihrem Hobby vor allem der Artenschutz und artgerechte Lebensbedingungen besonders wichtig sind. Erscheint monatlich.

einen dichten Wasserpflanzenbewuchs zeigen, während andere nicht oder kaum bewachsen sind. Manche Bäche sind arm an Amphibien und Reptilien. In und an den Rändern anderer Bäche leben hingegen zahlreiche Kriechtiere und Lurche. In besonnten, langsam fließenden Bächen kann man zuweilen die Amphibien und deren Larven finden, die auch in Tümpeln und Teichen vorkommen. Feuersalamanderlarven sind in langsam fließenden Bereichen von Bächen in und an den Rändern von Laubwäldern oft in erstaunlicher Anzahl zu sehen.

Flüsse und **Ströme** sind große bis sehr große Fließgewässer. Wenn in einen Hauptstrom viele große und kleine Nebenflüsse münden, spricht man auch von einem Flußsystem. Als Beispiele seien das Flußsystem des Amazonas und das des Rio Paraguy und Rio Parana angeführt. Besonders in und an Tropenflüssen lebt eine verwirrende Vielfalt unterschiedlichster Lebensformen. Neben einem erstaunlichen Reichtum an Fischen und an Amphibien leben hier zahlreiche Wasserschlangen und vor allem Wasserschildkröten.

Brackwasserzonen sind Gebiete, die durch Wasser mittleren Salzgehaltes auffallen. Meist handelt es sich um Gewässer, in denen das Meerwasser durch das Süßwasser der Flüsse, durch Grundwasser oder durch Niederschläge in seiner Salzkonzentration herabgesetzt wird. Die trichterartigen Mündungen großer Flüsse, Seen und Teiche in Küstennähe und Mangrovensümpfe enthalten mehr oder weniger salzhaltiges Brackwasser. Die Mangrovenformationen in den Subtropen und Tropen, die sich durch eine reichhaltige, an dieses Ökosystem angepaßte Tierwelt auszeichnen, unterliegen dem Gezeitenwechsel. Auffällig sind die immergrünen Pflanzen und Gehölze, die an den hohen Salzgehalt angepaßt sind. Die typischen pflanzlichen Vertreter in Mangrovengebieten sind die Gattungen *Rhizophora* und *Sonneratia*. Diese Gewächse sind so charakteristisch,

Brackwasserzone am Unterlauf des Mae Nam La-Un in Südthailand. Biotop von Crocodylus porosus, Python reticulatus, Trimeresurus purpureomaculatus, Boiga cyanea, Boiga dendrophila.

daß sie auch vom botanischen Laien leicht erkannt werden. Sie verfügen über Stelzwurzeln, mit denen sie sich im Bodenschlick verankern, und über nach oben sprossende Atemwurzeln. Die Keimlinge bleiben lange Zeit mit den Mutterpflanzen verbunden. Sie produzieren Schwimmfrüchte und weisen eine lange Lebensdauer auf.

Die Mangroven lassen sich in drei Lebensräume unterteilen: ein im Meer liegendes Weichbodengebiet, das zum größten Teil aus Sand besteht, ein Hartbodengebiet im marinen Bereich mit den typischen Mangrovenpflanzen und der sich dahinter anschließende Regenwald. Von den über 30 Gehölzarten, die die Mangrovenformationen bevölkern, sind nur vier in Mittel- und in Südamerika, die anderen jedoch in Südostasien beheimatet. Daher sind die Mangroven Amerikas am

Mangrovenzone in der südthailändischen Provinz Phang-nga. Biotop von Crocodylus porosus und Meeresschildkröten.

einfachsten, die Südostasiens am kompliziertesten aufgebaut. Die ungewöhnliche Tierfülle der Mangroven setzt sich aus allen Klassen zusammen. Unglaublich artenreich sind Wirbellose und Fische.

Das **Meer** ist ein Großökosystem und bedeckt zwei Drittel bis drei Viertel der Erdoberfläche. Die tropischen Meere, die so reich an Niederen Tieren und Fischen sind, beherbergen nur eine geringe Anzahl an Reptilien. Die Seeschlangen (Hydrophiidae) sind ausschließlich an das Meer gebunden. Ihre Nahrung setzt sich aus Meeresfischen zusammen. Während manche Arten noch an Land gehen, um dort ihre Eier abzulegen, bringen andere im Meer lebende Junge zur Welt. Direkt an das Leben im Meer angepaßt ist auch die auf den Galapagosinseln lebende Meerechse *Amblyrhynchus cristatus*, die auf felsigen Uferklippen lebt und unter der Wasseroberfläche die auf den Felsen wachsenden Tange abweidet. Als einziges Krokodil, das

die Meeresküsten als echten Lebensraum erobert hat, muß das Leistenkrokodil *(Crocodylus porosus)* genannt werden. Wegen seiner Vorliebe für Salzwasser wird diese größte Krokodilart im englischen Sprachgebrauch auch als »Saltwater Crocodile« bezeichnet. Echte Bewohner der tropischen und subtropischen Meere sind die kosmopolitisch auftretenden Meeresschildkröten (Cheloniidae) der Gattungen *Caretta* (Unechte Karettschildkröten), *Chelonia* (Suppenschildkröten), *Eretmochelys* (Echte Karettschildkröten), *Lepidochelys* (Bastardschildkröten) und *Dermochelys* (Lederschildkröten). Sie ernähren sich vorwiegend von Meerespflanzen oder von Meerestieren. Zum Teil sind sie auch Gemischtköstler. Als ortstreue Geschöpfe legen sie ihre Nistplätze immer an den gleichen sandigen Küstenstrichen an. Ihre Nistplätze finden sie durch einen Orientierungssinn, der sich nach der Sonne richtet, und durch die Lichtintensität wieder.

Wälder

Sie sind durch die standorttypischen Baumarten gekennzeichnet. Die dort vorkommenden Lebensgemeinschaften von Pflanzen und Tieren hängen, soweit sie nicht vom Menschen beeinflußt sind, hauptsächlich von Klima und Boden ab. Als weitere Faktoren zur Bildung von Wäldern spielen die Höhenlage, das Relief, die Lage zur Sonne und der Wasserhaushalt eine Rolle. In Abhängigkeit von den gerade genannten Faktoren haben sich im Laufe von Jahrmillionen von Jahren die unterschiedlichsten Waldtypen auf unserer Erde gebildet. Die Gliederung der Wälder richtet sich nach vegetationskundlichen Gesichtspunkten. So unterscheidet man Nadelwälder, sommergrüne Laubwälder, regengrüne Monsunwälder und Trockenwälder, immergrüne Wälder und Lorbeerwälder. Letztere überwachsen Gebiete mit warmen und trockenen Sommern und milden und feuchten Wintern. Urwälder, die seit Jahrmillionen aus eigenen Gesetzen heraus gewachsen und von menschlichen Eingriffen unbeeinflußt geblieben sind, kommen bis auf wenige Ausnahmen nur noch in der Subarktis und in den feuchten Tropengebieten vor. Solche immergrünen Feuchtwälder in den tropischen und äquatorialen Gebieten der Erde, die wir unter der Bezeichnung »tropische Regenwälder« kennen, weisen eine pflanzliche und tierische Vielfalt auf, die einmalig ist. Es ist unmöglich, die Amphibien und Reptilien, die in und an Rändern von Wäldern leben, an dieser Stelle aufzuzählen. Was die Amphibien und Reptilien in den gemäßigten und subtropischen Wäldern anbetrifft, so kommen hier nahezu alle Gattungen und Arten vor. Die Verteilung und Zusammensetzung der Herpetofauna in den Wäldern hängt vor allem von den abiotischen Faktoren wie Sonnen- und Lichtzutritt, Temperaturen, Niederschlägen und Feuchtigkeit, von der geographischen Lage

Atlantischer Regenwald in Ostbrasilien. Heimat zahlreicher neotropischer Frösche und Schlangen.

und von der Höhenlage sowie von der Dichte der dort wachsenden Bäume ab.

Eine ganz besonders reiche Entfaltung des Amphibien- und Reptilienlebens tritt uns in den immergrünen tropischen Regenwäldern entgegen, da die Umweltbedingungen, wie Wärme, Lichtverhältnisse und Feuchtigkeit, dem Optimum angenähert sind. Der erste Eindruck, den man jedoch in einem solchen Walde gewinnt, ist der, daß man kaum Tiere sieht. Diese Beobachtung, die mir bei meinen Streifzügen in den Regenwäldern Brasiliens, Ceylons und Thailands auffiel, ist darin begründet, daß die Tierwelt auf den Bäumen auf mehrere Stockwerke verteilt ist und sich wegen der ungeheuren Blattmasse weitgehend den Blicken entzieht. Unüberschaubar ist auch die riesige Anzahl von Schlupfwinkeln im Erdboden, unter abgefallenen Laub- und Holzansammlungen, zwischen Wurzeln, unter Moosen, unter umgefallenen Bäumen, unter der Rinde und in den Spalten und Vertiefungen in lebenden Bäumen. Wegen ihrer guten Tarnung bleiben viele Tiere unentdeckt.

Dornbuschsavanne im paraguayanischen Chaco. Biotop von Bufo paracnemis, Bufo granulosus, Teius teyou, Polychrus acutirostris, Leptodeira annulata pulchriceps, Bothrops neuwiedii diporus, Crotalus durissus terrificus.

Savannen und Steppen

Unter einer Savanne versteht man eine Vegetationsform in den Subtropen und Tropen, wo lange Trocken- und kurze Regenzeiten herrschen. Savannen sind meist flache bis hügelig gelegene Grasländer, die von charakteristischen Gehölzen durchsetzt sind. Man unterscheidet zwischen Feuchtsavannen, Trockensavannen und Dornbuschsavannen. Besonders letztere werden vom Europäer auch als »Busch« bezeichnet. Die Savannen sind in Südamerika, in Afrika und in Australien weit verbreitet. Die Feuchtsavannen sind zum Teil nach Abholzung der Trockenwälder vom Menschen geschaffen worden. Mit zunehmender Trockenheit gehen die Trockenwälder in Trockensavannen über. Solche Trockensavannen bedecken besonders in Ostafrika, in Ostperu und im Norden von Paraguay und Süden von Bolivien riesige Landflächen.

Dornbuschsavannen entstehen dort, wo acht bis zehn Monate Trockenheit herrschen und die Niederschläge weniger als 200 mm pro Jahr erreichen. Im Nordosten von Brasilien werden derartige Trockensavannen als Caatingas bezeichnet. Wenn das Klima noch arider wird, entstehen Halbwüsten und anschließend Wüsten.

Steppen sind Graslandschaften mit wenigen Bäumen oder ohne Bäume. Sie sind menschengemacht oder als Waldsteppen vorhanden. Der eurosibirische Südgürtel oder die Pampas in Südamerika, die Prärien in den Vereinigten Staaten und ähnliche wasserarme Gebiete südlich der Sahara stellen Steppen dar. Im Frühjahr sind die Steppen von einem Blütenteppich überzogen. Im Sommer herrschen große Hitze und Trockenheit. Alles ist verblüht und sieht eintönig graubraun aus. In Savannen und Steppen leben vor allen Dingen wärme- und trockenheitliebende Echsen und Schlangen, Schildkröten und in Afrika das Nilkrokodil.

Karstgebiete

Unter Karst versteht man die geologischen Erscheinungen, die durch die Wirkungen von Oberflächen- und Grundwasser in durchlässigen löslichen Gesteinen, vor allem in Kalk- und Gipsgesteinen, entstehen. Die Ursache der Karstbildung liegt in der leichten Löslichkeit des Kalk- und Gipsgesteins durch kohlensäurehaltiges Wasser. Das Wasser erzeugt Risse und große Zerklüftungen. Es erweitert das Gestein, macht Spalten und bahnt sich Wege für unterirdische Wasserläufe frei.

So können sich durch langjähriges Auswaschen des Gesteins und dauernde Verlegungen des Weges ausgedehnte Höhlensysteme bilden. An der Oberfläche zeigt der Karst Einbrüche, die man je nach Größe und Form als Karsttrichter, Dolinen oder Poljen bezeichnet. Wasser, das in solche Vertiefungen gerät, verschwindet meistens in den unterirdischen Wasseradern.

Geographisch dehnt sich der eigentliche Karst südlich der Ostalpen aus. Dieses südosteuropäische Gebirgssystem erstreckt sich 50 bis 250 km weit vom Südteil der Julischen Alpen über das kroatische Hochland, den Norden Dalmatiens, das westliche und östliche Bosnien und die Herzegowina bis nach Montenegro. Der Karst ist eine öde und zerrissene Felslandschaft, die im Sommersonnenlicht grau oder gelblich flimmert, zum großen Teil waldlos und über weite Strecken von niedrigem Gras und Gebüschen bedeckt ist. Je nach geographischer Lage zeigt sich das Klima in den jugoslawischen Karstgebieten unterschiedlich. An der dalmatinischen Küste ist es mediterran mit milden Wintern und angenehmen warmen Sommern. In den Hochgebirgen des Innenlandes herrschen eiskalte Winter. Der Sommer ist durch große Hitze und Trockenheit gekennzeichnet.

Die jugoslawischen Karstgebiete stellen in der Herpetofauna Europas ein wahres Eldorado dar. In besonderer Artenfülle sind hier die Echsen und Schlangen vertreten. Das jugoslawische Karstgebiet wird von mindestens 16 Eidechsenarten bewohnt. Entlang der dalmatinischen Küste und auf einigen vorgelagerten Inseln stößt man sogar auf die Geckos *Hemidactylus turcicus* und *Tarentola mauritanica*.

Unter den Amphibien, die die Karstgebiete bewohnen, ist der Grottenolm *(Proteus anguinus)* der wohl typischste Bewohner. Er besitzt rötliche, äußere Kiemenbüschel hinter dem Kopf und lebt in den Fließgewässern in Grotten und Karsthöhlen und an deren Austrittsstellen.

Wüsten

Unter Wüsten versteht man Landschaftstypen mit spärlicher Vegetation, wo zu bestimmten Jahreszeiten heißtrockene Witterungsbedingungen herrschen. Stets sind die Niederschläge unregelmäßig verteilt, wobei sie pro Jahr unter 200 mm liegen. Es ist eine

Oben: Nordwestjugoslawischer Karst.
Unten: Sonorawüste in Nordwestmexiko. Heimat von Heloderma suspectum und zahlreichen weiteren, an das Wüstenleben angepaßten Echsen und Schlangen.

Grundbedingung für die Entstehung von Wüsten, daß die Verdunstung die Wasserzufuhr übertrifft. Dies ist in den subtropischen trockenen Hochdruckgürteln der Fall. In den Wüsten sind die Regenzeiten spärlich und kurz. Sie können auch ganz fehlen. Meist fallen nur sporadisch Niederschläge. Trotzdem bleibt das rinnende und spülende Wasser nicht wirkungslos. Wenn Regen in der

Steinwüste in Südmarokko. Biotop von Uromastyx acanthinurus.

Wüste fällt, geschieht dies meist mit großer Vehemenz, wobei die Niederschläge tiefe Spuren hinterlassen, was sich in starker Reliefbildung ausdrückt.

Die Ausbildung der Wüstenformen wird vor allem durch die Verwitterung begünstigt. Die chemische Verwitterung ist weniger bedeutungsvoll, da nicht genügend Feuchtigkeit vorhanden ist und das Grundwasser sehr tief liegt. Dagegen ist die mechanische Verwitterung um so wirkungsvoller, da für sie die günstigsten Bedingungen gegeben sind. Die scharfen Temperaturgegensätze bis zu +56 °C während des Tages und –40 °C während der Nacht über das ganze Jahr hinweg, die intensive Sonneneinstrahlung und die plötzliche Abkühlung bei schlagartig auftretenden Gewittern lassen auf die Dauer selbst das härteste Gestein zu groben Stücken zer-

fallen. Diese Stücke zersetzen sich im Laufe der Jahre weiter, so daß später nur noch mehr oder weniger grober Schutt und feinere Gesteinskrümel übrig bleiben. Aus diesem Grunde treten die Schutthalden in den Wüstengebirgen in größerer Anzahl auf als in Gebieten mit feuchtem Klima. Da das Wasser verdunstet, verlaufen die Kapillaren im Boden zur Oberfläche hin. Durch die Bewegung des Wassers nach oben gelangen die wasserlöslichen Bestandteile an die Oberfläche und bilden hier Salzausblühungen in Form von Salz-, Gips- und Kalkkrusten. Diese Krusten schützen den lockeren Boden mehr oder weniger vor Abspülungen oder Wegwehen durch den Wind. Starke Stürme verfrachten dennoch den Wüstenstaub weit fort. Bei der Verdunstung aus den Gesteinen und aus dem Boden werden die Felsen und Steine von

Eisen-, Gips-, Mangan- und Kalkrinden überzogen. Diese lackähnlichen Überzüge werden als Wüstenlacke bezeichnet.

Der Wind zeigt kaum anderswo stärkere Wirkungen als in der Wüste. Durch die unterschiedlichen Windstärken und deren selektive Wirkungen entstehen eine Reihe typischer windbedingter Erosionsformen, die sich in den Tisch-, Pilz- und Baldachinfelsen zeigen. Wenn der Wind in seiner Stärke nachläßt, wird der von ihm mitgeführte feine Flugsand abgelagert, bald aber wieder weiter geweht und an einer anderen Stelle deponiert. Die bekannteste Ablagerungsform solcher vom Wind mitgeführter Sandmengen wird Düne genannt. Da die Dünen windbedingt wandern, ist die Bezeichnung »Wanderdünen« üblich.

Die mannigfaltigen Wüstenformen werden aber nicht nur durch die Tätigkeit des Windes festgelegt. So existieren in den Wüsten keine Dauerflüsse. Die Flüsse, die die Wüsten durchqueren, wie dies beispielsweise beim Nil, Niger oder Colorado der Fall ist, stammen aus feuchten Hochgebirgen und sorgen stets für hinreichenden Wassernachschub. Andere enden in Binnen- oder Salzseen oder Salzsümpfen. So münden der Amu-darja und der Syr-darja in den Aralsee. Kleinere Flüsse versickern im Sand.

Die Wüsten lassen sich nach dem Grad ihrer Trockenheit in Wüsten oder Vollwüsten und in Halbwüsten oder Wüstensteppen einteilen; letztere gehen in die Grassteppen über. Von den Vollwüsten hebt sich die extremste Wüstenform, die sogenannte Kernwüste ab, die sich durch extreme Trockenheit auszeichnet. Nach den Mengen und dem Verhältnis der Niederschläge zum Wind lassen sich die Wüsten in regenlose Wüsten nur mit Wind, in Wüsten mit seltenen aber starken Regenfällen und mit Wind und in Wüsten mit heftigen kurzen, periodischen Regenschauern einteilen. Außerdem unterscheiden wir feuchtere Gebirgswüsten, trok-

kenere Gebirgswüsten, Tafellandwüsten, Sandwüsten mit welligen Dünenbezirken sowie Schotter-, Kies- und Geröllwüsten.

Die größte und bekannteste Wüste der Erde ist die Sahara, deren Name von der arabischen Bezeichnung »Ssachra« hergeleitet wird und soviel wie »steinig«, »weite Ebene« und »Wüste« bedeutet. Die Sahara besteht aus Tafeln und Hochplateaus, die von Becken, Schwellen und Inselbergen unterbrochen sind. In der Sahara treten drei Formen von Wüstenlandschaften auf: Ergs, Regs, Hamadas. Ergs oder Aregs genannt werden riesige Flächen mit Sanddünen wie etwa die Lybische Wüste oder der westliche große Erg. Regs oder Serirs sind fast völlig ebene, unendlich weite Kieswüsten aus grobem Sand, Kieseln und kleinen zermahlenen Steinen. Die Hamadas sind die Steinwüsten der hochgelegenen Schichttafellandschaften, in die sich inzwischen versiegte Wasserläufe eingegraben haben. Die Oberfläche besteht aus größeren Steinen, aus Schiefern und Schichtplatten.

Den dargestellten Wüstenformen passen sich die Wüstenpflanzen und Wüstentiere in harmonischer Weise an. Hierbei handelt es sich um verholzte, dornige, blattlose oder kleinblättrige Zwergsträucher, Sukkulenten wie beispielsweise Kakteen oder Euphorbiazeen, sowie Knollen- und Zwiebelgewächse, die nach Regenfällen die Wüste kurzzeitig in ein Blumenmeer verwandeln.

Die Kakteen sind die charakteristischsten Wüstenpflanzen Amerikas. Einige von ihnen wachsen heute auch in Nordafrika, da sie dorthin vom Menschen verschleppt wurden und günstige Daseinsbedingungen fanden. Die Pflanzen und die Tiere der Wüsten lassen sich generell in zwei Gruppen einteilen: solche, die in der Nähe des Wassers leben, und andere, die sich in der Wüste behaupten können. In der Sahara ist keine Stelle völlig wasserlos, und so findet man auch keine Stelle, wo es überhaupt kein Leben gibt.

Alles Tierleben hängt in der Wüste mittelbar oder unmittelbar von den Pflanzen ab. Die Pflanzen müssen nicht nur mit der Schwierigkeit kämpfen, Wasser zu bekommen, sie müssen sich auch gegen Tiere wehren.

In den fast stets feuchten Wadis gedeihen mehrjährige Bäume von beträchtlicher Größe. Entlang der Wadis wachsen Gehölze wie Tamarisken und Oleander. Abseits vom Hauptbett der Wadis findet man oft stattliche Akazienbäume. In den Wadischleifen stehen Rohrkolben, Schilfrohr und Binsen. Ausdauernde Pflanzen, die jährlich neue Triebe bilden, speichern in ihren Geweben Wasser. Dies erreichen sie auf verschiedenartige Weise: Sie speichern das Wasser in ihrer Wurzel oder in einer Zwiebel. Sie überziehen die dickwandige Oberhaut ihrer Blätter und Sprosse mit einer Wachsschicht, um die Transpiration herabzusetzen. Die Blatt- und Sproßoberfläche kann dicht behaart sein, die Sproßachsen können zu Dornen umgewandelt werden, die Blätter werden eingerollt oder verkleinert oder die Pflanzen schmiegen sich an den Boden an, um austrocknenden Winden zu entgehen. Charakteristisch ist stets ein ausgedehntes und verzweigtes Wurzelsystem mit einer großen Oberfläche, um so möglichst viel Wasser aufnehmen zu können.

Wie schaffen es die Wüstenpflanzen nun, nicht gefressen zu werden? Um sich vor Tieren zu schützen sind mehrjährige Pflanzen oft stachelig, schmecken bitter oder riechen widerlich. Manche Pflanzen haben Dornen und schrecken auf diese Weise Tiere ab. Darüber hinaus reduzieren Dornen den Wasserverlust.

Die hier aufgezeigten Schutzeinrichtungen sind für manche Pflanzen nicht notwendig. Nach einem der seltenen Platzregen keimen plötzlich Unmengen von den im Wüstenboden auf Wasser wartenden Samen und blühen in Hülle und Fülle, um bald darauf wieder zu verwelken. Mit einer Massenproduktion an Samen haben sie die vom Leben gestellte Aufgabe der Fortpflanzung erfüllt.

Der Wassererwerb ist für die Tiere der Wüste ebenso schwierig wie für die dort lebenden Pflanzen. Es ist ein ständiger Kampf ums Dasein, der gegen Hitze, Kälte, Sonneneinstrahlung, Mangel an Wasser und Feinde gewonnen werden muß. Von allen Wirbeltieren hat die Natur die Amphibien am wenigsten für ein Leben in der Wüste vorbereitet. Die Molche mit ihrer trockenheitempfindlichen Haut fehlen daher in der Sahara. Frösche und Kröten bleiben als Kaulquappen nur eine begrenzte Zeit im Wasser. Nach der Metamorphose gehen sie an Land. Daher bewohnen sie die Wüsten, wenn auch nur in geringer Artenzahl. Sie graben sich in den Sandboden ein oder verstecken sich unter Steinen und in Gesteinsspalten vor der ärgsten Sonne und Hitze.

Die Reptilien sind besser an das Leben in den Wüsten angepaßt als alle anderen Wirbeltiere. Besonders die Echsen ernähren sich von Insekten, aber auch von Pflanzen und von anderen Tieren, deren Körper zum großen Teil aus Wasser besteht. Ihre schuppige Haut ist für Wasser undurchlässig, und so halten sie das Wasser besser im Körper als andere Tiere. Sie gleichen ihre Körpertemperatur der Umgebung an. Aber eine Umgebungstemperatur von 45 °C tötet auch sie. Um der Sonnenhitze in der Wüste zu entgehen, graben sich manche daher rasch in den Sand ein. Andere verkriechen sich in Höhlen und Spalten und kommen in der heißen Sommerzeit nach Sonnenuntergang aus ihren Schlupfwinkeln hervor, um auf Nahrungssuche zu gehen. Manche Wüstenechsen nehmen unter dem Einfluß des Sonnenlichtes eine helle Körperfärbung an und entgehen so tödlichen Temperaturen. Andere Wüstenechsen laufen besonders schnell. Dies hat einen Ventilationseffekt und senkt daher die Körpertemperatur. Durch langsames Atmen

Berglandschaft in ca. 2000 m Höhe in Nordwestspanien. Biotop von Vipera seoane , Coronella austriaca, Lacerta monticola, Lacerta schreiberi.

verringern die Wüstenreptilien die Wasserabgabe. Bei manchen Arten sind die Nasenöffnungen auffällig klein. Dies setzt nicht nur die Wasserdampfabgabe herab, sondern unterbindet auch ein Eindringen des feinen Wüstensandes in die Atmungsorgane.

Berge

Berge sind die höchsten Bodenerhebungen der Erde. Eine Einteilung geschieht deshalb nach ihrer Höhe. Dabei ist die absolute Höhe weniger von Bedeutung, wohl aber der Höhenunterschied zwischen Bergfuß und Gipfelregion. Berggebiete, die 1000 m Höhe nicht überschreiten, werden Mittelgebirge genannt. Bei größeren Höhenlagen spricht man von Hochgebirgen.

Die Bergformen sind sehr unterschiedlich. Es gibt Berge mit steilen Hängen, oft nacktem Fels und scharfen Graten. Andere sind plateauartig mit ebenen Flächen.

Die Verbreitung der Amphibien und Reptilien richtet sich nicht nur nach den Längen- und Breitengraden, sondern zeigt vor allem auch eine orographische Abhängigkeit, die weitgehend temperaturbedingt ist. Die Pflanzen- und Tiergesellschaften zeigen am Fuße, in der Mitte und im Gipfelbereich eines Berges eine andere Zusammensetzung. Wegen der thermischen Begünstigung entfaltet sich das Amphibien- und Reptilienleben am Fuße und in der Mitte am vielfältigsten. Mit zunehmender Berghöhe, wo es selbst im Hochsommer noch schneien kann, gehen auch die Temperaturen zurück und die Artenzahl nimmt ab.

Das Verhalten der Amphibien und Reptilien

Fortpflanzung und Fortpflanzungsverhalten

Die Fortpflanzung sichert die Erhaltung der Art durch die Generationenfolge. Sie kann ungeschlechtlich oder geschlechtlich erfolgen. Ungeschlechtliche und geschlechtliche Fortpflanzung schließen sich bei der gleichen Art nicht unbedingt aus. Wenn auf eine ungeschlechtliche Fortpflanzung eine geschlechtliche Fortpflanzung erfolgt, spricht man von einem Generationswechsel. Bei Lurchen und Kriechtieren fehlt jedoch der Generationswechsel. Ihre Fortpflanzung erfolgt fast nur auf geschlechtliche Weise, wenn man von der selteneren Jungfernzeugung, der Parthenogenese, absieht. Unter den Amphibien ist letztere von einigen Querzahnmolchen (Ambystoma) bekannt. Bei den Reptilien ist sie häufiger beobachtet worden. Sie kommt bei einigen kaukasischen Felseneidechsen, bei den nordamerikanischen Schienenechsen, bei einigen Teiiden, Geckos, Agamen, Chamäleons, Nachtechsen und Leguanen vor.

Die Parthenogenese stellt eine eingeschlechtliche Fortpflanzung dar, also eine Fortpflanzung aus Eizellen ohne vorherige Befruchtung. Somit kommt es bei dieser Sonderform der Vermehrung auch nicht zu einer Vermischung des Erbgutes, wie es bei der geschlechtlichen Vermehrung stets der Fall ist.

Hier erfolgt die Fortpflanzung durch geschlechtsverschiedene Keimzellen, die miteinander verschmelzen. Bei den Keimzellen handelt es sich um die männlichen Spermien oder Samenzellen und die weiblichen Eizellen. Sobald eine Samenzelle – diese besteht aus einem Kopf, einem Halsteil und einem Schwanzfaden – in die Eizelle eingedrungen ist, ist der Prozeß der Besamung vollendet. Es bildet sich jetzt eine Befruchtungsmembran, die das Eindringen weiterer Spermien unterbindet.

Der nächste Schritt besteht in der Verschmelzung der beiden Kerne der Keimzellen. Da sowohl die Samenzellen wie auch die Eizellen bei der Befruchtung Chromosomen mit unterschiedlichen Erbanlagen einbringen, kommt es mit der Chromosomenzahlverdopplung zu einer Neukombination des Erbgutes. Dies führt dazu, daß sich die Nachkommen im äußeren Erscheinungsbild stets ein wenig von den Eltern unterscheiden.

Das Geschlecht des neu entstandenen Individuums kann durch zweierlei Bedingungen festgelegt werden. Bei Insekten und Wirbeltieren wird es durch genetische Faktoren festgelegt. Im Zuge der Meiose, der Bildung der Geschlechtszellen, entstehen aus Mutterzellen mit doppeltem (diploiden) Chromosomensatz, Samenzellen mit einem Y-Chromosom (männlich determiniert) und Samenzellen mit einem X-Chromosom (weiblich determiniert). Eizellen weisen stets nur X-Chromosomen auf. Wenn der Kern einer Samenzelle, der ein Y-Chromosom enthält, mit dem Kern einer Eizelle mit einem X-Chromosom verschmilzt, entsteht ein männlicher Nachkomme mit einer diploiden XY-Geschlechtschromosomenkombination. Verschmilzt jedoch der Kern einer weiblich determinierten Samenzelle mit einem

X-Chromosom mit dem Kern einer Eizelle, so entsteht ein weibliches Individuum, das den doppelten Geschlechtschromosomensatz XY trägt. Eine derartige genotypische Geschlechtsbestimmung weicht von der sogenannten phänotypischen Geschlechtsbestimmung ab.

Letztere wird durch Temperaturen oder durch physiologische Bedingungen des Individuums festgelegt. Bei den Krokodilen existieren keine Geschlechtschromosomen und somit wird hier die Festlegung des Geschlechtes durch die Umgebungstemperatur gesteuert. Auch bei vielen Schildkröten und einer ganzen Reihe von Echsen wird die Festlegung der Geschlechter von der Umgebungstemperatur während der Entwicklung im Ei bestimmt. Die Tatsache, daß bei zahlreichen Schildkrötenarten zuweilen doppelt so viel Weibchen wie Männchen auftreten, mag in den unterschiedlichen Bruttemperaturen begründet sein. Die Verhältnisse liegen bei den Echsen ganz ähnlich, wobei hohe Bruttemperaturen bei manchen Echsenarten nur Männchen und bei anderen wieder nur Weibchen hervorbringen.

Bei allen Amphibien und Reptilien existieren Männchen und Weibchen. Hermaphroditismus, auch Zwittrigkeit genannt, ist eher eine seltene Erscheinung. Der Hermaphroditismus besteht in der Ausbildung von männlichen und weiblichen Geschlechtsorganen im selben Individuum.

Bei den Amphibien ist Hermaphroditismus häufiger als bei den Reptilien. Bei ersteren hat man sogar eine Geschlechtsumkehr unter gewissen Bedingungen herbeigeführt. Hermaphroditismus wurde bei einigen Schwanzlurchen, z. B. beim Feuersalamander und einigen Molchen der Gattung *Triturus* beobachtet. Auch bei Froschlurchen tritt Zwittrigkeit auf. Alle Männchen von Echten Kröten (Bufonidae) besitzen das sogenannte Biddersche Organ, das mit den Hoden in Kontakt steht. Das Biddersche Organ ist

Zuweilen tritt auch beim Bergmolch Neotenie auf. Dabei pflanzen sich die Tiere im Jugendzustand fort. Hier ein weißes (leukistisches) Exemplar des Bergmolches, das eine Seltenheit darstellt.

nichts anderes als ein funktionsloser, zurückgebildeter Eierstock. Es gelang im Experiment, das Biddersche Organ in funktionstüchtige Ovarien umzuwandeln.

Ein ganz bekanntes Beispiel für Zwittrigkeit unter Schlangen ist die brasilianische Lanzenotter *Bothrops insularis* von der kleinen Insel Queimada Grande. Diese bräunlich gefärbte Grubenotter mit dem Greifschwanz besitzt nicht nur das stärkste Gift aller Bothropsarten, sondern zeichnet sich auch dadurch aus, daß echte Männchen und echte Weibchen nur in einem sehr geringen Prozentsatz vertreten sind. Die meisten dieser Schlangen sind Zwitter, die in Bildung begriffene Embryonen gleich neben wohlentwickelten Hoden ausbilden. Auch unter den Schildkröten wurde Hermaphroditismus festgestellt. Zum Schluß sei auf einen Nilwaran *(Varanus niloticus)* verwiesen, der neben normal entwickelten Eierstöcken zwei Kopulationsorgane aufwies, wobei jedoch die Hoden fehlten.

Als Defekt darf man auch die Neotenie ansehen. Die bei der Neotenie beobachtete Verkürzung der Individualentwicklung durch Erlangung der Geschlechtsreife auf larvalem oder jugendlichem Entwicklungsstadium kommt vereinzelt unter den Schwanzlurchen vor. Die bekanntesten Beispiele für Neotenie sind der Axolotl *(Ambystoma mexicanum)* und der Grottenolm *(Proteus anguinus)*. Der Letztere wandelt sich niemals zur Landform um. Der Axolotl kann durch bestimmte äußere Einflüsse jedoch zur Metamorphose gebracht werden. Eine teilweise Umwandlung findet man bei den Armmolchen *(Siren)* und bei den Riesensalamandern *(Andrias)*. Gelegentlich wird auch beim Bergmolch *(Triturus alpestris)* und beim Teichmolch *(Triturus vulgaris)* Neotenie beobachtet.

Die meisten Amphibien pflanzen sich im Wasser fort. Es gibt jedoch auch einige Amphibien, die außerhalb des Wassers zur Kopulation schreiten, wie unser heimischer Feuersalamander. Im Gegensatz zu den Fröschen verläuft die Werbung hier lautlos. Die paarungsbereiten Feuersalamandermännchen verfolgen die Weibchen auf dem Land. Wenn ein Männchen ein Weibchen erreicht hat, so klettert es schräg über den Rücken des Weibchens und reibt mit seiner Schnauze dessen Rücken und Körperseiten. Danach versucht es unter das Weibchen zu kriechen, was auch recht bald gelingt. Das Männchen umklammert mit seinen Vorderbeinen die Vorderbeine des Weibchens und hebt sie nach oben. Es reibt nun mit dem Kopf gegen die Kehle des Weibchens. Es bewegt seinen Schwanz undulierend hin und her und stimuliert so die Kloake des Weibchens. Wenn das Weibchen diese Bewegungen beantwortet, setzt das Männchen ein Samenpaket (Spermatophore) ab. Die Spermatophore hat die Gestalt eines ungefähr 5 bis 6 mm hohen Kegels. Diesen Samenkegel, an dessen Spitze sich die Spermatozoen befinden, nimmt das Weibchen in seine Kloake auf (innere Befruchtung). Die Feuersalamanderlarven entwickeln sich im Mutterleib. Wenn sie eine Körperlänge von ungefähr 3 cm erreicht haben, sind sie geburtsreif. Sie werden jedoch nicht im Herbst, sondern erst im nächsten Frühjahr meist ohne Eihülle in klaren, sauerstoffreichen Gewässern abgesetzt. Die Feuersalamanderlarven sind bräunlich und weisen je einen gelblichen Fleck auf dem Rücken der Vorderbeine auf. Hinter dem Kopf sind die Kiemenbüschel deutlich erkennbar. Die Larvenzahl schwankt zwischen 20 und 40. Gelegentlich können es aber auch über 60 sein. Die Metamorphose vollzieht sich nach ungefähr drei bis fünf Monaten.

Gastrotheca marsupiata ist ein dämmerungs- und nachtaktiver Baumfrosch aus dem ekuadorianischen Regenwald. Die Eiablage erfolgt nach ungefähr 24stündiger Umklammerung durch das Männchen, das auf dem Rücken des Weibchens sitzt. Die ca. 200 kleinen Eier rutschen über die Rückenhaut des Weibchens in dessen Bruttasche. Auf ihrem Weg in die Bruttasche werden die Eier vom Männchen befruchtet, das mit seinen Hinterbeinen hilft, die Eier in die Bruttasche zu befördern. Nach ungefähr zwei bis drei Wochen haben sich die Kaulquappen entwikkelt. Sie werden dann in Tümpel oder in das Wasser von Bromelien abgesetzt, wo sie sich weiter entwickeln.

Die Antillenfrösche legen ihre wenigen Eier in feuchtes Erdreich oder in feuchtes Laub oder zwischen Holz ab. Im Verlauf von zwei bis drei Wochen entstehen aus diesen voll metamorphisierte Jungfrösche. Durch diese Fortpflanzungsart haben sich die genannten Frösche vom Wasser weitgehend unabhängig gemacht. Einige Vertreter aus der Gattung *Eleutherodactylus*, die auf Büschen und Bäumen leben, legen ihre Eier in Epiphyten ab.

Die meisten Molche der Gattung *Triturus* verlassen nach der Fortpflanzung das Wasser und gehen an Land, wo sie auch überwintern. Nach der Überwinterung im März, April oder Mai suchen sie geeignete, meist der Sonne ausgesetzte Wasserstellen wie Tümpel, Teiche, Gräben und selbst kleinste Wasserlachen auf, um dort zur Fortpflanzung zu schreiten. Der stattlichste Wassermolch Deutschlands, der Kammolch *(Triturus cristatus)* soll an dieser Stelle als Beispiel dienen. Die brünstigen Kammolch-Männchen erkennen die Weibchen an ihrem Geruch. Vor der Paarung stellt sich das Männchen seitlich vor das Weibchen, so daß sein Körper mit dem des Weibchens einen spitzen Winkel bildet. Das Männchen führt in höchster Erregung heftigste Schwanzschläge aus. So wird dem Weibchen ein aus der männlichen Bauchdrüse austretender Duftstoff zugetrieben. Dieser Duftstoff und visuelle Reize regen das Weibchen an, die vom Männchen abgesetzte Spermatophore mit den Kloakenlippen aufzunehmen. Die 200 bis 400 Eier werden vom Weibchen meist in der Nacht einzeln in die eingefalteten Blättchen von Wasserpflanzen oder Gras im Wasser abgelegt und nur gelegentlich an Steine oder ins Wasser gefallene Äste geklebt. Nach zwei bis drei Wochen schlüpfen die Molchlarven, deren Umwandlung zum fertigen Molch nach ungefähr drei Monaten erfolgt.

Nach der Fortpflanzung im Sommer steigen die meisten Kammolche an Land, wo sie bis zum nächsten Frühjahr unter Steinen, Holz, welkem Laub und in Erdlöchern ein verborgenes Dasein führen. Während dieser Zeit ernähren sie sich hauptsächlich von Würmern und Gliederfüßern. Die Larven, die beim Schlupf eine Länge von 10 bis 12 mm aufweisen, fressen Daphnien, Cyclops, Mückenlarven, Tubifex und andere Kleinlebewesen. Nach drei bis vier Monaten, wenn sie eine Gesamtlänge von ungefähr 80 mm erreicht haben, vollzieht sich die Metamorphose. In der Regel verlassen sie zwischen Ende August und Anfang Oktober das Wasser. In besonders kühlen Gewässern

überdauern die Larven im Wasser bis zum nächsten Frühjahr. Die Geschlechtsreife tritt nach zwei bis drei Jahren ein.

Während sich die Geschlechter bei den Schwanzlurchen an ihrem Geruch, aber auch visuell erkennen, finden die Froschlurche vornehmlich durch Lautäußerungen zueinander. Die biologische Bedeutung der sogenannten Froschkonzerte besteht in der Anlockung der Weibchen und in einer akustischen Reviermarkierung. Die Lautäußerungen, die Frösche und Kröten vor der Paarung von sich geben, sind überaus unterschiedlich und artgebunden. Diese Lautäußerungen werden von Biologen mit Sonogrammen auf dem Papier sichtbar gemacht. Die Sonogrammethode hilft so u. a. bei der Charakterisierung und Trennung nahe verwandter Arten. Durch die unterschiedlichen Quak-, Grunz-, Pfeif-, Blök- und Zirptöne angelockt, kommen die laichreifen Weibchen herbeigehüpft oder herbeigeschwommen. Von einem instinktiven Drang getrieben, springt das meist kleinere Männchen auf den Rücken des Weibchens und umschlingt es mit den Armen und Händen, an deren Unterseiten sich derbe Brunftschwielen befinden. Zuweilen sind die Weibchen in der Minderzahl, und so können gelegentlich mehrere Männchen an einem Weibchen hängen. Bei solchen Vergewaltigungen kann ein Frosch- oder Krötenweibchen innere Verletzungen davontragen, aber auch an Erschöpfung zugrunde gehen. Falls das Männchen kein Weibchen zur Paarung findet, heftet es sich in seinem Fortpflanzungsdrang nicht selten an Frösche oder Kröten anderer Arten, an Fische, an im Wasser treibende Holzstücke und an Ähnliches an. Das Männchen sitzt oft stunden- oder gar tagelang auf dem Rücken des Weibchens, bis sich letzteres zur Eiablage bequemt.

Der Laich wird in Form von Ballen oder Schnüren unter dem Einfluß der Umklammerungskraft ausgestoßen. Wenn der Laich

Oben: Hyla cinerea bei der Paarung.
Unten: Laichschnüre der Kreuzkröte (Bufo calamita).

austritt, ergießt das Männchen seinen Samen über die Eier. Daher spricht man hier von einer äußeren Befruchtung.

Aus den Eiern schlüpfen die rundlichen Kaulquappen, die einen langen Ruderschwanz mit Hautsäumen und zwei Paar äußere Kiemen aufweisen. Recht bald entwickeln sich mit Bildung des Kiemenraumes die inneren Kiemen und ein Atemrohr, das Spiraculum genannt wird. Das Mundfeld der Kaulquappen weist hornige Raspelzähnchen und Hornpapillen auf. Die Mundteile sowie die Lage des Atemrohrs und der Afteröffnung sind für die Froschsystematik von großer Bedeutung. Der Darm der Kaulquappen ist spiralartig aufgerollt, was zu einer Oberflächenvergrößerung führt. Somit kann die Pflanzennahrung, von der die Kaulquappen leben, besser aufgeschlossen werden. Das Mundfeld kann zu Trichtern und saugnapfartig umgewandelt sein. Eine ganze Reihe unterschiedlicher Kaulquappen bilden Haftdrüsen aus, die Sekrete abscheiden, mit deren Hilfe sie sich an einer Unterlage festheften können. Dies erleichtert einen Aufenthalt in schnell fließenden Gewässern.

Wenn sich eine Kaulquappe zu einem kleinen Frosch oder einer kleinen Kröte umwandelt, treten in der äußeren Gestalt und in den inneren Organen große Änderungen auf. Die Kiemen und der Kiemenkreislauf werden zurückgebildet. Es entstehen Lungen und ein Lungenkreislauf. Die Hornkiefer fallen ab und der Ruderschwanz wird abgebaut. Der Spiraldarm wird zum geraden, kurzen Darm des Fleischfressers. Während bei den Larven der Schwanzlurche zuerst die Vorderbeine und anschließend die Hinterbeine entstehen, bilden sich bei den Kaulquappen der Froschlurche zuerst die Hinterbeine aus.

- Wie bereits erwähnt, gibt es Frösche, die ihre Eier nicht mehr ins Wasser, sondern im feuchten Erdboden und in Brutbeuteln unterbringen. Die eigenartigen Wabenkröten (Pipa) aus dem Norden Südamerikas tragen

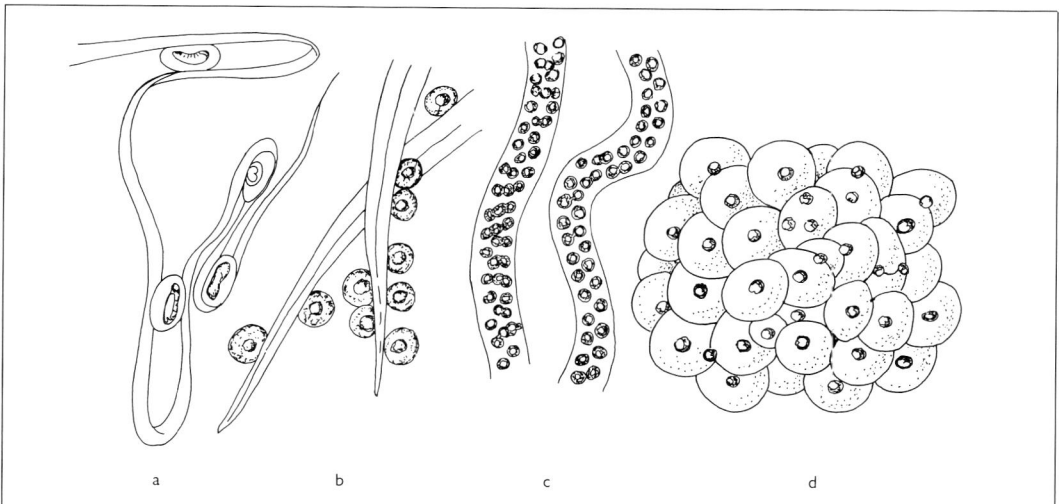

Laichschnüre und Laichballen bei verschiedenen Amphibien: a. Eier eines Wassermolches der Gattung Triturus, b. Eier der Gelbbauchunke (Bombina variegata), c. Laichschnüre der Erdkröte (Bufo bufo), d. Eier des Grasfrosches (Rana temporaria) (nach verschiedenen Autoren aus Herter 1955).

ihre Eier in der Rückenhaut. Nach der Besamung werden die Eier durch das Männchen auf die Rückenhaut des Weibchens verteilt. Bei *Pipa carvalhoi* und *Pipa parva* schlüpfen die Kaulquappen aus fast geschlossenen Rückentaschen. Bei der Großen Wabenkröte *(Pipa pipa)* schlüpfen aus den Waben bereits fertige kleine Frösche, die keine Metamorphose mehr durchmachen müssen.

Einmalig ist die Fortpflanzung bei dem Nasenfrosch *Rhinoderma darwinii* aus Südchile und Argentinien, der vorzugsweise in unmittelbarer Nähe von Fließgewässern in der Ebene und im Gebirge lebt. Die Weibchen legen bis zu 40 dotterreiche, stark pigmentierte Eier als Klumpen im Erdboden, unter Steinen und an sonstigen dunklen und feuchten Stellen ab. Die Eigelege werden von den Männchen ungefähr zwei bis drei Wochen bewacht. Wenn sich die Embryonen in den Eihüllen bewegen, nehmen die Männchen die Eier ins Maul und verfrachten sie in den Kehlsack. Mit zunehmender Entwicklung der Larven schwellen die Kehlsäcke der

Männchen immer mehr an. In den Kehlsäcken entwickeln sich die Larven bis zu den vollständig metamorphosierten Fröschchen.

Von größtem biologischem Interesse ist auch die Fortpflanzung der Gattung *Nectophyrnoides*, die zu den Echten Kröten (Bufonidae) gerechnet werden. Sie sind in Afrika beheimatet und bringen voll entwickelte, lebende Junge zur Welt. Das Männchen umklammert das Weibchen und überträgt dabei Spermien in ihre Kloake. In den miteinander verschmolzenen Eileiterabschnitten halten sich die Larven auf, wo sie mit Sauerstoff versorgt und mit abgeschiedenen Eileitersekreten ernährt werden, welche die Larven mit ihren unverhornten Mäulern aufnehmen. Nach einer Entwicklungsdauer von ungefähr neun Monaten bläht sich das Weibchen mit Luft auf und drückt die Jungen portionsweise aus der Kloake heraus.

Die Geburtshelferkröten *(Alytes obstetricans* und *Alytes cisternasii)* bewohnen das westliche Mittel- und Südeuropa. Diese zu den Scheibenzünglern (Discoglossidae) zäh-

Männchen der Geburtshelferkröte (Alytes obstetricans) mit Eischnüren.

Ringwall von Hyla faber.

lenden Froschlurche paaren sich ausschließlich auf dem Land. In der Paarungszeit vom
Frühjahr bis in den Hochsommer locken die
Männchen die Weibchen mit ihrem glöck-
chenhellen Ruf an. Das hat diesen Tierchen
auch den Namen Glocken- oder Singfrosch
eingetragen. Bei der Paarung umfaßt das
Männchen die Kehle des Weibchens, wobei
ungefähr 50 bis 80 große Eier in Schnüren
aus der Kloake des Weibchens austreten und
gleich besamt werden. Mit strampelnden Bewegungen wickelt sich das Männchen diese
Eischnüre um die Hinterbeine und trägt sie
bis zur Entwicklung mit sich herum, um sie
anschließend in einem Gewässer abzustrei-
fen. Die Kaulquappen, die beim Schlüpfen
eine Länge von 6 bis 7 mm haben, überwintern im Wasser und entwickeln sich erst im
darauffolgenden Jahr weiter. Wie bei den
Unken *(Bombina)* wird der Laich mehrmals
jährlich abgegeben.

Ein Nestbau ist bei den Amphibien keine
Seltenheit. Während die Männchen von
Cryptobranchus alleganiensis flache Mulden
unter Felsbrocken und Steinen in fließendem
Wasser anlegen, treiben der bis zu 10 cm
lange *Hyla faber* und *Hyla boans* Brutpflege.
Diese beiden Laubfrösche bauen wallähnli-
che, mit Wasser gefüllte Vertiefungen in den

feuchten, sumpfigen Erdboden. Zur Paarungszeit kommen beide Geschlechter des
Schmieds oder Kolbenfußes, wie *Hyla faber*
wegen seiner metallähnlichen Stimme auch
genannt wird, am Ufer von Bächen, flachen
Gewässern, Tümpeln und Teichen zusammen. Die Weibchen holen Schlamm vom
Gewässergrund an die Wasseroberfläche und
häufen ihn in Form von Ringwällen an. Diese
Ringwälle haben einen Durchmesser von etwas mehr als 20 cm und sind ungefähr 10 cm
tief. Die Seiten und der Boden dieser Krater
werden mit den Gliedmaßen und dem Bauch
bearbeitet, bis sie glatt sind. Die Bautätigkeit
nimmt ungefähr zwei Tage in Anspruch. Danach schreiten die Tiere zur Eiablage. Die
Männchen und die Weibchen halten sich am
Tage, aber auch in der Nacht, in der Nähe der
Nester auf, gut verborgen unter Uferböschungen und in anderen Schlupfwinkeln.

Sehr artenreich sind die schaumnest-
bauenden Ruderfrösche aus der Familie der
Rhacophoridae, deren Verbreitung sich von
Afrika über Madagaskar bis nach Ost- und
Südostasien und Teilen der dortigen Insel-
welt erstreckt. In Thailand ist der Weißbart-
Ruderfrosch *(Rhacophorus leucomystax)* so-
wohl im Natur- wie im Kulturgelände in
Reisfeldern, Straßengräben, Tümpeln usw.

beheimatet. Die Männchen locken die Weibchen mit ihren Rufen an. Wenn das Weibchen erscheint, hüpft das Männchen auf es und umklammert es. Das Weibchen klettert nun mit dem Männchen auf seinem Rücken in das Blättermeer der Bäume und Büsche, unter denen sich meist Gewässer befinden. Vor der Eiablage hat das Weibchen viel Wasser in seinen Körper aufgenommen. Am Eiablageplatz drückt es nun eine klebrige, eiweißartige Flüssigkeit aus seiner Kloake heraus. Die Eier, die vom Weibchen nun in Portionen abgegeben werden, werden sofort vom Männchen befruchtet. Das Weibchen schlägt das Gemisch aus Sekret und aus befruchteten Eiern mit seinen Hinterbeinen zu einem zähen, klebrigen Schaumnest. Bedingt durch die Schwerkraft hängen die Larven nach dem Schlüpfen am Boden dieses Schaumnestes. Mit den nächsten Regengüssen gelangen die Nester und damit die Larven sofort ins Wasser oder auf den Erdboden, wo sie durch schlängelnde Bewegungen zum Wasser gelangen. Im Kulturgelände, vor allem in Dörfern und in Städten, nutzt der Weißbart-Ruderfrosch Regentonnen, Wasserauffangbecken, Steingutkrüge, Pfützen und sonstige künstliche Wasseransammlungen für seine Nachkommen. Nach der Eiablage verläßt das Männchen sofort das Weibchen, um sich in der gleichen Fortpflanzungsperiode mit anderen Weibchen zu paaren. Wenn die Nester an ungünstigen Örtlichkeiten abgesetzt werden, vertrocknen sie samt ihres Inhaltes.

Bei den Schwanzlurchen erkennen sich die Geschlechter geruchlich und visuell, bei den Froschlurchen hauptsächlich akustisch. Wenn auch oft äußerlich nicht so deutlich erkennbar, so existieren unter den Geschlechtern doch Geschlechtsunterschiede. Wenn sich die Geschlechtsunterschiede nur auf die Sexualorgane beziehen, so spricht man von einem primären Sexualdimorphismus. Beziehen sie sich auf die Körperfärbung,

die Körpergröße und die Körperformen, so liegt ein sekundärer Sexualdimorphismus vor. Bei den Schwanzlurchen sind die Weibchen häufig größer als die Männchen, da sie die Eier produzieren. Die Männchen entwickeln oft während der Paarungszeit schöne Hautsäume auf dem Rücken und auf der Schwanzober- und Schwanzunterseite. Häufiger sind die Männchen auch schöner und vielseitiger gefärbt und gezeichnet als die Weibchen. Das Fadenmolchmännchen kann man vom Fadenmolchweibchen an einem 5 bis 10 mm langen Schwanzfaden auf den ersten Blick erkennen. Ein derartiges Merkmal existiert auch bei den Männchen einiger anderer Molche. Beim Tigersalamander (*Ambystoma tigrinum*) ist jedoch das Männchen größer und stattlicher als das Weibchen. Gleiches gilt für den westafrikanischen Haarfrosch (*Trichobatrachus robustus*). Dieser robust gebaute Regenwaldbewohner entwickelt im männlichen Geschlecht zur Fortpflanzungszeit zottige, dichte, haarähnliche Hautfortsätze an den Körperseiten und an den Oberschenkeln. Außerdem hat das Männchen dreiteilige, gezähnte Brunftschwielen an den Daumen. Derartige Paarungsschwielen treten bei den Männchen nicht nur an den Fingern und an den Handflächen auf, sondern auch an anderen Körperteilen. Diese Brunftschwielen erleichtern die Umklammerung der Weibchen. Bei den Froschlurchen sind die Männchen in der Regel von zierlicherem und kleinerem Körperbau als die Weibchen. Allerdings sind die Vordergliedmaßen bei den Männchen kräftiger als bei den Weibchen entwickelt, was die Umklammerung während der Paarung erleichtert. Das männliche Geschlecht spiegelt sich auch in den vergrößerten Schallblasen und der lauteren Stimme wider, die den Weibchen fehlt oder die schwächer entwickelt ist.

Die meisten Reptilien sind getrenntgeschlechtlich und zeigen mehr oder weniger

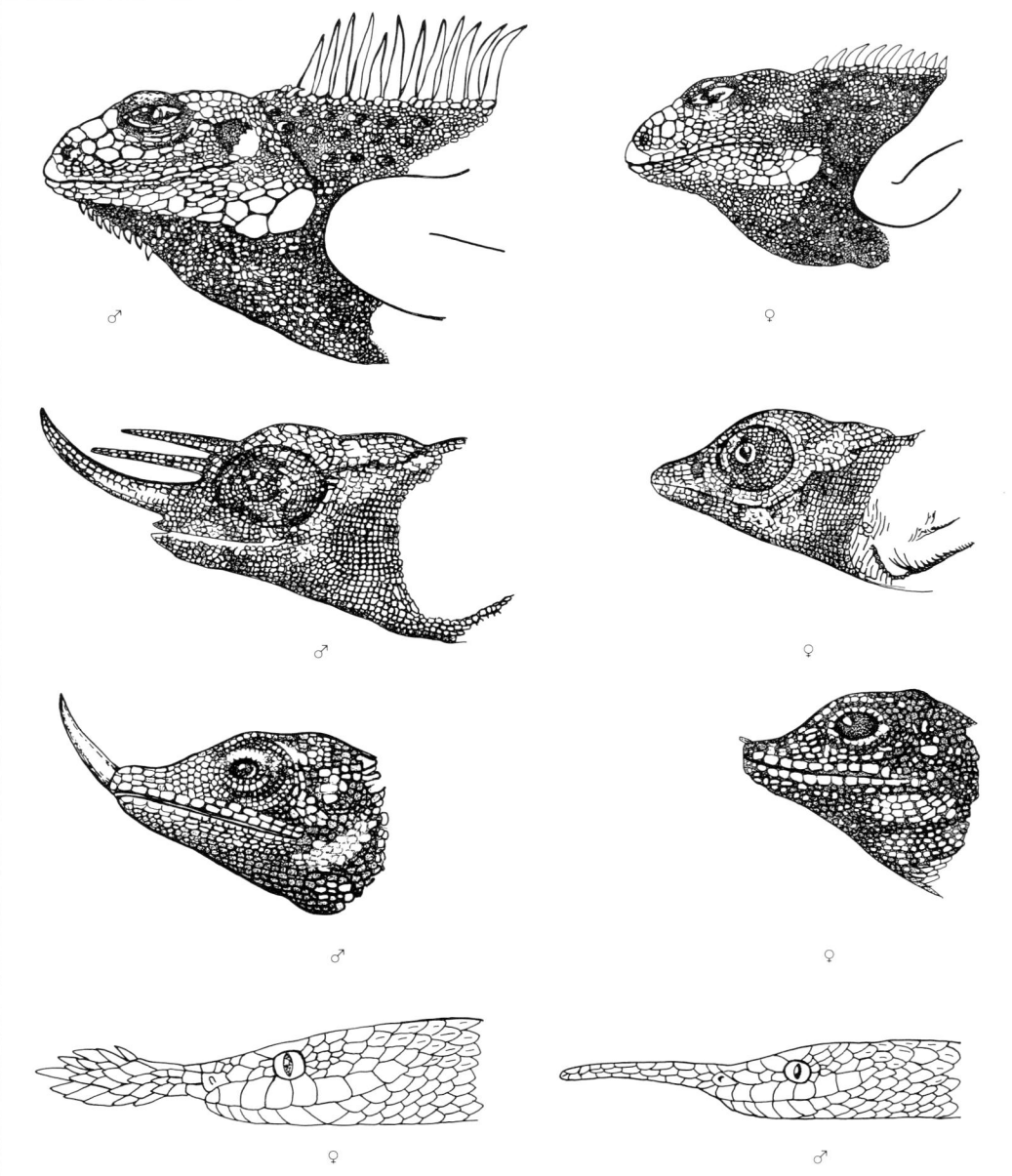

Von oben nach unten: Sekundäre Geschlechtsmerkmale des Grünen Leguans (Iguana iguana) (nach Werner aus Herter 1960). Sekundäre Geschlechtsmerkmale Owen-Chamäleon (Chamaeleo oweni) (nach Darwin aus Hilzheimer und Herter 1960). Sekundäre Geschlechtsmerkmale bei Ceratophora stoddarti (nach Darwin aus Hilzheimer und Herter 1960). Sexualdimorphismus bei der Blattnasennatter (Langaha nasuta) (nach Angel aus Herter 1960).

deutliche Geschlechtsunterschiede. Als erstes erwähne ich die Körpergröße. Bei den Krokodilen, zu denen die Alligatoren, die Kaimane, die Echten Krokodile und die Gaviale zählen, sind die Männchen stets größer als die Weibchen, von stämmigerem Körperbau und haben breitere Köpfe. Die Männchen zeichnen sich gegenüber den gleichaltrigen Weibchen durch eine verdickte Schwanzwurzel aus. Bei den Chamäleons, den Schlangen und den Schildkröten sind die adulten Weibchen in der Regel größer als die gleichaltrigen Männchen. Bei der überwiegenden Anzahl der Echsen sind hingegen die Männchen größer als die Weibchen und auch kräftiger gebaut, wie sie auch größere Köpfe, längere Schwänze und Gliedmaßen haben. Dies ist vornehmlich bei den Agamen, den Anolis, den Waranen und den Lacertiden der Fall.

Der Geschlechtsdimorphismus spiegelt sich bei den Echsen und Schlangen auch in der unterschiedlichen Anzahl der Körperschuppen sowie der Bauch- und der Schwanzschilde wider.

Oft zeigen die beiden Geschlechter in der Körperfärbung und in der Körperzeichnung einen ausgeprägten Geschlechtsdimorphismus. In besonders auffälliger Form tritt dieser bei den Echsen hervor. So weisen männliche Zauneidechsen *(Lacerta agilis)* im Frühjahr während der Paarungszeit lebhaft grasgrün gefärbte, die Weibchen graubraun gefärbte Flanken mit schwarzbraunen, weißgekernten Flecken auf. Die Bauchseite ist beim Männchen grünlich und beim Weibchen gelblich bis porzellanfarben und schwarz getupft. Bei einigen Agamen zeichnen sich die Männchen gegenüber den Weibchen durch eine auffällige Farbigkeit aus, die oft nur in der Paarungszeit oder bei Erregung in Erscheinung tritt. Darüber hinaus sind sie zu einem intensiven und raschen physiologischen Farbwechsel befähigt, der den Weibchen fehlt. Auch bei den Schlangen tritt der ge-schlechtsdimorphe Farbunterschied oft voll in Erscheinung. Bei den meisten Vertretern der Gattung *Vipera* haben die Männchen eine dunkle oder gar schwarze Rückenzeichnung, während letztere bei den Weibchen grau, braun oder rötlich in unterschiedlichen Nuancen in Erscheinung tritt.

Die Amphibien wie auch die Reptilien kümmern sich außerhalb der Paarungszeit nicht oder nur wenig umeinander. Bei einer Reihe unterschiedlicher Reptilien verteidigen die Männchen ihre Territorien gegen rivalisierende männliche Artvertreter, während Weibchen geduldet werden. Auch die Männchen verschiedener Echsen haben Reviere, in denen sie keine Nebenbuhler dulden. So besetzen die Männchen der auf den Galapagosinseln vorkommenden Meerechsen *(Amblyrhynchus cristatus)* auf den rissigen Lavaklippen am Meer ein Revier, das sie mit fünf bis zwölf Weibchen teilen. Das ranghöhere Männchen jagt den Gegner durch Drohgebärden, durch Imponieren und durch Zurückdrängen mit dem Schädel aus seinem Territorium. Das rangniedere Männchen legt sich schließlich in einer Art von Demutstellung flach auf den Boden und räumt das Feld. Revier- und Rangordnungsverhältnisse spielen im Echsenleben daher eine große Rolle. Bei den verschiedenen Echsenarten werden die unterschiedlichen Formen des Sozialverhaltens stets in unterschiedlicher, arteigener Weise dargeboten.

Bei den Chamäleons, den Leguanen und den Agamen wird das Imponiergehabe zusätzlich durch rhythmische Kopf- und Körperbewegungen optisch besonders auffällig dargeboten. Manche Echsen verändern durch ihren physiologischen Farbwechsel, durch Aufstellen von Rückenkämmen und Spreizen von Kehlscheiben, wie dies bei asiatischen Flugdrachen und amerikanischen Anolis der Fall ist, ihr äußeres Erscheinungsbild in manchmal kaum vorstellbarer Weise.

Isabellfarbene Naja kaouthia kaouthia in Drohhaltung.

In den meisten Fällen endet das Imponiergehabe der Echsenmännchen unblutig, und der unterlegene Gegner macht sich davon. Ganz anders verläuft die gleiche Angelegenheit bei manchen sonst so ruhigen Schildkröten. Paarungsbereite männliche Breitrandschildkröten *(Testudo marginata)* sind wenig zärtliche Liebhaber, die die Weibchen pausenlos verfolgen und durch Bisse in die Weichteile übel zurichten können. Die so ruhige und einzelgängerische Großkopfschildkröte *(Platysternon megacephalum)* ist ein ausgesprochen rabiates Geschöpf, das jeden arteigenen Nebenbuhler, aber auch die Weibchen, außerhalb der Paarungszeit durch gezielte Bisse aus seinem Territorium vertreibt. Um Verluste zu vermeiden ist es zweckmäßig, nie zwei Tiere der genannten Art in einem Behälter zu pflegen, wo sie nicht voreinander ausweichen können und wo solche Auseinandersetzungen zwangsläufig zu Verletzungen führen würden.

Wie zahlreiche Echsen, so beißen sich auch manche Schlangenmännchen vor und während der Kopula an der Partnerin fest. So stumm wie die Schwanzlurche sind die Reptilien im allgemeinen während der Paarungszeit nicht. So zeigen sich die männlichen Krokodile zur Paarungszeit unruhig und äußerst erregt, wobei sie ihre Stimme häufig und lautstark erschallen lassen. Der Tokee *(Gekko gecko)* aus Südostasien und der dortigen Inselwelt ist fast jedem Südostasiaten bekannt. Dieser Gecko, der ursprünglich an das Leben im Regenwald gebunden war, ist mit der Zerstörung seines natürlichen Lebensraumes in Dörfer und selbst große Städte eingewandert, wo er heute in nicht geringer Zahl lebt. Der europäische Tourist ist erstaunt, wenn er in seiner Unterkunft die lauten Tokee-Rufe zum ersten Mal in seinem Leben hört. Die unverwechselbaren Rufe bestehen aus einem anfänglichen Gegacker, das sich wie ein »kok-kok-kok-kok« anhört und in ein sechs- bis achtmaliges deutliches »tokee« übergeht, wobei die zuletzt ausgestoßene Tokee-Silbe zunehmend leiser und langgezogen wird und an ein Glucksen erinnert. Neben diesen Paarungsrufen läßt der Tokee auch ein starkes, zischendes Geräusch ertönen, wenn er erschreckt oder bedroht wird. Dabei reißt er das Maul weit auf, pumpt sich mit Luft voll und verteidigt sich auch durch schmerzhafte Bisse.

Das Imponiergehabe der Schlangen läuft dagegen sehr geräuscharm ab. Besonders eindrucksvoll ist es bei den Hutschlangen oder Kobras *(Naja)*. Im Zustande der Erregung richten diese Giftnattern das vordere Körperdrittel auf und spreizen die Rippen in der Halsregion so ab, daß dadurch ein »Hut« oder »Schild« entsteht, wobei der Kopf waagerecht auf den Gegner gerichtet ist. Diese »Kämpfe« sind streng ritualisierte Verhaltensweisen (Kommentkämpfe). Hierbei handelt es sich meist um unter Männchen stattfindende Auseinandersetzungen, die durch ganz bestimmte Bewegungsweisen, Orientierungsreaktionen und angeborenen Auslösemechanismen so festgelegt sind, daß sie in der Regel nicht zur Beschädigung, sondern nur zur Einschüchterung eines Rivalen führen. Sie werden hauptsächlich zur Paarungszeit ausgeführt und sind fortpflanzungsbedingt. Als weitere Ursachen kommen Revierverhalten und Rangordnung in Betracht. Einfache Kommentkämpfe sind auch von den Baumsteigerfröschen oder Pfeilgiftfröschen (Dendrobatidae) bekannt. Sie kommen außerdem bei zahlreichen Echsen (Warane, Leguane, Agamen, Geckos, Chamäleons, Eidechsen) hauptsächlich während der Paarungszeit vor. Bei den Echsen und vor allen Dingen bei den Krokodilen können die Kommentkämpfe in Beschädigungskämpfe übergehen, die dann zuweilen einen tödlichen Ausgang nehmen. Bei den Schlangen laufen die ritualisierten Kommentkämpfe jedoch immer unblutig ab, und das stärkere Tier hat größere Chancen sich fortzupflanzen als das unterlegene.

Bei den Schildkröten gilt wie bei den Schlangen als Regel, daß die Schwänze der Männchen länger als die der Weibchen sind. Oft sind die Schwänze mit einem Endnagel versehen. Darüber hinaus spiegelt sich der Geschlechtsdimorphismus der Schildkröten häufig in einer unterschiedlichen Färbung und Musterung des Panzers, der Weichteile und sogar der Augen wider. Die Beschilderung kann geschlechtsspezifische Unterschiede aufweisen. Die kleineren Männchen haben nicht selten längere Krallen.

Der Kopulation der Schildkröten geht eine mehr oder weniger lang andauernde Balz voraus. Die Geschlechter erkennen sich am Geruch. Wie bei den Schlangen werden bei manchen Schildkröten Kommentkämpfe ausgeführt, die darin bestehen, den Rivalen durch Umwerfen außer Gefecht zu setzen. Bei anderen Schildkröten endet das Aufeinandertreffen paarungswilliger Männchen in

Werbungsverhalten bei Testudo hermanni boettgeri.

einer wilden Beißerei, die zu Beschädigungen führen und in zu kleinen Behältern unter ungünstigen Bedingungen sogar tödlich enden kann. Bei den Landschildkröten besteht die Werbung darin, daß die Männchen Rammstöße gegen den Panzer der Weibchen ausführen. Bei einer Reihe von Wasserschildkröten besteht das Balzverhalten in zitternden Kopfbewegungen, die das Männchen vor dem Weibchen ausführt. Bei den nordamerikanischen Schmuckschildkröten strecken die Männchen den Weibchen während der Balz ihre nach außen gedrehten Vorderfüße mit den verlängerten Krallen zitternd entgegen. Diese Balzbewegungen des Männchens werden immer in Kopfrichtung des Weibchens ausgeführt. Vor der Kopulation steigt das Männchen von hinten auf das Weibchen. Dabei klammert es sich mit den Vorderfüßen am Rückenpanzer des Weibchens fest. Landschildkrötenmännchen öffnen während der

Kopulation ihr Maul, aus dem die Zunge ein wenig heraushängt. Sie stoßen ächzende bis piepsend-pfeifende Geräusche aus.

Das Kopulationsverhalten der Wasserschildkröten ist vielseitiger als das der Landschildkröten. Eine ganze Reihe von Wasserschildkröten kopulieren unter Wasser, andere an der Wasseroberfläche, z. B. Meeresschildkröten. Manche Sumpfschildkröten *(Terrapene, Geoemyda)* bevorzugen für die Kopulation flaches Wasser oder festes Land. Während der Paarung beißen die Männchen der Gattungen *Cuora, Geoemyda, Kinosternon, Melanochelys* und *Emys* nach den Köpfen und Hälsen der Weibchen. Schließlich wird der recht dicke und teilweise lange Penis in die Kloake des Weibchens eingeführt.

Da sich die verschiedenen Geschlechter der Amphibien und Reptilien kaum umeinander kümmern, müssen sie sich zum Zwecke der Paarung zusammenfinden. Zur Arterhaltung sind sie nicht nur an das andere Geschlecht, sondern auch an feste Zeiten gebunden, die ihnen vornehmlich das Klima diktiert. In den Gebieten mit gemäßigtem Klima beschränkt sich die Fortpflanzung auf das Frühjahr und für nur wenige Arten zusätzlich auf den Herbst. Aber auch in subtropischen und tropischen Klimazonen gibt es neben zeitlich festgelegten Paarungszeiten auch Arten, die sich über das ganze Jahre hinweg fortpflanzen.

Gelegentlich wird bei Amphibien und Reptilien auch eine Bastardbildung beobachtet. Hierbei handelt es sich um eine Kreuzung genetisch unterschiedlicher Elternformen. In freier Natur treten Unterartbastarde an Verbreitungsgrenzen von Unterarten ganz regelmäßig auf. Viel seltener sind dagegen Artbastarde. Eine Bastardbildung wird in freier Natur durch eine geographische Isolation (Inseln, Gebirgstäler, Seen, große Flüsse, Klimaänderung), durch eine fortpflanzungsbiologische Isolation (Verhaltensunterschiede bei Paarungs- und Balzgewohnheiten, unter-

schiedliche Fortpflanzungszeiten, etwas veränderte Geschlechtsorgane), durch eine ökologische Isolation (unterschiedliche Einnischung im gleichen Lebensraum) und durch eine genetische Isolation (unterschiedliches Erbmaterial) erschwert. Unter Gefangenschaftsbedingungen sind Bastarde dagegen viel häufiger. Dies ist nicht nur im Terrarium der Fall, wo oft planmäßig alle möglichen Unterartbastarde oder Mutationen produziert werden, sondern in vermehrtem Maße z. B. auch auf Krokodilfarmen. Viele, aber nicht alle Bastarde sind steril und nur mehr oder weniger überlebenstüchtig.

Unter den Amphibien und den Reptilien herrschen drei unterschiedliche Fortpflanzungsweisen vor. Es handelt sich hierbei um die Oviparie, die Ovoviviparie und die Viviparie.

Die **Oviparie** wird vornehmlich bei den Amphibien beobachtet. Hier legt das Weibchen Eier ab, die erst dann befruchtet werden, wenn sie den Mutterleib verlassen haben oder die im Mutterleib befruchtet werden und deren Entwicklung erst dann einsetzt, wenn sie den Mutterleib verlassen.

Bei der **Ovoviviparie** schreitet die Entwicklung der Eier im Mutterleib nach der inneren Befruchtung bis zu einem bestimmten Stadium voran. Die Eier werden zu einem ganz bestimmten Entwicklungszeitpunkt abgelegt. In der Herpetologensprache bezeichnet man die Arten als ovovivipar, bei denen die Jungen kurz vor dem Verlassen der Kloake, während des Verlassens der Kloake und nach dem Verlassen der Kloake aus den Eiern schlüpfen.

Unter **Viviparie** versteht man eine Form der Fortpflanzung, die durch das Gebären von lebenden Jungen gekennzeichnet ist. Scharfe Grenzen zwischen Viviparie und Ovoviviparie lassen sich nicht ziehen. Wie es bei den Säugetieren der Fall ist, wird der Begriff Viviparie dahingehend verwendet, daß die Embryonen im Mutterleib über eine

Plazenta durch den mütterlichen Blutkreislauf ernährt werden.

Alle Krokodile, alle Schildkröten und die Brückenechsen legen Eier. Von Art zu Art verschieden legen die Echsen und die Schlangen Eier oder sie bringen lebende Junge zur Welt.

Die 22 Krokodilarten legen ihre Eier in Nestern aus zusammengescharrtem Pflanzenmaterial oder in mit den Hinter- oder Vorderbeinen oder mit beiden Beinen ausgehobenen Erdgruben ab. Es gibt jedoch auch Krokodile, die in Anpassung an unterschiedliche Lokalbiotope entweder eine Grube ausheben oder einen Nesthügel aus Erde, Sand und Pflanzenmaterial bauen. In die Mitte der kegelförmigen Pflanzennester, deren Höhe 50 bis 100 cm und deren Durchmesser 200 cm und mehr betragen kann, werden die 10 bis 100 stark porösen, länglichen, kalkschaligen, 40 bis 130 g schweren Eier in die Eikammer abgelegt. Die eigentliche Eiablage dauert nur wenige Minuten.

Alle Krokodilarten üben nach dem gleichen Verhaltensmuster Brutpflege aus. Das Weibchen liegt neben dem Nest, gelegentlich sogar auf dem Nest oder es hält sich in der Nähe des Nestes am Uferrand oder im Wasser auf. Feinde werden sofort meist energisch attackiert. Es gibt aber auch Fälle, in denen Krokodile vor Feinden fliehen, besonders dann, wenn sie häufig gestört oder stark verfolgt werden.

Die Inkubationsdauer beträgt bei Temperaturen zwischen 30 und 34 °C im Nestinneren zwei bis drei Monate. Kurz vor dem Schlüpfen lassen die jungen Krokodile aus den Eiern ihre froschähnlich quakende Stimme erschallen. Die Lautäußerungen der Jungkrokodile in den Eiern und der schlüpfenden und schon geschlüpften im Nest sind für das Weibchen das Signal, das Nest von oben her mit den Vorderfüßen zu öffnen. Die jungen Krokodile werden vom Weibchen sachte mit dem Maul ergriffen und ins Was-

ser transportiert. Noch nicht geschlüpfte Jungtiere werden von der Mutter mit den Zähnen aus dem Eiinneren geholt, wobei zuerst die Kalkschale zertrümmert wird. Die Jungkrokodile verbleiben im Wasser noch eine begrenzte Zeit bei der Mutter, die sie schon in gewissem Maße durch ihre furchterregende Gestalt vor Freßfeinden schützt.

Alle Schildkröten, seien es nun Land- oder Wasserschildkröten, legen Eier. Die Eier sind hartschalig, je nach Art rund bis gestreckt und von unterschiedlicher Größe. Je nach Schildkrötenart sind auch die Eizahlen pro Gelege unterschiedlich groß. Kleine Schildkrötenarten legen nur eine geringe, große Arten eine große Anzahl von Eiern ab. So legt die ungefähr 12 cm lange Moschusschildkröte *(Sternotherus odoratus)* pro Gelege nur ein bis neun Eier ab. Pro Jahr können allerdings zwei Gelege abgesetzt werden. Die großen Meeresschildkröten gehen zur Eiablage oft in großen Scharen an Land, wo sie im Verlauf von ungefähr zwei Wochen in Etappen ihre zahlreichen Eier ablegen, zuweilen 400 pro Weibchen in einem Jahr.

Die Land- und Wasserschildkröten der gemäßigten Klimazonen legen ein- bis zweimal pro Jahr Eier. In den Tropen findet die Eiablage jedoch öfter statt.

Unsere heimische Sumpfschildkröte *(Emys orbicularis)* beginnt nach der Überwinterung, die sie am Grunde eines Gewässers durchstand, mit ihrem Paarungszeremoniell, das sich durch den gesamten Sommer hinziehen kann. Die Weibchen werden ständig von den Männchen verfolgt. Die Kopulation findet im Wasser meist unter der Wasseroberfläche statt. Die Männchen reiten mit ihrem Plastron von hinten her auf dem Carapax der Weibchen auf. Vor der Eiablage im Juni oder Juli sucht das Weibchen tagelang einen geeigneten sonnigen Eiablageplatz. Oft legt das Weibchen vor der Eiablage mehrere Versuchsgruben an, die aber oft als nicht geeignet erkannt und wieder aufgegeben werden.

Wie die Europäische Sumpfschildkröte (Emys orbicularis), öffnet auch die Tempelschildkröte (Hieremys annandalei) die Eischale mit einem Eizahn.

Eier von Lacerta lepida in freier Natur.

Hat das Sumpfschildkrötenweibchen einen zusagenden Sonnenplatz ausfindig gemacht, beginnt es mit dem Ausheben von Erdmaterial. Vorher feuchtet es die auserwählte Stelle mit Flüssigkeit aus der Harnblase an. Anschließend setzt es seinen Schwanz auf die Erdoberfläche und führt bohrende Bewegungen aus, wobei es den Ansatz für ein trichterförmiges Loch herstellt. Dann beginnt das Weibchen mit den Hinterfüßen unter wechselseitigen Bewegungen Erdmaterial hinauszuwerfen. In diese Grube legt es, meist am Nachmittag, durchschnittlich sieben bis acht längliche, etwa 30 × 20 mm große Eier ab. Jedes Ei tritt einzeln aus der Kloake aus. Nach vollendeter Eiablage wird die Grube mit dem ausgeworfenen Erdmaterial wieder zugescharrt. Anschließend wälzt das Schildkrötenweibchen nach vollständiger Abdeckung der Grube die Erde mit dem Bauchpanzer glatt, so daß es für den Schildkrötenpfle-

ger oft im nachhinein schwierig ist, die Grube zu finden, um die Eier in einem Inkubator unterzubringen. Die Entwicklung der jungen Sumpfschildkröten im Ei dauert bei einer Temperatur zwischen 25 und 30 °C zwischen 55 und 82 Tagen.

Unter den Echsen gibt es eierlegende und lebendgebärende Arten. Die Eischalen der Echseneier fühlen sich pergamentähnlich an. Nur bei den Geckos erhärten sie nach der Eiablage. Die meisten Echsen betreiben Brutfürsorge und nur wenige eine Brutpflege.

Unter Brutfürsorge versteht man die Gesamtheit der vorsorglichen Handlungen der Eltern, die mit dem Absetzen der Eier oder der Jungen beendet sind. Bei der Brutfürsorge fehlt die unmittelbare pflegerische Beziehung zum Nachwuchs, ihre Wirkung erstreckt sich jedoch auf einen längeren Zeitraum. So werden die Eier der Echsen an Örtlichkeiten

Geburt von Agkistrodon piscivorus leucostoma. Das Jungtier
wird in einer transparenten Eihülle ausgestoßen.

Das Jungtier ist zur Hälfte in der
transparenten Eihülle aus der
Kloake ausgestoßen worden.

Das Jungtier liegt in der transparenten Eihülle auf dem Terra-
rienboden. Die Eihülle wird danach durchstoßen.

abgesetzt, wo meist optimale Temperaturbedingungen zu deren Entwicklung, Feuchtigkeit, Schutz vor Feinden usw. herrschen. Das ist gewöhnlich in selbstgegrabenen Vertiefungen im Erdboden, unter Steinen und Steinhäufen, unter Laubansammlungen, unter Moospolstern, unter Holzstapeln, unter alten Baumstämmen, unter Baumrinden und in Mauerritzen gewährleistet. Die Weibchen scharren ihre Eigruben oft im Schutze der Dunkelheit auf und legen nicht selten zu dieser Zeit auch ihre Eier ab. Nach der Eiablage werden die Eier wieder zugedeckt. Eine Anzahl von Geckos kleben ihre Eier auf ein festes Substrat.

Im gemäßigten und subtropischen Klima werden die Eier meist im Frühjahr und im Sommer abgesetzt. Der Schlupf erfolgt dann im Herbst, wie auch die lebendgebärenden Arten ihre Jungen meist im Herbst zur Welt bringen.

Der Zeitpunkt der Eiablage ist klimatisch und genetisch festgelegt. Die Geschwindigkeit, mit der sich der Embryo im Ei entwickelt, hängt weitgehend von der Umgebungstemperatur ab. Bei den lebendgebärenden Arten werden die Jungen in einer feinen Eihülle, die sofort nach der Geburt oder noch im Mutterleib aufreißt, geboren. Nach der Geburt laufen oder kriechen die Jungen davon und sind jetzt ganz auf sich selbst angewiesen. Bei den oviparen Arten besitzt das fertige Jungtier im Ei einen Eizahn auf der Schnauzenspitze, mit dem es die Eischale von innen her aufschlitzt, um sich mit Körper- und Gliedmaßenbewegungen aus dem Eiinneren zu befreien.

Der Großteil der Schlangen legt seine Eier im Sinne einer Brutfürsorge an geschützten Örtlichkeiten ab, die denen der Echsen weitgehend entsprechen. Nach der Eiablage kriechen die Weibchen meist davon. Nur von einem geringen Anteil ist Brutpflege bekannt. Die zur Unterfamilie der Pythoninae zählenden Riesenschlangen treiben Brutpflege, wobei sich die Weibchen nach der Eiablage auf das Gelege legen und dieses bis zum Schlupf der Jungen bebrüten und bewachen. In diesem Zusammenhang ist das ausgeprägte Brutpflegeverhalten der Königskobra (Ophiophagus hannah) aus Südostasien ganz besonders erwähnenswert. Die Weibchen scharren Laub und abgefallene Zweige zu einem Nesthaufen zusammen. Letztere befinden sich häufig in großen Bambusbeständen in Regenwäldern, aber auch auf aufgegebenen und verwilderten Plantagen. Das Weibchen, das seine 20 bis 40 Eier in den zusammengescharrten Blätterhaufen legt, kriecht auf diesen Nesthaufen und bewacht ihn. Nach Erfahrungen, die thailändische Freunde mit brütenden Königkobras in der Natur machten, ist das brütende Weibchen durchaus nicht immer so aggressiv, wie es in der Literatur angegeben wird.

An günstigen Lokalitäten finden sich zuweilen zahlreiche eiablagewillige Schlangenweibchen gleichzeitig ein. Es kommt dann zu einer Massenansammlung von Eiern. Ein derartiges Verhalten kennt man von Äskulapnattern, Ringelnattern und einer Reihe anderer Arten.

Vor dem Schlupf der Jungen zeigen die Eier nicht selten leichte Dellen, Verfaltungen und selbst Verfärbungen. Die junge Schlange schlitzt das Ei von innen her mit ihrem Eizahn auf der Schnauzenspitze auf. Die Schlitztätigkeit kann man in Form mehrerer Längsschnitte oder in Form eines V auf der Längsseite des Eies sehen. Schließlich streckt die Schlange ihre Schnauzenspitze, dann den Kopf und den Hals aus der aufgeritzten Eischale hervor. Bei diesem Vorgang tritt klare Eiflüssigkeit aus dem Eiinneren aus, und es werden durch die Atemzüge der Schlange Schaumblasen verursacht. Der Schlupfvorgang nimmt einige Minuten bis mehrere Tage in Anspruch. Wird eine Schlange beim Schlupf gestört, so zieht sie ihren Kopf blitzartig in das Eiinnere zurück.

Ringelnatterngelege. Die Eier zeigen Eindellungen. Die ersten Jungschlangen schlüpfen. Mit Hilfe des Eizahns haben sie die Eischale von innen her aufgeritzt.

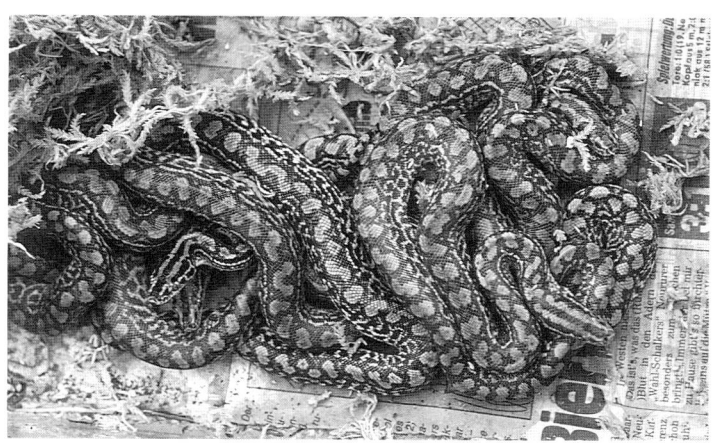

Epicrates cenchria crassus kurz nach der Geburt.

Lebendgebärende Schlangen findet man in den Familien der Boidae *(Boa, Epicrates, Corallus, Eunectes)*, der Colubridae *(Ahaetulla, Helicops, Coronella, Homalopsis)*, der Hydrophiidae (die meisten Arten), der Elapidae (zahlreiche Arten), der Viperidae (die meisten Arten) und der Crotalidae (die meisten Arten). Vor dem Geburtsakt verdickt sich das Rumpfende einer lebendgebärenden Schlange. Unter wehenartigen Muskelkontraktionen werden die Jungen, die sich in einer transparenten, feuchten, von Blutgefäßen durchzogenen Eihülle befinden, ausgesto-

ßen. Durch Kopf- und Schlängelbewegungen reißen die Jungschlangen die durchsichtige Eihülle auf und kriechen nach wenigen Sekunden davon. Von Art zu Art verschieden findet die erste Häutung unmittelbar oder Stunden bis Tage nach der Geburt statt. Zuweilen platzt das Eihäutchen schon im Mutterleib. In einer Anzahl von Fällen ist die Jungschlange nicht in der Lage, das Eihäutchen, dessen Oberfläche schnell an der Luft eintrocknet und zäh wird, aus eigener Kraft aufzureißen. Die natürliche Folge ist der Erstickungstod.

Während des Geburtsvorganges, der in der Regel mehrere Stunden dauert, werden häufig unbefruchtete gelbliche Eier von gummiartiger Konsistenz ausgestoßen. Die Anzahl der Jungtiere pro Wurf variiert von Art zu Art und von Individuum zu Individuum. Es gibt Fälle, in denen ein Weibchen ein Jungtier und ein anderes der gleichen Art im gleichen Jahr 15 Jungtiere zur Welt brachte. Überaus vermehrungsfreudig sind Puffottern. Bei dieser Art ist eine maximale Wurfgröße von 157 Jungen bekannt.

Die Entwicklung der Jungen im Mutterleib bedeutet in gewisser Weise einen dreifachen Vorteil. Sie sind so gegen unvorteilhafte Witterungsschwankungen und gegen Feinde weitgehend geschützt. Auch ist anzunehmen, daß die Jungen im Mutterleib von der Mutter optimal ernährt werden.

Wachstum

Das Wachstum der Pflanzen und der Tiere unterscheidet sich in wesentlichen Punkten. Bei den Pflanzen dauern das Wachstum und die Organbildung bis zum Tode an. Bei den Tieren sind die Organe des ausgewachsenen Körpers bereits im Mutterleib angelegt. Die Entwicklung und das Wachstum sind spätestens mit dem Eintreten der Geschlechtsreife abgeschlossen. Eine Ausnahme von dieser Regel machen die Krokodile und ein Großteil der Schlangen und Echsen, die über die Geschlechtsreife hinaus bis zum Lebensende zum Teil ein bedeutendes Wachstum zulegen. Das fortlaufende Wachstum erklärt auch die Tatsache, daß man vor allem unter den Krokodilen riesige Exemplare findet, die ihre kleineren, geschlechtsreifen Artgenossen in den Körperausmaßen bei weitem übertreffen.

Die meisten Amphibien und Reptilien wachsen schneller als man es zunächst anzunehmen wagt. Die Wachstumsgeschwindigkeit variiert selbst innerhalb der gleichen Art.

Bereits beim Schlupf sind manche Jungtiere bedeutend größer als andere. Der Längenunterschied schlüpfender Schlangen kann bis zu 50% betragen. Wenn Schlangen geschlechtsreif werden, haben sie 50 bis 75% der endgültigen Maximallänge erreicht. Eine Ausnahme machen dagegen die Riesenschlangen, die bereits bei 25 bis 30% ihrer Maximallänge fortpflanzungsfähig sind. Aspisvipern (Vipera aspis) erreichen im ersten Lebensjahr eine Körperlänge von 15 bis 20 mm, im zweiten 250 bis 270 mm, im dritten 350 bis 380 mm, im vierten 400 bis 450 mm und im fünften Lebensjahr über 500 mm.

Das rasche Längenwachstum junger Echsen ist von besonderem Interesse. Bei der Gattung Phrynocephalus können Jungtiere in den ersten vier Wochen pro Tag 1/2 mm wachsen. Beim Halsband-Leguan Crotaphytus collaris aus den mittleren Vereinigten Staaten und aus Mexiko zeigt das Wachstum in den ersten Lebenswochen eine tägliche Längenzunahme von 1 mm. Bereits nach acht Wochen haben sie ihre ursprüngliche Körperlänge verdoppelt. Zauneidechsen sind beim Schlupf 55 bis 60 mm lang.

Die Geschlechtsreife, die in freier Natur mit 1,5 bis zwei Jahren erreicht wird, ist nicht vom Alter, sondern von der erreichten Körperlänge abhängig. Unter extrem günstigen Aufzuchtbedingungen können im August geborene Jungtiere bereits nach vier Monaten geschlechtsreif sein. Besonders kleine Arten erreichen bereits nach einem Jahr oder schon früher ihre Erwachsenenlänge und sind damit geschlechtsreif. Beim Gefleckten Furchenmolch (Necturus maculosus maculosus) vergrößert sich die Körperlänge vom 1. bis zum 6. Lebensjahr folgendermaßen: 55 mm, 83 mm, 113 mm, 149 mm, 187 mm und 200 mm. Der Ochsenfrosch (Rana catesbeiana) hat nach zwei Lebensjahren eine ungefähre Körperlänge von 40 mm, zwischen dem 3. und 4. Lebensjahr 95 mm, bei Einset-

Dermochelys coriacea, die größte Schildkröte der Erde, bei der Eiablage (am Strand der Küste von Französisch Guyana).

zen der Geschlechtsreife zwischen dem 4. und 5. Lebensjahr eine Länge von 126 mm. Nach sieben Jahren ist er 155 mm lang. Interessant sind auch die Wachstumsverhältnisse beim Mississippi-Alligator, der im ersten Jahr 65 cm, im zweiten 120 cm, im dritten 135 cm, im vierten 135 cm und nach sechs Jahren im männlichen Geschlecht 180 bis 240 cm erreicht.

Die Körperlängen von Krokodilen und Riesenschlangen sind häufig Gegenstand von Übertreibungen gewesen. Es gibt keine Krokodile und keine Schlangen, die 20 oder gar 30 Meter lang werden. Das größte Krokodil (Crocodylus porosus) erreicht eine Körperlänge von 9, vielleicht sogar 10 m. Mit einer Maximallänge von 12,20 m ist der Netzpython (Python reticulatus) aus Südostasien die größte Schlange überhaupt. Die größten Giftschlangen sind Ophiophagus hannah (Rekordlänge 5,71 m) und Dendroaspis polylepis (4,3 m). Die kleinste ungiftige Schlange ist Leptotyphlops bilineatus von Martinique, Barbados und Santa Lucia. Sie wird nur 12 cm lang. Die kleinste Giftschlange ist die zu den Aparallactinae zählende Homorelaps dorsalis aus Südafrika. Ihre Maximallänge wird mit kaum 30 cm angegeben.

Mit einer Gesamtlänge von 3 m ist der Komodo-Waran (Varanus komodoensis) von den Sundainseln Komodo, Flores, Padar und Rintja die größte heute noch lebende Echse. Kaum weniger lang ist der weitverbreitete südostasiatische Bindenwaran (Varanus salvator) mit einer Körperlänge von knapp 3 m. Die Lederschildkröte (Dermochelys coriacea),

Elaphe taeniura friesi vor der Häutung. Die Haut hat ein stumpfes Aussehen. Die Augen sind milchigweiß verfärbt.
Das gleiche Tier nach der Häutung (unten).

die über alle subtropischen und tropischen Meere verbreitet ist, ist die größte Schildkröte überhaupt. Sie erreicht eine Körperlänge von 2,1 m und ein Gewicht von 600 kg. Die größte Landschildkröte ist die Elefantenschildkröte *(Chelonoidis elephantopus)* von den Galapagos-Inseln, die eine Panzerlänge von 1,1 m erreichen kann.

Häutung

In periodischen Abständen streifen die Schlangen die äußere Hornschicht, das sogenannte *Stratum corneum*, in einem Stück ab. Bei den Echsen und bei den Riesenschlangen löst sich die Oberhaut jedoch in Fetzen ab.

Der Häutungsbeginn der Schlangen setzt mit einer milchigweißlichen Verfärbung der Augen ein, die auch auf die Bauchseite übergreift. Die übrigen Körperteile der Schlange nehmen ein stumpfes und wenig schönes Aussehen an. Die Häutungsflüssigkeit zwischen der neuen und der alten Haut wird temperaturabhängig nach mehreren Tagen vom Körper resorbiert. Die Schlange reibt mit dem Kopf die Haut an Unebenheiten des Bodens, an Steinen, Holz, Grashalmen usw. los und streift die gesamte Haut wie einen umgekehrten Handschuh ab.

Alter

Die Lebensdauer eines Organismus ist genetisch fixiert. Da sich das Alter von Amphibien und Reptilien in freier Natur nur unter Schwierigkeiten und lediglich schätzungsweise angeben läßt, wurden die genauesten Angaben hierüber von in Terrarien gepflegten Exemplaren gewonnen. Die Lebenserwartung der Amphibien liegt zwischen wenigen und über 100 Jahren. Amphibien und Reptilien erreichen unter Gefangenschaftsbedingungen ein weitaus höheres Alter als in der Wildnis, wo die natürliche Auslese bedeutend härter ist. So wird eine Population kleiner Frösche bereits in einem Jahr durch die nächste ersetzt, obwohl sie im Terrarium oft erheblich älter werden.

Als Beispiel sei die bekannte Mauereidechse erwähnt, bei der eine maximale Lebensdauer von sieben bis zehn Jahren und eine durchschnittliche Lebenserwartung von vier bis sechs Jahren ermittelt wurde. Bereits nach fünf Jahren sind fast alle oder die meisten

Individuen der genannten Art in der Natur verendet. Ähnlich findet ein solcher Austausch durch nachwachsende Generationen auch bei allen anderen Amphibien und Reptilien statt.

Daß die Lebensdauer gefangen gehaltener Amphibien und Reptilien bei guten Pflegebedingungen höher sein muß, ist verständlich, unterliegen sie doch in der Natur der natürlichen Auslese durch Feinde, Krankheiten, Nahrungsmangel, ungünstige Temperaturen usw. Außerdem sterben weniger Jungtiere als in der freien Natur. Experimente an 200 markierten *Anolis carolinensis* haben gezeigt, daß 98% von diesen in freier Natur bereits nach zwölf Monaten nicht mehr lebten. Nach 16 Monaten existierte kein Exemplar mehr. Dagegen dauert *Anolis carolinensis* unter der Voraussetzung gewissenhafter Pflege ohne Schwierigkeiten zwei bis vier Jahre im Terrarium aus.

Die herabgesetzten Temperaturen während der Überwinterung beeinflussen auch die Lebensspanne einiger Amphibien und Reptilien. So lebt der kleine Zaunleguan *Sceloporus undulatus*, der vom Südosten des Staates New York bis nach Florida und Texas verbreitet ist, unter den hohen Temperaturen in Florida, die keine Überwinterung zulassen, kaum zwei Jahre. 94% der Individuen überstehen selbst das erste Lebensjahr nicht. Im Norden der USA, wo die genannte Art fünf Monate überwintert, wird er jedoch mindestens vier Jahre alt und erreicht sogar eine maximale Lebensdauer von acht Jahren. Für den Terrarianer sollte diese Tatsache ein Anlaß sein, seinen Tieren aus gemäßigten und subtropischen Klimazonen eine artgemäße, ausreichend lange Überwinterungsdauer zuzugestehen, um die Lebensspanne zu verlängern.

Um das Alter von Amphibien (Schwanzlurche, Froschlurche) und Reptilien (Echsen, Schildkröten, Krokodile) zu bestimmen, untersucht man die Jahresringe langer Röhren-knochen (Oberschenkelknochen, Oberarm-knochen). Dazu fertigt man nach vorheriger histologischer Behandlung Querschnitte an, auf denen man die jährlichen Zuwachsstreifen sehen kann. Um das Alter von Krokodilen zu bestimmen, werden Dünnschnitte von den Hautknochen hergestellt. Das Alter von Schildkröten läßt sich in etwa anhand der konzentrischen Jahresringe auf den Hornschilden ablesen. Allerdings ist diese Methode mit Fehlern behaftet, da unter gewissen Lebensbedingungen (Nahrungsmangel, Krankheiten, Klimaschwankungen) zusätzliche, aber schwache Jahresringe ausgebildet werden können. Für den Terrarianer ist eine ausreichend genaue Altersbestimmung seiner Pfleglinge am lebenden Tier also kaum möglich.

Ernährung

Entsprechend ihrer bevorzugten Nahrung lassen sich die Amphibien und Reptilien in **Pflanzenfresser**, **Allesfresser** und **Fleischfresser** einteilen.

Alle Amphibien nach der Metamorphose, alle Schlangen, alle Krokodile, die meisten Echsen und Schildkröten sowie die Brückenechse *Sphenodon punctatus* nehmen fleischliche Nahrung zu sich. Pflanzenfresser sind unter den Schildkröten und Echsen in geringerer Anzahl anzutreffen. Die Kaulquappen der Frösche und der Kröten sind Pflanzenfresser, die mit ihren Raspelzähnen die Algen von Steinen, altem Holz und sonstigem Substrat abnagen, ohne jedoch tote Tiere gänzlich zu verschmähen. Die Larven der afrikanischen Krallenfrösche *(Xenopus)* ernähren sich im Kaulquappenstadium von feinstem Süßwasserplankton, das aus Algen und Infusorien besteht. Die Larven der Schwanzlurche fressen feinstes Pflanzenmaterial, vornehmlich jedoch Kleinkrebse, wie Wasserflöhe, Hüpferlinge, Mückenlarven, alle möglichen Insektenlarven usw. Sobald die Metamorphose vollzogen ist, wandelt sich der spiralig aufgerollte Darm der Froschlurche zum kurzen Fleischfresserdarm um. Metamorphosierte Froschlurche und Schwanzlurche leben also ausschließlich von tierischer Nahrung.

Weitgehend von Pflanzen ernähren sich der Grüne Leguan *(Iguana iguana)* und der Dornschwanz *(Uromastyx acanthinurus)*. Junge Dornschwänze bevorzugen dagegen tierische Nahrung. Mit zunehmender Körperlänge und zunehmendem Alter wechseln sie jedoch zu einer fast rein herbivoren Ernährungsweise über. Weitgehend vegetarisch ernähren sich auch die Kanareneidechsen der Gattung *Gallotia*, die gelegentlich auch Insekten fangen. *Gallotia galloti* frißt als Kulturfolger Weintrauben, Tomaten, Bananen, Blüten, Blätter und als tierische Beikost Insekten.

Die meisten Landschildkröten sind reine Pflanzenfresser und nehmen hin und wieder tierische Nahrung nur durch einen Zufall auf. Wasserschildkröten ernähren sich vorwiegend von unterschiedlichen Tieren, wobei sie jedoch nicht vollständig auf Pflanzenkost verzichten. So besteht das Nahrungsspektrum z. B. der Zierschildkröten *(Chrysemys picta marginata)* zu 61% aus Wasserpflanzen, zu 19% aus Insekten, zu 5% aus Krebsen, zu 3% aus Fischen, zu 2% aus Aas, zu 1% aus Fröschen und zu 1% aus Würmern. Die überaus imposante Süßwasserschildkröte *(Macroclemys temmincki)*, im Englischen bezeichnenderweise als Alligator Snapping Turtle und bei uns als Geierschildkröte bekannt, vergreift sich dagegen an jedem Tier, das sie töten und fressen kann. Ihr Beutespektrum besteht aus Fischen, Fröschen, Schlangen, Schildkröten, Schnecken, Krebsen, Muscheln, Würmern, Rind- und Schweinefleisch, Vögeln und nur zu einem ganz geringen Anteil aus Pflanzen, was man bei der Fütterung natürlich berücksichtigen muß.

Alle Schlangen sind rein karnivor. Sie leben weitgehend von Säugetieren, Vögeln, Echsen, den verschiedensten Schwanz- und Froschlurchen, aber auch von Fischen. Einige Arten fressen gelegentlich sogar Schildkröten und die Anakonda *(Eunectes murinus)* schreckt sogar vor jungen Kaimanen nicht zurück. Auch Kannibalismus ist keine allzu seltene Erscheinung. Es gibt eine ganze Reihe von Lurchen und Kriechtieren, die ihre eigenen Artgenossen nicht verschmähen, wenn sie sie überwältigen können. Kannibalismus ist in besonderem Maße bei Salamandern, Fröschen und Echsen beobachtet worden. Weniger häufig kommt er bei Schlangen, Schildkröten und bei Krokodilen vor.

Alle Krokodile sind Fleischfresser. Ihre Nahrung umfaßt alle freßbaren Wirbellosen und Wirbeltiere. Die Nahrung der größeren bis großen Krokodile besteht aus allerlei Säugetieren, Vögeln, Wasserschildkröten, Schlangen, Echsen, Vertretern der eigenen Art und vor allen Dingen aus Fischen. Große Krokodile wagen sich auch an den Menschen heran. Jungkrokodile leben von verschiedenartigen wirbellosen Tieren, wie Schnecken, Muscheln, Krebsen, Insekten und Würmern. Fischbrut und Kaulquappen werden gleichfalls gefressen, und gelegentlich werden sogar Früchte nicht verschmäht. Letzteres ist bei dem afrikanischen Stumpfkrokodil *(Osteolaemus tetraspis)* der Fall. Auch der China- und der Mississippi-Alligator sollen ganz gelegentlich Früchte fressen.

Unter den Amphibien und Reptilien gibt es nur wenige Nahrungsspezialisten, die an eine ganz bestimmte pflanzliche oder tierische Nahrung angepaßt sind. So leben die Galapagos-Meerechsen *(Amblyrhynchus cristatus)* ausschließlich von Meeresalgen und von Tangen, die sie von den Lavaklippen unter dem Wasser abweiden. Die südafrikanischen Kurzkopffrösche *(Breviceps)* und die nordamerikanischen Krötenechsen *(Phrynosoma)* leben ausschließlich von Termiten und

Ameisen. Der australische Dornteufel *(Moloch horridus)* macht Jagd auf Termiten und Ameisen entsprechender Größe. Er frißt nichts anderes. Von baumbewohnenden Ameisen ernähren sich auch die so hervorragend an die Baumrinde angepaßten Flugdrachen *(Draco)* aus Südostasien. Die Nahrung der südamerikanischen Schneckennattern besteht aus Nackt- und Gehäuseschnecken. Unter den Schlankblindschlangen *(Leptotyphlopidae)* gibt es einige Arten, die nur Termiten fressen. Recht gut bekannt sind die afrikanischen Eierschlangen *(Dasypeltis)*, die sich ausschließlich von Vogeleiern ernähren. Die den nordamerikanischen Königsnattern zum Verwechseln ähnliche Scharlachnatter *(Cemophora coccinea)* frißt neben Insekten, Salamandern, Fröschen, Eidechsen, Schlangen und Mäusen vornehmlich Reptilieneier. Neben den erwähnten Eierspezialisten gibt es eine Reihe von Schlangen, die sich nur bei Gelegenheit an Vogeleiern vergreifen.

Ausgesprochene Nahrungsspezialisten sind auch die schlangenfressenden Giftnattern aus den Gattungen *Bungarus*, *Micrurus* und *Ophiophagus*, die bei Gelegenheit Echsen in ihren Speiseplan mit aufnehmen. Die amerikanischen Königsnattern *(Lampropeltis)* und die afrikanischen Feilennattern *(Mehelya)* ernähren sich mehr oder weniger von Schlangen, wobei auch Kannibalismus vorkommt.

Da Amphibien und Reptilien poikilotherme Geschöpfe sind, ist ihr von der Umgebungstemperatur abhängiger Stoffwechsel bei weitem nicht so sehr auf tägliche Nahrungszufuhr angewiesen, wie es Säugetiere und Vögel sind. Die Amphibien und Reptilien aus den subtropischen Gebieten fasten im Verlauf der Überwinterung jedes Jahr mehrere Monate. Wegen der niedrigen Umgebungstemperatur bilden sie keine Verdauungssäfte und sind daher auch nicht in der Lage, Nahrung aufzunehmen und zu verdauen.

Die Amphibien und Reptilien fressen aber auch während der Aktivitätsperioden im Frühjahr oder unter dem Einfluß des Tropenklimas nicht so oft, wie es Säugetiere und Vögel tun. Manche können sogar ausgesprochen lange hungern. So nahm bei mir ein ausgewachsenes Monokelkobra-Männchen, das ich im Juli 1990 von Thailand nach Deutschland importierte, erst nach einem Jahr die ersten Mäuse zu sich, ohne vorher viel abzumagern. Derartige Hungerkünstler findet man auch unter ausgewachsenen Exemplaren der groß werdenden afrikanischen Vipern, wie der Gabunviper *(Bitis gabonica)* und der Puffotter *(Bitis arietans)*, weiterhin unter großen Klapperschlangen *(Crotalus)*, Riesenschlangen, großen Echsen, Schildkröten und Krokodilen.

Diese lang andauernden Fastenperioden hängen natürlich von den Nahrungsreserven und dem Gesundheitszustand der fastenden Tiere ab. Ein Fasten bei Mangel bzw. gänzlicher Abwesenheit von Wasser wird jedoch nicht sehr lange durchgestanden. Jeder sachkundige Terrarianer weiß aus eigener Erfahrung, daß die meisten Jungtiere, aber auch kleine Arten, häufig Futter benötigen. Manche müssen sogar täglich Nahrung zu sich nehmen, wenn sie sich normal entwickeln sollen. So nehmen Amphibienlarven, junge, kleinbleibende Echsen, aber auch Jungschildkröten, unter Naturbedingungen fast täglich Nahrung zu sich. Das gleiche dürfte mehr oder weniger auch unter Wasserschildkröten und erwachsenen Landschildkröten der Fall sein, die man im Freiland fast täglich bei der Nahrungsaufnahme beobachten kann. Junge Schlangen und Krokodile können dagegen länger ohne Nahrung auskommen.

Nahrungserkennung und Beuteerwerb

Nahrungserkennung

Wie alle Tiere, so erkennen auch die Amphibien und Reptilien ihre Nahrung mit Hilfe ihrer Sinnesorgane.

Das wichtigste Sinnesorgan zur Erkennung von freßbaren Pflanzen und Tieren ist das Auge. Nicht nur die Pflanzenfresser, sondern auch die Fleischfresser sind in ganz besonderem Maße beim Nahrungserwerb auf ihre Augen angewiesen.

Das **Bewegungssehen** ist bei Froschlurchen gut ausgebildet. Eine wartende, hungrige Erdkröte reagiert sofort auf einen an ihr vorbeikriechenden Regenwurm. Sie bleibt sitzen oder schleicht sich an die Beute heran. Anschließend schnappt sie das Beutetier mit der klebrigen Zunge, die blitzartig aus dem Maul hervorschießt und wieder in das Maul zurückgezogen wird. Den Abschluß dieser erblich festgelegten Verhaltensweise bildet das Abwischen des Maules mit den Vorderbeinen.

Von welcher Bedeutung die Augen und das Bewegungssehen für Froschlurche sind, erkennt man nicht nur an ihrer Größe und an ihrem hohen Entwicklungsstand, sondern auch an der Tatsache, daß sie eher verhungern, als daß sie tote oder bewegungslose Beutetiere ergreifen und fressen.

Wenn man Gras- oder Wasserfrösche in ein Terrarium mit hungrigen Wassernattern setzt, reagieren erstere mit panikartigen Fluchtsprüngen, wenn sich die Schlangen zum Beutefang in Bewegung setzen. Die meisten Schlangen und Echsen bemerken ihre Futtertiere sofort, wenn sich diese bewegen. Gleiches gilt für Krokodile. Letztere werden sofort hellwach und verfolgen aufmerksam die Bewegungen von Tieren in ihrer unmittelbaren Umgebung. Die Bewegungen locken sie geradezu an.

Wie die Erdkröte (Bufo bufo), so reagiert auch Bufo paracnemis aus dem mittleren Südamerika vor allem optisch auf Beutetiere.

Auch der **Geruchsinn** trägt zum Auffinden von Beutetieren bei. Bei den Schwanzlurchen ist er hervorragend entwickelt. Feuersalamander lokalisieren ohne Schwierigkeit einen frisch getöteten Regenwurm. Land- und Wasserschildkröten finden ihnen zusagendes Futter schnell am Geruch. Ebenso gut ist der Geruchsinn bei den Echsen ausgebildet. Wenn man ein Hühnerei in ein Krustenechsenterrarium legt, so wird dieses schnell wahrgenommen. Die hungrige Krustenechse erscheint, kriecht auf das Ei zu, bezüngelt es eingehend von allen Seiten und sucht eine geeignete Stelle, um es günstig fassen zu können. Die Krustenechse hebt durch Emporstemmen der Vordergliedmaßen den Vorderkörper leicht an, beugt den Kopf nach unten, nimmt das Ei ausschließlich durch Querlage zwischen Ober- und Unterkiefer und drückt es dann gegen eine Unebenheit am Boden, so daß es nicht wegrutschen kann. Mit einem einzigen kräftigen Biß wird die Eischale von einer Seite her durchlöchert und ausfließende Eiflüssigkeit aufgeleckt. Darauf steckt die Krustenechse ihr Maul in die Öffnung des angebrochenen Eies, um durch Lecken und kauende Bewegungen der Kinnladen den Eiinhalt aufzunehmen. Während der Nahrungsaufnahme hebt das Tier in regelmäßigen Abständen Kopf und Vorderkörper an, so daß die Eiflüssigkeit in den Magen läuft. Bei diesem Vorgang werden die Augen geschlossen und beim Heruntersenken von Kopf und Vorderkörper bei erneuter Nahrungsaufnahme wieder geöffnet.

Auf geruchlicher Grundlage entdecken Schlangen ihre Beutetiere mit Hilfe des Jacobsonschen Organs ohne Schwierigkeiten. Dieses Organ, das im vorderen Gaumendach liegt, wird gut mit Nerven versorgt. Mit Hilfe ihrer Zunge nimmt eine Schlange Geruchspartikel aus der unmittelbaren Umgebung auf und bringt sie vor die Öffnungen des Jacobsonschen Organs.

Sowohl Amphibien wie auch Reptilien haben einen gut ausgebildeten **Geschmacksinn**. Wie gut dieser Sinn funktioniert, wird deutlich, wenn man sieht, wie ein Frosch, eine Eidechse oder eine Schlange ein schlecht schmeckendes Futtertier ergriffen hat und dieses wie angeekelt wieder losläßt. Manche Einzeltiere unter den Amphibien und Reptilien haben auch individuell entwickelte Geschmackspräferenzen. Einige meiner Monokelkobras fressen problemlos Mäuse, Ratten und Hühnerküken. Andere vergreifen sich auch bei größtem Hunger nicht an den Küken. Die mechanischen Sinne spielen beim Beutefang nur eine untergeordnete Rolle.

Der **Gehörsinn** fehlt den Schlangen vollständig und ist hier somit bedeutungslos. **Berührungsreize** sind bei den Gymnophionen von gewisser Bedeutung. Krallenfrösche *(Xenopus)* reagieren auf Berührungen mit sofortigem Abtauchen. Ihre Tastsinnesorgane sind über den ganzen Körper verteilt. Bei allen Amphibienlarven, Schwanzlurchen während des Wasseraufenthaltes und bei ständig aquatisch lebenden Amphibien kommen Seitenlinienorgane vor, mit denen sie die feinsten Wasserbewegungen von Beutetieren registrieren können.

Beuteerwerb

Es gibt zwei Formen von Beutefang. Die eine besteht in einer aktiven Verfolgungsjagd der Beutetiere, die andere im Beutefang aus dem Ansitz heraus.

Ein aktives Aufsuchen und eine anschließende Verfolgung der Beutetiere ist bei zahlreichen Echsen wie Waranen, Eidechsen, Leguanen, besonders bei ungiftigen Nattern und dem Großteil der Giftnattern die Regel. Sobald diese Reptilien optisch oder olfaktorisch ein Beutetier aufgestöbert haben, wird es in rasendem Tempo verfolgt und mit den Kiefern irgendwo am Körper gepackt, gegen den Boden geschlagen bis es benommen oder tot ist und sofort verschlungen. Wenn eine Ringelnatter einen fliehenden Frosch entdeckt hat, verfolgt sie ihn mit schnellen Körperbewegungen, ergreift ihn an irgendeiner Stelle seines Körpers und würgt ihn bei lebendigem Leibe hinunter, ohne ihn zu erdrosseln. Die meisten Wassernattern verfahren in gleicher oder ähnlicher Weise. Zahlreiche ungiftige Schlangen packen ihre Beute mit dem Maul, drücken sie gegen den Boden oder erdrosseln sie durch mehrmaliges Umschlingen. Der Würgeakt der Schlange beginnt in der Regel am Kopf des Beutetieres und nur selten an dessen Hinterende. Durch wechselseitige Bewegungen der beiden Unterkieferäste und durch unglaublich dehnbare Muskeln und Sehnen wird das getötete Tier langsam hinuntergewürgt.

Zahlreiche Amphibien, Echsen, Schlangen und Schildkröten verfolgen ihre Beute nicht, sondern jagen aus dem Ansitz heraus. Die eigenartig aussehenden, auf Südamerika beschränkten Hornfrösche *(Ceratophrys)* sitzen bewegungslos in ihrem Versteck und warten. Wenn ein geeignetes Beutetier unmittelbar an ihnen vorbeiläuft, wird es blitzartig ge-

Varanus salvator kabaragoya beim Verschlingen eines Guramis (Osphronemus goramy) in einem Schraubenbaumgestrüpp an einem See bei Kandy (Sri Lanka).

Der Axolotl (Ambystoma mexicanum) erkennt sein Beutetier optisch (Bewegungssehen) und olfaktorisch. Hier hat ein Exemplar der genannten Art einen Regenwurm gepackt und würgt ihn hinunter.

packt und verschlungen. Chamäleons sind ausgesprochen langsame Tiere, die oft stundenlang bewegungslos auf den Ästen von Büschen und Bäumen auf Insekten und andere passende Beutetiere lauern. Kommt ein Insekt in ihre Nähe, so schnellt die Zunge im Bruchteil einer Sekunde aus dem Maul, packt und klebt das Opfer mit dem kolbenförmigen Zungenende fest. Das Beutetier wird durch schnellstes Zurückziehen der Zunge ins Maul befördert. Die trägen Vipern und Grubenottern lauern gleichfalls ihren Beutetieren auf, die aus allerlei Kleinsäugern, Vögeln, Echsen,

seltener aus Amphibien, Fischen und Insekten bestehen. Im Bruchteil einer Sekunde reißt die Giftschlange ihren Rachen fast bis auf 180 ° auf und schlägt die nadelspitzen, röhrenförmigen Giftzähne blitzartig in das ahnungslose Opfer ein, das sofort wieder freigelassen wird, aber sehr schnell stirbt. Nach dem Biß öffnet die Giftschlange meist ihr Maul, stellt die Zähne auf und reckt sie in die Schleimhautfalten ein. Anschließend beginnt sie mit der Suche nach dem getöteten Tier, dessen Spuren sie aufmerksam züngelnd verfolgt. Das verendete Tier wird von

Freßakt des Kupferkopfes.
Links oben: Die Maus wird beim Kopf gepackt und hinuntergewürgt.
Rechts oben: Durch den Schleim aus den Schleimdrüsen wird die Maus glatt gemacht und rutscht mit Hilfe von Muskelbewegungen in den Magen.
Links unten: Die elastischen Bänder und die Knochenelemente des Unterkiefers dehnen sich.
Rechts unten: Am Ende des Freßaktes schaut nur noch der Schwanz der Maus aus dem Maul der Schlange heraus.

allen Seiten eingehendst bezüngelt. Die Schlange bohrt ihre Schnauze in das Fell und arbeitet sich gegen den Haarstrich zum Kopf vor, um von hier aus mit dem Schlingvorgang zu beginnen. Manche Schlangen, besonders die großen, trägen Vertreter aus der Gattung *Bitis*, lassen ihr Opfer nach dem Zupacken nicht mehr frei, sondern halten es bis zu dessen Tode im Maul, um erst dann mit dem Schlingakt zu beginnen.

Das Gift dient nicht nur dem Töten der Beute, sondern ist auch eine große Hilfe bei der Verdauung. Die hinter den Augen liegen-den Giftdrüsen sind umgewandelte Speichel-drüsen. Das Gift ist daher nichts anderes als ein modifizierter Speichel, der infolge seines Enzymreichtums die Beute vorverdaut. Ne-ben der Tötung und Vorverdauung der Beu-tetiere stellt das Gift aber auch eine wir-kungsvolle Verteidigungswaffe dar, die bei einigen Kobra-Arten höchste Perfektion er-reicht hat. Bekannt sind Kobra-Arten *(Naja, Hemachatus)*, die ihr Gift einem Feind ins Gesicht und in die Augen sprühen und ihn auf diese Weise außer Gefecht setzen. Die Wirkungsweisen der transparenten, gelben,

Macroclemys temminckii mit aufgerissenem Maul. Der wurmartige, rote Fortsatz auf der Zungenspitze ist deutlich sichtbar.

orangefarbigen bis grünlichen Schlangengifte sind von Gattung zu Gattung, von Art zu Art und selbst noch innerhalb der Unterarten verschieden.

Beutetiere, die von Krokodilen und großen Waranen aus dem Ansitz heraus im Überraschungsangriff gepackt werden, sind durch die Wucht des Angriffs und durch die Zähne meist so verletzt, daß sie wie im Schock zu keiner Gegenwehr mehr fähig sind.

Unter den Schildkröten stellt die gewaltige Geierschildkröte (Macroclemys temminckii) wohl das beste Beispiel für einen Ansitzjäger dar. Sie besitzt einen rötlichen, wurmartigen Fortsatz auf ihrer Zungenmitte. Die gestaltlich und farblich unauffällige Schildkröte liegt beim Beutefang bewegungslos am Grunde eines Gewässers, wobei sie ihr Maul geöffnet hat. Der Fortsatz bewegt sich undulierend hin und her, was Fische anlockt.

Wenn ein Fisch diesen Fortsatz packt, weil er ihn mit einem Wurm verwechselt, ist sein Schicksal besiegelt, denn die Kiefer mit den scharfen Hornschneiden klappen wie eine Falle zu.

Ruheperioden und Überwinterung

Den Lebensvorgängen der Amphibien und Reptilien sind durch Umgebungstemperaturen gewisse Grenzen gesetzt. Temperaturen von über 42 °C bedrohen ihr Leben, da diese zur Eiweißgerinnung in den Zellen führt, die nicht mehr rückgängig gemacht werden kann. Ebenso verhängnisvoll wirken sich Temperaturen unter dem Gefrierpunkt aus, denn die aktiven Lebensabläufe kommen auch hier zum Stillstand. Um zu hohen oder zu niedrigen Temperaturen zu entgehen, ziehen sich manche Amphibien und Reptilien in geeignete Schlupfwinkel zurück, wo sie die zu heiße Sommerzeit oder den Winter schadlos überdauern.

Einige Krokodile und Schildkröten machen eine saisonbedingte Ruheperiode durch. So graben Sumpfkrokodile (Crocodylus palustris) mehrere Meter lange Wohnröhren oder tunnelartige Gänge, die Luftlöcher zur Oberfläche haben, unter die Uferböschungen, um in einer Trockenperiode der zu großen Hitze zu entgehen. Orinoko-Krokodile (Crocodylus intermedius) halten während der Trockenzeit von Mitte Februar bis Ende März im feuchten Schlamm oder in herausgewaschenen Uferhöhlungen einen Trockenschlaf.

Die Vierzehenschildkröte (Agrionemys horsfieldi), die von der Nordostküste des Kaspischen Meeres bis nach Afghanistan und Pakistan verbreitet ist, bewohnt wüstenähnliche bis steppenartige Gebiete. Diese Landschildkröten ziehen sich während der großen Hitze im Mai und im Juni in Höhlen unter

Geochelone sulcata, eine der größten Landschildkröten der Erde, ist an Lebensräume mit extremen Hitze- und Trockenperioden angepaßt.

Felsblöcken zurück, wo sie die heiße Trockenzeit in einer Art Ruhezustand verbringen. Auch die Spornschildkröte *(Geochelone sulcata)* und die Pantherschildkröte *(Geochelone pardalis)* sind an Lebensräume mit extremen Trocken- und Hitzeperioden angepaßt. Die zu heiße Zeit verbringen sie in selbst gegrabenen Höhlen an der Basis von Sträuchern und Büschen.

Die in den gemäßigten und subtropischen Klimazonen lebenden Lurche und Kriechtiere machen jährlich eine temperaturbedingte Überwinterung durch. Vor der Überwinterung suchen sie geeignete Winterquartiere auf, wo sie die kalte Jahreszeit bei Temperaturen knapp über dem Gefrierpunkt überstehen. In den Winterquartieren sinken die Körpertemperaturen der Tiere auf die Umgebungstemperatur ab. Dabei sind die Stoffwechselfunktionen, wie Herzschlag, Atemfrequenz, Blutkreislauf, Nervenfunktionen, Bewegungsabläufe usw. stark eingeschränkt.

Die Verdauungsvorgänge sind während dieser Zeit völlig unterbunden. Wenn die Temperaturen in den Winterschlupfwinkeln für eine längere Dauer weit unter den Gefrierpunkt absinken, sterben die dort verweilenden Amphibien und Reptilien.

Die Überwinterungsdauer richtet sich bei den Lurchen und Kriechtieren nach der geographischen Lage und nach den Witterungsbedingungen des betreffenden Jahres. In Mitteleuropa und in klimatisch ähnlichen Gebieten Europas, Nordamerikas, Asiens und der Südhalbkugel nimmt die Überwinterung fünf bis sieben Monate in Anspruch. In weiter nördlichen Gebieten, in östlichen Gebieten Europas und Asiens und im Hochgebirge kann die Überwinterung sogar acht bis neun Monate andauern, so daß den dort lebenden Amphibien und Reptilien nur eine Aktivitätsdauer von drei bis vier Monaten übrigbleibt. Eine derart verkürzte Aktivitätszeit führt zwangsläufig zu einer Änderung im

Lebenszyklus dieser wechselwarmen Geschöpfe.

Im Tiefland, wo die Durchschnittstemperaturen höher sind, metamorphosieren die Larven von Molchen, Fröschen und Kröten noch im gleichen Jahr, in dem sie aus den Eiern geschlüpft sind. Die zu Molchen umgewandelten Molchlarven gehen dann im Herbst dieses Jahres an Land und überwintern hier. In höheren Gebirgslagen kommt es häufig vor, daß die Larven den Winter im Wasser verbringen und sich erst im darauffolgenden Frühjahr zu fertigen Jungmolchen umwandeln. Bei Froschlurchen kommt die Überwinterung im Kaulquappenstadium bei entsprechend niedriger Jahrestemperatur oft vor. Bei Knoblauchkröten *(Pelobates fuscus)* ist dies fast immer so.

In Mitteleuropa werden Bergeidechsen *(Lacerta vivipara)* und Kreuzottern *(Vipera berus)* meist im August und September geboren. In Nordeuropa setzen diese Tiere ihre Jungen nicht mehr im Spätsommer oder im Herbst ab, sondern überwintern in voller Trächtigkeit. Die Jungen kommen erst im nächsten Frühjahr zur Welt.

Die von Europäischen Sumpfschildkröten *(Emys orbicularis)* abgelegten Eier entwickeln sich meist noch im gleichen Jahr, die Jungen schlüpfen im Herbst. Unter ungünstigen Temperaturbedingungen oder bei zu später Eiablage verzögert sich die Entwicklung, so daß die Jungschildkröten im Ei überdauern und erst im darauffolgenden Frühjahr schlüpfen.

Die Amphibien und Reptilien aus Gebieten mit mehr oder weniger kalten und langen Wintern sind auf die Überwinterung nicht nur wegen der tödlich niedrigen Temperaturen an der Erdoberfläche angewiesen. Die Überwinterung stellt auch ein Stimulans für die Paarungs- und Fortpflanzungsaktivitäten im Frühjahr dar.

Frösche atmen durch Lungen. Bei hohen Temperaturen kommen sie in kurzen Zeitab-

ständen zur Wasseroberfläche empor, um zu atmen. Bei Temperaturen von wenigen Grad über dem Gefrierpunkt können sie tage- und wochenlang ohne gesundheitliche Störungen am Gewässergrund ausharren. In diesem Zustand übernimmt die Haut die Funktion der Lunge und versorgt den Körper mit Sauerstoff. Es ist biologisch sinnvoll, daß sich zahlreiche Frösche die günstigen Überwinterungsbedingungen im Wasser zunutze machen und im Zustand der Inaktivität am Gewässergrund überwintern.

Der Braune Bachsalamander *(Desmognathus fuscus fuscus)* verbringt den Winter unter im Wasser liegenden Felsen und Baumstämmen. Der Zweistreifige Gelbsalamander *(Eurycea bislineata bislineata)* hält sich an manchen Örtlichkeiten im Winter unter Baumstämmen und unter Steinen auf, an anderen Lokalitäten überwintert er im Wasser.

Zahlreiche Wasserschildkröten überwintern im Schlamm der Gewässer, andere im feuchten Erdboden. Unsere heimische Sumpfschildkröte *(Emys orbicularis)* und ihre nahe Verwandte, die Amerikanische Sumpfschildkröte *(Emydoidea blandingi)*, nehmen den Sauerstoff durch die stark durchblutete Wand der Analblase auf, wenn ihre Wohngewässer zugefroren sind. So überstehen sie den Winter lebend. Bisweilen überwintert die Europäische Sumpfschildkröte aber auch im Erdboden in der Nähe ihres Heimatgewässers.

Unsere heimischen Amphibien und Reptilien überwintern weitgehend im Erdboden, in verlassenen Mäusegängen, unter Laubhäufen, unter Steinen und Felsen, unter Grasbüscheln, im Moos, im Torf und an anderen günstigen Örtlichkeiten.

Zuweilen findet man große Ansammlungen überwinternder Amphibien und Reptilien und oft sind verschiedene Arten vergesellschaftet. So hat man schon große Zahlen von Kammolchen *(Triturus cristatus)* und Teichmolchen *(Triturus vulgaris)* im gleichen Winterquartier entdeckt. Unter einem Moos-

Kammolch (Triturus cristatus) in Landtracht.

Vipera dinnicki aus dem Kaukasus, eine der nächsten Verwandten der Kreuzotter (Vipera berus) stimmt mit letzterer im Verhalten weitgehend überein.

Die Blindschleiche überwintert zuweilen in größerer Anzahl mit der Kreuzotter und der Glattnatter im gleichen Winterquartier.

Das Beutespektrum der Ringelnatter (Natrix natrix helvetica) besteht hauptsächlich aus Amphibien und Fischen.

polster fand man 56 Bergeidechsen *(Lacerta vivipara)* in gemeinsamer Überwinterung. Auch die Kreuzotter *(Vipera berus)* überwintert oft in großer Anzahl mit ihresgleichen, nicht selten vergesellschaftet mit Blindschleichen *(Anguis fragilis)* und Glattnattern *(Coronella austriaca)*. Klapperschlangen *(Crotalus viridis lutosus)* wurden aus lockerem Felsgestein, tiefen Felsspalten, Kies- und Tonufern, Lavabetten, trockenliegenden Quellkanälen, künstlichen Müllhäufen, Mauern und aus Hausfundamenten zutage gefördert.

Feinde und Feindabwehr

Fressen und gefressen werden ist ein wesentliches Element im tierischen Leben. Wie alle Tiere Feinde haben, so haben auch die Amphibien und Reptilien Feinde, die ihnen nachstellen, um sich von ihnen zu ernähren oder sie bei der Verteidigung zu töten. Vertreter aus allen Wirbeltierklassen fressen bei Gelegenheit oder dauernd Amphibien und Reptilien. Molchlarven und Kaulquappen werden oft in großer Anzahl die Beute von Fischen. Frösche machen sich über kleine Fische und Artgenossen her, können aber auch selbst von größeren Fröschen, von

Schlangen, großen Echsen, Schildkröten, Krokodilen, Vögeln und Säugetieren erbeutet werden. Es gibt Arten, die nur ganz gelegentlich Amphibien und Reptilien in ihren Speiseplan einbeziehen. Andere sind regelmäßige oder ausschließliche Amphibien- und Reptilienfresser. So besteht das Beutespektrum unserer heimischen Ringelnatter *(Natrix natrix)* überwiegend aus Fröschen und Kröten und zu einem geringeren Anteil aus Schwanzlurchen, deren Larven und Fischen. Die Königskobra *(Ophiophagus hannah)* ist eine spezialisierte Schlangenfresserin, die in freier Natur nur selten an Echsen geht. Unter Gefangenschaftsbedingungen demonstrieren manche Exemplare dieser Art ihren individuellen Geschmack, indem sie sich nur an ganz bestimmten, meist südostasiatischen Schlangen vergreifen. Andere hingegen fallen über jede Schlange her, sei sie tot oder lebendig, und gewöhnen sich mit der Zeit sogar an Fische oder Schlangenhäute, die mit Mäusen, Ratten oder Fleisch ausgestopft sind. Krokodile, große, fleischfressende Wasserschildkröten und Warane werden jeden Lurch und jedes Kriechtier fressen, das sie überwältigen können und auch nicht vor Aas zurückschrekken. Es gibt zahlreiche Arten unter den Amphibien und Reptilien, die sich über junge und mittelgroße Exemplare der eigenen Art hermachen. Kannibalismus ist somit keine Ausnahmeerscheinung in der Welt dieser wechselwarmen Tiere.

Ohne jeden Zweifel ist der Mensch der größte Feind der Amphibien und Reptilien. Er zerstört und vergiftet ihre Biotope und macht so ein Überleben der Arten oft unmöglich. Der Mensch tötet Amphibien und Reptilien, um sie als Nahrungsmittel zu verwerten. Man denke nur an Schlangen-, Schildkröten-, Krokodilfleisch und die Eier der Seeschildkröten, die sogar heute noch in Südostasien auf Märkten angeboten werden. In China werden Schlangen, Schildkröten und Echsen zu Pulver zerrieben oder als Medikament verwertet. Lebenden Schlangen reißt man die Gallenblase heraus und trinkt sie vermischt mit Schnaps als Heilmittel gegen Augenleiden, Krebs, Herzkrankheiten, Impotenz usw. Immer noch werden die seltenen Chinesischen Riesensalamander in Macao in Wannen zum Verkauf für den Kochtopf angeboten. Die Häute von im Pantanal gewilderten Kaimanen gelangen weiter in die Verarbeitungsstätten der internationalen Reptillederindustrie. Wegen eines Aberglaubens sind z. B. in China Schlangen- und Schildkrötenarten, die früher ausgesprochen häufig waren, selten oder zu großen Seltenheiten geworden oder stehen gar kurz vor der Ausrottung. Schildkrötenpanzer und Köpfe von kleinen Krokodilen wurden zu Zehntausenden in der Touristikindustrie verkauft. Der Mensch tötet Amphibien und Reptilien zuweilen nur aus Vergnügen. Ein bekanntes Beispiel sind die unsinnigen und tierquälerischen »Rattlesnake Round Ups« in den USA.

In der Welt der Lurche und Kriechtiere gibt es keine Art, die keinen Feind zu fürchten hätte. Neben den großen Freßfeinden treten aber auch kleine und kleinste Feinde auf, die das Leben dieser Tiere bedrohen. Ein Heer von Viren, pathogenen Bakterien, Protozoen, Insekten, Milben, Zecken und Würmern betätigt sich als Endo- und Ektoparasiten und gefährdet in manchen Fällen das Leben mehr als Freßfeinde. So ist z.B. die Krötenschmeißfliege (*Lucilia bufonivora*) ein übler Feind der Kröten.

Um sich in einer Welt voller Feinde zu behaupten, ist nicht nur eine Überproduktion an Nachkommen, sondern auch Feindvermeidung und Feindabwehr notwendig.

Schwanzlurche, Frösche und Kröten legen viele Hunderte bis Tausende von Eiern ab, aus denen die Larven schlüpfen. Auf diese Weise sichern sie das Überleben ihrer Art. Einige Beispiele sollen das verdeutlichen. Der Feuersalamander kann in seinem weiten Verbreitungsgebiet bis zu 200 Larven pro Weibchen absetzen. Bei europäischen Feuersalamandern sind es weniger. In Europa variiert die Zahl der abgesetzten Larven zwischen 4 und 75. Der stattliche Spanische Rippenmolch hat dagegen Gelege mit nur 9 bis 20 Eiern. Der Bergmolch legt jährlich ungefähr 150, der Teichmolch 200 bis 300 und der Kammolch ebenfalls 200 bis 300 Eier ab. Unsere heimischen Frösche legen jährlich Laichballen mit Tausenden von Eiern ab. So kann die Eizahl beim Grasfrosch zwischen 700 und 4500, beim Teichfrosch zwischen 2900 und 10 000 und beim Seefrosch sogar zwischen 5000 und 16 000 variieren. Die Anzahl der in den Eischnüren enthaltenen Eier geht bei unseren drei einheimischen Krötenarten ebenfalls in die Tausende.

Die Eizahl kann jedoch auch sehr reduziert sein. So legen die faszinierend bunten Färberfrösche (*Dendrobates*) nur wenige große Eier außerhalb des Wassers auf dem Erdboden und an Blättern ab. Wahrscheinlich benötigen diese schönen Fröschchen nicht so viele Nachkommen, da sie durch ihre grelle Warnfärbung, durch tödliche Hautgifte und ihre geringe Größe weitgehend vor Feinden geschützt sind. Dagegen fallen die meisten Eier, Larven und Jungen unserer heimi-

Links oben: Laubfrösche passen sich gut ihrer Umgebung an. Häufig übersieht man sie, wenn sie im Gras oder auf Schilfrohr sitzen.

Rechts oben: Der Krötenlaubfrosch (Phrynohyas venulosa) aus Mittel- und Südamerika scheidet ein stark klebendes, giftig wirkendes Hautsekret ab. Phrynohyas venuosa ist eine leicht zu haltende Art.

Links: Der zerbrechliche Schwanz des iberischen Goldstreifensalamanders (Chioglossa lusitanica) hat eine Schutzfunktion für die Art. Der abgerissene Schwanz bewegt sich auffällig hin und her und lockt so den Blick eines Feindes auf sich.

schen Schwanz- und Froschlurche, soweit sie der Mensch nicht vernichtet, Naturkatastrophen (z. B. Austrocknung des Laichgewässers etc.) und natürlichen Feinden zum Opfer.

Die meisten Amphibien schützen sich gegenüber Freßfeinden durch die Flucht. Ein Frosch, der am Ufer eines Gewässers sitzt, springt sofort ins Wasser, wenn sich ein Feind nähert, und taucht auf den Grund, wo er sich im Schlamm oder zwischen Pflanzenresten verbirgt. Manche Amphibien, wie Laub- oder Baumfrösche, nehmen im Blattgewirr die Färbung ihrer Umgebung an und entziehen sich dadurch den Blicken ihrer Feinde. Heimische Laubfrösche *(Hyla arborea)* übersieht man häufig, wenn sie im Gras sitzen.

Man wird erst dann auf sie aufmerksam, wenn sie davonhüpfen. *Hylarana hosii*, ein Braunfrosch aus Thailand, sitzt auf Baumstümpfen und umgefallenen Bäumen in und am Rande von Gebirgsbächen. In seiner Färbung paßt sich dieser Frosch so sehr der Farbe seiner Umgebung an, daß es nur in Ausnahmefällen gelingt, ihn ausfindig zu machen.

Zahlreiche Salamander und Frösche schrecken durch ihre bunte Warnfärbung Feinde ab, besonders dann, wenn Giftdrüsen in der Haut dieser Lurche als wirkungsvolle Verteidigungswaffen hinzukommen. Das Hautdrüsengift der Unken *(Bombina)* reizt Nasenschleimhäute und die Bindehäute der Augen. Die großen neotropischen Kröten haben auffallend wulstig entwickelte Ohr-speicheldrüsen zu beiden Seiten des Hinter-kopfes. Diese Drüsen produzieren gefährli-che Gifte. Der Färberfrosch *Phyllobates terri-bilis* aus Kolumbien scheidet vielleicht das stärkste Hautgift aller Frösche ab. Dieses Gift soll sogar die unverletzte Haut des Menschen durchdringen und unter unglücklichen Um-ständen zum Tode führen. Die Indianer ver-wenden diese Frösche als Giftlieferanten für ihre Blasrohrpfeile.

Der Goldstreifen-Salamander *(Chioglossa lusitanica)* und einige andere Salamander ha-ben zerbrechliche Schwanzenden. Wenn die-se abreißen, bewegen sie sich auffällig hin und her. Ein Feind wird von dem sich hin- und herbewegenden Schwanzende ange-lockt, während sich der Salamander davon-macht.

Die Erdkröte spreizt ihre Vordergliedma-ßen ab und bläst sich ballonähnlich mit Luft auf. Diese Verteidigungsstellung macht den Schlingakt für eine Schlange oder für einen anderen Freßfeind so schwer, daß der Räuber seine Beute freiläßt. Zahlreiche Amphibien und Reptilien nehmen ihren Freßfeinden ge-genüber ähnliche Körperstellungen ein und kommen so mit dem Leben davon. Die Hornfrösche *(Ceratophrys)* aus dem subtropi-schen und tropischen Südamerika zeigen bei Bedrohung ein für Frösche ungewöhnliches Verhalten. Aggressiv wie sie sind, springen sie ihren Gegner an, beißen ihn und schlagen ihn so in die Flucht.

Mindestens ebenso vielfältig, vielleicht noch mannigfaltiger wie bei den Lurchen, ist die Feindvermeidung bei den Kriechtieren entwickelt. Nicht wenige Reptilien retten ihr Leben vor Feinden durch sofortigen, oft blitzschnellen Rückzug oder durch Frontal-angriffe. Andere entgehen der Gefahr durch Tarnung, Warnung und Drohung. Dabei wird eine Warnung stets gegen artfremde, eine Drohung jedoch gegen artgleiche Gegner eingesetzt. Die Warn- und Drohgebärden

werden nicht selten von besonderen und auffälligen Körperstellungen und von Fär-bungen begleitet, die den inneren Erregungs-zustand des angegriffenen Tieres erkennen lassen. Neben den auf den Sehsinn des Fein-des einwirkenden Reaktionen gibt es auch solche Reptilien, die Laute erzeugen, mit denen sie den Feind abzuschrecken versu-chen. Eine der auffälligsten solcher Reaktio-nen ist die charakteristische Drohhaltung der Hutschlangen oder Kobras. Wenn diese Gift-schlangen erschreckt oder in die Enge getrie-ben werden, richten sie ihren Vorderkörper mehr oder minder auf. Da ihre Halsrippen beweglich und gleichzeitig verlängert sind, können sie ihre Halsregion zu einem Schild abflachen. Dabei ist der Kopf der Schlange waagerecht oder schräg auf den Gegner ge-richtet. Diese imposante Warnstellung wird oft durch eine auffällige Nackenzeichnung verstärkt, die sich in Form eines Monokels, einer Brille, eines dunklen oder hellen Flek-kens oder einer oder mehrerer Querbinden darbietet. Daß sich Ringelnattern *(Natrix na-trix)* im Zustand der Feindabwehr nicht nur totstellen und Kot, Urin und ein stinkendes Sekret aus den Postanaldrüsen abspritzen, sondern daß sie auch ihren Hals und den ganzen Rumpf in oft auffälligster Weise ab-platten, wurde häufig beobachtet.

Ebenso wirkungsvoll wie das Abplatten der Halsregion und des Rumpfes sind die Schwanzbewegungen zahlreicher Schlangen, die von allerlei ungiftigen Nattern und be-sonders eindrucksvoll von zahlreichen Gift-schlangen ausgeführt werden. Diese Schwanzbewegungen kommen durch ein fei-nes Zittern oder Vibrieren der Schwanzre-gion zustande. Die Geräusche werden durch das Pendelzittern verstärkt, wenn die Schlan-gen im Laub liegen und sich die Schwanzbe-wegungen auf trockene Blätter übertragen. In Perfektion treten diese Schwanzbewegungen bei den Klapperschlangengattungen *Crotalus* und *Sistrurus* in Erscheinung. Die Natur hat

Bei Gefahr reißt der Solompeter (Tupinambis teguixin) das Maul auf und droht so dem Feind oder er rast davon.

diesen Giftschlangen ein Rasselorgan gegeben, das aus einer Zahl loser, innen hohler Hornringe besteht, die miteinander verbunden sind. Mit jeder Häutung kommt ein neuer Hornring hinzu. Mit zunehmender Länge des Rasselorgans gehen die endständigen Hornglieder verloren. Im Erregungszustand versetzen die Klapperschlangen ihr Schwanzende in zitternde Bewegungen, die sich auf die Rassel überträgt. So kommen die bekannten schwirrenden Warngeräusche zustande, die man bei großen Arten noch in einer Entfernung von 30 bis 50 m hört. Das defensive Aggressionsverhalten, das allen Arten der Gattung *Crotalus* in unterschiedlicher Ausprägung zu eigen ist, wird von einer furchterregenden Körperstellung begleitet. Der Rumpf der Klapperschlange ist dabei leicht abgeflacht und schraubenförmig aufgerollt. Der Kopf zeigt ein wenig in Bodenrichtung. Das Rasselorgan steht senkrecht zwischen den Körperringen und bewegt sich laut vibrierend hin und her. Die aufgestaute Erregung kommt durch ein hörbares Aus- und Einatmen wirkungsvoll zur Geltung. Eine

derartige Aggressionspose übt auf einen Feind eine deutlich abschreckende Wirkung aus.

Ebenso feindabschreckend sind bestimmte Körperbewegungen der Gattungen *Cerastes* und *Echis*, die nur bei Bedrohungen ausgeführt werden. Die Vertreter der beiden genannten Schlangengattungen führen mit dem Rumpf auf der Stelle, auf der sie liegen, schleifenähnliche Bewegungen aus. Die stark gekielten Schuppen, die auf den Rumpfseiten in fünf bis zehn schräg stehenden Reihen angeordnet sind, reiben dabei gegeneinander und verursachen so ein lautes knisterndes Geräusch.

Zahlreiche Schlangen rollen ihren Körper bei Gefahr zu einem Knäuel zusammen, wobei sie ihren Kopf in der Mitte des Knäuels verstecken. Einige wenige Schlangen werfen sich bei Gefahr auf den Rücken, verhalten sich reglos oder stellen sich sogar tot. Die wohl eindrucksvollsten Beispiele einer derartigen Abwehrhaltung stellen die nordamerikanischen Hakennattern *Heterodon nasicus* und *Heterodon platyrhinos* dar. Wenn diese

Schlangen in Gefahr gebracht werden, spreizen sie Kopf und Hals ab, zischen deutlich hörbar und führen symbolische Scheinbisse und Kopfstöße aus. Werden diese Schlangen in diesem Erregungszustand vollends überreizt, so drehen sie sich auf den Rücken, öffnen das Maul, wobei die Zunge heraushängt, und stellen sich tot. Auch unsere heimische Ringelnatter fällt bei Gefahr in einen kurzzeitigen Starrezustand, wobei sie sich in Rückenlage bringt, dem Feind die Bauchseite darbietet und das Maul öffnet, aus dem Schleim und bisweilen Blutspuren austreten. Gleichzeitig hängt die Zunge schlaff aus dem Maul heraus.

Zahlreiche Reptilien lassen einem Freßfeind gegenüber ihren Körper so groß wie möglich erscheinen. Dies geschieht dadurch, daß sie, wie es bei den Echsen und bei den Schildkröten häufig der Fall ist, ihren Körper mit den Beinen empordrücken. So stellen sich beispielsweise die Kragenechse *Chlamydosaurus kingii* aus dem Norden Australiens, der nordamerikanische Halsbandleguan *Crotaphytus collaris*, aber auch der südamerikanische Solompeter *Tupinambis teguixin* auf die Hinterbeine und rasen in höchster Gefahr auf zwei Beinen davon. Einige Geckos und Agamen drücken sich bei Bedrohung mit allen vier Gliedmaßen hoch und erscheinen somit größer als sie in Wirklichkeit sind. Ein Hochdrücken mit den Hinterbeinen ist bei der Schnappschildkröte eine häufige Abwehrreaktion auf Bedrohung. In diesem Zustand schnellt die Schnappschildkröte mit ihrem Kopf blitzschnell nach vorn, wenn man ihr zu nahe kommt.

Das Aufreißen des Maules stellt für Feinde eine bedrohliche Handlung dar, die den Aggressor nicht selten zur Flucht veranlaßt. Zahlreiche Schlangen und Wasserschildkröten verhalten sich so. Die Schwarze Mamba *(Dendroaspis polylepis)*, eine der gefährlichsten Giftschlangen der Erde, krümmt im Zustande der Bedrohung ein Drittel oder die Hälfte ihres Vorderkörpers mehrmals S-förmig, wobei der Kopf waagerecht oder schräg nach oben gehalten wird. Die Halsregion wird zu einem schmalen, länglichen Schild ausgebreitet. In diesem Zustand zeigt die Schwarze Mamba ein langanhaltendes Züngeln und läßt ein eigenartig hohlklingendes Zischen ertönen. Bei noch stärkerer Reizung öffnet sie drohend ihr Maul, so daß man die aufrechtstehenden Giftzähne und die schwarzen Schleimhäute im Maulinneren sehen kann. Ein wahrhaft furchterregender Eindruck! Wenn der Feind nicht sofort die Flucht ergreift, fährt die wendige Giftnatter wie ein Blitz auf den Widersacher los, und sein Leben ist nach einem gut sitzenden Biß oft schon nach wenigen Minuten beendet.

Zahlreiche Schlangen, Echsen, Schildkröten und Krokodile sind zu einem Zischen und Fauchen befähigt. Die Fauch- und Zischlaute kommen durch ein schnelles Ausstoßen von Luft zustande. Ein ebenso rasches Ein- und Ausatmen in kurzen Zeitintervallen führt zu dem gleichen Ergebnis.

Manche Chamäleons sind in gereiztem Zustand nicht nur zu einem Farbwechsel befähigt, der sich je nach der Ursache der Erregung bei einigen Arten in einer Dunkelfärbung, bei anderen wieder in einer Aufhellung des Körpers bemerkbar macht. An kämpfenden *Chamaeleo chamaeleon*, die sich ineinander verbissen hatten, machte ich die Beobachtung, daß sich diese Echsen unter dem Einfluß von Wut fast weiß verfärbt hatten. Im Reizzustand blasen sich Chamäleons gewaltig auf und vergrößern so ihr Volumen. Gleichzeitig lassen sie auch ein deutlich hörbares Fauchen vernehmen. Zahlreiche Eidechsen reißen ihr Maul auf und fauchen, wenn sie von einem übermächtigen Feind in die Enge getrieben werden und nicht mehr fliehen können.

Erschreckte Landschildkröten lassen ebenfalls zischende bis fauchende Töne erschallen. Wenn ein Feind auftaucht, wird das

Brüllendes Weibchen des Mississippi-Alligators (Alligator mississippiensis) im Gewächshaus des Verfassers.

Fauchen von einem sofortigen Einziehen des Kopfes und der Vorder- und Hintergliedmaßen begleitet, wobei gleichzeitig die Luft aus den Lungen abgelassen wird. Alligatoren fauchen ungemein laut, wenn sie einem Feind gegenüberstehen. Sexuell erregte Krokodilmännchen, unter denen Mississippi-Alligatoren wohl die lautesten überhaupt sind, lassen in der Brunstzeit ihre laut brüllende Stimme weit erschallen. Dieses durchdringende Brüllen dient der Revierabgrenzung, schüchtert potentielle Rivalen ein und dient dem Anlocken der Weibchen. Unter dem Einfluß eines Freßfeindes stoßen Jungkrokodile laute, fro-

schähnliche Quaktöne aus, die die Mutter zur Verteidigung sofort herbeieilen lassen.

Daß sich einige Kobraarten durch Giftspeien gegen Feinde verteidigen, wurde bereits erwähnt. Einem Feind gegenüber richten sich *Naja mossambica, Naja nigricollis, Naja sputatrix* und einige Kobras von den Philippinen nicht immer in der bekannten Weise mit abgeflachtem Hut auf, sondern zielen bisweilen sogar in Ruhelage nach dem Gesicht des Angreifers. Sie führen zunächst einige kauende Bewegungen mit ihren Kiefern aus. Im nächsten Moment spritzt das Gift zuweilen auf eine Entfernung bis zu vier

Meter tröpfchenförmig verteilt in das Gesicht des Aggressors. Je nach Giftvorrat kann das Giftsprühen mehrfach hintereinander wiederholt werden. Nach eigenen Erfahrungen mit *Naja mossambica pallida* verursacht das Gift nach Auftreffen auf die Augen brennend-stechende Schmerzen. Nach einem Unfall wasche man die Augen sofort mit Wasser oder einer anderen geeigneten Flüssigkeit (z. B. Milch), aus, um Zerstörungen der Augenhäute und damit Blindheit zu vermeiden.

Eine nicht ungewöhnliche Abwehrreaktion gegen Feinde besteht auch in der Entleerung übelriechender Flüssigkeiten oder Sekrete aus bestimmten Drüsen. Derartige Ausscheidungen aus Moschus- und Postanaldrüsen sind vor allem von Wasserschildkröten und einer Anzahl von Schlangen bekannt. Neben all diesen eher harmlosen Reaktionen darf nicht übersehen werden, daß zahlreiche Vertreter der vier Reptilienordnungen über gefährliche Verteidigungswaffen verfügen, die auch Menschen schädigen oder unter Umständen tödlich verletzen können. Die Hornschneiden mancher Wasserschildkröten sind rasiermesserscharf. Sie beißen im Verteidigungszustand ohne weiteres einen oder mehrere Finger ab oder können Glied-

maßen übel zurichten. Die riesige südostasiatische Kurzkopfweichschildkröte *(Chitra indica)* ist ein gefährliches Geschöpf. Durch ihre Bisse und Krallen soll sie schon Fischer getötet haben, die barfuß und mit Handnetzen bewehrt in Flüssen wateten. Große Echsen, wie z. B. der Komodowaran, der Bindenwaran, der Nilwaran und zahlreiche andere Arten, können sich durch ihre Bisse und scharfen Krallen gegen einen Angreifer wirkungsvoll zur Wehr setzen. Gegen die ungeheure Kraft und das todbringende Gebiß eines 5 m langen Krokodils sind die meisten Opfer machtlos. So haben adulte Leistenkrokodile außer dem Menschen in freier Natur kaum Feinde und fürchten auch kaum ein anderes Tier. Alte Leistenkrokodile töten ohne Schwierigkeiten Rinder, Wasserbüffel, Pferde, Schweine und in Einzelfällen sogar Leoparden und Tiger.

Daß Giftschlangen in ihren Giftdrüsen und Giftzähnen über todbringende Waffen verfügen und sich auch wirkungsvoll gegen Feinde verteidigen können, ist allgemein bekannt. Weniger bekannt ist die Tatsache, daß es zwei Arten von Giftechsen *(Heloderma horridum* und *Heloderma suspectum)* gibt, die auch schon Todesfälle verursacht haben.

Das Terrarium

Größe und Form

Die Vorstellung, daß die Pfleglinge um so besser gedeihen, je größer das Terrarium ist, ist häufig falsch. Es hat sich herausgestellt, daß eine große Anzahl unserer Terrarientiere in kleinen Behältern oftmals besser gedeiht als in großen, besonders dann, wenn sie einzeln gehalten werden.

So kann man eine 100 cm lange Kornnatter *(Elaphe guttata)* ohne weiteres in einem Terrarium mit Ausmaßen von 60 cm × 30 cm × 30 cm unterbringen und feststellen, daß das Tier gut gedeiht. Der Gradmesser für das Wohlbefinden eines Tieres besteht in einer regelmäßigen Nahrungsaufnahme, einer normalen Verdauung, einer einwandfreien Häutung und der Fähigkeit, sich zur rechten Zeit fortzupflanzen. Im Gegensatz dazu ist für eine Puffotter oder einen Netzpython von 100 cm Körperlänge eine Unterbringung in einem Terrarium mit den zuvor erwähnten Maßen auf die Dauer unmöglich.

Nachgezogene Jungtiere entwickeln sich, besonders wenn sie einzeln gehalten werden, bei artgerechten Temperatur-, Luftfeuchtigkeits-, Bodenfeuchtigkeits- und Lichtverhältnissen oft besser in kleinen und kleinsten Behältern als in großen oder sehr großen Terrarien, wo die artgerechten Bedingungen nicht oder nur mit großem Aufwand nachgeahmt werden können. Darüber hinaus sind kleine Terrarien leichter sauber zu halten als große.

Es versteht sich von selbst, daß man eine Jungschlange von 20 oder 25 cm Körperlänge nicht in einem Terrarium von 200 cm × 100 cm × 80 cm unterbringt, da man sie hier kaum wiederfindet und sie nicht so beaufsichtigen kann, wie das in einem kleinen Behälter möglich wäre.

Die Größe eines Terrariums hat sich also nach der Größe der betreffenden Art und nach ihren besonderen Lebensansprüchen zu richten.

Von Bedeutung sind die Proportionen eines Terrariums. Grundsätzlich sei festgestellt, daß dreieckige, fünfeckige, sechseckige, runde oder sonstwie gestaltete Terrarien weniger geeignet sind. Die zweckmäßigste Form eines Terrariums ist nach wie vor die des Quaders. Die Maßverhältnisse sind den Lebensgewohnheiten unserer Pfleglinge anzupassen. Baum- und felsenbewohnende Lurche und Kriechtiere werden in hohen Terrarien gepflegt. Die Grundfläche des Behälters ist hier von zweitrangiger Bedeutung. Der zweckmäßigste Terrarientyp für Wasserbewohner, wie Wasserschildkröten, Molche, Unken usw., hat eine große Grundfläche, wobei ein entsprechend großer Landteil mit einzukalkulieren ist. Terrestrisch lebende Amphibien und Reptilien bevorzugen gleichfalls große Bodenflächen, halten sich aber ebenso gut in Terrarien, deren Höhe und Breite gleich sind.

Große, ausgewachsene Riesenschlangen von mehreren Metern Körperlänge sind in einem Terrarium von mindestens zwei, besser mehreren Kubikmetern Inhalt zu pflegen. Zur Pflege von Krokodilen benötigt man Großterrarien mit entsprechenden Wasser- und Landteilen. Noch besser sind groß angelegte Gewächshäuser.

Oft werden unsere Tiere in Wohnräumen gepflegt, wo viele Menschen aus- und eingehen. Ein derartiger Streß wirkt sich auf manche Amphibien und Reptilien nicht vorteilhaft aus. Besser geeignet sind speziell eingerichtete Terrarienräume, in denen man auch die Temperaturen, Luftfeuchtigkeitswerte usw. besser steuern kann.

Kauf oder Selbstbau?

Der Fachhandel bietet eine Vielzahl unterschiedlichster Terrarientypen und -formen in professioneller Ausführung an. Auf Wunsch werden Terrarien vom Fachhandel auch in speziellen Größen als Sonderanfertigungen geliefert. Meist ist der Kauf eines solchen Terrariums preiswerter als die eigene Herstellung. In Annoncen von Aquarien- und Terrarienzeitschriften werden außerdem regelmäßig gebrauchte Terrarien preiswert zum Verkauf angeboten.

Grundbedingungen für ein Terrarium sind Ausbruchssicherheit, Stabilität und hinreichende Frischluftzufuhr.

Wenn man sich dennoch für den Eigenbau entschließt, benötigt man geeignete Baumaterialien.

Wegen seiner leichten Bearbeitbarkeit war Holz schon immer ein beliebter Werkstoff für den Terrarienbau. Falls man eine Kreissäge besitzt, kann man sich die benötigten Holzteile und Spanplatten selbst zurechtschneiden. Das Holz muß einwandfrei durchgetrocknet sein, da es sonst mit der Zeit zu sehr arbeitet. Für Feuchtterrarien ist Holz als Baumaterial jedoch völlig ungeeignet. Selbst wenn es mit einem Schutzanstrich versehen ist, wird es im Laufe der Jahre von der Feuchtigkeit angegriffen und morsch. Holzterrarien eignen sich aber für trockene Terrarien durchaus. Aber auch hier muß man sich darüber im klaren sein, daß Holz selbst dann nicht ewig hält.

Terrarien gibt es in den verschiedensten Formen.

Zweckmäßig sind Terrarien aus geschweißtem Winkeleisen, deren Böden, Rückwände und Seitenteile auch aus Eternit bestehen können. Solche Terrarien sind solide und ausbruchsicher. Bei gutem Schutzanstrich rosten auch die verzinkten Drahtgitter nicht. An Stelle von Eternit für Boden, Hinterfront und Seiten eignet sich auch Dickglas, das man als sogenanntes »Altglas« oft bedeutend billiger erwerben kann.

Zum Einkleben der Scheiben ist Silikonkautschuk besser als Kitt, da er gegenüber Wasser und Feuchtigkeit unempfindlich ist. Plastikgaze ist Drahtgaze überlegen, da sie nicht rostet. Allerdings kann Plastikgaze von heißen, zu dicht aufliegenden Lampen zerstört werden. Nichtrostendes Lochblech ist als Baumaterial für Rückwände, Deckel und Seiten gut geeignet. Allerdings schwächt Lochblech den Lichteinfall.

Konstruktionsmethoden

Zur Herstellung eines Holzterrariums werden alle einzelnen Teile maßgerecht zurechtgeschnitten. Nägel, Schrauben, Zapfen und Holzleisten zur Einrahmung der Scheiben liegen bereit. Erst dann beginnt man mit dem Bau des Terrariums. Die Rahmenteile werden durch maßgerechte Aussparungen, durch Holzzapfen, durch Schrauben, durch Nägel und durch Verleimen miteinander verbunden. Den Bodenteil aus Brettern oder Spanplatten befestigt man mit Schrauben, Nägeln und Holzzapfen an dem Rahmen. Zur besseren Durchlüftung soll die Oberseite ganz oder teilweise aus Draht- oder Plastikgaze bestehen. Die zurechtgeschnittene Gaze wird auf den Rahmenteil der Oberseite aufgeleimt und zusätzlich über aufgesetzte Holzleisten festgeschraubt oder genagelt. Je nach Standort kann man als Rückwand Glas oder Bretter verwenden.

Die Seitenteile kann man zur Hälfte oder zu zwei Dritteln verglasen, das restliche Drittel mit Gaze versehen. Die Frontscheibe ist in eine Tür eingeglast, die über Scharniere mit dem Rahmen verbunden ist. Je nach Verwendung läßt man unten zur Einführung der Heizkabel eine runde Öffnung frei.

Auf jeden Fall ist das fertige Terrarium mit einem Schutzanstrich zu versehen (Rostschutzfarbe und Deckanstrich). Auf der Oberseite oder innen kann man eine Heizlampe oder eine Leuchtstoffröhre anbringen.

In Abbildung sind vier einfache Terariengrundtypen mit unterschiedlicher Anordnung der Belüftungsstreifen dargestellt. Für derartige Terrarien verwendet man Kühlschrankschalen als Wasserbehälter. Solche Kunststoffschalen eignen sich als Wasserbehälter am besten, da sie einfach zu säubern sind. Für die Wasserbehälter und für den Bodengrund müssen die untersten Rahmenteile der vier Seiten entsprechend hoch sein.

Beim Bau von Winkeleisenterrarien muß man mit der Schweißtechnik vertraut sein. Ein sachkundiger Freund ist hier von Vorteil. In der Regel benötigt man für Winkeleisenterrarien auch entsprechende Gestelle. In einem Terrarienzimmer kann man die Gestelle so konstruieren, daß die Terrarien in mehreren Stockwerken übereinanderstehen.

Anstelle von Türen, die mit Scharnieren an den Terrarienrahmen festgeschraubt werden, lassen sich auch mit Silikonkautschuk festgeklebte Gleitschienen verwenden. In die Vertiefungen der Gleitschienen werden die Glasscheiben eingelassen, die gegeneinander beweglich sind. Für die Haltung von großen Schlangen und von Giftschlangen ziehe ich aus Stabilitäts- und aus Sicherheitsgründen mit Scharnieren auf die Rahmen angeschweißte Metalltüren vor.

Als weitere Möglichkeit bietet sich das aus einzelnen Glasteilen zusammengeklebte Terrarium an. Alle Einzelteile werden vor Baubeginn mit einem Glasschneider zurechtgeschnitten und anschließend mit Silikonkautschuk verklebt. In solche Terrarien lassen sich auch problemlos Wasser- und Landteile einkleben. Die Türen laufen auf Gleitschienen. Die Durchlüftungsgitter sind ebenfalls aufgeklebt. Die Konstruktionsmethode solcher Glaserrarien ist von NIETZKE (1989) in mustergütiger Weise dargestellt worden (siehe Literaturverzeichnis).

Jungtiere kleiner Schlangen-, Schildkröten-, Echsen-, Molch- und Froscharten lassen sich in der ersten Zeit ihres Lebens problemlos in Plastikbehältern von 25 cm × 25 cm × 15 cm oder größer einzeln oder zu zweien oder dreien bis zu einer gewissen Größe aufziehen. In die Deckel dieser Behälter bohrt man hinreichend Luftlöcher oder sägt einen viereckigen Streifen heraus, den man mit Gaze überklebt. Gut geeignet sind auch kleinere oder größere Plastikterrarien, die man überall im Zoohandel kaufen kann. Ebenso praktisch sind geklebte Kleinterra-

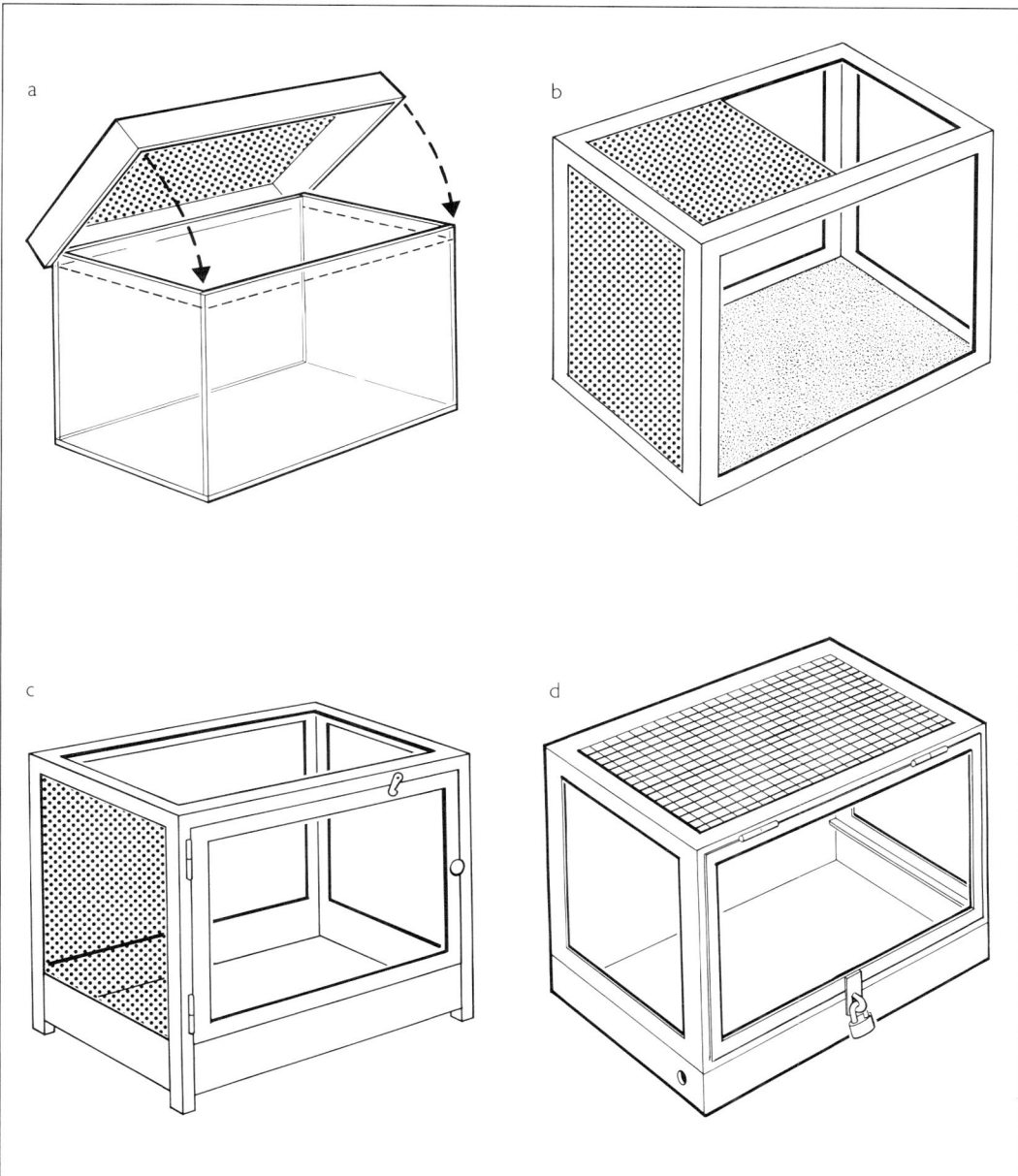

Vier einfache Terrarientypen:
a. Rahmenloses geklebtes Glasterrarium (nach Fritsche 1981).
b. Metallterrarium mit Belüftungsstreifen an der Seite und teilweise oben (nach Fritsche 1981).
c. Holzterrarium mit seitlichem Belüftungsstreifen (nach Fritsche 1981).
d. Winkeleisenterrarium.

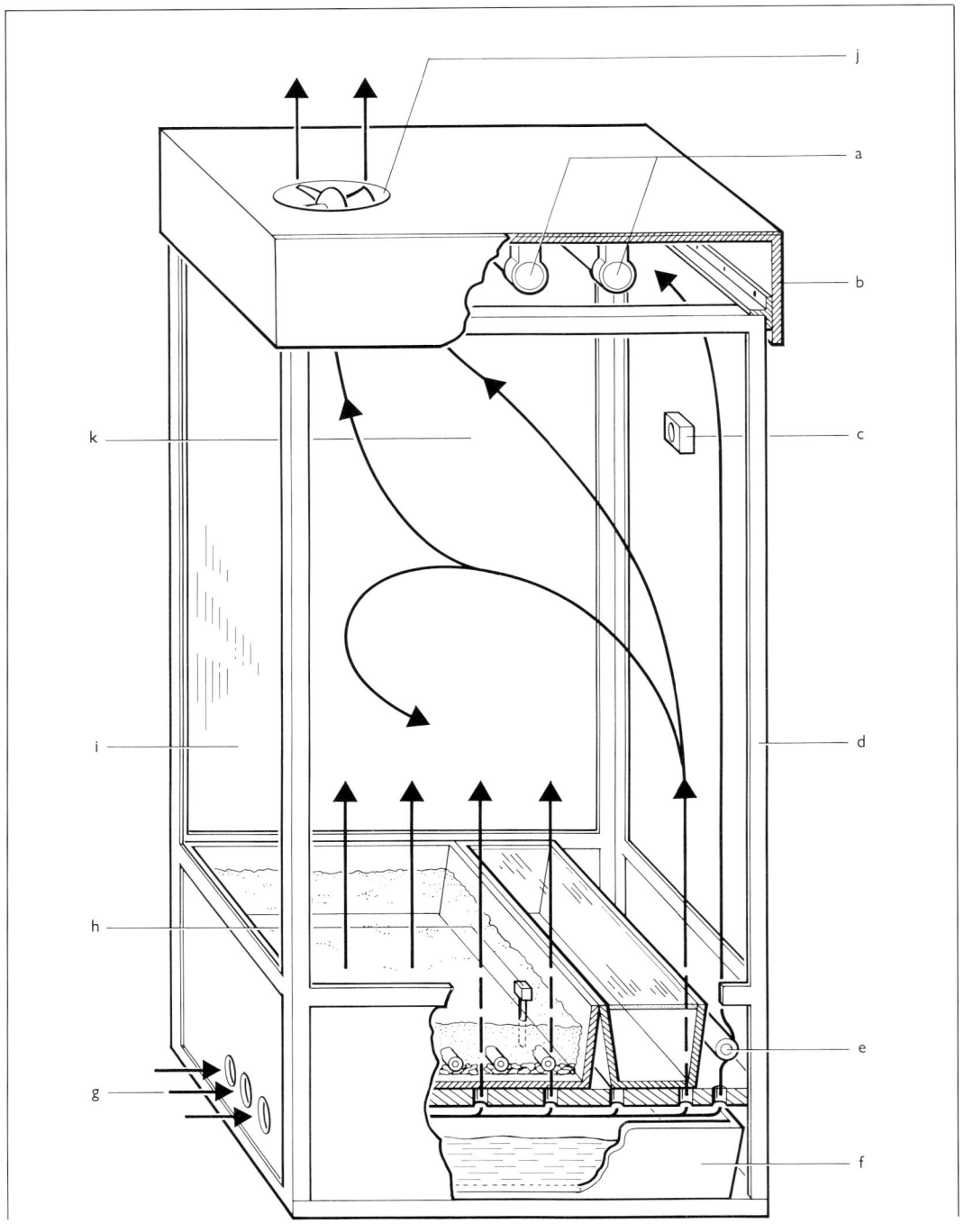

rien, die in einzelne Abteilungen untergliedert sind. Die Frontschreiben, die als Türen dienen, werden von oben her über Gleitschienen eingeschoben. Die Beheizung kann durch Leuchten von oben oder von unten durch Heizkabel oder Heizschächte erfolgen (s. Seite 100).

Der Standort des Terrariums

Von wesentlicher Bedeutung ist der Standort des Terrariums. So ist es durchaus nicht gleichgültig, wie der Raum beschaffen ist, in dem ein Terrarium oder eine Terrarienanlage steht. Es ist von Bedeutung, ob ein Raum geheizt und warm oder kalt und ungeheizt ist. Ebenso kommt es auf die Raumhelligkeit an. Es gibt Räume mit großen Fenstern, die viel Sonne einlassen und solche, die keine Fenster besitzen. Letztlich entscheidend für den Standort des Terrariums sind aber die Lebensansprüche der Tiere, die gepflegt werden sollen. Entsprechende Hinweise finden sich bei der Beschreibung der einzelnen Arten.

Ein attraktives Terrarium für kleine, trockenheitliebende Echsen oder Schlangen.

Linke Seite: Terrarientyp mit hochentwickelter Technologie (nach Stettler 1978):
a. Leuchten, b. Dachkonstruktion nach oben abnehmbar, c. Thermostat auf die Scheibe aufgeklebt, d. Vertikale Streben Winkel alu oder nicht rostender Stahl, e. Heizkabel, f. Ausschiebbare Wasserwanne, g. Lüftung, h. Bodentemperaturregler, i. Glasscheiben, j. Ventilator, k. Glas.

Terrarientechnik

Beleuchtung

Die Beleuchtungsdauer läßt sich über eine Zeitschaltuhr regeln. Die Zeitschaltuhr wird so eingestellt, wie es das Bedürfnis der gepflegten Art in einem bestimmten Jahresabschnitt verlangt. So sollten Terrarientiere, vor allen Dingen Echsen, Schlangen und Schildkröten, aus den gemäßigten Klimagebieten und Subtropen von März/April bis September/Oktober einer Beleuchtungsdauer von acht bis zehn Stunden (März, April), zehn bis zwölf Stunden (Mai, Juni, Juli) und zehn bis sechs Stunden (August, September, Oktober) pro Tag ausgesetzt sein. Es ist selbstverständlich, daß dies nicht für dunkelheitsliebende Amphibien gilt. Im normal beleuchteten Raum erübrigt sich in diesem Falle die Beleuchtung, falls die Pflanzen sie nicht benötigen. Als recht zweckmäßig haben sich Leuchtstoffröhren erwiesen, deren Wirksamkeit sich mit einem Reflektor noch steigern läßt. Ich verwende für meine Schlangen Sylvania-Gro Lux und Vita-Lite. Ganz besonders bewährt haben sich die Fluoreszenzlampen von Philips der Marken TL-H 84 (weiß »de Luxe«) und TL-H 86 (Tageslicht »de Luxe«).

Im allgemeinen stammen die verwendeten Leuchten aus der Aquaristik. Sie erfüllen alle Anforderungen, wie Beleuchtungsstärke, Lichtfarbe und Betriebssicherheit, die auch in der Terraristik gestellt werden. Für besondere Zwecke werden noch Infrarot- und UV-Strahler benötigt, die im Zoofachhandel erhältlich sind (siehe auch folgenden Abschnitt Heizung). Die Leuchtstoffröhren habe ich teilweise mit Strahlern von 80, 100 und 120 Watt gekoppelt. Eine hohe Lichtausbeute haben Quecksilberdampflampen (HQL) mit einem Innenreflektor.

Heizung

Für den Großteil der Terrarientiere ist eine Heizung unerläßlich, da die meisten von ihnen gerne erwärmte Stellen aufsuchen. Je nach der zu pflegenden Amphibien- oder Reptilienart wird eine Luftheizung, eine Bodenheizung oder eine Strahlungsheizung eingesetzt. Für große Terrarien ist es zweckmäßig, einen regelbaren Raumluftheizer einzubauen. Wenn das Terrarium jedoch in einem klimatisierten Raum steht, kann man fast immer auf einen solchen verzichten. Hier reichen Lampen mit Reflektoren, Leuchtstoffröhren und Bodenheizungen in der Regel aus, um das Terrarieninnere am Tage auf der notwendigen Temperatur zu halten. Ein nächtliches Absinken der Temperatur um wenige Grad ist durchaus natürlich und für die Gesundheit der meisten Terrarientiere förderlich. Als Bodenheizungen sind Heizkabel, Heizteller und Heizmatten erhältlich. Plastik- und Bleiheizkabel werden in unterschiedlichen Wattzahlen am häufigsten verwendet. Als Richtwert gelten 100 Watt pro m². Ein Vorteil der Kabel besteht in deren Biegsamkeit. So kann man die Heizkabel im Bodengrund, in Wasserbecken, in Ästen und sogar in großen Steinen unterbringen. Die Kabel sind stets so zu verlegen, daß sie von den Tieren nicht erreicht und beschädigt

Rechts: Abdeckleuchte für
Terrarien.
Mitte links: Leuchtstoffröhre
Dulux und Infrarotlampe.
Mitte rechts: Einfache Terrarien-
leuchte für kleine Behälter.
Unten links: Heizkabel.
Unten rechts: UV-Lampe.

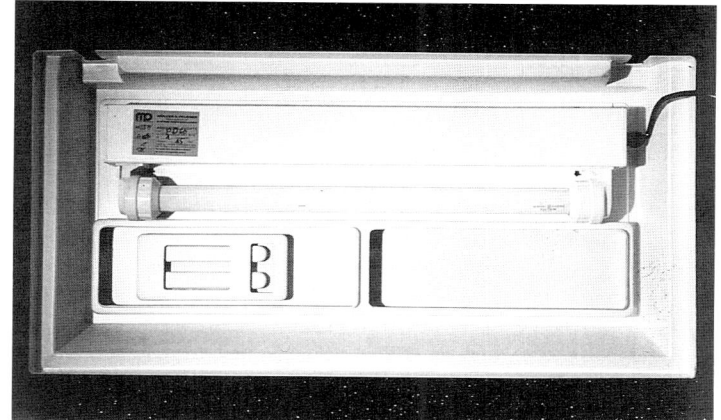

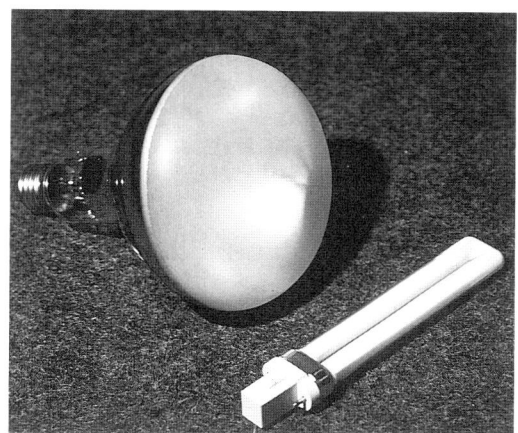

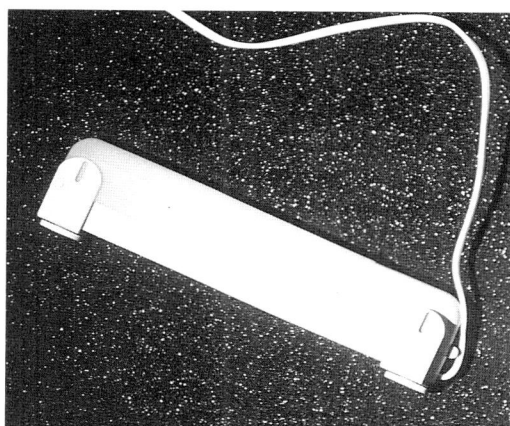

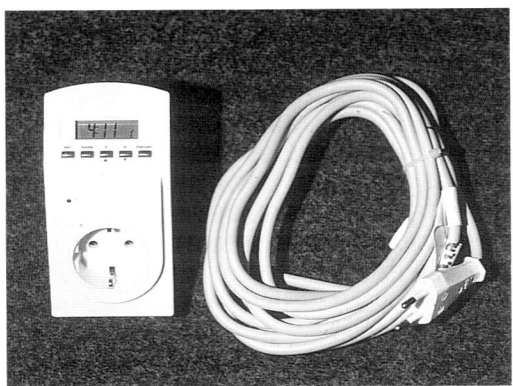

Schaltgerät mit Sensoren für Heizungssteuerung.

Infrarotstrahler wird zur Schweine- und Kükenaufzucht und im Bereich der Humanmedizin angewendet. Man kann diese Infrarotlampen mit Wattstärken zwischen 100 und 250 Watt in der Elektroabteilung fast jedes Supermarktes kaufen. Es ist ganz selbstverständlich, daß solche Strahler wegen der hohen Temperaturerzeugung nicht im Terrarium, sondern weit oberhalb des Gitter- oder Gazedeckels angebracht werden müssen, um eine Verbrennung und Schädigung der Tiere zu vermeiden.

Als weitere Strahlungswärmequellen kann man Glühlampen mit oder ohne Reflektor, Kohlenfadenlampen und Quecksilberentladungslampen einsetzen, da sie außer Licht auch reichlich Wärme erzeugen. Für Kleinterrarien kann man auch sogenannte Patentleuchten verwenden, die man über den Terrariendeckel legt. Jede Patentleuchte ist mit einer Sofittenbirne von 25 Watt bestückt.

werden können. Für Aquaterrarien mit Wasserteil sind Aquarienheizer besonders geeignet.

Durch Plastikdrahtgitter und durch eine feste Anbringung am Boden, an der Seitenscheibe etc. sind die Aquarienheizer gegen Schildkröten so abzusichern, daß sie auf keinen Fall zerstört werden können. Heizteller und Heizmatten werden auch im Bodengrund oder unter dem Terrarium untergebracht. Heizplatten gibt es zwischen 35 und 200 Watt mit Abmessungen von 40 cm × 25 cm, 50 cm × 30 cm, 80 cm × 35 cm, 100 cm × 45 cm und 130 cm × 45 cm.

Die wichtige Strahlungswärme erzeugt man mit unterschiedlichen Typen von Wärmestrahlern. Als solche kann man Infrarotstrahler mit langwelligem und kurzwelligem Licht verwenden. Auf der Oberfläche von Infrarotstrahlern mit langwelligen Strahlen steigt die Temperatur auf 400 bis 800 °C an. Hierbei handelt es sich um Dunkelstrahler, da sie kein sichtbares Licht erzeugen. Ein Infrarotstrahler, der eine Oberflächentemperatur von 2200 °C erzeugt, sendet energiereiche kurzwellige Strahlung aus. Das Glas dieser Lampen ist rot gefärbt und leuchtet beim Einschalten rot. Ein derartiger kurzwelliger

Temperaturregelung

Das tägliche Einsetzen der Heizung und der Beleuchtung wird durch automatische Schaltuhren, die auf eine bestimmte Stundenzahl eingestellt werden können, geregelt. Geeignete Schaltuhren sind in verschiedenen Ausführungen im Elektrohandel erhältlich. Je nach Einstellung sinkt dabei die Temperatur in der Nacht auf Zimmertemperaturen ab. Ein solcher Temperaturwechsel ist für zahlreiche Amphibien und Reptilien aus den Subtropen zur Aufrechterhaltung des Wohlbefindens notwendig. Um die Lufttemperaturen während des Tages und während der Nacht auf gleichmäßigen Werten zu halten, beschafft man sich einen elektronisch arbeitenden Thermostaten mit einem Meßfühler. Ein derartiges Gerät hat sich für Regenwaldterrarien bewährt, da es für eine exakte Konstanthaltung der Temperatur sorgt. Als Temperaturmesser kann man jedes Thermometer nutzen. Ich bevorzuge jedoch Maximum-Minimum-Thermometer, an denen man die Temperaturdifferenzen ablesen kann. Weiterhin empfehle ich ein mit einer Batterie arbeitendes Thermometer der Marke Unitherm dtl 60 mit einem verlängerten Kabel, an dessen Ende sich ein Sensor befindet. Mit diesem Thermometer, das die Temperatur noch auf ein zehntel Grad genau mißt, kann man die Temperaturen an allen Stellen des Terrariums messen, um ungünstige, z. B. zu kühle oder zu heiße Areale gezielt aufzufinden und damit auch beseitigen zu können.

Luftfeuchtigkeit und Bodenfeuchtigkeit

Von Bedeutung für die Gesundheit unserer Pfleglinge ist auch die relative Luftfeuchtigkeit. Reptilien, die ständig eine zu trockene und darüber hinaus staubige Luft, wie sie in unseren Wohnzimmern herrscht, einzuatmen gezwungen sind, neigen zu Infektionen der Atmungsorgane. Eine Luftfeuchtigkeit zwischen 70 und 90%, wie sie für die meisten Terrarientiere zuträglich ist, kann man auf unterschiedliche Weise erreichen.

Wenn das Terrarienzimmer zahlreiche Terrarien mit großen Wasserbehältern aufweist, wird alleine dadurch bereits eine Luftfeuchtigkeit zwischen 70 und 80% erreicht, besonders dann, wenn man täglich zusätzlich Wasser von 22 bis 25 °C in den Terrarien versprüht. Dazu benutzt man gewöhnliche Sprühflaschen, die man mit möglichst kalkarmem oder abgekochtem Wasser füllt.

Die Luftfeuchtigkeit in einem Terrarium wird auch durch einen feuchten oder nassen

Oben: Sprühflasche zum täglichen Sprühen zur Erhöhung der Luftfeuchtigkeit.
Unten: Verschiedene Thermometer/Hygrometer.

Bodengrund, wie ihn beispielsweise zahlreiche Frösche aus tropischen Regenwäldern bevorzugen, aufrechterhalten, besonders dann, wenn der Luftstrom nicht so rasch aus dem Terrarium entweichen kann. Bei Amphibien und Reptilien, die wenigstens einen teilweise trockenen Boden, aber eine Luftfeuchtigkeit zwischen 70 und 90% benötigen, kann man mit Kunststoffbehältern, angefüllt mit feuchtem bis nassem Torf, humushaltiger Walderde oder einem Gemisch von feuchtem Sand mit Walderde, nachhelfen. Das feuchte Substrat gibt ununterbrochen Feuchtigkeit an die umgebende Luft ab und hält so die relative Luftfeuchtigkeit auf günstigen Werten.

Die relative Luftfeuchtigkeit kann man auch durch einen Elektroluftbefeuchter steuern, der sich auf gewünschte Luftfeuchtigkeitswerte einstellen läßt. Verschiedene Firmen liefern z.B. für Gewächshäuser geeignete Luftbefeuchter.

Eine von Nietzke (1989) dargestellte Methode, die Luftfeuchtigkeit in einem Terrarium zu erhöhen, besteht im Bau eines künstlich angelegten Baches. Das Wasser wird von einem Aquarienfilter (z. B. Eheim- oder Lasofilter) über einen Bachlauf in einen großen Wasserbehälter gepumpt. Der wasserableitende Schlauch nimmt das Wasser auf und transportiert es in den tiefer liegenden Filter, der das gereinigte Wasser wieder über den Bachlauf in den Wasserbehälter zurückpumpt. Die große Wasseroberfläche begünstigt eine kräftige Verdunstung, wodurch die relative Luftfeuchtigkeit in gewünschter Höhe gehalten wird.

Derartige Anstrengungen zur Aufrechterhaltung der Luftfeuchtigkeit erübrigen sich bei der Haltung von Wüstentieren. Hier genügt ein etwas größeres Trinkgefäß mit stets frischem Wasser. Die Überprüfung der relativen Luftfeuchtigkeit im Terrarium geschieht mit Hilfe eines gut funktionierenden Hygrometers.

Terrarieneinrichtung

Bodengrund und Dekorationsmaterialien

Den Bodengrund für ein Terrarium gibt es nicht. Je nach der Tierart, die gepflegt werden soll, sind auch die Anforderungen an den Bodengrund und die Dekorationsmaterialien unterschiedlich. Als solche kommen neben dem Bodengrund größere und kleinere Steine, Felsplatten, trockene Blätter, Grasbüschel und Baumrindenstücke in Betracht.

Für Trocken- oder Wüstenterrarien eignen sich nicht scharfkantiger Reinsand oder ein Gemisch von Reinsand mit wenig Humuserde. Manche Wüstenreptilien, wie z. B. die Sandskinke aus der Gattung *Scincus*, die beiden Wüstenottern *Cerastes cerastes* und *Cerastes vipera* und andere Arten, die sich in den Sand eingraben, benötigen mehr oder weniger feinen Sand bzw. Flugsand zu ihrem Wohlbefinden. (Nähere Angaben bei den Artbeschreibungen.)

Für die meisten anderen Terrarientiere dienen humushaltiger Waldboden oder Torf, die man mehr oder weniger mit Sand vermischt, als Bodengrund. Die Tiefe des Bodengrundes sollte ca. 10 cm betragen. Als Versteckplätze eignen sich größere und kleinere Steine und Steinplatten, die man von Fall zu Fall verschieden zusammenstellen oder mehr oder weniger mit Zement verbinden kann. Große Rindenstücke erfüllen den gleichen Zweck. Ganz besonders geeignet sind Korkeichenrinde und röhrenförmige Korkeichenstücke. Letztere sind Äste der Korkeiche, aus denen das Holz im Laufe der Jahre herausgemodert ist. Die äußere Hülle ist weitgehend unempfindlich gegen den Einfluß von Bakterien und Pilzen und überdauert Jahre und Jahrzehnte. Korkeichenröhren und Korkeichenstücke, die ich mir von Spanienreisen mitbrachte, erwiesen sich als hervorragende Unterschlupfgelegenheiten für Schlangen und

Echsen. Auch die Rückwand eines Terrariums kann man mit großen Korkeichenrindenstücken dekorieren. Felsaufbauten an der Rückwand eines Terrariums sollten so stabil gemauert werden, daß sie nicht zusammenbrechen und die Scheiben beschädigen oder die Tiere verletzen können. Viele Schlangen liegen mit Vorliebe auf und zwischen trockenen Blättern oder trockenen Grasbüscheln auf dem Boden. Wurzelstücke und Baumstubben sind ebenfalls dekorative Versteckplätze, die zahlreiche Amphibien und Reptilien bevorzugt aufsuchen.

Kletterbäume

Für Baumbewohner sind Kletterbäume und Kletteräste unverzichtbar. Ganz besonders geeignet ist knorriges und somit griffiges Astwerk, an dem die Mehrzahl unserer baumbewohnenden Pfleglinge herumklettert. Hier bieten sich Eichen, Robinien und die durch Baumkrebs verunstalteten Äste von Apfel- und Birnbäumen besonders an. Knorrige, alte Rebstöcke erfüllen den gleichen Zweck.

Die rauhe Rinde von Baumästen ist eine gute Unterlage für allerlei Epiphyten (Bromeliazeen, tropische Farne). Letztere kann man im Topf auf dem Kletterbaum festbinden und mit Torfmoos so umgeben, daß die Bindedrähte verdeckt sind. Man kann die genannten Pflanzen auch aus dem Blumentopf entfernen, mit Torfmoos umgeben und mit Draht auf dem Baum festbinden. Von großen und schweren Schlangen werden die Epiphyten allerdings zerdrückt. Gleiches gilt auch für große Echsen wie Leguane und Warane. Epiphytenäste sind aber gut geeignet für tropische Baumfrösche, für kleine Echsen wie Geckos und Anolis und für leichte, schlanke Baumschlangen.

Chamäleons bevorzugen dünne Äste und Zweige, da sie diese mit ihren Vorder- und Hinterfüßen besser umfassen können.

Kletterbäume befestigt man am besten durch Festschrauben auf Brettern und umgibt sie anschließend mit Zement. Schließlich bedeckt man den durchgetrockneten Zementklotz mit Bodengrund und macht ihn so unsichtbar. Äste kann man auch im Boden durch Festklemmen zwischen Steinen oder an den Terrarienseiten verankern.

Wasserbehälter

Als Wasserbehälter verwenden wir nur solche Gefäße, die keine giftigen Stoffe an das Wasser abgeben. Geeignet sind Gefäße aus lebensmittelechtem Kunststoff, Glas und Porzellan. Die Größe der Wasserbehälter richtet sich nach der Größe der Tiere, dem Trinkbedürfnis und nach der Größe der Terrarien. Ein kleineres Wassergefäß bringt man zweckmäßigerweise in einer Terrarienecke unter, da an dieser Stelle von den herumhüpfenden und herumkriechenden Amphibien und Reptilien nicht so viel Bodenmaterial in das Wasser getragen wird. Ein Wassergefäß, das die Tiere mit Kot und Bodenmaterial verschmutzt haben, läßt sich problemlos mit einer Bürste unter fließendem Wasser reinigen. Einen großen Wasserbehälter mit eigenem Abfluß, der unter Umständen direkt in die Abwasserleitung einmündet, kann man sich mit einiger Phantasie aus Zement und großen Steinen nach eigenem Geschmack selbst herstellen. Damit der zementierte Wasserbehälter wirklich dicht ist, mischt man dem Zement-Sand-Gemisch (Verhältnis 1:3) einen wasserdichtenden Zusatz bei (z. B. Ceresit). Wenn der Zement abgebunden hat und hart ist, füllt man den Behälter mehrfach mit Wasser, das man nach einiger Zeit wieder absaugt. Auf diese Weise entfernt man die wasserlöslichen, giftigen Bestandteile des Zements.

Den Uferrand eines Wasserbehälters kann man entsprechend dem Lebensraum der gepflegten Tiere mit einem Gemisch aus Waldhumus, kleinen Steinen, Baumrinde oder anderem Material naturgetreu gestalten. An einem derartigen Ufer kann das Wasser, das ein aus dem Wasserbehälter herauskriechendes Tier mitbringt, abtropfen. Mit der Zeit veralgen die Uferränder und verleihen dem Wasserbehälter ein natürliches Aussehen. Große Wasserbehälter dienen nicht nur als Trinkgefäße und Badebecken, sondern halten gleichzeitig die Luftfeuchtigkeit auf günstigen Werten.

Terrarientypen

Die Herkunft, die Lebensräume und die Ansprüche unserer Pfleglinge an die natürlichen Umweltverhältnisse sind sehr unterschiedlich. Dies macht eine artgerechte Unterbringung notwendig. Um in der Pflege und Nachzucht von Amphibien und Reptilien über viele Jahre hin erfolgreich zu sein, sind die erworbenen Tiere nach ökologischen und biologischen Gesichtspunkten in den Terrarientypen unterzubringen, in denen die Lebensansprüche möglichst genau nachgeahmt werden können. Die Faktoren, die eine erfolgreiche Haltung von Amphibien und Reptilien unter Obhut des Menschen ermöglichen, sind korrekte Temperaturen und evtl. Temperaturschwankungen, korrekte Lichtverhältnisse, die sich in der Intensität und Einwirkungsdauer ausdrücken, Feuchtigkeit und Trockenheit, Luft und Belüftung, Ernährung und Raumgröße. Anhand der Temperatur und der Feuchtigkeit ist eine Klassifizierung in zwei bzw. vier Terrarientypen möglich: das geheizte trockene, das geheizte feuchte, das ungeheizte trockene und das ungeheizte feuchte Terrarium.

Das geheizte trockene Terrarium

Dieser Terrarientyp ist mit einer Bodenheizung zu versehen, die den Boden am Tage über viele Stunden hinweg lokal auf Temperaturen von 28 bis 35 °C aufheizt. Es sollte einen sonnigen Standort aufweisen und eine entsprechende Beleuchtung, die täglich zehn bis 14 Stunden intensives Licht und Wärme verbreitet. In der Nacht werden die Heizung und die Beleuchtung abgeschaltet, so daß die Tagestemperaturen von 28 bis 32 °C auf Nachttemperaturen von 20 bis 22 °C absinken.

In einem geheizten Trockenterrarium pflegt man in der Regel Reptilien aus Trockengebieten wie dem Mittelmeerkarst und der Mittelmeermacchia, weiterhin Tiere aus den Steppen, Halbwüsten und Wüsten Nord-, Zentral- und Südafrikas, des Vorderen Orients, Indiens, Zentralasiens, Australiens, der südwestlichen Vereinigten Staaten und Nordwest-Mexikos, des nordöstlichen und des westlichsten Südamerikas von Peru über Chile bis in die Pampas Argentiniens.

In Anpassung an die unterschiedlichen Lebensräume verwendet man in einem geheizten Trockenterrarium für die einzelnen Reptilienarten als Bodengrund entweder Sand oder ein Gemisch aus Sand, Lehm und Waldhumus. Als Unterschlupf kommen dekorative Aufbauten aus Steinen, Felsbrocken und knorrigen Baumstämmen in Frage. Die Pflanzen sind am besten in ihren Blumentöpfen zu belassen, die an einer besonderen Stelle unsichtbar im Boden versenkt werden.

Das geheizte feuchte Terrarium

Es eignet sich für Amphibien und Reptilien aus den tropischen Regenwäldern Mittel- und Südamerikas, Zentralafrikas, Südostasiens einschließlich seiner Inselwelt, Neuguineas und Nordaustraliens. Die Temperaturschwankungen im Tag-Nacht-Rhythmus sollten 5 °C keinesfalls überschreiten. Das Wesentliche für das geheizte feuchte Terrarium sind nämlich die weitgehend konstanten Tag- und Nachttemperaturen von 25 bis

32 °C und die relativ hohe Luftfeuchtigkeit zwischen 80 und 100%. Ein heller Standort, der ein üppiges Pflanzenwachstum bewirkt, ist anzustreben. Der Bodengrund sollte für Froschlurche und die meisten Reptilien mehr oder weniger feucht und mit vermodernden Blättern, Ästen und mit Moos belegt sein. Eine lokale Bodenheizung ist bei ziemlich konstanten Raumtemperaturen von untergeordneter Bedeutung. Viel wichtiger ist eine intensive Lichtquelle, die am Tage zehn bis 14 Stunden Licht und Wärme spendet. Als Bodengrund bietet man den Tieren Erde oder Sand, vermischt mit Waldhumus oder Torf an. Wegen der Verdunstung sollte das Wasserbecken stets groß sein. Als Verstecke eignen sich Baumstammstücke, Wurzelstubben, Steine und Rindenstücke. Je nach der gepflegten Tierart sind Kletteräste und Kletterbäume unumgänglich. In einem Terrarienzimmer, in dem nur Tiere aus den feuchten Tropen gepflegt werden, sind die Faktoren konstante Wärme und hohe Luftfeuchtigkeit viel leichter zu verwirklichen als in einem Wohnzimmer mit Zentralheizung. Hier muß täglich gesprüht werden.

Das ungeheizte trockene Terrarium

Amphibien und Reptilien, die in ungeheizten trockenen Terrarien gepflegt werden sollen, stammen aus den gemäßigten Klimazonen Europas einschließlich der nördlichen mediterranen Randgebiete, aus Asien und aus Nordamerika. Für Tiere aus diesen Gebieten ist eine mehrmonatige Überwinterung unbedingt notwendig.

Das ungeheizte trockene Terrarium sollte einen hellen Standort mit möglichst viel Sonneneinstrahlung aufweisen. An kühlen, wolkenreichen Tagen ist der Einsatz eines im Bodengrund versteckten Heizkörpers und einer licht- und wärmespendende Lampe notwendig. Ein Wasserbecken ist unverzichtbar. Anders als in einem Steppen- oder Wüsten-

terrarium sollte der Bodengrund nicht vollkommen trocken sein. Jeden Tag oder mindestens zweimal wöchentlich ist zu sprühen. Zahlreiche Reptilien bevorzugen frisch versprühtes Wasser, das sie in Tropfenform auflecken, gegenüber abgestandenem Wasser aus Trinkgefäßen.

Als Bodengrund für ein ungeheiztes trockenes Terrarium verwendet man ein Gemisch aus Erde und Waldhumus oder Sand und Waldhumus. Trockene Blätter auf der Bodenoberfläche sind bei zahlreichen Arten beliebt. Als passende Unterschlüpfe eignen sich Steinaufbauten, Wurzelstubben, Teile von Baumstämmen und Rindenstücke.

Das ungeheizte feuchte Terrarium

Der Typ des ungeheizten feuchten Terrariums zeichnet sich stets durch einen mehr oder weniger feuchten Bodengrund aus. Die für dieses Terrarium geeigneten Amphibien und Reptilien stammen gleichfalls aus dem gemäßigten Mitteleuropa, aus Nord- und Mittelasien und aus Nordamerika.

Der Standort für ein derartiges Terrarium sollte je nach der gepflegten Tierart unterschiedlich sein. Feuersalamander, Alpensalamander und zahlreiche Salamander aus den Waldgebieten Nordamerikas und Asiens bevorzugen taghelle bis schattige Standorte. Für Blindschleichen und Bergeidechsen sollte das Terrarium hell stehen und morgens und abends Sonneneinstrahlung erhalten. Für die beiden genannten Reptilienarten empfiehlt sich auch ein trockenes Plätzchen, an dem sie für kurze Zeit ihren Körper mit einer Heizlampe auf ihre Optimaltemperatur von ungefähr 30 °C bringen können. Die Lufttemperatur ist in einem ungeheizten feuchten Terrarium stets niedriger als in einem ungeheizten trockenen Terrarium. Wegen der hohen Bodenfeuchtigkeit und der daraus resultierenden Verdunstung ist die Luftfeuchtigkeit in einem ungeheizten feuchten Terrarium gleichfalls höher als in einem ungeheizten trockenen Terrarium.

Für Schwanzlurche sollte der Bodengrund eines solchen Terrariums stets feucht sein. Als Bodengrund eignen sich Gemische aus Erde und Waldhumus oder Erde und Torf. Der Boden wird mit Moos, vergilbten Blättern, morschem Holz, Baumrinde und Steinplatten dekoriert. Hier finden die Tiere Unterschlupf. Ein großes Wassergefäß darf nicht fehlen, häufiges Sprühen ist ebenfalls notwendig.

Das Freilandterrarium

Dieser Terrarientyp hat gegenüber dem Zimmerterrarium mancherlei Vorzüge. In der Regel zeichnet er sich gegenüber anderen Terrarien durch seine Größe aus. Es ist nicht sinnvoll, Freilandterrarien anzulegen, die eine Grundfläche von weniger als 4 m² aufweisen. Günstig sind Flächen von 10 bis 50 m² oder darüber. Weitere Vorteile eines Freilandterrariums bestehen in der vollen Sonneneinwirkung, dem Zutritt ungefilterter UV-Strahlung, der Möglichkeit natürliche oder weitgehend natürliche Klimaverhältnisse zu schaffen, den vielfältigen Ausgestaltungsmöglichkeiten, vereinfachten Überwinterungsmöglichkeiten heimischer Tierarten und einer unkomplizierteren Tier- und Pflanzenpflege.

Die Standortwahl für ein Freilandterrarium hat sich stets nach der Art seiner Insassen zu richten. Manche Amphibien, wie beispielsweise Alpen- und Feuersalamander, bevorzugen ausgesprochen schattige Örtlichkeiten. Die Mehrzahl der Amphibien und besonders der Reptilien benötigt ganztägig besonnte Plätze mit wenigen schattigen Stellen. Besonders geeignet sind daher windgeschützte, sonnige Südlagen.

Ein Freilandterrarium ist stets übersichtlich anzulegen. Grundwasser darf nicht eindringen. Als Umfriedung dient eine Mauer

aus Ziegelsteinen oder aus Beton, die mindestens 40 cm in den Erdboden hineinreichen muß, um ein Unterwühlen durch die gepflegten Tiere oder Wühlmäuse zu unterbinden. Auch zum Mauerrand hin ist es gegen Überklettern abzusichern. Die Mauer sollte daher 50 bis 100 cm hoch und glatt verputzt sein, was Land- und Wasserschildkröten ein Entweichen unmöglich macht. Eine zusätzliche Absperrung nach oben durch quer eingemauerte Ziegelsteine, verzinktes Blech oder Glas hat sich als zweckmäßig erwiesen. Derartige Absperrungen sind für Amphibien, Echsen und Schlangen kein Hindernis, da sie selbst glatte, senkrechte Wände besonders in Ecken leicht überwinden. Hier ist es angebracht, auf einem zementierten Fundament und den seitlichen Mauern einen geschweißten Terrarienrahmen aufzumontieren, in den man Glas und Plastikgaze wie in ein Zimmerterrarium einklebt.

Es gibt jedoch noch eine weitere Möglichkeit, das Entweichen von Echsen und kleinen, kletterungewohnten Schlangenarten zu unterbinden. Zur Mauer hin wird ein ca. 50 cm breiter und 20 bis 50 cm tiefer Wassergraben angelegt, der gleichzeitig als Wasserbecken dienen kann. Die sorgfältig verputzte Mauer wird so mit Glas beklebt oder mit einem spiegelglatten Schutzanstrich versehen, daß ein Hochklettern und Überkriechen unmöglich gemacht wird. Allerdings können kleine, aus dem Wassergraben hervorkriechende Amphibien dennoch unter Umständen die Glasscheiben überwinden.

Für große Schlangen ist das gerade erwähnte Modell ungeeignet. Letztere sind aus Sicherheitsgründen in einem großen Freilandterrarium, das aus seitlichen Mauern mit aufmontiertem Metallrahmen, eingeklebten Scheiben und Plastikgazestreifen besteht, unterzubringen.

Ein weiterer gangbarer Weg für ein Freilandterrarium besteht im Bau einer niedrigen, aus Zement gegossenen Mauer in

Form eines Rechteckes. Der Zementsockel enthält auf allen vier Seiten der Länge nach einen Schlitz. In diesen Schlitz werden dicke Glasscheiben eingelassen, die an den Enden mit Silikonkautschuk verklebt werden. Den Deckel stellt man sich aus Leichtmetall oder Holz und Plastikgaze her.

Schließlich ist eine kombinierte Anlage aus einem Gewächshausterrarium und einem Freilandterrarium praktikabel. Durch einen Laufgang steht das Gewächshaus mit dem Freiland in Verbindung. Somit bleibt den Tieren die Wahl, sich im Innen- oder im Außenmilieu aufzuhalten.

Reptilien aus trockenen, warmen Gebieten benötigen als Schutz gegen Niederschläge eine teilweise Überdachung. Von oben offene Freilandterrarien sind gegen Katzen, Hunde, Marder, Ratten und Vögel durch Überspannen mit Maschendraht zu sichern.

Lurche und Kriechtiere aus gemäßigten und subtropischen Klimazonen sollten im Freilandterrarium überwintern. Eine solche Überwinterung macht aber den Bau frostsicherer Überwinterungsstellen notwendig. Dazu gräbt man eine 50 bis 100 cm tiefe Grube in den Boden. Der tiefste Punkt dieser Grube darf vom Grundwasser nicht erreicht werden. In die kraterartige Vertiefung verlegt man röhrenartige Einschlupflöcher. Das Ganze deckt man mit größeren und kleineren Steinen, kleinen Rindenstücken, Ästen und ein wenig Blattmaterial ab. Die oberste Schicht besteht aus einem Erdgemisch mit Waldhumus. In diese Überwinterungsplätze dringt auch der Frost bei starker Kälte nicht bis zum Boden durch. Eine zusätzliche Abdeckung auf der Bodenoberfläche ist anzuraten.

Die biotopgerechte Ausgestaltung eines Freilandterrariums richtet sich nach seinen Bewohnern. So werden in steinigen, in trockenen, in Heide- und Moorterrarien oder in Feuchtterrarien mit Teichen dem jeweiligen Standort angepaßte Pflanzen angesiedelt.

In Freilandterrarien muß stets gefüttert werden. Von außen eindringende Insekten stellen nur eine gelegentliche Nahrungsquelle dar. In einem artgerecht eingerichteten und biologisch ausbalancierten Freilandterrarium pflanzen sich die Insassen bei optimaler Fütterung regelmäßig fort. Eierlegende Arten legen ihre Eier an den für sie günstigsten Stellen ab. Oft ist es dann schwierig, die Eiablagestelle ausfindig zu machen. Aufgefundene Eier sollten nicht im Freilandterrarium belassen, sondern im Inkubator zur Entwicklung gebracht werden. Die Jungtiere lebendgebärender Arten werden am besten im Haus in Kleinterrarien einzeln aufgezogen. Wenn sie eine gewisse Größe erreicht haben, sind sie nicht mehr besonders empfindlich. Am besten setzt man sie im späten Frühjahr oder im Frühsommer in das Freilandterrarium aus.

Gewächshäuser als Terrarien

Ein Gewächshaus kann ein einziges großes Terrarium von mehreren Metern Länge und Breite oder auch ein Raum mit zahlreichen Einzelterrarien sein. Die Dächer und Seiten von Gewächshäusern sind meist verglast oder mit Doppel- oder Dreifachstegplatten versehen. Die überwiegende Anzahl von Gewächshäusern ist an das Haus angebaut und kann von dort aus auch betreten werden. Durch die größere Lichtfülle ist das Pflanzenwachstum fast immer üppiger als in gewöhnlichen Terrarien.

In Gewächshäusern befinden sich oft große Wasserflächen (Verdunstung). Zusätzlich wird viel Wasser versprüht. Gewächshäuser und Gewächshausterrarien sind daher zum Regenwaldterrarium prädestiniert, besonders dann, wenn man die Temperaturen weitgehend konstant zwischen 23 und 32 °C hält.

Wegen der großen Glasflächen steigen die Temperaturen im Frühjahr und im Sommer jedoch oft beträchtlich an. Die Folge ist eine

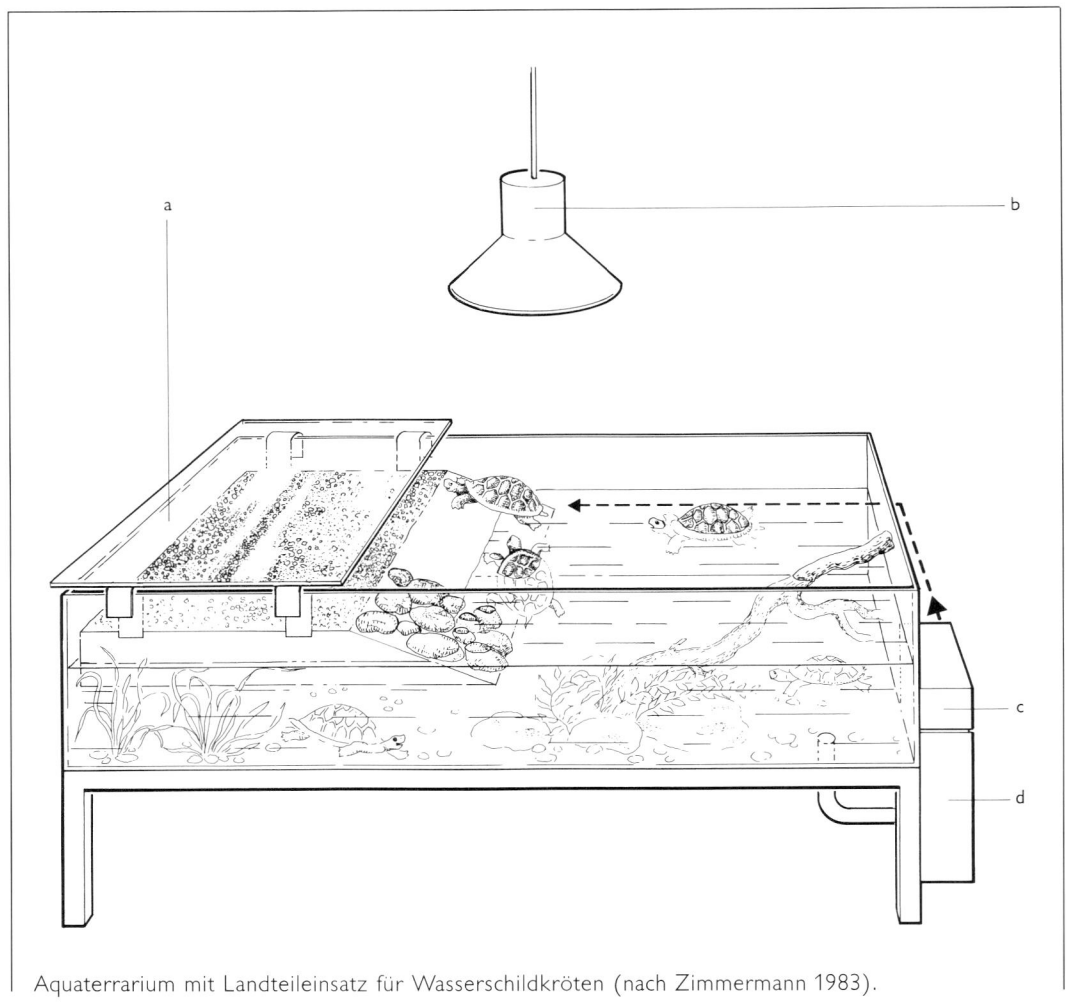

Aquaterrarium mit Landteileinsatz für Wasserschildkröten (nach Zimmermann 1983).

extreme Luftfeuchtigkeit von 100% und Überhitzung. Um dies zu vermeiden, müssen die Dachfenster oder Seitenluken geöffnet werden. Dadurch wird ein Austritt von zu feuchter und überhitzter Luft möglich. Ventilatoren, die für Luftbewegung sorgen, erfüllen den gleichen Zweck.

Wegen der enormen Raumfülle kann man in einem Gewächshaus leicht vielfältige Unterschlupfmöglichkeiten schaffen. In einem Gewächshaus vom Regenwaldtyp sollten stets Kletterbäume und Kletteräste vorhanden sein. Diese bieten ein besonders natürliches und reizvolles Aussehen, wenn sie von Epiphyten bewachsen und zusätzlich dicht von Schlingpflanzen umwuchert sind.

Gewächshäuser, die als Regenwaldterrarien betrieben werden, eignen sich in erster Linie zur Haltung von tropischen Froschlurchen sowie Echsen und Baumschlangen.

Für ein zu einer Wüste umgestaltetes Gewächshaus eignen sich besonders Echsen, Schlangen und Schildkröten aus der Sahara, aus den Wüstengebieten des Vorderen Orients, Südafrikas, der südwestlichen USA und Nordwestmexikos.

Wegen ihrer Großräumigkeit, ihrer Lichtfülle und ihren vielseitigen Ausgestaltungsmöglichkeiten stellen Gewächshäuser die ästhetischsten und biologisch sinnvollsten Einrichtungen in der Terraristik dar.

Aquaterrarien

Sie dienen in erster Linie der Pflege von Amphibien und aquatisch lebenden Reptilien. Als solche kommen Wasserschildkröten, Krokodile, Wasserschlangen und einige Echsen in Betracht. Ein Aquaterrarium besitzt stets einen großen Wasserteil und einen kleineren Landteil. Letzterer, der vorzugsweise zum Sonnen aufgesucht wird, soll so angelegt sein, daß die Tiere das Wasser mühelos verlassen können. Den Landteil kann man so gestalten, daß er sich von der Vorderecke des Behälters diagonal bis zur Hinterecke hinzieht oder von der Hinterscheibe in Kreisausschnitten bis zu den Seitenscheiben verläuft. Ein viereckiger Landteil, von der Hinterscheibe ausgehend, ist ebenfalls denkbar. Als Uferzonen bieten sich Baumstammstücke, Steine, Steinplatten, Rindenstücke, Kies und grobkörniger Sand an.

Bei der Pflege von Amphibien kann der Landteil feucht, bei Reptilien sollte er jedoch zum größten Teil trocken sein. Wenn man kleine Arten wie Frösche, Molche, kleine Wasserschildkröten und Wasserschlangen pflegt, braucht man bei geringem Besatz auf eine üppige Bepflanzung nicht zu verzichten, besonders dann, wenn der Behälter sehr groß ist. Kleine, leichte Tiere zerstören den Pflanzenwuchs nicht durch ihr Gewicht wie dies bei großen Schildkröten, Schlangen und Krokodilen stets der Fall ist. Bei der Haltung

letzterer muß auf eine Bepflanzung ganz verzichtet werden oder die Pflanzen sind so anzubringen, daß sie von den Tieren nicht erreicht werden können. Recht dekorativ sehen auf dem Land liegende Äste und Baumstubben aus, die von Moos überzogen und von Pflanzen überwuchert werden. Ebenso hübsch sind Kletteräste über der Wasseroberfläche, die von Epiphyten und Schlingpflanzen umwachsen werden.

Bei geringem Tierbesatz wird das Wasser nur geringfügig mit Kot und Urin belastet. Ein großes Aquaterrarium, ein heller Standort und optimale Temperaturen sorgen für einen erstaunlichen Land- und Wasserpflanzenbewuchs. Im Wasserteil vollziehen die Wasserpflanzen die biologische Reinigung und machen damit einen häufigen Wasserwechsel überflüssig. Am Tage sollte die Lufttemperatur höher sein als die Wassertemperatur, um einer Erkältungsgefahr entgegenzuwirken. Eine entsprechend starke Heizlampe wird aus diesem Grund stets über dem Landteil und nicht über dem Wasserteil angebracht.

Terrarienpflanzen

Unter den Bedingungen der freien Natur sind Lurche und Kriechtiere meist von Pflanzen umgeben. Das Wachstum, die Vermehrung und das Gedeihen der Pflanzen wird von der Sonne, den Niederschlägen, der jahreszeitlichen Witterung und anderen abiotischen und biotischen Faktoren gesteuert. Somit sind die Bedingungen, die die Pflanzen in ihrem natürlichen Umfeld vorfinden, zum größten Teil auch für die Tiere, die in dem gleichen Lebensraum vorkommen, lebensnotwendig. Wenn man diese Zusammenhänge kennt und auf den Lebensraum Terrarium überträgt, so erkennt man, daß in einem Terrarium, in dem Pflanzen gedeihen, die dazu passenden Tiere sich ebenfalls wohlfühlen müssen.

Für viele Terrarientiere sind Pflanzen nicht unbedingt notwendig. Ein Großteil unserer Pfleglinge macht einen Pflanzenwuchs in einem Terrarium sogar unmöglich; die Pflanzen werden entweder zerdrückt oder aufgefressen.

In zahlreichen Fällen wird die Bepflanzung von den Terrarieninsassen aber nicht beschädigt oder zerstört. Dies ist in großen Terrarien bei Amphibien und kleinbleibenden Echsen-, Schlangen- und Schildkrötenarten der Fall. Hier sind Pflanzen wegen ihrer dekorativen Wirkung geradezu eine Notwendigkeit. Ein gut mit Pflanzen eingerichtetes Terrarium kann durchaus den Eindruck eines wirklichkeitsnahen Naturausschnittes vermitteln.

Nicht alle Pflanzen weisen eine gleich gute Terrarieneignung auf. Kultivierte Pflanzen halten sich in einem Terrarium meist besser als solche, die der Natur entnommen wurden, da sie schon seit langer Zeit gezüchtet werden und sich an die vom Menschen geschaffenen Kulturbedingungen angepaßt haben. Die Pflanzen, die in einem Terrarium gepflegt werden, sollen widerstandsfähig, ausdauernd und leicht beschaffbar sein. Sie sollten dem Gewicht der Terrarientiere gegenüber widerstandsfähig sein.

Ein besonderes Problem stellen das Licht und die Lichtintensität dar. Von diesen beiden Faktoren hängt das Gedeihen einer Pflanze wesentlich ab. Die Blattfarbstoffe der grünen Pflanzen absorbieren vor allem im blauen und im roten Bereich des Spektrums. Daher sind Beleuchtungskörper mit einem großen Blau- und Rotlichtanteil notwendig. Besonders geeignet sind Leuchtstoffröhren der Typen Sylvania-Gro-Lux oder Osram-L-Fluora. Dieses Licht ist jedoch unnatürlich. Aus diesem Grunde kombiniert man sie gerne mit anderen Leuchtstoffröhren wie z. B. »True Lite«.

Auch Leuchtstoffröhren, die ein weißes oder warmtöniges Licht ausstrahlen, sind brauchbar. Eine gute Farbwiedergabe und gleichzeitig optimale Lichtausbeute bieten Leuchtstofflampen der Marken Osram Lumilux, und Philips (TL-D Super 80).

Der Lichtabfall richtet sich in einem Terrarium nach der Höhe des Behälters. Je höher ein Terrarium ist, um so mehr Lampen müssen darüber angebracht werden. Helligkeitswerte von 5000 bis weit über 10 000 Lux sind bei der Pflege unterschiedlicher Pflanzen notwendig. Schattenpflanzen, die am Boden tropischer Regenwälder gedeihen, sind leichter zu pflegen als lichthungrige Arten. Bei den Letzteren bleibt oft nur noch die Möglichkeit, die Pflanzen von Zeit zu Zeit gegen andere auszutauschen. Je heller der Terrarienstandort ist, um so besser gedeihen diese Arten.

Die meisten Terrarienpflanzen können ungünstige Lebensbedingungen kompensieren, wenn man ihnen hinreichend Licht und frische Luft zur Verfügung stellt. Bei einem Mangel an Licht kümmern die Pflanzen trotz guten Substrates, richtiger Feuchtigkeitswerte und richtiger Temperaturen langsam dahin.

Das richtige Substrat ist für das Gedeihen der Pflanzen von wesentlicher Bedeutung. In ihm sind die wachsenden und sich verzweigenden Wurzeln verankert, die einer Pflanze den notwendigen Halt bieten und sie ernähren. Der Boden sollte locker sein, da auch die Wurzeln atmen und somit Sauerstoff benötigen. Die Wasserführung des Bodens ist für das Pflanzenwachstum von großer Bedeutung. Manche Böden, wie z. B. lockere Sandböden, erwärmen sich rasch und trocknen leicht aus. Manche Pflanzen, z. B. Heidepflanzen, gedeihen hier überraschend gut, während andere Pflanzen zugrunde gehen. Wasserbindende Böden wie Ton oder Torf erwärmen sich wegen der hohen spezifischen Wärme des Wassers nur langsam. Hier können wärmeliebende Pflanzen nicht gedeihen.

Der Humusgehalt und die Art und die Menge der mineralischen Nährstoffe in der Erde beeinflussen das Vorkommen und die Standorte der Pflanzen. Jede Pflanze ist an einen bestimmten pH-Wert des Bodenwassers angepaßt. Manche wachsen nur auf sauren Böden, andere nur auf neutralen oder alkalischen.

Derartige Kenntnisse sind auch für den Terrarianer nützlich, der seine Pflanzen selbst in Blumentöpfe oder Pflanzwannen einpflanzen möchte. So sind beispielsweise Torf, Heide-, Moor- und Nadelerde sauer, Sand und Rasenerde mehr oder weniger neutral; Kalkerde ist alkalisch.

Oben: Der gute Zoofachhandel führt auch eine reiche Auswahl an Terrarienpflanzen.
Unten: So schön kann ein Terrarium für kleine tropische Echsen, Frösche, Kröten oder Baumschlangen eingerichtet sein.

In einem Terrarium sollte man nur eine begrenzte Anzahl von dauerhaften Pflanzenarten unterbringen. Ein bis maximal vier Arten, die die gleichen Ansprüche an ihren Lebensraum stellen, genügen vollständig. Bodenpflanzen beläßt man besser in ihren Töpfen, da der Gärtner in diese den richtigen Bodengrund bereits eingebracht hat. Die Töpfe kann man so in größere Plastikgefäße oder Bodenwannen einsetzen, daß sie von außen nicht sichtbar sind. Ein weiterer Vorzug besteht darin, daß eingetopfte Pflanzen leicht umgesetzt, gedreht oder entfernt werden können.

Pflanzen, die eine winterliche Ruhezeit oder eine Ruheperiode durchmachen, beläßt man grundsätzlich in ihren Töpfen. In einem Pflanz- oder Plastikgefäß dürfen die Pflanzen auf keinen Fall in dauernder Staunässe stehen, da sonst die Wurzeln und somit die Pflanzen absterben. Dies wird durch eine Drainage verhindert, die aus grobem Kies, Steinen und Tonscherben besteht, die als unterste Schicht den Boden der Pflanzwanne bedeckt. Auch sollten die Blumentöpfe und Pflanzgefäße Löcher aufweisen, durch die stehende Nässe abfließen kann.

Je nach ihrer natürlichen Verbreitung und den entsprechenden Standorten ist der Wasserbedarf der Pflanzen unterschiedlich. Steppen- und Wüstenpflanzen verhalten sich gegenüber Wassermangel anders als Sumpf- und Wasserpflanzen. Die meisten Terrarienpflanzen werden dann gegossen, wenn der Boden trocken geworden ist. Dies läßt sich leicht durch Befühlen des Substrates herausfinden. Wenn der Boden noch feucht oder naß ist, hat ein Gießen zu unterbleiben. In Ruheperioden wird wenig gegossen. Das gilt in besonderem Maße für Kakteen und sonstige Sukkulenten.

Die meisten Pflanzen verlangen während der Vegetationsperiode viel Wasser. Manche Pflanzen decken ihren Wasser- und Feuchtigkeitsbedarf durch die Luftfeuchte und das Versprühen von Wasser vollständig. Dies ist besonders bei Epiphyten der Fall.

Die Epiphyten oder Baumsiedler gehören den verschiedensten Pflanzengruppen an. Die bekanntesten zählen zu den Farnen, zu den Bromeliazeen und den Orchideen. Einige gehören auch zu den Kakteen, wie z. B. Vertreter aus der Gattung *Rhipsalis, Epiphyllum* und *Phyllocactus*. Dem Biotop entsprechend vergesellschaftet man solche Arten, die auch zueinander passen.

Als Epiphytenäste eignen sich rissige Stücke von Korkeiche, Robinienäste, aber auch die knorrigen Äste von Obstbäumen oder Reben. Auf diesen werden die Wurzeln der Epiphyten mit Nylonband oder plastikummanteltem Draht locker festgebunden. Epiphytenwurzeln, die fest auf dem Substrat sitzen oder frei in der Luft hängen, können der angefeuchteten Luft Wasser und Kohlendioxid entziehen. Die Epiphytenwurzeln lieben keine allzugroße Wärme. Durch Versprühen von Wasser wird die Unterlage feucht, die Feuchtigkeit verdunstet verhältnismäßig rasch, wobei Verdunstungskälte entsteht, die zum Wohlbefinden und Wachstum der Epiphyten beiträgt. Manche Amphibien- und Reptilienarten lieben eine derartige Verdunstungskälte nicht, und so ist die Haltung von Epiphyten nicht in jedem Terrarium sinnvoll. Mit einiger Mühe und Phantasie lassen sich solche Probleme aber lösen, wobei das Wohl der Tiere stets im Vordergrund stehen muß. Bei den epiphytisch lebenden Bromeliazeen sind die Blätter zu Trichtern entwickelt, in welchen in freier Natur stets Wasser vorhanden ist. Die Wurzeln solcher Arten dienen in erster Linie der Befestigung der Pflanzen und nicht der Wasseraufnahme. Da das Wasser aus den Blatttrichtern verdunstet, müssen die Trichter baumbewohnender Bromeliazeen ständig mit Wasser gefüllt werden.

Als Gießwasser verwendet man Leitungswasser, das von zahlreichen Pflanzen gut vertragen wird, sofern es nicht zu kalkhaltig und zu stark gechlort ist. Viele Pflanzen, vor allem Epiphyten, vertragen hartes Leitungswasser jedoch nicht. Durch das Versprühen von hartem Leitungswasser bleiben nach dem Verdunsten auch häßliche, weiße Kalkflecken auf den Blättern zurück. Hier eignet sich ausschließlich Regenwasser oder mit Ionenaustauschern enthärtetes Leitungswasser von 0 bis 5 °dH. Das Sprühwasser darf nie eiskalt sein, sondern sollte stets der Umgebungstemperatur entsprechen oder unbeträchtlich darüber liegen. Gegossen und gesprüht wird gegen Abend und am frühen Morgen.

Hin und wieder, besonders in der Vegetationsperiode wenn die Pflanzen stark wachsen, wird gedüngt. Als Düngemittel empfehlen sich die handelsüblichen Flüssigdünger für Zimmerpflanzen, die man entsprechend der Anleitung dosiert dem Gießwasser beimengt. Mit der Zufuhr des Düngers sollte man aber sparsam sein, denn viele Pflanzen sind gegen eine Überdüngung äußerst empfindlich.

Für empfindliche Pflanzen, wie Epiphyten, Kakteen oder auch andere Sukkulenten, verwendet man stets weniger als die Hälfte der in der Gebrauchsanweisung angegebenen Menge.

Eine Schädigung der Pflanzen durch eine zu geringe Düngung ist selten. Meist liegen andere Fehler vor, wie Lichtmangel, eine zu feuchte oder zu trockene Haltung, Luftmangel, eine Bodenversalzung durch zu hartes Wasser oder Parasitenbefall mit Schimmelpilzen, Blattläusen, Schildläusen, Roten Spinnen, Weißen Fliegen und anderen. Für die richtige Pflege der Terrarienpflanzen ist es notwendig, sich ein gutes Zimmerpflanzenbuch zu beschaffen (s. Literaturhinweise Seite 307).

Je größer das Terrarium und je sonniger der Standort ist, desto vorteilhafter sind auch die Entwicklungsmöglichkeiten für die Pflanzen.

Pflanzen für das geheizte Trockenterrarium

Für das geheizte Trockenterrarium, das einen Ausschnitt aus dem **Mittelmeerraum** wiedergibt, eignen sich die zu den Dickblattgewächsen (Crassulaceae) zählenden Hauswurzarten der Gattung *Sempervivum*. Diese sukkulenten Pflanzen mit den typischen Blattrosetten verlangen einen ausgesprochen sonnigen Standort und eine nächtliche Abkühlung. Sonnenmangel führt bei diesen Pflanzen unweigerlich zum Verkümmern und Eingehen. Man beläßt sie am besten in Blumentöpfen, die man zwischen Fels- und Steinbrocken so verbirgt, daß sie von Eidechsen und Schlangen nicht beschädigt werden.

Ebenfalls zu den Dickblattgewächsen zählen auch die weltweit verbreiteten Mauerpfefferarten *(Sedum)*, die in mehreren Arten im Mittelmeerraum vorkommen. Einmal angewachsen bilden die Pflanzen dichte, feste Polster. Schwieriger in der Pflege und daher nur mit Einschränkung zu empfehlen ist die stark duftende, weiß blühende Echte Myrte *(Myrtus communis)*, die sich nur bei sehr viel Sonne und Luft hält. Der Efeu *(Hedera helix)* und die Brombeere *(Rubus idaeus)* eignen sich gut für ein geheiztes Mittelmeerterrarium, wo sie gedeihen, wenn man ihnen einen hellen Standort zuweist und sie in ihren Töpfen beläßt. Für sehr große und hohe Terrarien sind kleine Exemplare des Lorbeerbaums *(Laurus nobilis)*, des Oleanders *(Nereum oleander)* und der Zwergpalme *(Chamerops humilis)* ausgesprochene Schmuckstücke. Wegen ihrer Größe werden diese Pflanzen in Pflanzenkübeln kultiviert. Die Kultivierungskübel kann man von außen mit Felsbrocken und Baumstubben so verdecken, daß sie nicht mehr sichtbar sind. Diese Charakterpflanzen des Mittelmeergebietes verlangen einen ausgesprochen hellen Standort mit viel Sonne und wie die anderen

Mittelmeerpflanzen eine drei- bis viermonatige Winterruhe in einem hellen Raum bei 5 bis 10 °C.

Für ein geheiztes Trockenterrarium mit Tieren aus **afrikanischen Steppen- und Wüstengebieten** seien nur einige Arten erwähnt. Als solche kommen beispielsweise die unterschiedlichen Wolfsmilchgewächse *(Euphorbiaceae)* in Betracht. In ihrer afrikanischen Heimat sind diese sukkulenten Pflanzen, die teilweise wie Kakteen aussehen, aber keine sind, an Trockengebiete mit regelmäßigen, wenn auch nur kurzen Niederschlägen angepaßt. Je nach ihrer Verbreitung benötigen manche Arten im Sommer viel Feuchtigkeit, während sie im Winter trocken und kühl untergebracht werden sollen. Bei anderen Arten ist es umgekehrt. Sie machen im Sommer eine Trockenperiode durch.

Gut haltbar sind *Euphorbia resinifera, Euphorbia balsamifera* und *Euphorbia bergeri.* Recht hübsch sind auch verschiedene *Caralluma-* und *Aeonium*-Arten. Letztere erinnern mit ihren Blattrosetten an unseren Hauswurz. Die genannten Pflanzen sind haltbar, wenn man ihnen ein warmes und überaus sonniges Terrarium bietet.

Für Reptilien aus Südafrika sind verschiedene Arten aus den Gattungen *Aloe, Haworthia* und *Sansevieria* dekorative und dankbare Pflanzen, die einen sehr hellen Standort mit Wärme und im Winter eine Temperatur von 10 bis 12 °C verlangen. Die Euphorbiazeen sollen in einem hellen Raum bei einer Temperatur von nicht unter 10 °C überwintert werden. Gleiches gilt auch für die anderen erwähnten Pflanzenarten. Die genannten Pflanzen beläßt man am besten in ihren Töpfen und bringt sie in einem abgetrennten Teil des Terrariums unter.

Für ein Trockenterrarium, das einen Lebensausschnitt aus den **Steppen** und **Wüsten Amerikas** darstellen soll, bieten sich die charakteristischen Vertreter aus der artenreichen Familie der Kakteen besonders an. Sehr geeignet sind manche Arten aus der Gattung *Echinocactus*, da sie eine starke, aber für die Tiere ungefährliche Bestachelung aufweisen. Recht hübsch sind auch die Opuntien. Die meisten von ihnen eignen sich wegen ihrer borstenähnlichen, überaus spitzen Stacheln, die zudem noch mit Widerhaken versehen sind, für das Terrarium kaum, da sie unsere Tiere verletzen können. Unter ungünstigen Umständen dringen die Stacheln in die Häute zwischen den Schuppen ein. *Opuntia robusta* ist jedoch eine stachellose Art, die sich für ein Wüstenterrarium gut eignet. Das gleiche gilt für *Opuntia tuna.*

Alle Kakteen benötigen in der warmen Jahreszeit ausgesprochen viel Sonne, Wärme und Luft und sind häufig zu gießen. Besonders am Morgen bevorzugen sie kurzzeitig eine erhöhte Luftfeuchtigkeit, die man ihnen mit einem Wasserzerstäuber zukommen lassen kann. Kakteen werden hell und trocken bei Temperaturen von 8 bis 10 °C überwintert.

Ebenso stattlich und dekorativ wie die Kakteen sind die für den amerikanischen Kontinent typischen Agaven, die im Mittelmeerraum, in weiten Teilen Afrikas, aber auch teilweise in Asien als florenfremde Elemente eingebürgert sind. Wegen ihrer Ausmaße ist die bekannte und weitverbreitete *Agava americana* nur für Großterrarien zu empfehlen. Geeignet für kleine Behälter sind *Agava attenuata, Agava filifera, Agava victoriae reginae, Agava potatorum* und *Agava stricta.* Alle Agaven benötigen während der Vegetationszeit viel Sonne, Wärme und frische Luft und wollen häufig gegossen werden. Agaven sind hell, kühl und trocken zu überwintern. Sehr robust und somit empfehlenswert sind die verschiedenen *Yucca*-Arten, die sich wegen ihrer Größe nur als kleine Pflanzen für das Terrarium eignen. Schöne, brauchbare und an das Leben in den Trockengebieten der südlichen USA und Mittelamerikas angepaßte Pflanzen sind die zu den

Bromeliazeen zählenden Gattungen *Dyckia* und *Hechtia*. Diese schmuckvollen Ananasgewächse verlangen während der Vegetationsperiode viel Sonne, Wärme und eine gewisse Bodenfeuchtigkeit. *Dyckia* und *Hechtia* werden bei Temperaturen um 12 °C trocken und hell überwintert.

Pflanzen für das geheizte feuchte Terrarium

Das geheizte feuchte Terrarium stellt einen Ausschnitt aus den Regenwäldern Mittel- und Südamerikas, Zentralafrikas, des südostasiatischen Subkontinents, **Neuguineas** und **Nordaustraliens** dar. Da sich dieser Lebensraum durch hohe, nur geringfügig schwankende Temperaturen und hohe Boden- und Luftfeuchtigkeit auszeichnet, kommt hier eine verwirrende Artenfülle von Pflanzen vor.

Die tropischen Regenwälder weisen eine vertikale Gliederung in mehreren Stufen auf, die sich in Krautschicht, Strauchschicht, niedrige, mittelhohe und hohe Bäume sowie in Urwaldriesen bis zu einer Höhe von 80 m aufteilt. Viele Pflanzen, die den Urwaldboden bedecken, sind auch im Handel erhältlich.

Für ein feuchtwarmes Terrarium mit südamerikanischen Regenwaldamphibien und -reptilien sind die Moosfarne aus der Familie der Selaginellazeen fast unentbehrlich. Häufig gehaltene Arten sind *Selaginella martensii*, *S. tenella*, *S. haematodes* und *S. pallescens*. Neben diesen gibt es noch eine Reihe anderer Moosfarne, die in Afrika und Asien beheimatet sind. So kommen *Selaginella kraussiana* und *S. vogelii* in den feuchten Tropen Afrikas vor, während *S. biformis* und *S. wildenowii* das feuchtwarme Südostasien bewohnen.

Alle Moosfarne verlangen eine feuchte, gleichmäßige Wärme und einen schattigen Standort. Ihre Vermehrung ist nicht sonderlich schwierig. Die mit Würzelchen versehenen Triebe werden einfach in den Boden gesteckt.

Zahlreiche terrestrisch lebende Farne sind für das Terrarium als Bodenpflanzen besonders wertvoll, da sie im Halbschatten und im Schatten leben können. Vertreter aus der Familie der Saumfarne *(Pteridaceae)*, die vornehmlich in den Subtropen und Tropen der Alten Welt vorkommen, können als Bodenpflanzen, aber auch für Epiphytenäste verwendet werden. Geeignete Arten sind *Pteris biaurita*, *P. ensiformis*, *P. pedata* und *P. tremula*. Die in den Subtropen und Tropen weit verbreiteten Nierenschuppenfarne *(Nephrolepis)* gedeihen im Halbschatten und an hellen Standorten. Sie bevorzugen eine hohe Luftfeuchtigkeit und Temperaturen, die nicht unter 15 °C sinken dürfen.

Die Tüpfelfarngewächse aus der Familie der Polypodiaceae kommen in Europa, Asien, Australien und Amerika vor. Die meisten tropischen *Polypodium*-Arten werden in der Regel sehr groß und eignen sich daher nur für große Terrarien. Sie verlangen zu ihrem Wohlbefinden einen halbschattigen Standort und feuchte Wärme.

Herrliche und gut haltbare Bodenpflanzen sind auch die Fittonien aus der Familie der Acanthaceae. Ihre Heimat erstreckt sich von Kolumbien bis nach Peru. Sehr empfehlenswert sind *Fittonia verschaffeltii* und *F. argyroneura*. Diese Urwaldpflanzen benötigen zu ihrem Gedeihen ein feuchtwarmes Terrarium. Die Vermehrung der Fittonien erfolgt durch Stecklinge.

Ungemein wachstumsfreudig sind auch Tradescantien, die im gemäßigten und tropischen Amerika zu Hause sind. *Tradescantia albiflora* und *T. fluminensis* aus Südamerika wachsen bei feuchter Wärme im Halbschatten sowie bei sonnigem Standort so stark, daß man ihrer kaum Herr wird.

Charakterpflanzen des tropischen Lateinamerikas sind auch die Dieffenbachien. Diese prachtvollen Gewächse aus der Familie der Araceae erreichen beträchtliche Größen von über 100 cm Höhe und kommen daher nur in

Großterrarien und in Gewächshäusern so recht zur Geltung. Besonders hübsch sind *Dieffenbachia brasiliense* und *Dieffenbachia imperialis*. Alle Dieffenbachien benötigen hohe, gleichmäßige Temperaturen zwischen 20 und 30 °C, eine hohe Luft- und Bodenfeuchtigkeit und einen halbschattigen oder wenig besonnten Standort. Wirklich prachtvoll und recht groß ist *Xanthosoma lindenii*. Diese Arazee aus Kolumbien hat hellgrüne breite bis pfeilförmige Blätter mit einer weißen Zeichnung. Sie benötigt Dauertemperaturen um 25 °C, feuchten Bodengrund sowie hohe Luftfeuchtigkeit und kann daher auch in den Sumpfteil eines Aquaterrariums eingepflanzt werden.

Die dem Pflanzenfreund wohl vertrauten Aronstabgewächse der Gattung *Philodendron* (»Baumfreund«) sind Kletterpflanzen. Dabei werden stets Luftwurzeln ausgebildet. Im Pflanzenhandel werden zahlreiche Arten in unterschiedlichen Größen angeboten, von denen *Philodendron scandens, P. cordatum, P. erubescens, P. laciniatum, P. elegans* und *P. elongatum* erwähnt seien. Alle *Philodendron*-Arten bevorzugen Halbschatten oder Schatten sowie eine hohe Luftfeuchtigkeit und Dauerwärme. Bei richtiger Pflege sind diese Pflanzen schnellwüchsig und für große und kleine Terrarien geeignet.

Das wohl eindrucksvollste und bekannteste Aronstabgewächs ist das Fensterblatt *Monstera deliciosa*. Diese lianenartig entwickelte, an Bäumen emporkletternde Pflanze aus dem tropischen Amerika mit ihren langstieligen, riesigen gelappten und durchlöcherten Blättern wird nicht nur häufig als Zimmerpflanze verwendet, sondern stellt auch eine Zierde für jedes Großterrarium dar. Das Fensterblatt überdauert zeitweise niedrige Temperaturen zwischen 10 und 15 °C, gedeiht dann aber nicht mehr so recht. Um dieser Pflanze zu voller Größe zu verhelfen, bietet man ihr Temperaturen zwischen 20 und 30 °C sowie einen halbschattigen bis

hellen Standort an. Volles Sonnenlicht über den ganzen Tag hinweg ist jedoch zu vermeiden.

Nicht vergessen werden dürfen die zu den Ananasgewächsen (Bromeliaceae) zählenden, epiphytisch lebenden Pflanzen der Gattungen *Aechmea, Billbergia* (von diesen sind mehr als 60 Arten bekannt), *Cryptanthus, Nidularium, Tillandsia* und *Vrisea*. Diese dekorativen Gewächse, die fast jedes Blumengeschäft vorrätig hat, sind für jedes größere Regenwaldterrarium mit tropischen Amphibien und Reptilien wie geschaffen.

Die Pflege dieser Arten ist denkbar einfach. Sie beschränkt sich auf einen halbschattigen bis schattigen Standort bei gleichmäßigen Temperaturen zwischen 20 und 30 °C. Die buntfarbigen Arten mögen auch hin und wieder etwas Sonne. Das Substrat, sei es Blumentopferde oder Baumrinde, auf der die Wurzeln festgewachsen sind, soll leicht feuchtgehalten werden. Auch achte man darauf, daß in den Blattrichtern stets Wasser vorhanden ist.

Die epiphytisch lebenden Orchideen Südamerikas, die von den Indios als »Töchter der Lüfte« bezeichnet werden, bieten sich nur während der Blütezeit in voller Pracht dar. Die mittelamerikanischen Arten der Gattung *Odontoglossum* verdienen das Interesse in erhöhtem Maß, da sie wenig anspruchsvoll und somit pflegeleicht sind. Die Mehrzahl der etwa 60 Arten stammt aus höheren Gebirgslagen. Die Pflanzen verlangen eine erhöhte Luftfeuchtigkeit und einen schattigen Standort. Die in Mittel- und Südamerika vorkommenden *Stanhopea*-Arten haben ähnliche Biotopansprüche wie *Odontoglossum*. Auch sie verlangen eine erhöhte Luftfeuchtigkeit und einen schattigen Standort. Die beiden genannten Orchideenarten eignen sich vornehmlich für Terrarientiere mit niedrigeren Temperaturansprüchen. Für ein Terrarium, das einen afrikanischen Regenwaldausschnitt darstellen soll, kann man Drachenbäume

(*Dracaena fragrans*) aus Westafrika, *Sansevieria senegambica*, *Sansevieria guinensis* und *Sansevieria trifasciata* als Bodenpflanzen verwenden. Diese Sansevierien verlangen zu ihrem Wohlbefinden in erster Linie Wärme über 20 °C. Sie können im Schatten stehen, aber auch recht viel Sonne vertragen. Als Bodengrund eignet sich für diese Pflanzen ein Erde-Sand-Gemisch. *Dracaena fragrans* will viel Wärme und Sonne. Gegen zu grelle Mittagssonne ist der Drachenbaum jedoch empfindlich. Im Sommer soll diese Pflanze regelmäßig Wasser und Dünger erhalten. Sie soll aber nicht zu naß gehalten werden, da die Wurzeln sonst geschädigt werden. Weiterhin ist eine erhöhte Luftfeuchtigkeit angezeigt. Im Winter erhält sie weniger Wasser und keinen Dünger. *Dracaena deremensis* erhält die gleiche Pflege.

Überaus dauerhaft ist auch *Chlorophytum capense* aus Südafrika. Diese zu den Liliengewächsen zählende Pflanze ist nahezu unverwüstlich. Ob sie viel oder wenig Licht, einen reichen oder mageren Boden oder hohe oder niedrige Temperaturen geboten bekommt, ist fast gleichgültig. Sie gedeiht immer. Wie *Dracaena fragrans* und die Sansevierien soll auch *Chlorophytum capense* im Topf verbleiben.

Südamerika ist ungemein reicher an Epiphyten als die feuchten west- und zentralafrikanischen Tropen. Hier beherrschen weitgehend Moose das Bild. An epiphytisch lebenden Farnen kann man die Geweihfarne *Platycerium angolense* und *Platycerium stemaria* sowie den Becher- oder Vogelnestfarn *Asplenium nidus avis* verwenden. Die Geweihfarne sammeln in freier Natur Humus, indem sie sogenannte »Nischenblätter« ausbilden, die den Ästen unten anliegen und oben nischenförmig hervorragen. Hier sammeln sich verrottende Blätter, Zweige, Holzmulm, Vogelexkremente usw. an, wovon sich die Pflanzen ernähren. *Platycerium* besitzt zwei unterschiedlich geformte Blattarten. Die unfruchtbaren Blätter winden sich um Holz oder Korkrinde. Die sporentragenden Blätter erinnern an Hirschgeweihe und hängen nach außen. Man versteckt die Blumentöpfe in größeren Baumstämmen so, daß man sie von außen nicht mehr sehen kann. In sehr dicken Baumstämmen empfiehlt es sich, die Geweihfarne auch in Höhlungen zu kultivieren. Sie sind ziemlich lichtbedürftig. Geeignet ist ein Standort mit hellem Halbschatten und ein wenig Sonne. Darüber hinaus beansprucht dieser Farn viel Wärme und eine hohe Luftfeuchtigkeit. *Asplenium nidus avis* braucht zum Gedeihen eine sehr humusreiche Erde, Temperaturen von nicht unter 18 °C und neben Boden- auch eine hohe Luftfeuchtigkeit. Grelle Sonne ist zu vermeiden. Ein halbschattiger bis schattiger Standort bekommt ihm am besten.

Für ein feuchtwarmes Tropenterrarium, das asiatische Pflanzen und Tiere beherbergen soll, stehen uns zahlreiche Bodenpflanzen sowie eine größere Auswahl an Epiphyten zur Verfügung. Recht schöne Pflanzen sind die *Codiaeum*-Arten von der malaysischen Halbinsel und von den pazifischen Inseln. Die lanzettförmigen, mehr oder weniger gewellten bis gedrehten Blätter, sind von weißen, gelblichen, hellgrünen, dunkelgrünen und rötlichen Flecken und Strichen durchsetzt. Am bekanntesten ist *Codiaeum variegatum*. Ihrem Artnamen entsprechend existieren von dieser Pflanze eine ganze Reihe unterschiedlicher Varietäten. Die zu den Wolfsmilchgewächsen zählende Pflanze bevorzugt sandige, nährstoffreiche Lauberde, eine hohe Luftfeuchtigkeit und einen sehr hellen, aber mäßig sonnigen Standplatz. Herrliche Regenwaldpflanzen aus Südostasien und von der malayischen Inselwelt sind die Kolbenfadenpflanzen *Aglaonema* aus der Familie der Aronstabgewächse. Von der genannten Pflanzengattung sind über 40 Arten bekannt geworden. In ihrer Heimat leben diese Pflanzen im Unterwuchs der immergrünen tropischen Regenwälder auf einer dicken Humusschicht von verrottendem Laub, an den Ufern von allerlei Gewässern sowie an den Rändern von Urwäldern. Bekannte Arten sind *Aglaonema commutatum*, *A. costatum* und *A. crispum*. Diese Pflanzen beanspruchen nur wenig Licht und benötigen, von Art zu Art verschieden, Halbschatten oder einen hellen Standort. Wichtig sind Temperaturen zwischen 18 und 30 °C. Als Substrat eignet sich eine Mischung aus Torf, Sand und Lauberde. Im Sommer wird reichlich, im Winter eher spärlich gegossen.

Herrliche Blattpflanzen sind auch die aus Südostasien stammenden Alokasien, die wie die vorige Art in die Familie der Araceae eingereiht werden. Die meisten Alokasien werden recht groß. Es gibt aber einige kleine Arten, die auch in kleinen Terrarien Platz finden. Besonders attraktiv ist *Alocasia korthalsii* von Borneo. Sie hat hellgeaderte, dunkelgrüne Blätter und erreicht eine Höhe von ungefähr 50 cm. Weitere bekannte Arten sind *Alocasia macrorrhiza*, *A. veitchii* und *A. cuprea*. Bei der zuletzt erwähnten Art zeigen die ca. 40 cm langen, ellipsenähnlichen Blätter einen bräunlich-metallischen Glanz. Die wohl schönste Alokasie ist *Alocasia metallica*. Sie hat schildförmig-ovale Blattspreiten, die 35 cm lang werden und einen metallischen Glanz aufweisen. Die Blätter sind auf der Oberseite kupfergrün und auf der Unterseite purpurviolett. Wie *Aglaonema* verlangt auch diese Regenwaldpflanze Dauertemperaturen zwischen 18 und 30 °C, regelmäßige Feuchtigkeit während der Vegetationszeit und einen hellen bis schattigen Standort.

Viel Boden- und Luftfeuchtigkeit, einen stets hellen Standort und hohe Temperaturen zwischen 20 und 30 °C benötigen auch die Colocasien, die in den Niederungssümpfen Südasiens beheimatet sind. Die zu den Arazeen gehörigen Colocasien können auch in Paludarien und in Aquaterrarien gepflegt werden. In Asien gehören die Colocasien, die auch unter der Bezeichnung »Taro« bekannt

sind, zu wichtigen, eßbaren Pflanzen, da ihre Knollen viel Stärke enthalten. Auf thailändischen Märkten werden sie daher regelmäßig angeboten. Colocasien gedeihen am besten auf einem fetten Bodengrund aus Sand, Torf und Mistbeeterde. Für große Regenwaldterrarien sind die Schraubenbäume aus der Familie der Pandanaceae wie geschaffen. Diese überaus stattlichen Sträucher oder Bäume, die eine Höhe von 5 m erreichen können, kommen in rund 300 Arten in den Tropen der Alten Welt von Afrika bis zu den Sunda- und Pazifikinseln vor. Charakteristisch sind die Stelzwurzeln, mit denen sie oft an den Ufern allerlei Gewässer im Boden fest verankert sind. Alle Schraubenbaum-Arten verlangen zu ihrem Gedeihen einen hellen, sonnigen oder halbschattigen Standort und Temperaturen zwischen 20 und 30 °C. Die Pflanzen verlangen im Sommer viel kalkarmes Wasser und sollen auch hin und wieder gesprüht werden.

Der zu den Maulbeergewächsen zählende Gummibaum *(Ficus elastica)* ist in Südostasien und auf den dazugehörigen Sundainseln beheimatet. Der Gummibaum wird bei richtiger Pflege, die in einem hellen, luftigen Standort mit ein wenig Sonne, gleichmäßigen Temperaturen von 20 bis 30 °C, hohen Wassergaben im Sommer und geringen im Winter und einem Substratgemisch aus Humus, Mistbeet-, Rasen- und Lauberde, sehr groß. Diese Pflanze eignet sich daher vornehmlich für Großterrarien, Gewächshäuser, Riesenschlangen-, Waran- und Krokodilanlagen. *Ficus bengalensis* ist ebenfalls eine äußerst beliebte Blattpflanze, die in sehr feuchten und warmen Terrarien mit viel Sonneneinstrahlung ein üppiges Wachstum zeigt.

Zu den Rebengewächsen (Vitaceae) zählt *Cissus discolor* aus Java, Indien und Burma. Die runden, an den Enden zugespitzten Blätter besitzen eine grünsilbrig marmorierte Blattoberseite und eine leuchtend violettrote Blattunterseite. Die Stengel und die Blattstiele sind gleichfalls purpurfarben. Sie ist eine prachtvolle Pflanze, die sich als rankende Liane an einem Epiphytenstamm emporwinden sollte. Sie verlangt feuchte Wärme von über 20 °C, einen halbschattigen bis hellen Standort, keine stauende Nässe und ist daher nur für Tropenterrarien geeignet. Eine Kletterpflanze ist auch *Ficus villosa*, der in Südostasien beheimatet ist und im Schatten der Baumriesen wächst, wo er an den Stämmen emporrankt. *Ficus villosa* liebt den Schatten. Er wächst nicht an Stellen, die von der Sonne beschienen werden. Die wärmeliebende Kletterpflanze ist im Schatten bei Temperaturen zwischen 20 und 30 °C und bei mässiger Wasserzufuhr zu pflegen. Sie wird in einen Topf mit einem Torf-Sand-Gemisch gesetzt und neben einem Epiphytenbaum untergebracht.

Die Wachsblume *Hoya carnosa*, deren Verbreitung sich von Südchina über Südostasien bis nach Nordaustralien erstreckt, ist eine sehr empfehlenswerte Terrarienpflanze. Als Kletterpflanze bedarf die Wachsblume eines Epiphytenbaumes als Stütze. Sie verlangt einen hellen und luftigen Standort und einen mittelmäßigen Beguß. Das Substrat darf vor dem nächsten Gießen nie vollständig ausgetrocknet sein.

Einige weitere *Hoya*-Arten sind ebenfalls zu bewährten Terrarienpflanzen geworden. Wegen ihrer festen, ledrigen Blätter können ihr auch kleinere Amphibien und Reptilien keinen Schaden zufügen. Erwähnt werden sollen an dieser Stelle die lang- und schmalblättrige *Hoya longifolia* von den Abhängen des Himalaja, die seltene *H. imperialis* von der Malayischen Halbinsel, die bis zu 20 cm lange Blätter und überhängende, purpurfarbene Blütenstände besitzt, und *H. obovata* aus Thailand und Indochina. Letztere hat bis zu 12 cm lange Blätter und gehört somit gleichfalls zu den größeren Arten. Die genannten *Hoya*-Arten haben die gleichen Lebensansprüche wie *Hoya carnosa*.

Die Gattung *Pothos*, die zu den Aronstabgewächsen gerechnet wird, umfaßt ausschließlich Schlingpflanzen mit rund 50 Arten, deren Heimat Südostasien ist. Die Blätter gliedern sich deutlich in Stiel und Spreite. *Pothos scandens* von der Malayischen Halbinsel und *P. macrophyllum* aus Java zeigen hervorragende Terrarieneigenschaften. In freier Natur wachsen sie hauptsächlich auf Baumstämmen und Steinen, oft von anderen Pflanzen beschattet. Sie verlangen eine hohe, gleichbleibende Temperatur oberhalb von 20 °C und vor allen Dingen eine sehr feuchte Umgebung. Die Pflanze lebt hauptsächlich in der unmittelbaren Nähe von Bächen und von Wasserfällen, deren Spritzwasser sie dauernd benetzt. Wenn man sie mit der Wurzel in den Boden steckt, so faulen diese oft ab und nur der am Epiphytenast emporwachsende Stengel bleibt übrig. *Pothos* bindet man daher auf die Rinde eines Epiphytenastes, wo er sich bald mit kurzen Saugwürzelchen festhält.

Einige der bekanntesten und beliebtesten Kletterpflanzen stammen aus der Gattung *Scindapsus* aus der Familie der Aronstabgewächse. Diese ungefähr 20 Arten umfassende Gattung erstreckt sich in ihrer Verbreitung von Indien über Südostasien und die indomalayische Inselwelt bis nach Neuguinea. Nur eine einzige Art *(Scindapsus occidentalis)* kommt in Amazonien vor. *Scindapsus pictus* wächst in den Niederungswäldern der malayischen Halbinsel. Hier rankt er die Baumstämme entlang bis in die Baumkronen hinein, wo er sich mit zahlreichen Luftwurzeln in der Rinde verankert. Die kurzstieligen Blätter sind von herzähnlicher Form. Die Blattspreite wird ungefähr 15 cm lang. Die dunkelgrünen Blätter sind im jüngeren Zustand hell bis blauweiß gefleckt. Die Zuchtform 'Argyraeus' hat silbergerandete und silbergefleckte Blätter. *Scindapsus pictus* will Temperaturen zwischen 20 und 30 °C, einen hellen Standort, feuchten Bodengrund und hohe Luftfeuchtigkeit. Die Vermehrung geschieht durch Stecklinge, die in den Boden hineinwurzeln.

Als Epiphytenpflanzen lassen sich für diesen Terrarientyp verschiedene Farne, Orchideen und Kannenpflanzen verwenden. Der bereits erwähnte Vogelnestfarn *Asplenium nidus* ist hier zur Haltung bestens geeignet. Er ist von Indien bis nach Australien verbreitet. Diesen aus den Tropen der Alten Welt stammenden Farn sah ich in großer Anzahl auf Bäumen in südthailändischen Regenwäldern. Die Blätter dieses Farns sind länglich, groß, hellgrün, etwas gewellt, aber vollständig glattrandig. Dieser schmuckvolle Farn ist überaus anpassungsfähig und erträgt Temperaturen zwischen 5 und 30 °C. Er benötigt eine humusreiche, nicht zu fest angedrückte Erde, wie z. B. Lauberde und Waldboden. Die Pflanze läßt man am besten im Topf und bringt sie so am Epiphytenbaum versteckt an, daß man den Topf nicht sieht, aber daß sie hell steht und nicht für längere Dauer von der prallen Sonne getroffen wird. Eine erhöhte Luftfeuchtigkeit ist ebenfalls von Bedeutung, da der Wurzelballen nicht austrocknen darf. Gedüngt werden soll nur in der Vegetationszeit vom Frühjahr bis zum Herbst in geringer Konzentration (1/10 des üblichen Wertes).

Gut geeignet sind Vertreter der bereits erwähnten Geweihfarne der Gattung *Platycerium*. Diese epiphytisch wachsenden Farne vertragen durchaus eine Topfkultivierung. Sie mögen einen hellen Standort mit ein klein wenig Sonne. Für das asiatische Regenwaldterrarium bietet sich *Platycerium coronatum* aus Südostasien und den Philippinen besonders an. Die genannte Art ist in Thailand recht häufig. Sie erreicht Blattgrößen von bis zu 1,5 m. Daher kommt er besonders in Großterrarien und in Gewächshäusern so richtig zur Geltung. Den Geweihfarn hängt man am besten in einem Pflanzgefäß aus Korkrohr auf oder zieht kleinere Exemplare auf Epiphytenbäumen. Wie beim Vogelnest-

farn gibt man diesem Farn von März bis September viel Wasser. *Platycerium coronatum* bevorzugt eine etwas erhöhte Luftfeuchtigkeit. Im Winter ist sparsames Gießen angezeigt, aber auch jetzt darf der Wurzelballen nicht vollständig austrocknen. Wie *Asplenium nidus* läßt sich *Platycerium coronatum* durch Sporen vermehren, die auf feuchten, sterilen Torf gebracht werden.

Ein sehr hübscher, epiphytisch lebender Farn ist *Drynaria fortunei* aus den Bergwäldern Südostasiens, wo er in Höhenlagen zwischen 500 und 1200 m angetroffen wird. Er wächst in Astgabeln oder an glatten Stämmen, wo er mit seinen eichenblattähnlichen Blättern hinreichend Feuchtigkeit und Humus einfängt. Seine bis zu 75 cm langen Blätter sind von lederartiger Beschaffenheit. Der genannte Farn bevorzugt einen hellen, warmen Standort bei möglichst gleichmäßigen Temperaturen zwischen 15 und 30 °C, einen mittelmäßigen Beguß, eine erhöhte Luftfeuchtigkeit und als Substrat ein Gemisch aus Torf, Sand, Holzkohle, gestoßener Kiefernrinde und Buchenlaub. Ansonsten entspricht die Pflege der von *Asplenium nidus*.

Cyrtomium (Polystichum) falcatum, der ein sehr widerstandsfähiger Farn ist und nur geringe Anforderungen an den Pfleger stellt, ist von Indien bis nach China verbreitet. Hier wächst er an der Grenze der subtropischen zur tropischen Zone in Höhenlagen bis zu 1000 m. Diese Farnart kann sowohl am Boden als auch epiphytisch kultiviert werden. *Cyrtomium falcatum* will im Sommer einen warmen, schattigen Standort und erträgt im Winter Temperaturen zwischen 10 und 12 °C. Als Bodengrund empfiehlt sich ein Gemisch aus Kompost, Sand, Buchenlaub und Torf. Da der Wurzelballen nie austrocknen darf, ist die Pflanze reichlich zu gießen. *Cyrtomium falcatum* eignet sich auch für Aquaterrarien und Paludarien.

Die insektenfressenden Kannenpflanzen *(Nepenthes)* leben neben der autotrophen Ernährung zusätzlich vom Tierfang und von der Insektenverdauung. Die Kannenpflanzen, die von Madagaskar bis nach Australien verbreitet sind, sind Blütenpflanzen, die auf stickstoffarmen Standorten gedeihen oder auf Baumästen epiphytisch leben. Um ihren Stickstoffbedarf zu decken, sind sie auf Insektenfang angewiesen, den sie mit ihren krug- oder kannenartig umgeformten Blättern bewerkstelligen. Die Insekten fliegen auf die bunten, glatten Blattränder, die sie durch ihre Färbung und den Geruch anlocken, und rutschen anschließend in die Kannen hinein, wo sie von den Verdauungsenzymen zersetzt werden. Diese hochspezialisierten Pflanzen sind ziemlich pflegeaufwendig und schwierig. Ihrer tropischen Heimat entsprechend sind diese Pflanzen in einem geeigneten Terrarium an einem hellen Standort mit ein wenig Sonnenlicht unterzubringen. Sie verlangen eine hohe, gleichmäßige Wärme sowie hohe Luftfeuchtigkeit und sind mit Regenwasser oder entmineralisiertem Wasser, dem gelegentlich stark verdünnte organische Nährlösungen beigemengt werden, zu gießen. Kannenpflanzen bringt man am besten in Tontöpfen mit guter Drainage oder in Holzkörbchen mit einem Substrat aus Torf, Buchenlaub, vergilbten Farnwedeln, Holzkohlestückchen und zerstoßener Kiefernrinde unter. Im Frühjahr sollen die Kannenpflanzen umgesetzt und zurückgeschnitten werden. Auch die Vermehrung durch Stecklinge ist keineswegs einfach, so daß diese Pflanzen nur in die Hände von Spezialisten gehören.

In die Hände von Spezialisten gehören auch die Orchideen und unter diesen vor allen Dingen die epiphytisch lebenden Arten. Eine Orchidee für den Anfänger ist *Coelogyne cristata*, die im Himalaja in Höhenlagen von 1600 bis 2300 m auf Baumstämmen oder auf Felsen in der Nähe von Sturzbächen und Wasserfällen lebt. Als Vorratsspeicher dienen dieser Orchidee Pseudobulben. Sie eignet

sich für Terrarien, in denen Temperaturen zwischen 15 und 20 °C im Sommer und 8 bis 12 °C im Winter herrschen und verlangt einen schattigen Standort mit viel Luft. Ihre weitere Pflege beschränkt sich auf mäßiges Gießen während der Vegetationszeit im Sommer. Im Winter soll sie fast trocken gehalten werden. Zu kultivieren sind diese Orchideen auf einem Substrat aus Torfmoos, Holzkohle, Eichenrinde, Farnwedeln und etwas Sand. Man vermehrt sie, indem man die Pseudobulben teilt und sie in einen mit lebendem Moos gefüllten Plastikbeutel einwurzeln läßt. Recht einfach in der Pflege ist auch die epiphytisch lebende Orchidee *Dendrobium nobile*, die in einem riesigen Gebiet von Nepal und Hinterindien bis nach China und nach Formosa vorkommt. Hier dringt diese Orchidee bis in Höhenlagen von 1600 m vor. Sie hat rotweiße Blüten, starke Pseudobulben und lanzettförmige Blätter von lederartiger Beschaffenheit. Diese Orchidee ist in der Haltung nicht allzu schwierig, wenn sie im Sommer Temperaturen von 15 bis 25 °C und im Winter von 8 bis 10 °C ausgesetzt wird. Die Pflanze soll in der Vegetationszeit einen hellen, sonnigen und warmen Standort erhalten. Sie verlangt eine erhöhte Luftfeuchtigkeit und ist während des Wachstums mäßig zu gießen. In der Ruhezeit beläßt man sie fast ohne Wasser. Die Vermehrung geschieht durch Teilung der Pseudobulben. *Dendrobium phalaenopsis* ist auf Timor, auf Neuginea, auf den Molukken und in Nord-Queensland beheimatet, wo die genannte Tropenpflanze mit den prachtvollen weißrosa bis purpurfarbenen Blüten epiphytisch oder litophytisch wächst.

Dendrobium phalaenopsis verlangt durchgehend konstante Temperaturen zwischen 20 und 30 °C. Sie will einen hellen Standort, hohe Luftfeuchtigkeit und häufiges Besprühen mit Wasser.

Für das feuchtwarme Terrarium mit australischen Amphibien und Reptilien eignen sich Australische Wachsblumen *Hoya austra-lis,* Gummibäume und die Fächerpalme *Cory-pha australis.* Als Epiphytenbewuchs kann man Farne wie *Asplenium nidus* und *Platyce-rium alcicorne* verwenden.

Pflanzen für das ungeheizte trockene Terrarium

In einem ungeheizten, trockenen Terrarium lassen sich Pflanzen wie Brombeeren *(Rubus fruticosus),* Himbeeren *(Rubus idaeus),* Ligu-ster *(Ligustrum vulgare),* Efeu *(Hedera helix),* Heidekraut *(Calluna vulgaris)* und Geißblatt *(Lonicera xylosteum)* pflegen. Die bezeichne-ten Pflanzen werden in Blumentöpfen mit einem Gemisch von sandiger Lauberde, Waldhumus und Torf vorkultiviert und erst dann in das Terrarium eingebracht, wenn sie in den Blumentöpfen angewachsen sind. Die Blumentöpfe werden mit Natursteinen ver-deckt. Die Pflanzen werden regelmäßig ge-gossen, so daß das Substrat in den Blumen-töpfen leicht feucht ist und nie vollständig austrocknet. Das Terrarium erhält den son-nigsten Platz, an dem die Sonne am besten über den ganzen Vor- und Nachmittag ein-strahlt. Wenn die Temperatur zu sehr an-steigt, können sich die Tiere unter den Stei-nen, Baumstubben und den Rindenstücken verbergen. Das natürliche Vorbild für ein ungeheiztes, trockenes Terrarium kann ein Waldsaum, ein Eisenbahndamm, ein mit Efeu überwachsener Steinhaufen oder ein besonnter Wegrand sein.

Pflanzen für das ungeheizte feuchte Terrarium

Das feuchte, ungeheizte Terrarium, das vor allem zur Haltung und Pflege einheimischer, zentral- und nordasiatischer sowie nordame-rikanischer Amphibien dient, sollte an einem hellen, nur kurz von der Sonne beschienenen Platz aufgestellt werden. Zur Bepflanzung

dieses Terrarientyps stehen zahlreiche Pflan-zen zur Verfügung. Den feuchten Boden so-wie die Blumentöpfe kann man teilweise mit ausgestochenen Moosplatten bedecken. Das am Boden kriechende Pfennigkraut *(Lysima-chia nummularia)* mit den schönen gelben Blüten, das an Bachufern, in feuchten, lichten Wäldern und an Tümpelrändern nicht selten ist, wird neben dem Wasserbecken einge-pflanzt, da hier immer eine gewisse Boden-feuchtigkeit vorhanden ist. Das zu den Pri-melgewächsen zählende Immergrün *(Vinca minor),* das eine Länge von 60 cm erreichen kann, ist für ein größeres Terrarium geeignet. Auch das Maiglöckchen *(Convallaria maja-lis),* das nicht selten in großen Beständen in schattigen Wäldern wächst, ist mit seinen 15 bis 25 cm langen, lanzettförmigen Blättern eine dekorative und gut verwendbare Terra-rienpflanze. Den Hain-Sauerklee *(Oxalis ace-tosella)* bringt man wegen seiner geringen Größe und Zerbrechlichkeit in kleinen Blu-mentöpfen an solchen Stellen unter, die von den Tieren nicht erreicht werden. Die Hasel-wurz *(Asarum europaeum)* mit ihren kurzge-stielten, nierenförmigen Blättern findet sich in Laubwäldern am Fuß großer Bäume in beträchtlicher Anzahl. Sie bevorzugt locke-ren, sehr feuchten Boden, in welchem sie mit ihren dünnen Rhizomen kriecht. Richtig ge-pflegt ist diese wachstumsfreudige Pflanze eine ausgesprochene Zierde für jedes unge-heizte, feuchte Terrarium.

Neben diesen Blütenpflanzen gibt es noch zahlreiche andere, die ebenso geeignet sind. Farne dürfen auf keinen Fall vergessen wer-den. An kleineren Arten kommen der Braune Streifenfarn *(Asplenium trichomanes)* mit sei-nen kurzgestielten, rundlichen Fiederblätt-chen, die Mauerraute *(Asplenium ruta-mura-ria),* der Rippenfarn *(Blechnum spicant),* der Tüpfelfarn *(Polypodium vulgare)* und der Ei-chenfarn *(Dryopteris linnaena)* in Betracht. Diese zarten und kleinen Farne bringt man im Terrarium an solchen Stellen unter, wo sie von den Tieren möglichst nicht überkrochen und beschädigt werden können. Wer für große Terrarien stattliche, dekorative Farnpflanzen sucht, ist mit dem weit verbreiteten Wurmfarn *(Dryopteris filix mas)*, dem Frauenfarn *(Athyrium filix femina)* und der Hirschzunge *(Phyllitis scolopendrium)* mit ihren zungenförmigen Wedeln bestens beraten.

Der richtige Standort für das ungeheizte, feuchte Terrarium ist eine helle, aber nicht von der Sonne beschienene Veranda, da hier immer hinreichend frische Luft vorhanden ist. Die im Tag- und Nachtrhythmus variierenden, für Pflanzen und Tiere notwendigen Temperaturunterschiede sind auf einer Veranda in unseren Breitengraden gewährleistet. Wenn das feuchte, ungeheizte Terrarium genügend groß ist, kann es bei artgerechter Einrichtung und Unterhaltung einen wohlgelungenen und naturgetreuen Ausschnitt aus dem Lebensraum der gepflegten Tiere darstellen.

Die Terrarientiere

Fütterung

In freier Natur verzehren die Terrarientiere eine große Zahl unterschiedlichster Pflanzen und Tiere. Grasende Landschildkröten nehmen verschiedene Pflanzen auf. Frösche und Kröten fressen alles, was sich bewegt und was sie überwältigen können. Die Ringelnatter verzehrt einheimische Süßwasserfische jeder Art, Molchlarven, Kaulquappen, Molche, Salamander, Frösche, Kröten und Fische. Es gibt sogar Ringelnattern, die sich an Mäusen vergreifen und solche, die u. a. auch Echsen verzehren. Krokodile fressen alles, was sie überwältigen können. Ihr Beutespektrum umfaßt alle wirbellosen Tiere und alle Wirbeltiere. Die Jungtiere mancher Arten wechseln ihr Nahrungsspektrum mit zunehmendem Alter. Aus den erwähnten Beispielen geht also hervor, daß unsere Pfleglinge möglichst abwechslungsreich und artgerecht ernährt werden müssen.

Die Nahrungszusammenstellung für Amphibien ist ein wenig anders als für Reptilien. So nehmen **wasserlebende Schwanzlurche** Regenwürmer, Enchyträen, Bachflohkrebse, Wasserflöhe, Mückenlarven, Köcherfliegenlarven, Libellenlarven, kleine Stückchen von Süßwasserfischen und Süßwasserfische sowie Rinderherz gerne an. **Landlebende Salamander** gehen an Regenwürmer, Nacktschnecken, allerlei Gliederfüßer und Insekten, die man ihnen mit der Pinzette vorhält, Fliegenmaden und in verschiedenen Arten selbst an nestjunge Nacktmäuse heran. Die **Froschlurche** sind mit Regenwürmern, Larven aller möglicher Insekten, mit Insekten und mit Gliederfüßern unterschiedlicher Größen zu füttern. Manche großen Frosch- und Krötenarten vergreifen sich sogar an kleinen Vertretern der eigenen Art, wie sie auch Mäuse mit Fell verzehren. Letzteres ist beispielsweise bei *Bufo marinus, Bufo ictericus, Bufo blombergi* und anderen der Fall. Es ist bekannt, daß Seefrösche *(Rana ridibunda)* und Ochsenfrösche *(Rana catesbeiana)* und andere große Froscharten ausgesprochene Kannibalen sind und in Einzelfällen sogar über junge Wasservögel herfallen.

Pflanzenfressende Landschildkröten gehen gerne an einheimische Wildpflanzen wie Löwenzahn, Spitz- und Breitwegerich, Bärenklau, Gänseblümchen, junge Brennesseln, Huflattich, Erdbeerblätter, Taubnesseln, Kerbel, Schafgarbe, Vogelmiere, junge Blätter von Himbeeren, Brombeeren und Obstbäumen, alle möglichen Blüten, zerschnittenes Junggras und an vieles mehr.

Alle Futterpflanzen sind frisch anzubieten. Sie müssen frei von Spritzmitteln sein. Kopfsalat aus Gewächshäusern ist meist ungeeignet. Die Schildkröten fressen besonders gerne, wenn man ihnen diese Wildpflanzen, die man nie am Straßenrand sammelt, zerschnitten und mit süßen Früchten vermischt darbietet. Zur Proteinanreicherung kann man unter das Futtergemisch auch ein wenig Katzenfutter aus der Dose und einige Stückchen Herzfleisch beimengen. Ebenso zweckmäßig sind Kalkgaben, die man in Form von Vitakalk in geringer Menge über das Futter stäubt.

Kleinere bis mittelgroße Wasserschildkröten kann man abwechslungsreich mit Re-

Lebendfutter für Terrarientiere ist auch im Zoofachhandel erhältlich.

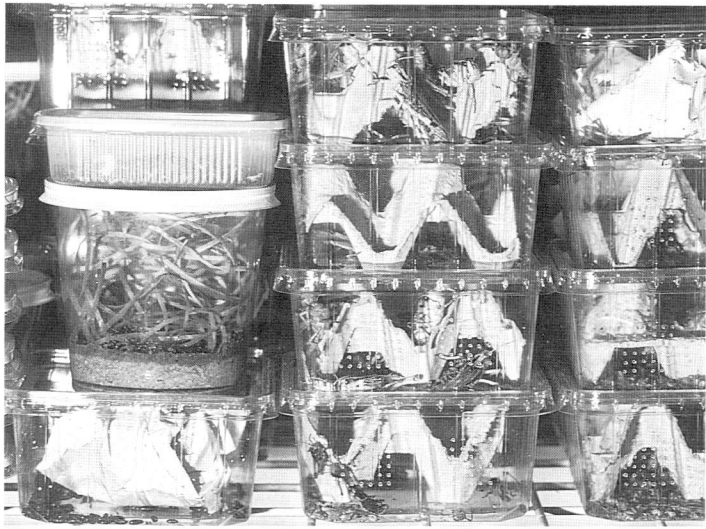

genwürmern, allerlei Insekten, Herzfleisch, Katzentrockenfutter, Katzenfutter aus der Dose, Stücken oder Streifen von Süßwasserfischen und Fischfiletstreifen füttern. Fischfressende Arten wie die Fransenschildkröte oder Matamata *(Chelus fimbriatus)* sind ausschließlich mit ganzen, unausgenommenen Süßwasserfischen zu füttern, die der Größe der Schildkröte angemessen sind. Geierschildkröten *(Macroclemys temmincki)* und Schnappschildkröten *(Chelydra serpentina)* füttert man gelegentlich mit Küken und Mäusen. Nacktjunge Mäuse werden von zahlreichen Schildkröten gerne als Beifutter genommen. Besonders bewährt hat sich ein Gelatinefutter, das man selbst herstellen kann. Dieses Gelatinefutter wird nach den Angaben von PAULER (1980) folgendermaßen hergestellt:

1 Liter Milch (1,5% Fettgehalt)
5 Eier
1 kg Obst und Gemüse (ungespritzte Karotten, Äpfel, Kraut)
0,5 kg Rinderleber
0,5 kg frische Garnelen
1 kg Tintenfisch

1 kg mageres Fischfleisch einschließlich Schuppen und Gräten
4 Supradyn-Kapseln
420 g Speisegelatine in Aspikqualität
(50–60 g je 1 Liter Futter)
3 Teelöffel gemahlene Meeresalgen
(aus dem Zoogeschäft oder Reformhaus)
2 Liter Wasser.
(Je nach benötigter Gesamtmenge pro Bestandteil entsprechend weniger.)

Die Zubereitung geht folgendermaßen vor sich: Man zerkleinert alle festen Zutaten in einem Mixer zu Brei, gibt Eier, Milch und einen Liter Wasser hinzu und verrührt alles gut. Die Mischung soll die Konsistenz einer dicken Suppe haben. Den zweiten Liter Wasser erwärmen wir auf 80 °C, rühren die Gelatine ein und lassen die aufgequollene Gelatine etwas abkühlen. In der Zwischenzeit haben wir die Futtermischung im Backofen auf 35 bis 40 °C erwärmt. Beträgt die Menge nicht mehr als zwei Liter, erübrigt sich das Erwärmen. Nun rührt man portionsweise einen halben Liter des Futterbreies in die leicht abgekühlte Gelatinelösung. Diese Mischung wird dann ebenfalls portionsweise und sehr sorgfältig mit einem Stabmixer in die restliche Futtermischung eingerührt. Jetzt fügen wir das Meeresalgenmehl und die in Wasser aufgelösten Supradyn-Kapseln zu, rühren nochmals gut durch und füllen das Futter in Plastikbehälter, die wir in den Eisschrank stellen. Damit die Masse fest wird, ist eine schnelle Abkühlung sehr wichtig. Das abgekühlte und erhärtete Futter kommt in die Tiefkühltruhe. Etwa zwölf Stunden vor jeder Fütterung stellen wir einen der Plastikbehälter in den Kühlschrank, damit er dort langsam auftaut. Seit über zwei Jahren füttern wir alle Wasserschildkröten fast ausschließlich mit dieser Nahrung mit bestem Erfolg. Natürlich kann man der bezeichneten Futtermischung noch alle möglichen Früchte, Gemüse und tierische Zutaten, wie Rinderherz, Bachflohkrebse, Heuschrecken, Mehlwürmer, Muscheln usw., hinzufügen.

An **kleine und mittelgroße Echsen** werden in erster Linie Insekten verfüttert. Größere Arten kann man mit Süßwasserfischen, Hühnerküken, Mäusen, Ratten, Meerschweinchen und Goldhamstern ernähren. Für teilweise vegetarisch lebende Echsen verfütteren man die heimischen Wildpflanzenarten und auch Früchte. Ich möchte an dieser Stelle nochmals betonen, daß keinerlei Biozide im Futter sein dürfen.

Heimische Frosch- und Schwanzlurche werden durch die Zerstörung ihrer Lebensräume bei uns immer seltener. Aus diesem Grunde verbietet sich der Fang dieser Tiere für Futterzwecke. Gegen das Aufsammeln und Verfüttern von im Straßenverkehr umgekommenen Amphibien ist jedoch nichts einzuwenden. Bei zahlreichen Terrarientieren lassen sich die Molche, Frösche und Kröten auch durch lebende und tote Süßwasserfische ersetzen. Die Fütterung der meisten Schlangen mit Kleinsäugern, bei Riesenschlangen auch mit Kaninchen, Katzen und Hühnern, stellt kein allzu großes Problem dar.

Stets verfüttert man das ganze Tier mit Schuppen, Gräten, Knochen, Federn und Fell. In kleinere Futtertiere und Fleischbrocken kann man in Schlitze Vitaminkapseln einführen, die mitverschlungen werden. Eine derartige Ernährung deckt sogar den Vitaminbedarf der Krokodile.

Die ständige Beschaffung von Futtertieren ist stets mit Mühen und nicht geringen Unkosten verbunden. Es ist daher billiger und zweckmäßiger, die benötigten Futtertiere selbst zu züchten. Es würde den Rahmen dieses Buches sprengen, wenn ich detailliert über den Aufbau und die Unterhaltung von Futtertierzuchten berichten würde. Ich verweise daher auf die Literaturliste am Ende des Buches.

Die Fütterungshäufigkeit hängt von den gepflegten Tieren und deren Alter ab. Amphibienlarven, Jungfrösche und Jungkröten sind so oft zu füttern, wie sie Hunger haben. Das bedeutet täglich. Diese Tiere sollten regelrecht im Futter stehen. Allerdings darf es nicht vorkommen, daß tote Insekten, Wurmstücke oder andere Futtertiere im Wasser oder am Boden des Behälters liegen bleiben und verwesen. Erwachsene Schwanz- und Froschlurche sind je nach Größe zwei- bis dreimal wöchentlich zu füttern. Man kann den Tieren die Insekten, Würmer usw. von der Pinzette reichen oder auf einem Futterdraht aufgespießt vor das Maul halten. Frösche und Kröten werden mit der Zeit handzahm und nehmen dann ihr Futter sogar aus den Fingern. Eine ganze Reihe von Fröschen lassen sich durch Gewöhnung auf dem Tisch füttern. Man setzt den Frosch auf den Tisch und legt ihm ein sich bewegendes Futtertier vor, das sofort geschnappt und hinuntergewürgt wird.

Zu welcher Tageszeit Amphibien gefüttert werden sollen, hängt von deren Aktivitätsrhythmus ab. Die großen, tagaktiven Wasserfrösche sind am Tage mit Futter zu versorgen. Zahlreiche Amphibien, besonders

Schwanzlurche, nehmen zu jeder Tages- und Nachtzeit Nahrung zu sich. Viele Froschlurche, vor allem Kröten, sind dämmerungs- und nachtaktiv. In freier Natur gehen sie während der Dunkelheit auf Beutefang. Für solche Tiere empfiehlt sich eine Fütterung bei Eintritt der Dämmerung. Nach einer gewissen Eingewöhnungszeit nehmen diese Tiere aber auch am Tage Nahrung zu sich.

Frisch importierte Lurche sind zum Teil abgemagert und verweigern die Nahrungsaufnahme. Solche Tiere müssen zwangsgefüttert werden. So öffnet man z. B. das Maul eines Frosches oder einer Kröte und schiebt ein abgetötetes Insekt oder einen Futterbrocken, den man mit einer feinen Injektionsnadel vitaminisiert hat, tief in den Schlund. Falls das Tier den Futterbrocken auswürgt, ist die Prozedur zu wiederholen. Eine Zwangsfütterung soll in möglichst kurzer Zeit vor sich gehen, da besonders kleine Froschlurche durch die Wärme der Finger geschädigt werden können.

Die Jungtiere von kleinen insektenfressenden Echsen sind jeden Tag zu füttern, da ihre Stoffwechselvorgänge rascher ablaufen als bei erwachsenen Exemplaren. Erwachsene Echsen erhalten zwei- bis dreimal wöchentlich Futter. Der Futterbedarf richtet sich nach der Umgebungstemperatur und nach der angeborenen Bewegungsfreudigkeit der gepflegten Tiere. Bewegungsintensive Echsen verbrauchen mehr Energie als bewegungsträge Arten. Der Bedarf an Eiweißstoffen, Kohlenhydraten, Fetten, Vitaminen und Mineralstoffen ist bei Jungtieren gesteigert. Dämmerungs- und nachtaktive Arten erhalten ihr Futter möglichst am Abend. Junge, zarte Echsen sollten keine hartschaligen Käfer oder ähnliche Insekten oder Gliederfüßer als Futter erhalten, da diese zu Verdauungsschwierigkeiten führen können. Besonders während der Verdauung sind die Temperaturen auf optimalen Werten zu halten. So laufen die Verdauungsvorgänge rasch und voll-

ständig ab, und es kommt zu keinen Fäulnisprozessen im Magen-Darm-Bereich.

Zahlreiche große Echsen, wie Warane, Krustenechsen, Leguane, Tejus usw., werden je nach Größe und Alter wöchentlich bis alle drei Wochen gefüttert. In die Futtertiere – Mäuse, Ratten oder Fische – kann man mit einer Spritze Vitamine injizieren und so Vitaminmangelerscheinungen vorbeugen. Auf das Fell oder auf die Federn der Futtertiere getröpfelte Vitamine können zur Nahrungsverweigerung führen, da die Vitamine den Tieren häufig nicht gut schmecken. In die Haut der Futtertiere kann man zusätzlich einen kleinen Schlitz hineinschneiden. In diesen Schlitz steckt man eine Mineralstofftablette, die mit dem Futtertier hinuntergewürgt wird. Somit ist auch eine Mineralstoffversorgung optimal gewährleistet.

Die Fütterung von Schlangen ist völlig unproblematisch. Jungtiere erhalten einmal pro Woche ein Beutetier. Je nach Größe der Schlangenart bekommen erwachsene Exemplare alle zwei bis vier Wochen ein Futtertier, das man wie bei den Echsen lebend oder tot anbietet. Manche Schlangen haben einen individuellen Charakter. Durch Gewöhnung bevorzugen sie abgetötete Tiere, die sie schon beim Öffnen der Behältertür sofort von der Pinzette entgegennehmen. Die Mehrzahl bevorzugt jedoch lebende Beutetiere. Wenn mehrere Schlangen der gleichen Art – man pflege nur immer eine Schlangenart in einem Terrarium – in einem Behälter sind, ist jede Fütterung stets zu überwachen. Es kann vorkommen, daß zwei Exemplare das gleiche Futtertier packen und hinunterwürgen. In seltenen Fällen würgt die stärkere Schlange nicht nur das Futtertier hinunter, sondern gleichzeitig den unterlegenen Artgenossen.

Futtertiere, die nach einer halben Stunde nicht gefressen werden, sind auf jeden Fall aus dem Terrarium zu entfernen. Es besteht die Gefahr, daß sie den Erdboden unterwühlen, die Pflanzen beschädigen und das Heiz-kabel, die Plastikgaze oder auch eine Schlange anknabbern.

Eine Schlange, die gefressen hat, darf nie gestört werden, da sonst die Gefahr gegeben ist, daß sie die Nahrung wieder auswürgt. Sie ist bei einer Temperatur zu halten, die eine vollständige Verdauung in möglichst kurzer Zeit ermöglicht.

Im Gegensatz zu erwachsenen Schildkröten, die in der Regel alle zwei bis drei Tage gefüttert werden müssen, sind Jungschildkröten jeden Tag mit hochwertigem Futter zu versorgen. Die pflanzenfressenden Landschildkröten erhalten jeden Tag große Mengen an pflanzlichem Futter, in dem bekannterweise nicht soviel Energie vorhanden ist wie in tierischer Nahrung. Die Landschildkröten aus den gemäßigten und subtropischen Klimazonen müssen in der Aktivitätsperiode tagtäglich große Mengen an Nahrung zu sich nehmen, um so Reservestoffe zu speichern, die sie für die mehrmonatige Überwinterung bei herabgesetzten Temperaturen benötigen. Die meisten Schildkröten nehmen sowohl am Tage wie in der Dämmerung Nahrung zu sich. Einige bevorzugen die Nahrungsaufnahme in der Dämmerung, wie z. B. *Macroclemys temminckii*.

Jungkrokodile sind so oft wie möglich zu füttern. Mittelgroße Exemplare erhalten einmal pro Woche Nahrung. Erwachsene Krokodile werden alle zwei bis vier Wochen gefüttert. Mississippi- und China-Alligatoren stellen von Oktober bis Anfang März die Nahrungsaufnahme ein. Wie bei allen Reptilien hängt die Freßgier auch hier von Optimaltemperaturen zwischen 30 und 32 °C ab. Alle Terrarientiere sind hinreichend und gehaltvoll zu füttern. Sie dürfen nie zu mager, aber auch nie zu fett sein, da die Fortpflanzung sonst beeinträchtigt wird und die Zuchterfolge nachlassen oder unterbleiben. Unsere Pfleglinge sollten muskelkräftig und immer ein wenig hungrig sein.

Alle Terrarientiere benötigen Trinkwasser. Daher muß sich in jedem Terrarium ein hinreichend großer Wasserbehälter befinden, aus dem die Tiere trinken und in dem sie auch baden können.

Reinigung

Zur Aufrechterhaltung der Gesundheit unserer Tiere gehört die Hygiene im Terrarium. Um bakterielle Infektionen und ein Übertragen von Parasiten zu unterbinden, ist der Kot in den Terrarien regelmäßig zu entfernen. Der vertrocknete Kot schadet den Terrarientieren zwar nicht sonderlich, dafür aber der feuchte um so mehr. Bei den Reptilien werden Kot und Urin gleichzeitig abgegeben. Der weiße, breiförmige, zuweilen mehr oder weniger feste Urin besteht vor allen Dingen aus Harnsäure und aus Harnstoff. Harnstoff zersetzt sich bei Feuchtigkeit durch die Mitwirkung von Bakterien, die das Enzym Urease abgeben, zu gasförmigem, stechend riechendem Ammoniak. Ammoniak schädigt die Atmungsorgane unserer Pfleglinge. Auf den gereizten Atmungsorganen siedeln sich Bakterien an, die bei einem geschwächtem Immunsystem zu Erkrankungen führen können.

Obwohl die meisten Wasserschildkröten und Krokodile gegen nicht zu sehr verschmutztes Wasser ziemlich resistent sind, sind die Wasserbecken doch regelmäßig zu entleeren und durch Frischwasser gleicher Temperatur zu ersetzen. Dadurch wird die Gefahr von Krankheiten stark herabgemindert. Je geringer der Tierbesatz ist, desto günstiger sind die Lebensbedingungen der Tiere im Terrarium und desto weniger oft ist eine Reinigung erforderlich.

Verschmutzte Scheiben sind von Zeit zu Zeit mit einem Fensterlappen zu reinigen. Das Wasserschildkrötenbecken muß gelegentlich mit einer Bürste von Algen befreit werden.

Verschiedene Hilfsmittel für die Terrarienpflege und Fütterung.

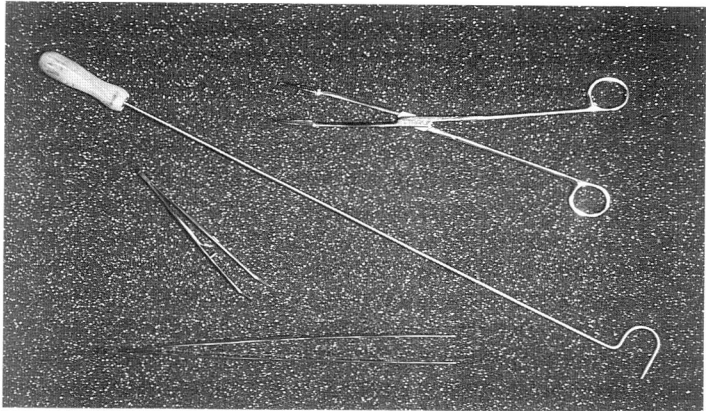

In großen, hellstehenden Aquaterrarien, in denen die Photosynthese optimal abläuft und die Pflanzen üppig gedeihen, werden Kot und Urin bei geringem Tierbesatz von den Pflanzen und saprophytischen Bakterien biologisch umgesetzt. Dadurch wird das biologische Gleichgewicht erhalten. Ein Wasseraustausch ist in diesem Falle nicht nur unnötig, sondern eher nachteilig.

Überwinterung

Für das Wohlbefinden, ein langes Leben und für die Fortpflanzung von Amphibien und Reptilien aus gemäßigten und subtropischen Klimazonen ist eine Überwinterung unbedingt erforderlich. Werden unsere Pfleglinge auch im Winter im geheizten Terrarium belassen, so bleibt im nächsten Frühjahr die Paarungsbereitschaft und damit die Fortpflanzung aus. Werden sie jedoch im darauffolgenden Herbst im Dunkeln oder bei Dämmerlicht und herabgesetzten Temperaturen artgemäß überwintert, so zeigen sie im darauffolgenden Frühjahr fast immer ihre Fortpflanzungsbereitschaft durch das ihnen eigene Paarungsverhalten an.

Es ist selbstverständlich, daß nur gesunde und gut genährte Exemplare überwintert werden. Jungtiere, die sich in guter körperlicher Verfassung befinden und vor der Einwinterung hinreichend ernährt wurden, können ebenfalls überwintert werden. In der Regel überstehen sie die kalte Jahreszeit ebenso gut wie erwachsene Exemplare. Falls die Jungtiere mager sind, sieht man besser von einer Überwinterung ab.

Die Amphibien und Reptilien aus den gemäßigten Klimazonen vertragen ohne weiteres eine Überwinterungsdauer von vier bis fünf Monaten bei Temperaturen von 4 bis 10 °C, besser jedoch bei 4 bis 6 °C. Unter Terrarienbedingungen genügen jedoch oft schon Überwinterungszeiten zwischen sechs und acht Wochen.

Je nach geographischer Verbreitung sind Tiere aus den Subtropen zwei bis vier Monate zu überwintern. Unter Terrarienbedingungen genügen hier oft schon vier bis sechs Wochen. Ein Überwinterungsentzug führt auch hier meist zu einer temporären Sterilität.

Kurz vor Überwinterungsantritt sind die Tiere nochmals kräftig zu füttern. Man wartet die vollständige Verdauung unbedingt ab und läßt sie koten. Erst wenn der Darm vollständig entleert ist, darf überwintert werden. Werden Amphibien und Reptilien mit halb verdauter Nahrung eingewintert, kommt es im Verdauungstrakt unweigerlich zu Fäulnis- und Verwesungsprozesse, die stets den Tod des Tieres nach sich ziehen.

Es ist darauf zu achten, daß der Bodengrund mindestens lokal feucht ist und eine ausreichende Luftfeuchtigkeit herrscht, da die meisten Amphibien und Reptilien während der Überwinterung nicht trinken. Bei zu trockenem Bodengrund trocknen die Tiere aus und sterben in kurzer Zeit. Ein großes Wassergefäß muß stets mit sauberem Wasser gefüllt sein. Hin und wieder kommt es vor, daß sich besonders Schlangen ins Wasserbecken legen. Tiere, die tagelang nicht zur Ruhe kommen und auf der Oberfläche umherwandern, sind in der Regel krank und müssen entfernt und evtl. behandelt werden (s. Seite 140 Kapitel Krankheiten).

Vor der Einwinterung reduziert man die Beleuchtungs- und Heizungsdauer im Verlauf von drei bis vier Tagen stetig.

Es ist ideal, wenn man die Tiere in ihren Terrarien belassen kann. Die Fenster des Terrarienraumes, vor die man ein Drahtgitter gegen das Eindringen von Katzen, Mardern usw. gespannt hat, werden weit geöffnet, so daß die kühle Außenluft eindringen kann.

Stehen die Terrarien in einem klimatisierten Haus, so bietet sich eine Überwinterung in Plastikgefäßen im Kühlschrank an, wobei die Temperaturen thermostatisch geregelt werden. Während der Überwinterung werden die Tiere wöchentlich und so vorsichtig kontrolliert, daß jegliche Störung unterbleibt.

Als Überwinterungsbehälter eignen sich für Schwanz- und Froschlurche 40 bis 60 cm lange Terrarien, fugenlose Holzkisten mit hinreichender Durchlüftungsmöglichkeit, löcherige Styroporboxen und Aquarien, in die man alte, lockere und feuchte Lauberde einbringt, die von Steinen, Wurzelstücken und von Rinde durchsetzt ist. Als Oberflächenbedeckung kann man Moospolster oder Rindenstücke verwenden. Die Temperaturen im

Überwinterungsbehälter sollten zwischen 2 und 6 °C betragen. Temperaturen unter 0 °C sind auf längere Dauer in jedem Fall zu vermeiden. Normalerweise im Wasser überwinternde Amphibien sollten dennoch eine Möglichkeit haben, das Wasser zu verlassen, um sich bei Bedarf in einem abgetrennten Teil im Erdboden zu verkriechen.

Echsen und Schlangen müssen in ihren Überwinterungsbehältern stets genügend Unterschlupfmöglichkeiten haben. Das Substrat soll hier stets leicht feucht, aber niemals naß sein. Es ist zweckmäßig, wenn man einen Haufen Torfmoos *(Sphagnum)* in das Terrarium einbringt. Das Torfmoos läßt sich durch Sprühen leicht feucht halten. Wie ich im Laufe von vielen Jahren feststellte, halten sich die meisten überwinternden Schlangen mit Vorliebe unter feuchtem Sphagnum auf. Die optimalen Überwinterungstemperaturen für Echsen und Schlangen aus gemäßigten Klimazonen liegen zwischen 4 und 6 °C. Je nach Art bevorzugen Echsen und Schlangen aus subtropischen Gebieten Temperaturen zwischen 10 und 15 °C.

Wasserschildkröten werden im Wasser oder in feuchter Erde bei Temperaturen zwischen 4 und 8 °C überwintert. Sollen die Tiere in ihrem Wasserbehälter in der Freilandanlage bleiben, so ist dieser im Herbst zu entleeren und anschließend wieder zu füllen. Durch das Leerpumpen wird der bakterienhaltige Schlamm mit abgesaugt, der den Sauerstoffgehalt des Wassers drastisch reduzieren kann, so daß die wichtige Afteratmung unterbunden wird.

Landschildkröten überwintert man in einer großen, gut belüfteten Holzkiste, deren Bodengrund aus einer ca. 25 bis 30 cm hohen Schicht feuchter Walderde besteht. Darüber werden vertrocknete Blätter und Stroh gelegt. Gesunde Landschildkröten graben sich recht bald in das Substrat ein. Vor und nach der Überwinterung sind die Tiere zu baden. Sie trinken dabei viel Wasser und setzen auch

Kot ab, was zu einer vollständigen Entleerung des Darmes führt. Anschließend trocknet man die Schildkröten ab und setzt sie in die Überwinterungskiste, wo sie bei 4 bis 10 °C ungefähr vier bis fünf Monate bleiben.

Krokodile werden im Terrarium nicht überwintert. China- und Mississippi-Aligatoren hält man im Winter zwischen 15 und 22 °C, wobei sie temperaturbedingt von November bis Ende Februar keine oder kaum Nahrung zu sich nehmen.

Zucht

Die Krönung der Haltung von Terrarientieren besteht in deren Nachzucht und der Aufzucht der Jungtiere. Amphibien und Reptilien können jahre- oder gar jahrzehntelang im Terrarium ausdauern. Trotzdem braucht ein hohes Alter, das Terrarientiere unter Obhut des Menschen erreichen können, kein eindeutiger Beweis für eine artgerechte Haltung zu sein. Zeugnis dafür sind die verfetteten und trägen Schlangen, Echsen, Schildkröten und rachitischen Krokodile mit nach oben gebogenen Schnauzen, die nur noch fressen, verdauen und träge umherliegen. Diese Geschöpfe sind stumpfsinnige Abbilder ihrer Art, die unter den Bedingungen der freien Natur ein gänzlich anderes Verhalten zeigen.

Ein eindeutiges Kennzeichen, daß sich die Tierart, die man pflegt, wirklich wohlfühlt, besteht daher im Nachzuchterfolg. Dieser basiert auf einer artgerechten Pflege, wobei die unterschiedlichsten Faktoren zu berücksichtigen sind. Wenn sich in vergangenen Zeiten Nachzuchterfolge nur sporadisch und nur bei einzelnen Arten einstellten, so lag dies vor allem an einer unzureichenden Kenntnis vom Amphibien- und Reptilienverhalten und damit den Bedürfnissen der Pfleglinge unter Gefangenschaftsbedingungen. Das Bild hat sich heute radikal geändert.

Wenn man beispielsweise den Rundbrief der »Deutschen Gesellschaft für Herpetologie und Terrarienkunde« durchblättert, fallen die umfangreichen Nachzuchtangebote – diese gehen in die Tausende – der verschiedensten Amphibien- und Reptilienarten sofort auf. Welche züchterischen Glanzleistungen über viele Jahre hinweg Privatleuten möglich sind, zeigen die Auflistungen von nachgezogenen Vögeln, Reptilien, Amphibien und Fischen in der »BNA-Nachzucht-Statistik«. Diese Statistik ist einmalig, denn sie zeigt ohne Einschränkungen, daß eine Arterhaltung durch Zucht nicht nur möglich, sondern auch wünschenswert im Sinne der Arterhaltung ist. Dabei ist festzustellen, daß die umfangreiche BNA-Nachzucht-Statistik nur die bekanntgewordenen deutschen Nachzuchtergebnisse berücksichtigt. Die meisten Zuchterfolge, die an dieser Stelle jedoch nicht erwähnt werden, stammen von den vielen anonymen Züchtern, die nicht veröffentlichen. Darüber hinaus fehlen die Ergebnisse ausländischer Züchter.

Jeder, der heute Amphibien und Reptilien wirklich ernsthaft pflegt, ist bestrebt, seine Pfleglinge zur Fortpflanzung zu bringen. Früher war es oft so, daß der Züchter die Methoden, die ihm zum Erfolg verholfen hatten, nur ungern oder gar nicht preisgab. Heute sind die Rezepte, die zu Zuchterfolgen führen, weitgehend bekannt.

Die Grundvoraussetzungen bestehen in der Kenntnis der Umweltbedingungen und des Fortpflanzungsverhaltens. Ein besonderes Gewicht kommt der Nachahmung der abiotischen Faktoren Temperatur, Licht, Feuchtigkeit und Trockenheit zu. Ob sich dabei Pflanzen im Terrarium befinden oder nicht, spielt bei vielen Terrarientieren keine Rolle. Die abiotischen Faktoren und deren jahresperiodische Schwankungen sind weitgehend für die Ausbildung der Keimzellen und die Auslösung des Fortpflanzungsverhaltens verantwortlich. Eine abwechslungsreiche Futterquelle, in der alle lebensnotwendigen Stoffe wie Eiweiße, Kohlenhydrate, Fette, Vitamine, Mineral- und Ballaststoffe und Wasser vorhanden sind, muß zur Verfügung stehen. Das erreicht man am besten durch eigene Futterzuchten.

Von nicht unwesentlicher Bedeutung ist auch die Größe des Terrariums, dessen Standort und dessen Einrichtung. Ein Terrarium darf niemals mit Tieren überfüllt sein. Kranke Exemplare oder solche, die irgendwelche Schwächen zeigen, eignen sich nicht für die Nachzucht.

Eine wichtige Rolle spielt die Anzahl der Tiere in einem Terrarium. Amphibien und Reptilien, die in freier Natur als Einzelgänger vorkommen und nur zur Paarungszeit zusammenfinden, sind in Einzelbehältern zu pflegen und erst zur Fortpflanzungszeit zusammenzusetzen. Weiterhin sollte man stets Zuchtgruppen aufbauen, wobei es auf eine richtige Partnerzusammenstellung ankommt. Letzteres gelingt nur, wenn man die Geschlechter voneinander unterscheiden kann. Dies bedingt die Kenntnis der Geschlechtsunterschiede.

Häufig lassen sich die Geschlechter aber nicht ohne weiteres von ihrem äußeren Erscheinungsbild her erkennen. In diesem Fall muß man die Paarungszeit abwarten und dann auf die geschlechtsspezifischen Verhaltensweisen achten. Sekundäre Geschlechtsmerkmale, anhand derer man die Geschlechter von Schwanzlurchen unterscheiden kann, können die Körperproportionen, Körperanhänge, hornartige Veränderungen auf der Innenseite der Schenkel und der Zehenspitzen, verbreiterte Vorder- und Hinterbeine, eine beulenartig geschwollene Kloakenregion und eine geschwollene Kinndrüse sein.

Aufzucht der Jungtiere

Die Eier der meisten Amphibien und Reptilien werden getrennt von ihren Eltern aufgezogen.

Bei den nicht brutpflegenden Schwanzlurchen entfernt man die Elterntiere aus dem Behälter, da sowohl die Eier als auch schon geschlüpfte Larven ihren kannibalistischen Gelüsten zum Opfer fallen. Das Substrat, an dem der Laich haftet, wird sorgfältig aus dem Aquarium entfernt und in einem anderen Wasserbehälter mit dem gleichen sauberen Wasser unter gleichen Temperaturbedingungen untergebracht. Eine Sauerstoffanreicherung des Wassers mit einer Aquarienpumpe und einem feinperligen Durchlüftungsstein

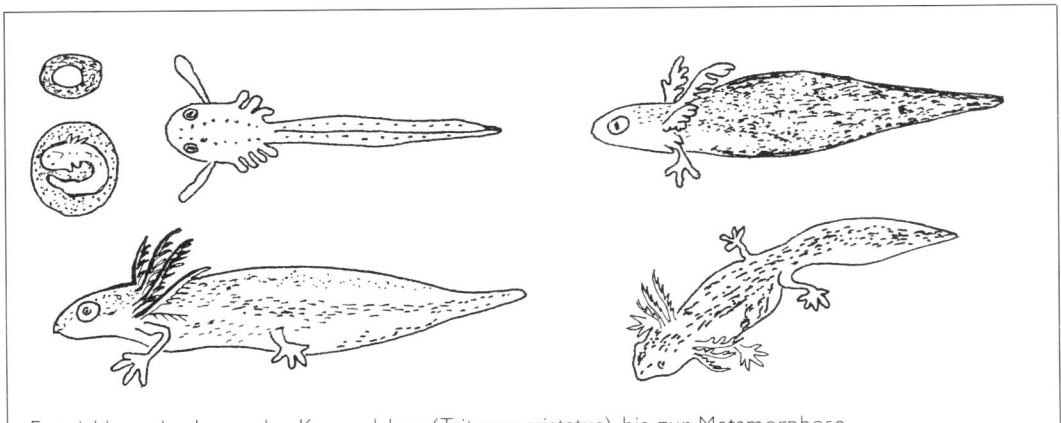

Entwicklung der Larve des Kammolches (Triturus cristatus) bis zur Metamorphose.

ist zu empfehlen. Das Aquarium, in dem der Laich untergebracht ist, sollte an einem hellen Standort stehen, aber nicht dem prallen Sonnenlicht ausgesetzt sein. Eine zu hohe Wassertemperatur ist auf jeden Fall zu vermeiden, da die Eientwicklung sonst zu rasch voranschreitet, was bei den Larven zu einer erhöhten Anzahl von Mißbildungen führt. Wassertemperaturen zwischen 18 und 22 °C sind für die Eientwicklung als günstig anzusehen. Verpilzte Eier, die in der Regel unbefruchtet sind, müssen sofort aus dem Aquarium entfernt werden, um ein Übergreifen auf die anderen Eier zu unterbinden.

Der Größe von Molchlarven entsprechend kommen Wasserflöhe, Hüpferlinge, zerschnittene Tubifex und winzige Regenwurmstückchen als Futter in Betracht. Um Kannibalismus zu vermeiden, müssen die Molchlarven regelrecht im Futter stehen. Es dürfen jedoch nicht so viele Futtertiere ins Aquarium gegeben werden, daß sie absterben und das Wasser verpesten, was unweigerlich auch zum Absterben der Molchlarven führen würde.

Mit zunehmendem Wachstum kündigt sich die Metamorphose, die Gestaltumwandlung der Molch- und Salamanderlarven zum fertigen Schwanzlurch an. Im Zuge dieser Gestaltumwandlung bilden sich die Kiemen-

büschel und der Flossensaum vollständig zurück. Die Gliedmaßen werden kräftiger. Die Haut ändert und verfärbt sich.

Während manche Arten von Schwanzlurchen noch nach vollzogener Metamorphose im Wasser bleiben, geht die Mehrzahl der Molche und der Salamander doch zum Landleben über. Die Inneneinrichtung des Aquariums, in dem sich die Larven befinden, muß daher so angelegt sein, daß die in Verwandlung zum Landtier befindlichen Larven ohne jede Schwierigkeiten den schräg ins Wasser abfallenden Landteil aufsuchen können. Die Jungtiere, die in völlig ausbruchsicheren, gut belüfteten Terrarien mit feuchter Walderde, Rindenstücken und Moospolstern untergebracht werden, ziehen sich recht bald unter die dunklen Versteckplätze zurück. Die jungen Molche und Salamander sind jetzt mit Kleinstfutter zu versorgen. Als solches dienen kleinste Regenwürmer, Enchyträen, Bodenmilben, Springschwänze, allerlei winzige Insekten und Gliederfüßer, die man in Komposthäufen, unter Moospolstern, alten Baumstämmen usw. finden kann.

Der Entwicklungszyklus der Froschlurche vom Ei über ein Kaulquappenstadium zum Jungfrosch und erwachsenen Frosch verläuft nahezu gleichartig wie bei den Molchen. Der Laich wird, falls es sich nicht um brutpfle-

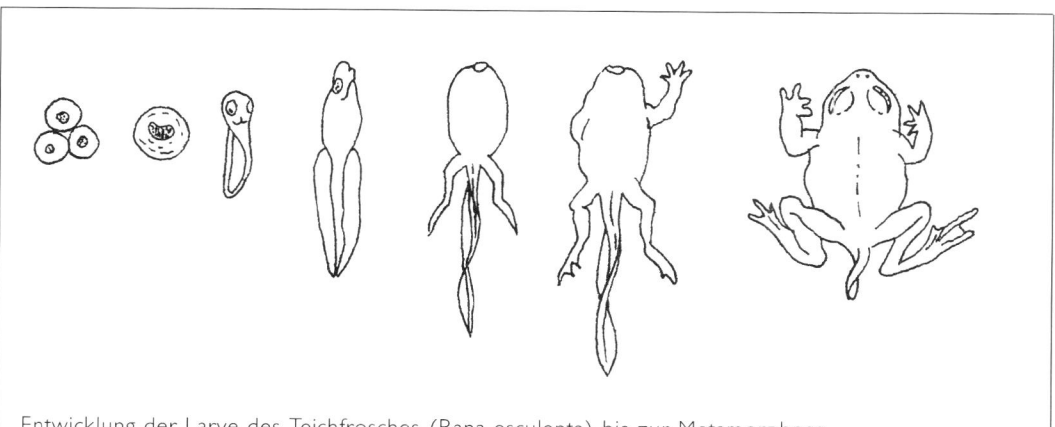

Entwicklung der Larve des Teichfrosches (Rana esculenta) bis zur Metamorphose.

gende Arten handelt, in geeignete Aufzucht-
behälter übertragen, die eine individuelle
Aufzucht möglich machen. Manche Froschlarven können in nicht zu großer Anzahl
gemeinsam aufgezogen werden. Es gibt jedoch auch Arten, z. B. unter den Baumsteigerfröschen aus der Familie der Dendrobatidae, die aggressive, fleischfressende Larven
entwickeln oder solche, die sich in der Entwicklung gegenseitig negativ beeinflussen. Es
ist klar, daß solche Larven in kleinen Plastikbehältern einzeln aufgezogen werden müssen. Das Wasser, in dem die Kaulquappen
großgezogen werden, muß chlorfrei, klar,
sauerstoffreich, also in jeder Hinsicht einwandfrei sein. Ein mehrfacher Wasserwechsel pro Woche ist unumgänglich. In größeren
Aquarien, in denen zahlreiche Kaulquappen
aufgezogen werden, ist eine feinperlige
Durchlüftung und eine Filterung in jedem
Fall angezeigt. Nach Verunreinigungen, die
durch Fütterungen entstanden sind, muß
ebenfalls ein Wasserwechsel stattfinden. Die
meisten Froschlurchlarven ernähren sich von
pflanzlicher und tierischer Kost, die sie mit
ihren Raspelzähnchen abnagen. Als Futter
bietet man ihnen alle möglichen handelsüblichen Zierfischfuttersorten, die pflanzliche
und tierische Inhaltsstoffe aufweisen, weiterhin ungespritzte Salatblätter, Brennesselpulver, Wasserpflanzen, Fadenalgen usw. an. Die
Kaulquappen von einigen wenigen Arten leben als reine Nahrungsspezialisten von arteigenen Eiern. Sie sind nur mit einem Ersatz-
futter aus Hühnereigelb über die erste Zeit
ihres Lebens zu bringen.

Die Aufzucht von Echsen und Schlangen
gelingt in kleineren Terrarien bei artgerechten Temperaturen, Beleuchtungs- und
Feuchtigkeitsverhältnissen ohne sonderliche
Schwierigkeiten. Die Lebensbedürfnisse der
Jungtiere entsprechen weitgehend denen der
adulten Exemplare. Bei Echsen aus Savan-
nen-, Steppen- und Wüstengebieten sowie
aus Bergregionen ist darauf zu achten, daß

die Jungtiere hinreichend UV-Licht erhalten,
um rachitischen Erscheinungen vorzubeugen. Dies erreicht man durch direkte Sonneneinstrahlung oder durch UV-Lampen. Bei
Schlangen ist das Licht weniger bedeutsam
als bei lichthungrigen Echsen. Für Frischwasser in den Trinkgefäßen und ein leichtes
Übersprühen besonders von Regenwaldech-
sen ist täglich Sorge zu tragen. Eine lokale
Feuchtigkeit des Bodengrundes ist für die
meisten Echsen eine Lebensnotwendigkeit.
Die Folgen von Wassermangel jeglicher Art
drücken sich sowohl bei Echsen wie auch bei
Schlangen in schlechten Häutungen, Abma-
gerungen und in Futterverweigerung aus.

Von zentraler Bedeutung für die Aufzucht
und die Entwicklung gesunder und kräftiger
Jungechsen ist eine abwechslungsreiche Ernährung mit allerlei Insekten, Gliederfüßern
und Jungmäusen. Die Futtertiere werden gelegentlich mit einem Multivitaminpräparat
angereichert. Das geschieht dadurch, daß
man in die Futtertiere die Vitamine mit einer
Kanüle injiziert oder sie mit einem Vitamin-
pulver überpudert.

Die Fütterung junger Schlangen mit nestjungen, unbehaarten Mäusen ist von der
Nahrungsbeschaffung her problemloser.
Jungschlangen sind einzeln, störungsfrei und
bei artgerechten Temperaturverhältnissen
unterzubringen. In der Mehrzahl der Fälle
gehen sie von selbst an die dargebotenen
Jungmäuse, nachdem sie ihre erste Häutung
hinter sich gebracht haben. Problematische,
mäusefressende Jungschlangen, die die Nahrung dauerhaft verweigern, müssen nach einiger Zeit mit der Pinzette zwangsgefüttert
werden. Eine abgetötete, mit Eiweiß oder
Wasser gleitfähig gemachte nackte Maus
wird in das Maul und in den Schlund gescho-
ben. In der Regel würgt die Schlange das
Beutetier durch Muskelbewegungen in den
Magen. Zuweilen bereitet die Zwangsfütterung mit nackten Mäusen oder kleinen Fischen wegen der Winzigkeit der Schlange

große Schwierigkeiten. In solchen Fällen eignet sich ein Brei aus Nacktmäusen oder aus Fischfleisch, der mit einer Injektionsspritze über eine dünne Plastik- oder Gummikanüle in den Schlund und Magen der Schlange gespritzt wird. Die eingespritzte Breimenge richtet sich nach der Größe der Schlange und wird bei kleinen Arten zu Anfang nicht mehr als 0,5 bis 1 cm³ betragen. In zahlreichen Fällen gehen die Jungschlangen über kurz oder lang dann selbständig an das dargebotene Futter. Manche Exemplare sind aber in der Futteraufnahme über eine lange Zeit sehr hartnäckig und so muß die Zwangsfütterung u. U. über Monate hinweg durchgeführt werden. Zwangsgefütterte Schlangen bleiben in ihrer Entwicklung fast immer gegenüber selbständig fressenden Jungtieren zurück.

Recht einfach ist die Fütterung von jungen Wasserschlangen, da diese bereits wenige Tage nach dem Schlüpfen an die dargebotene Nahrung gehen. Die Beschaffung von Schwanz- und Froschlurchen ist allerdings heute aus Artenschutzgründen mit größten Schwierigkeiten verbunden, vorausgesetzt man hat solche im Eisschrank, die man als Verkehrsopfer von der Straße aufgesammelt hat. In solchen Fällen hilft ein Ausweichen auf Fische oder Fischstreifen. Die meisten Froschfresser gehen anstandslos an abgetötete Fische und Fischstücke, die sie mit Hilfe ihres ausgezeichneten Geruchsinns in kurzer Zeit finden. Jungtiere von Strumpfbandnattern *(Thamnophis)* lassen sich vorübergehend auch mit Regenwürmern und Nacktschnecken ernähren. Allerdings ist eine derartige Ernährung nur eine vorübergehende Ersatzlösung. Auch Rinderherzstücke werden von manchen Arten gerne angenommen. Wenn man Herzfleischstückchen zwischen junge Mäuse oder Fische legt, so werden die Herzfleischstückchen nebst den Mäusen oder Fischen von einer Reihe von Schlangen mitverzehrt, da sie den Maus- bzw. Fischgeruch mit aufgenommen haben. Bei notorischen Fressern von Froschlurchen läßt sich aber noch eine andere Methode anwenden. Einige Frösche bzw. Kröten werden durch den Mixer gedreht. Der mit Wasser verdünnte Frosch- oder Krötenbrei wird in Würfelform dem Eisschrank anvertraut. Vor jeder Fütterung wird ein Eiswürfel aufgetaut und die sich bewegenden Jungmäuse werden mit der Froschbrühe übergossen. Auf diese Art und Weise lassen sich froschfressende Jungschlangen auf Mäuse umgewöhnen.

Kurz vor der Eiablage stellen die meisten trächtigen Reptilienweibchen die Nahrungsaufnahme ein. Sie laufen oder kriechen unruhig im Terrarium umher und suchen einen geeigneten Ort für die Ablage ihrer Eier. Die Stellen, an denen die Eier der Echsen, Schlangen und Schildkröten abgelegt werden, haben eine Gemeinsamkeit. Sie sind meist feucht, warm und liegen im Dämmerlicht oder in der Dunkelheit. Der Erdboden, in den die Eier abgelegt werden, ist fast immer locker. Die Eier der Schlangen und zahlreicher Echsenarten sind bei der Eiablage feucht. Sie verkleben bald zu einem Gelege. Die Eier in einem Gelege dürfen nicht voneinander getrennt werden. Die Echsen und alle Schildkröten scharren die Löcher, die sie vor der Eiablage gegraben haben, nach der Ablage der Eier wieder zu und machen die Oberfläche glatt. Bei allen Reptilien hängt die Anzahl der Eier von der Größe und der Anzahl der Weibchen ab.

Weibchen, die ihre Eier nicht ablegen, gehen meist an Legenot zugrunde. Die Gründe hierfür können in einer fehlerhaften Haltung, im Fehlen eines geeigneten Eiablageplatzes, durch Streß oder durch sonstige Ursachen bedingt sein. In manchen Fällen kann man die Weibchen durch eine überdosierte intramuskuläre Injektion von Oxytozin in die Rücken- oder Schwanzmuskulatur zur Eiablage bringen. Oxytozin wird in der Humanmedizin zur Anregung der Wehentätigkeit verabreicht. In anderen Fällen ist die Leibes-

Oben: In Lavaerde inkubierte
Eier von Lampropeltis alterna.
Unten: Aus den Eiern geschlüpf-
te Lampropeltis alterna.

höhle eines gerade an Legenot gestorbenen Weibchens zu eröffnen und die Eier sind zu entfernen. Wenn man Glück hat und die Eier befruchtet sind, können sich die Embryonen dennoch entwickeln und Jungtiere schlüpfen.

Die Eier sämtlicher Reptilien werden nach der Eiablage aus dem Terrarium entfernt und in einem Brutbehälter oder Inkubator in der Lage untergebracht, in der sie gefunden wurden. Wird ein Ei in eine andere Lage gedreht, so kann dies zum Absterben des Embryos führen. Ich bette die Eier in ein Gemisch von Waldhumus mit Sand oder Erde, in ein Sand-Torf-Gemisch, in Sand oder in Vermiculite (ein Kunststoffgranulat, das die Feuchtigkeit gut hält) so ein, daß der Eirücken leicht über die Substratoberfläche herausragt. Meiner Meinung nach ist die Art des Substrates relativ unwesentlich. Wichtig für die Entwicklung der Embryonen ist eine ziemlich gleichbleibende Umgebungstemperatur, die bei den meisten Arten zwischen 28 und 32 °C liegt und im Tag-Nacht-Rhythmus durchaus um 2 bis 4 °C schwanken darf. Einige Arten verlangen zu ihrer Entwicklung niedrigere Temperaturen zwischen 22 und 28 °C. Die Substrate, die ich nicht sterilisiere und in die ich die Eier einbette, sind leicht feucht. Alle Eier bringe ich in Plastikdosen mit durchlöcherten Deckeln unter. Die Luftfeuchtigkeit beträgt hier meist zwischen 80 und 100%. Über die Eier lege ich stets ein Stück Fließpapier, das ich von Zeit zu Zeit leicht mit ungefähr 30 °C warmem Wasser besprühe.

Die Eier, die ich regelmäßig kontrolliere, stelle ich in einen thermostatisch gesteuerten Inkubator, auf ein Terrarium oder an eine andere Örtlichkeit, an der die notwendigen Temperaturbedingungen garantiert sind. Die geschilderten Methoden der Eizeitigungen haben sich bei mir für Echsen, Schlangen und Schildkröten seit Jahrzehnten bestens bewährt.

Krokodileier werden in feuchter, sandiger, humus- und blattreicher Lauberde, durchsetzt von altem Moos, bei Temperaturen zwischen 28 und 32 °C inkubiert. Die Eier sind auf keinen Fall umzudrehen, da die Embryonen sonst absterben. Die Bruttemperaturen von ca. 30 °C sind ziemlich konstant zu halten, da die in Entwicklung befindlichen Embryonen keine großen Temperaturschwankungen vertragen. Dauertemperaturen unter 28 °C und über 34 °C führen zum Tod der Embryonen. Die Jungkrokodile schlüpfen nach einer Entwicklungsdauer von zwei bis drei Monaten. Kurz vor dem Schlüpfen lassen sie ihre froschähnlichen Laute aus dem Eiinneren ertönen. Die Jungen öffnen die Eischale mit Hilfe eines Eizahnes von innen her. Den Jungen, die noch nicht geschlüpft sind, kann man durch Anknicken der Eischalen beim Schlüpfen behilflich sein. Man bringt die Jungen nach dem Schlupf in einem großen Auqaterrarium beim Temperaturen von 30 °C unter. Die erste Fütterung erfolgt nach der vollständigen Aufzehrung des Dottersackes.

Krankheiten und ihre Behandlung

Wie alle Organismen, so können Amphibien und Reptilien erkranken. Der körperliche Zustand eines Tieres läßt sich in vielen Fällen rein optisch beurteilen. So erkennt selbst ein wenig Geübter, daß mit einer abgemagerten Echse oder Schlange, die aus eigener Kraft nicht aus ihrer Haut herauskommt, nicht alles in Ordnung ist. Auffällige Anzeichen, die eine Störung oder Krankheit vermuten lassen, sind vor allem Unregelmäßigkeiten im Verhalten.

Krankheitssymptome, die das Verhalten beeinflussen, äußern sich beispielsweise folgendermaßen: Die Tiere liegen träge herum und bewegen sich nicht oder kaum, selbst bei Berührung. Sie suchen nicht mehr ihre üblichen Versteckplätze auf. Wenn sie in die Hand genommen werden, wehren sie sich nicht oder kaum. Die Augen sind eingefallen, treten hervor, sind schleimig und können nicht oder kaum geöffnet werden. Dies sind nur einige allgemeine Symptome, die auf den Gesundheitszustand eines Tieres schließen lassen. Neben den wenigen aufgezählten Symptomen gibt es noch zahlreiche andere. Die wichtigsten Krankheiten, deren Erkennung, Ursachen und eventuelle Eigenbehandlung seien im folgenden besprochen. Das Schwergewicht soll bei den infektiösen und den parasitären Erkrankungen sowie bei den Mangelkrankheiten, deren Therapie und Vorbeugung liegen. Eine Reihe von Erkrankungen können selbst diagnostiziert und behandelt, werden andere nicht. Dann muß ein auch in Amphibien- und Reptilienkrankheiten bewanderter Tierarzt oder Parasitologe zu Rate gezogen werden.

Untersuchungsmethoden und Diagnose

Die Diagnose einer Amphibien- und Reptilienkrankheit ist das Ziel jeder Untersuchung. Die Grundlage einer Diagnose basiert auf der Kenntnis der Vorgeschichte der Krankheit, des erkrankten Tieres und auf einer gründlichen Untersuchung. Wenn beispielsweise eine nachgewiesenermaßen gesunde Schlange in einen amöbenverseuchten Schlangenbestand gerät und nach einer Inkubationsdauer von mehreren Tagen Symptome wie Erbrechen, blutig-schleimiger Kot, gestreckte Körperlage usw. auftreten und die mikroskopische Untersuchung des Kotes Zysten von *Entamoeba invadens* erkennen läßt, so ist die Diagnose klar. Sie ist somit die Voraussetzung für die Behandlung oder Therapie. In unserem speziellen Fall wäre die Diagnose *Amoebiasis*.

Die Erkennung und Diagnose einer Amphibien- oder Reptilienerkrankung sind gar nicht so einfach, da Amphibien und Reptilien ihre Schmerzen und Funktionsstörungen natürlich nicht schildern können. Eine ganze Reihe von Befunden, wie sie beim Menschen oder bei Warmblütern routinemäßig erhoben werden, sind bei wechselwarmen Tieren nur bedingt oder nicht zu erhalten. Ihr diagnostischer Wert ist meist nicht sehr hoch. So ist das Messen der Körpertemperatur nicht sehr aussagekräftig, da die Körpertemperatur unserer wechselwarmen Pfleglinge weitgehend von der Umgebungstemperatur abhängig ist. Bei den schwankenden Temperaturbereichen der Wechselwarmen gibt es keinen eigentlichen Normalwert der Körpertemperatur wie beim Menschen. Das Messen der Puls- und Atemfrequenz von Amphibien und Reptilien ist ebenfalls ohne großen diagnostischen Wert, da diese von den Umgebungstemperaturen abhängen.

Somit kommt den direkt sichtbaren Symptomen ein hoher klinischer Wert zu.

Infektiöse Erkrankungen

Viren

Virusbedingte Infektionen nehmen unter den Amphibien und Reptilien nur einen geringen Raum ein. Der Nachweis von Viren bei Amphibien und Reptilien erfolgt durch Isolierung des Virus und anschließende Untersuchung mit dem Elektronenmikroskop. Viren, die Amphibien schädigen, sind das Polyedrische Cytoplasma Amphibien-Virus (PCAV), das Kaulquappen-Ödem-Virus (TEV) und ein Herpes-Virus, das den sogenannten Lucké-Tumor verursacht. Bei Reptilien wurden Herpes-Viren (Graufleckenkrankheit, Schlangen-Herpes-Virus, Iguana-Herpes-Virus), Paramyxo-, Oncoma-, und Arbo-Viren nachgewiesen. Viren können nicht oder kaum mit einem Antibiotikum oder Chemotherapeutikum behandelt werden, da sie als Zellparasiten in lebenden Zellen leben und somit nicht erfaßbar sind. Die einzige Therapie besteht in einer Antibiotikumapplikation zur Unterbindung bakterieller Sekundärinfektionen.

Bakterien und Pilze

Bei den bei Amphibien und Reptilien vorkommenden Krankheiten spielen die bakteriellen Infektionen wohl die Hauptrolle. Die Ursachen hierfür sind unsachgemäße Unterbringung und Versorgung, Ernährungsmängel und mangelnde Hygiene. Die fehlerhaf-

ten Pflegebedingungen führen zu einer verminderten Abwehrkraft und somit zu einer gesteigerten Anfälligkeit gegenüber bakteriellen Infektionen. Die Auslösung einer bakteriellen Infektion wird durch exogene und endogene Faktoren, wie zu hohe oder zu niedrige Temperaturen, Befall mit Ekto- und Endoparasiten, Streß, Überbesetzung im Terrarium, fehlerhafte Ernährung und gleichzeitigen Vitaminmangel hervorgerufen. Die beste Prophylaxe gegen das Aufkommen bakterieller Infektionen sind optimale Umweltbedingungen im Terrarium und eine vollwertige Ernährung der Tiere. Die Behandlung bakteriell erkrankter Amphibien und Reptilien wird am besten in Quarantänebehältern durchgeführt. Die Therapie der erkrankten Tiere besteht in einer Verabreichung von Antibiotika und Sulfonamiden. Eine Umstellung in den Haltungs- und Ernährungsbedingungen ist notwendig.

Die Anzahl der Bakterienarten, die bei Amphibien und Reptilien Krankheitssymptome verursachen, ist nicht sehr groß. Es handelt sich vor allem um Keime, die den Gattungen *Aeromonas, Pseudomonas, Salmonella* sowie Streptokokken und Mykobakterien zugerechnet werden. Von geringerer Bedeutung sind Infektionen mit Clostridium, Leptospiren und Erysipelothrix. Zahlenmäßig am häufigsten befallen sind die Atmungs- und die Verdauungsorgane sowie die Haut. Erkrankungen der Mundschleimhäute treten vor allen Dingen bei Schlangen und Echsen gehäuft auf.

Um sofort und gezielt mit einer Antibiotika- oder Sulfonamidtherapie beginnen zu können, bedarf es einer Resistenzbestimmung. Eine Kotprobe oder bakterienhaltige Sekrete werden dem Veterinär übergeben, der recht bald über die Keimart, das zu verwendende Antibiotikum oder Chemotherapeutikum und die Dosierung Mitteilung macht. Wenn dies aus irgendwelchen Gründen unmöglich ist, startet man die Behandlung anhand der sichtbaren Symptome mit einem Breitbandantibiotikum, das gramnegative und grampositive Bakterien umfaßt. Wie es die Bedingungen erfordern, werden die Medikamente oral (mit Hilfe einer Sonde in das Maul und in den Magen) und kloakal (mit Hilfe einer Sonde in die Kloake) verabreicht oder auf die Haut gestrichen, gepudert oder gesprüht. In vielen Fällen ist eine subkutane oder eine intramuskuläre Injektion, eine Injektion in die Leibeshöhle oder eine intravenöse Injektion notwendig. Eine erfolgreiche Behandlung kann man in zahlreichen Fällen selbst durchführen. In anderen Fällen zieht man am besten einen Tierarzt zu Rate, besonders dann, wenn es sich um wertvolle Exemplare handelt. Im folgenden seien die häufigsten Bakterienkrankheiten, ihre Erkennung und Behandlung beschrieben.

Die **Lungenentzündung** oder **Pneumonie** ist eine der häufigsten Reptilienerkrankungen und für zahlreiche Todesfälle verantwortlich. Diese Infektionskrankheit ist bei Schlangen besonders häufig anzutreffen. Die wichtigsten Symptome sind die erschwerte Atmung, die an den verstärkten Atembewegungen des Körpers sichtbar sind und die keuchend-heiseren Atemgeräusche. Das Maul ist oft weit geöffnet, wobei Verschleimung und Nasenausfluß auffallen. Aus den Nasenöffnungen und aus dem Maul sickert in schweren Fällen sogar eine gelbgrüne bis eitrige Flüssigkeit. Im Gefolge einer Lungenentzündung tritt nicht selten Maulfäule *(Stomatitis ulcerosa)* auf. Die Tiere magern ab, trocknen aus, sie verweigern das Futter und liegen früher oder später tot im Behälter. Wasserschildkröten mit Lungenentzündung zeigen häufig Tauchschwierigkeiten und hängen paddelnd an der Wasseroberfläche. Zuweilen nehmen sie auch eine Schieflage ein, was auf die Entzündung nur einer Lungenhälfte zurückzuführen ist.

Die Ursachen für eine Lungenentzündung sind vielfältig. Sie bestehen in einer herabge-

setzten Widerstandskraft bei gleichzeitigen ungünstigen Terrarienbedingungen, zu niedrigen oder zu hohen Temperaturen und einer zu hohen Besatzdichte. Begünstigend ist außerdem zu hohe Trockenheit, die zu einer Reizung der Schleimhäute der Atmungsorgane führen kann, die in ungünstigen Fällen eine Lungenentzündung einleitet. Lungenentzündungen können durch Mykosen und Viren hervorgerufen oder durch Parasitenbefall mit Milben, Zungen- und Lungenwürmern verursacht werden. In den meisten Fällen beruht eine Lungenentzündung auf einer bakteriellen Infektion mit *Aeromonas hydrophila, Pseudomonas-, Pneumococcus-* und *Klebsiella*-Arten. In seltenen Fällen können Tuberkelbakterien und Salmonellen für eine Lungenentzündung verantwortlich sein.

Die Diagnose basiert auf dem Krankheitsbild und dem abgesaugten Mundschleim mit den darin enthaltenen Keimen, die einem Resistenztest unterworfen werden. Von den im Mundschleim vorhandenen Bakterien werden Kulturen angelegt, deren Sensibilität gegenüber Antibiotika getestet wird (Veterinär).

Unbehandelt verläuft eine Pneumonie in der Regel tödlich. Die Therapie besteht in einer Isolierung des Tieres und einer Optimierung der Haltungsbedingungen bei erhöhten Temperaturen, die im Optimalbereich der betreffenden Tierart liegen müssen. Meist sind das 30 bis 32 °C, zuweilen auch mehr. Rotlicht wirkt sich günstig aus. Die hygienischen Verhältnisse müssen im Quarantänebehälter einwandfrei sein. Als Bodensubstrat kann man Zeitungspapier verwenden, das man bei Verschmutzung sofort gegen frisches ersetzt. Ein umgestülpter Karton oder eine Zierkorkröhre dienen als Versteck. Auch das Trinkgefäß ist stets zu reinigen. Der Austrocknung des Tieres begegnet man mit intramuskulären Injektionen einer 0,9%igen physiologischen Kochsalzlösung, deren Menge sich nach der Größe der Tiere zu richten hat. Nach meinen Erfahrungen erhält eine ca. 100 cm lange Schlange durchschnittlicher Dicke pro Tag einmal eine Dosis von 5 bis 10 cm³. Die Injektionen werden mehrere Tage beibehalten.

Milben, die als Überträger von *Aeromonas hydrophila* häufig in Betracht kommen, sind mit einer 0,2%igen wäßrigen Lösung Neguvon vollständig auszurotten. Man sprüht die Lösung über die Schlange oder sprüht ein Leinensäckchen damit ein, in welches die Schlange gesetzt wird. Die toten Milben sind oft in großer Anzahl im Säckchen zu finden. Ein weiteres milbenabtötendes Mittel ist der Vapona-Strip, der über das Terrarium gehängt wird und der die Milben ebenfalls abtötet.

Gegen **Lungenwürmer** und andere in Organen schmarotzende Würmer ist Citarin das Mittel der Wahl, das in einer Verdünnung von 50 mg pro kg Tier mit einer Kanüle unter die Haut gespritzt wird. Man hüte sich jedoch davor, die Dosis von 50 mg zu überschreiten. Die bakteriellen Erreger bekämpft man mit einem Antibiotikum oder Sulfonamid. Bewährt haben sich Breitbandantibiotika, die sowohl grampositive als auch gramnegative Keime vernichten. Wenn der oder die Erreger feststehen, verschreibt der Veterinär ein erregerspezifisches Medikament. Gegen Pneumonien haben sich Terramycin, Chloromycetin, Penicillin und Streptomycin gut bewährt. Pro kg Körpergewicht Tier verabreicht man täglich in einmaliger Dosis über eine Woche entweder 50 mg Terramycin, 15 bis 30 mg Chloromycetin, 50 mg Penicillin oder 50 mg Streptomycin. Die Gaben können oral oder intramuskulär verabreicht werden.

Nach der Heilung wird das Tier vitaminreich aufgebaut. Falls die Schlangen die Nahrung noch längere Zeit verweigern sollten, werden sie wöchentlich mit kleinen Beutetieren zwangsgefüttert, bis sie selbständig fressen.

Die **Maulfäule** oder Stomatitis ulcerosa ist eine bakterielle Infektionskrankheit der Mundschleimhäute. Sie ist bei Schlangen häufig, bei Echsen seltener anzutreffen. Die Maulfäule tritt nicht selten mit einer Lungenentzündung und einer Magen-Darm-Entzündung gemeinsam auf. Die Symptome zeigen sich in Form von dicken, ödematös geschwollenen Mundschleimhäuten mit käsigen Belägen an den Mundrändern und im Maul. Die Mundschleimhäute können blaß oder blaurot verfärbt sein. Kleine Blutungen sind nicht selten. Die geschwürigen Eiterbeläge können in die Tiefe vordringen und zu einem Ausfallen der Zähne führen. In schweren Fällen werden die Schädelknochen angegriffen und teilweise zerstört.

Die Hauptursache der Maulfäule besteht in einer verminderten Widerstandskraft gegenüber den Erregern *Aeromonas hydrophila, Pseudomonas aeruginosa, Pseudomonas fluorescens.* Somit werden Tiere in Streßsituationen häufig befallen, wie z.B. frisch importierte Schlangen und Echsen und mangelhaft untergebrachte Exemplare. Ein Faktor, der die Infektion beeinflußt, ist ein Mangel an Vitamin A und Vitamin C. Unbehandelt verläuft die Erkrankung tödlich.

Anhand der sichtbaren Symptome ist die Diagnose Maulfäule leicht zu stellen, da das klinische Bild recht einheitlich ist.

Die Therapie besteht in einer täglichen Säuberung der entzündeten Bezirke unter Verwendung eines Antiseptikums. Die wesentliche Behandlung besteht in der Applikation verschiedener Antibiotika und Sulfonamide, die oral und intramuskulär verabreicht werden können. Wirksam ist auch eine oberflächliche Behandlung, wobei man das Medikament auf die erkrankten Stellen aufträgt. Wirksame Medikamente sind Terramycin, Aureomycin, Supronal und Bayrena. Ich habe Supronal mit dem besten Erfolg verwendet. Eine Maulfäule wird verhindert, wenn die Tiere sauber und artgerecht untergebracht sind und zusätzlich eine mit Vitamin A und Vitamin C angereicherte Ernährung erhalten.

Vielleicht noch häufiger als die Pneumonie sind **Gastro-Enteritiden, Entzündungen des Magens** und des **Mitteldarms**, die die Folge bakterieller Infektionen sind. Die Gastro-Enteritis tritt in den verschiedensten Verlaufsformen auf, die sich von einem einfachen Magen-Darm-Katarrh bis zur schwer nekrotisierenden Magen-Darm-Entzündung erstrecken. Sie wird häufig von einer Maulfäule begleitet, da die Erreger teilweise die gleichen sind. Befallen werden in erster Linie Schlangen und Echsen sowie Frösche.

Die Symptome bestehen im Absetzen von breiigen, schleimigen und stinkenden Exkrementen, die teilweise mit Blutspuren durchsetzt sein können. Die Freßlust ist vermindert oder das Futter wird gänzlich verweigert. Die zum Teil angedaute Nahrung wird ausgewürgt, da der noch nicht so sehr geschädigte Magen die Verdauung noch einleitet, der erkrankte Dünndarm zu einer weiteren Verdauung jedoch nicht mehr fähig ist und sich die peristaltischen Bewegungen in umgekehrter Richtung vollziehen. Obwohl das Trinkbedürfnis gesteigert ist, sehen die Tiere wie ausgetrocknet aus. Der allgemeine Gesundheitszustand ist schlecht. Neben Futterverweigerung machen die Tiere einen abgemagerten und kraftlosen Eindruck. Sie liegen oft bis zum Tod träge auf der gleichen Stelle, so daß eine sofortige Behandlung notwendig ist.

Die Ursachen einer Gastro-Enteritis sind unterschiedlich. Sie können in einer fehlerhaften und zu kühlen Haltung, in fehlerhafter Ernährung, Streßsituationen oder Vergiftungen bestehen. Auch Pilzinfektionen und Bandwürmer kommen in Betracht. Falls die entzündlichen Prozesse nicht durch Amöben hervorgerufen worden sind, besteht die Hauptursache in einer bakteriellen Infektion vor allem mit Erregern der Gattungen *Aero-*

monas und *Pseudomonas*. Salmonellen spielen eine untergeordnete Rolle.

Die Diagnose besteht in einer Feststellung der Ursache. Falls nur Haltungsfehler in Betracht kommen, sind diese zu korrigieren. Bandwürmer, die im Darm schmarotzen, lassen sich anhand der nudelähnlich aussehenden Proglottiden und mikroskopisch anhand der Eier im Kot nachweisen. Sie sind mit Wurmmitteln verhältnismäßig leicht abzutreiben.

In den weitaus meisten Fällen besteht die Ursache der entzündlichen und nekrotisierenden Prozesse der Magen- und Darmschleimhäute aber in einer Infektion mit *Aeromonas hydrophila, Pseudomonas* und Salmonellen. Ist die Diagnose in dieser Hinsicht gestellt, kommt nur eine Behandlung mit einem Breitbandantibiotikum oder einem Sulfonamid in Betracht. Als Medikament dient das bewährte Chloromycetin (Chloramphenicol), das über ca. sieben Tage einmal pro Tag verabreicht wird. Die Dosis am ersten Tag beträgt 50 mg pro kg Körpergewicht. In den folgenden Tagen reduziert man diese Dosis auf die Hälfte. Während der Behandlung hat jede Fütterung zu unterbleiben. Intramuskuläre Injektionen mit einer 0,9%igen physiologischen Kochsalzlösung sind bei stark dehydratisierten Tieren auf jeden Fall angezeigt.

Red Leg ist eine Infektionskrankheit, die fast immer durch *Aeromonas hydrophila* verursacht wird. Das Krankheitsbild ist das einer Septikämie, einer Blutvergiftung. Die Symptome der Infektion umfassen Hautblutungen vor allem an der Innenseite der Hintergliedmaßen und am Bauch, Hautrötungen und Hautwunden, wobei die Finger und Zehen abfaulen können. Leber und Milz sind geschwürig durchsetzt und der Körper ist ödematös aufgetrieben. Das Allgemeinbefinden ist stark eingeschränkt, was durch Nahrungsverweigerung und Gewichtsverlust zum Ausdruck kommt. Im Endstadium zeigen die Tiere eine stark verminderte Bewegungskoordination, Krämpfe und Blutspukken.

Die Entstehungsursachen von Red Leg sind in ungünstigen und unsauberen Haltungsbedingungen zu suchen sowie in der Übertragung von Krankheitskeimen von kranken auf noch gesunde Exemplare, wobei auch Milben eine Rolle spielen.

Die Diagnose des Symptomkomplexes läßt sich anhand des pathologischen Erscheinungsbildes und vor allen Dingen anhand einer Blutkultur nachweisen.

Die Therapie muß wegen der geringen Größe und Empfindlichkeit der Tiere sofort eingeleitet werden. Sie besteht in einer Isolierung der erkrankten Exemplare, einer Desinfektion des Behälters und in der Verabreichung von Antibiotika und Sulfonamiden, die gegen *Aeromonas hydrophila* wirksam sind. Nach MARKUS (1983) erwiesen sich bei einem 30 g schweren Wasserfrosch mit einem Magenschlauch verabreichte Dosen von 5 mg Tetracyclin in 0,2 ml destilliertem Wasser wirksam. Das Medikament wird zweimal täglich über fünf bis sieben Tage verabreicht. Als notwendige Dosis benötigt man 1 mg Tetracyclin pro 6 g Körpergewicht. An Red Leg erkrankte Aga-Kröten wurden im Frühstadium mit Chloramphenicol behandelt und offenbar geheilt. Die Anfangsdosis, die 5 mg pro 100 g Körpergewicht betrug, wurde in den darauffolgenden fünf Tagen täglich durch zwei Gaben von 3 mg pro 100 g ersetzt.

Eine der Red Leg-Infektion ähnliche Erkrankung wurde bei dem Gefleckten Furchenmolch *(Necturus maculosus)* beobachtet. Der Erreger, *Pseudomonas reptilivora*, der auch Echsen erkranken läßt, verursachte Hautblutungen auf der Bauchseite. Die Kiemen wurden bis auf die Kiemenbögen zerstört. Die Behandlung bestand in einer Verabreichung von 0,2 g in Wasser löslichem Furacinpulver, das täglich 10 Tage lang auf die Kiemen

gesprüht wurde. Empfohlen wird auch Chloramphenicol, das über einen Magenschlauch verabreicht wird. Die anfängliche Dosis, die 8 mg in 2 ml Wasser beträgt, wird in den nächsten sechs Tagen auf 4 mg in 1 ml Wasser und anschließend auf 4 mg in einmaliger Dosis pro Woche reduziert.

Abszesse, die bei Amphibien und Reptilien verhältnismäßig häufig beobachtet werden, liegen meist unter der Haut und weniger häufig in inneren Organen. Sie haben die Gestalt von beulen- bis knotenähnlichen Hautaufwölbungen und sind mit gelblichem bis bräunlichem Eiter oder einer mehr oder weniger festen Masse angefüllt. Der Abszeß ist in der Mehrzahl der Fälle von einer fibrinösen Bindegewebskapsel gegen das angrenzende Gewebe abgesetzt. In Abszessen konnte man eine Anzahl der unterschiedlichsten bakteriellen Keime nachweisen, wie z. B. Mikrokokken, Salmonellen, *Serratia marcescens, Serratia anolium, Proteus vulgaris,* Vertreter aus den Gattungen *Aeromonas* und *Pseudomonas* und Schimmelpilze.

Abszesse werden durch infizierte Verletzungen oder durch Ektoparasiten verursacht, die die Keime übertragen. Die Gefahr eines Abszesses besteht in einer Verschleppung der Krankheitserreger über den Blutweg zu den inneren Organen und in einer Septikämie.

Man öffnet einen Abszeß mit einem scharfen Skalpell und räumt den flüssigen bis festen Inhalt aus. Die Operation geschieht unter dem Schutz eines Antibiotikums oder eines Sulfonamids, mit dem man die Wunde auswäscht. Nach durchgeführtem Resistenztest wird die Schnittstelle bis zur Heilung mit dem Antibiotikum oder Sulfonamid bestrichen.

Auch **Augenerkrankungen** sind nicht allzu selten. Die Symptome reichen von geröteten, verklebten, geschwollenen bis zu eingefallenen Augen. Gelegentlich kommen Hornhauttrübungen und Hornhautentzündungen mit einer dadurch bedingten Erblindung vor.

Die Hauptursachen liegen in einem Vitamin-A-Mangel, gelegentlich in Verletzungen und vor allen Dingen in bakteriellen Infektionen. Als Erreger kommen verschiedene Bakterien, aber auch Protozoen und selbst niedere Pilze in Betracht. Parasiten wie Milben und Zekken, die um das Auge herumsitzen und Blut saugen, übertragen nicht selten pathogene Keime. Filarien, aber auch Larven von Trematoden verursachen gelegentlich Augeninfektionen und dadurch bedingte Erblindungen.

Die Therapie der Augenerkrankungen hat sich nach der Ursache zu richten. Einen Vitamin-A-Mangel behandelt man mit erhöhten Vitamingaben im Futter. Hautreste auf der Hornhaut von Schlangen lassen sich entfernen, indem man das Tier ein oder zwei Tage in ein Gefäß mit Wasser von 25 bis 30 °C setzt. Die Hautreste lösen sich nach dieser Zeit meist von selbst ab. Bakterielle Infektionen heilt man durch Augenspülungen mit Borwasser und anschließend mit Antibiotikasalben.

Ein Großteil der Reptilien, aber nur wenige Amphibien, sind Salmonellenträger. Der Prozentsatz an Salmonellenträgern ist bei den Schildkröten besonders hoch. Ein Teil der Tiere scheidet laufend Salmonellen aus ohne daran zu erkranken. Die Symptome einer **Salmonellose** bestehen in blutig-schleimigem Durchfall, in Dehydratisierung, Abmagerung und Faltenbildung, Appetitlosigkeit, Bewegungsträgheit und dem Auswürgen von halbverdauter oder unverdauter Nahrung. Eine Salmonellose greift gelegentlich auf die Leber und auf die Lunge über; die Erreger verursachen eine Hepatitis oder Pneumonie oder beides.

Die Ursachen der Erkrankung bestehen in einer unsauberen Unterbringung und einer Übertragung durch Futtertiere (Mäuse, Insekten), aber auch Streßsituationen können den Ausbruch herbeiführen. Die Diagnose stützt sich auf die Erreger im Kot oder im Blut. Die Keime sind gegen Chloramphenicol, Oxytetracyclin, Neomycin und Humatin empfindlich. Die Therapie beginnt mit der Verabreichung von 50 mg Chloramphenicol pro kg Körpergewicht. Das Tier erhält weitere sechs Tage eine tägliche Dosis von 30 mg/kg.

Infektionen durch Mycobakterien sind bei Amphibien und Reptilien verhältnismäßig häufig. Die Mycobakterien verursachen in der Haut, der Leber, der Lunge, in den Nieren und in anderen Organen Veränderungen und führen hier zu schweren Funktionsstörungen. Die Ursachen bestehen in einer fehlerhaften, unsauberen Haltung und in einer unsachgemäßen Ernährung. Die Diagnose umfaßt Abstriche, Gewebeuntersuchungen und die Kultivierung von Bakterien. Da bis heute noch keine Therapie mit Antibiotika oder mit Sulfonamiden gegen eine Mycobakterien-Infektion besteht, tötet man die befallenen Tiere am besten ab. Zu allererst sind aber die Ursachen abzustellen.

Weniger bekannte und nicht sehr häufige **bakterielle Infektionen** werden durch Leptospiren, durch die Gattungen *Clostridium* und *Staphylococcus* hervorgerufen. Eine Chemotherapie gegen Leptospiren und *Clostridium* ist bisher nicht bekannt. *Staphylococcus invadens*, der aus infizierten Froschbeinen isoliert wurde, spricht auf eine Therapie mit Tetracyclin an.

Pilzerkrankungen oder **Mykosen** sind bei gefangen gehaltenen Amphibien und Reptilien von geringerer Bedeutung als bakterielle Infektionen. Die Ursachen für Pilzerkrankungen beruhen auf einer zu feuchten und gleichzeitig zu kühlen Haltung und fehlerhafter Ernährung. Sekundärinfektionen durch Pilze können durch Herabsetzung der körperlichen Widerstandskraft als Folge anderer Krankheiten verursacht werden. Die Pilzerkrankungen lassen sich grob in solche einteilen, die die Haut, und in solche, die die Atmungsorgane befallen.

Hautbesiedelnde Pilze finden sich in den Gattungen *Geotrichum, Saprolegnia, Fusarium* und anderen. Am bekanntesten ist der Wasserschimmel *(Saprolegnia parasitica)*, der vor allem Fische, aber auch Amphibien und Schildkröten befällt, wobei er nicht selten dichte, weiße Beläge bildet. Bei ungünstigem Verlauf dringen die Myzelien bis in die Muskulatur vor. Amphibien mit einer *Saprolegnia*-Infektion behandelt man in Kaliumpermanganatbädern (1:100 000). Man kann sie auch kurzzeitig (2 Minuten) in Lösungen von Kupfersulfat (1:2000) oder Malachitgrün (1:1500, 15 Sekunden) eintauchen. Eine Hautpilzerkrankung bei einem Netzpython, die sich in einer Hautrötung und Hautveränderung äußerte, konnte ich nach mehrmaligem Besprühen mit dem Breitspektrum-Antimykotikum Canifug heilen.

Pilzpneumonien finden sich in seltenen Fällen bei Land- und bei Wasserschildkröten. Die Symptome, die vor allem vom Gießkannenschimmel *Aspergillus* hervorgerufen werden, bewirken eine Verhärtung und Geschwürbildung. Die Prophylaxe besteht in einer artgerechten Haltung und Ernährung, denn eine erfolgreiche Therapie ist bisher unbekannt geblieben. Weitere Mykosen wurden in den Nieren, den Harnleitern und im Darm nachgewiesen. Auch in diesen Fällen gibt es keine Therapiemethoden.

Neben den Pilzerkrankungen sei am Rande auf ein **epizooisches Algenwachstum** bei Krokodilen und Schildkröten hingewiesen. Ein Algenwachstum auf der Haut von Krokodilen deutet stets auf einen schlechten Gesundheitszustand hin. Es handelt sich hierbei um dahinsiechende oder ungenügend gepflegte Tiere. Krokodile mit Algen auf der Rückenhaut stellen die Nahrungsaufnahme ein, magern ab und liegen eines Tages tot im Behälter. Die Ursachen für ein Algenwachstum sind hier wahrscheinlich in einer anderen Krankheit begründet. Bei gefangen gehaltenen Wasserschildkröten ist ein epizooi-

sches Algenwachstum auf dem Rückenpanzer ebenfalls in einer herabgesetzten Widerstandskraft begründet. Der Schildkrötenpanzer wird mit Lugolscher Lösung (Jodjodkalium-Lösung) oder einer 1%igen Kupfersulfat-Lösung behandelt und anschließend abgewaschen. Die weitere Therapie schließt Sauberkeit und eine abwechslungs- und vitaminreiche Ernährung mit ein.

Parasitäre Erkrankungen

Parasiten sind bei Amphibien und Reptilien keine Seltenheit. Viele, wenn nicht gar der überwiegende Anteil frisch gefangener Amphibien und Reptilien sind von einer oder mehreren Parasitenarten befallen. Der Parasit lebt zum Zwecke der Nahrungsaufnahme und der Fortpflanzung dauernd oder nur vorübergehend in oder auf einem Tier, das auf diese Weise geschädigt, aber in der Mehrzahl der Fälle nicht getötet wird. Die Schwierigkeit, einen geeigneten Wirt zu finden, hat dazu geführt, daß der Parasit zur eigenen Arterhaltung eine geradezu unglaubliche Anzahl an Nachkommen erzeugt, von denen die meisten zugrunde gehen.

Der Parasit schädigt seinen Wirt aber nicht nur durch Nahrungsentzug, sondern er beeinträchtigt auch dessen Organe durch Ausscheidung von Autotoxinen. Ein gut angepaßter Parasit hält die Schädigung seines Wirtes in Grenzen, denn er kann nur aus einem voll funktionstüchtigen Wirt hinreichenden Nutzen ziehen. Ein schlecht angepaßter Parasit schädigt das Gleichgewicht zu seinem Wirt so sehr, daß dieser nicht überlebt und der Parasit ebenfalls dabei zugrunde geht.

Der Gleichgewichtszustand zwischen dem Wirt und dem Schmarotzer wird in freier Natur normalerweise aufrecht erhalten. Dieser Gleichgewichtszustand kann jedoch ins Wanken geraten, wenn sich die Lebensbedingungen zugunsten des Parasiten verändern. Das geschieht nicht selten, wenn frisch gefangene Terrarientiere in menschliche Pflege gelangen und ungünstige Lebensbedingungen vorfinden, die zu einem Ausbruch einer parasitären Erkrankung führen und den Tod des Wirtes verursachen.

Die Entwicklung der parasitischen Lebensgemeinschaft verläuft direkt oder indirekt durch Einschaltung eines oder mehrerer Zwischenwirte. Im Zwischenwirt durchläuft der Parasit ein Lebensstadium, ohne das er nicht existieren kann.

Zahlreiche Parasiten haben im Verlaufe ihrer Evolution eine spezielle Umgestaltung ihres Körpers erfahren, die ihnen ein Überleben meist nur in ganz bestimmten Organen ermöglicht. So saugen sich Zecken in den Schuppen- und Schildzwischenhäuten von Echsen, Schlangen und Schildkröten fest. Im Darm des gleichen Wirtes können sie ebensowenig überdauern, wie darmbewohnende Bandwürmer auf dessen Körperoberfläche leben können.

Die Einteilung der Parasiten wird nach dem Körperteil des Wirtes vorgenommen, den sie besiedeln. Man unterscheidet zwischen Ekto- und Endoparasiten.

Ektoparasiten leben auf der Haut oder in leicht zugänglichen Körperhöhlen des Wirtes. Milben und Zecken sind jedem Terrarianer bekannte Ektoparasiten, die auf der Körperoberfläche von Amphibien und Reptilien leben.

Endoparasiten leben in den Organen, zwischen oder in Zellen, in Geweben, unter der Haut oder in der Blutbahn des Wirtes. Bekannte Endoparasiten bei Amphibien und Reptilien sind Protozoen und allerlei Würmer. Aus der Riesenfülle an Parasiten bei Amphibien und Reptilien möchte ich nur auf diejenigen eingehen, die häufig sind, und die nachgewiesenermaßen zu einer enormen Schädigung oder zum Tode ihres Wirtes führen, falls eine sachgerechte Behandlung unterbleibt.

Es ist aber stets darauf hinzuweisen, daß nicht nur eine Prophylaxe eine wesentliche Voraussetzung zur Gesunderhaltung unserer Terrarientiere darstellt, sondern daß auch im Terrarium geborene Jungtiere die besten und langlebigsten Garanten für eine dauerhafte Gesundheit sind, da sie schon zu Beginn ihres Lebens parasitenfrei und bereits bei ihrer Geburt an den »Biotop Terrarium« und die dortigen Umweltbedingungen angepaßt sind.

Protozoen

Die wohl übelste Reptilienerkrankung, die ganze Bestände in kürzester Zeit dahingerafft hat, ist die **Amöbendysenterie** oder **Amöbiasis**.

Entamoeba ranarum ist die einzige Amöbenart, die in der Leber und im Darm von Kaulquappen Krankheitsprozesse verursacht.

Das Protozoon *Entamoeba invadens* befällt vor allen Dingen Echsen, in vermehrtem Ausmaß Schlangen, aber auch Schildkröten. Unbehandelt verläuft eine Amöbiasis, die im wesentlichen von *Entamoeba invadens*, seltener durch andere Amöben verursacht wird, ohne Ausnahme tödlich. Bei Schildkröten kommt *Entamoeba invadens* häufig symptomlos vor. Schildkröten können jedoch als Amöbenträger fungieren. Daher sollten Schlangen und Echsen nie mit Schildkröten im gleichen Raum vergesellschaftet sein.

Der Symptomkomplex der Amöbiasis besteht in einem Auswürgen angedauter Nahrung, Futterverweigerung, vermehrtem Trinkbedürfnis, schlechtem Ernährungszustand, schleimigem, blutigem und fade riechendem Kot, geschwollener Kloake, einer unnatürlich gestreckten Körperlage und Apathie. Der Gewebebefund zeigt das klinische Krankheitsbild einer ausgedehnten ulzerativen Gastritis, Enteritis und Colitis mit ausgedehnten Gewebezerstörungen. Die Darmschleimhaut neigt zu Blutungen und zu

Verkäsungen. Über den Blutweg werden die Amöben in die Leber und in die Nieren übertragen, wo sie Abszesse, Infarkte und Nekrosen hervorrufen.

Die Amöben werden in der Regel als Zysten durch den Kot erkrankter Exemplare und durch mangelnde Hygiene übertragen. Im Darm ihres Wirtes entwickeln sie sich zu beweglichen Trophozoiten, die bei Amöben ein Wachstumsstadium darstellen. Die Trophozoiten verschmelzen miteinander und verwandeln sich teilweise zu Zysten, die wieder mit dem Kot ausgeschieden werden, womit der Kreislauf geschlossen ist.

Die Diagnose einer Amöbendysenterie besteht im Nachweis von Zysten oder Trophozoiten im Kot. Dabei verwendet man Kotproben, die von Blut und Schleim durchsetzt sind. Unter Verwendung eines geeigneten Mikroskopes mit gutem Auflösungsvermögen und entsprechender Vergrößerung ist die Kotuntersuchung nicht zu schwierig. Eine winzige Kotprobe bringt man auf den Objektträger und verrührt sie mit Lugolscher Lösung (Laborbedarf). Die Probe bedeckt man mit einem Deckgläschen und studiert sie bei 300facher Vergrößerung. Die Amöben erkennt man als rundliche bis ovale Gebilde mit dunklem Kern.

Bei einer diagnostizierten Amöbiasis werden das erkrankte Tier oder die Tiere sofort in Quarantänebehältern untergebracht. Sämtliche Gerätschaften müssen durch Desinfektion peinlichst sauber gehalten werden. Die Temperaturen im Quarantänebehälter werden auf 30 bis 32 °C, ja sogar auf 35 bis 37 °C erhöht, und die medikamentöse Behandlung wird eingeleitet. Bei der intestinalen Verlaufsform wird Clont oder Flagyl (Metronidazol) in oraler und gleichzeitig kloakaler Dosis von 50 bis 60 mg pro kg Körpergewicht einmal täglich über einen Zeitraum von sieben Tagen verabreicht. Zu der Amöbiasis gesellt sich zuweilen eine bakterielle Infektion mit Krankheitskeimen wie *Aeromo-*

nas, Pseudomonas, Salmonella und Kokzidien, die das Krankheitsbild mit beeinflussen. Um diese Erreger gleichzeitig in den Griff zu bekommen, werden neben der Amöbiasistherapie Medikamente gegen die erwähnten Keime verabreicht (s. Kapitel »Bakterien und Pilze«). Zur Behandlung von Kokzidien verwende t man 2-Sulfanilamido-5-methoxypyrimidin, das unter den Bezeichnungen Bayrena und Durenat im Handel angeboten wird. Das Medikament wird intramuskulär in einer Dosis von 80 mg pro kg Körpergewicht am ersten Tag verabreicht. Vom 2. bis 5. Tag gibt man 40 mg pro kg Körpergewicht. Kokzidien sind intrazelluläre Parasiten, die bei geringem Befall keine Symptome hervorzurufen brauchen, bei starkem Befall jedoch zu Schädigungen der Gallenblase, der Leber, des Magens und des Darmes führen. Die durch eine Kokzidiose ausgelöste Gastroenteritis führt zu Nekrosen und wird von Blutungen, Appetitlosigkeit und Gewichtsverlust begleitet. Die Kokzidien werden als Oozysten über den ausgeschiedenen Kot weitergegeben. Die Diagnose besteht in angefärbten Kotpartikeln und dem Nachweis von Oozysten unter dem Mikroskop. Da die erkrankten Exemplare bei Amöbiasis- und Kokzidioseinfektionen sehr dehydratisieren, sind intramuskuläre Injektionen mit physiologischer Kochsalzlösung notwendig.

Zahlreiche **Flagellaten** und **Ziliaten** leben im Blut und im Verdauungstrakt von Amphibien und Reptilien und führen nur in den seltensten Fällen zu Erkrankungen. Daher ist in diesen Fällen auch keine Therapie notwendig. Allerdings gibt es einige wenige Protozoen-Arten, die bei Amphibien Hautinfektionen hervorrufen. Der Flagellat *Oodinium pillularis* setzt sich auf der Haut und auf den Kiemen von Kaulquappen und Molchen fest. Infizierte Tiere haben einen grauen Hautüberzug. Die Diagnose stellt sich durch einen Hautabstrich, den man unter dem Mikroskop untersucht. Die erkrankten Tiere werden in ein Trypaflavinbad (10 mg/1000 ccm Wasser) oder in eine Kupfersulfatlösung (2 mg/1000 ccm Wasser) gesetzt. Ein weiterer Ektoparasit, der Kaulquappen und Salamander befällt, ist *Trichodina urinicola*. Die Behandlung erfolgt auch hier mit Trypaflavin in der erwähnten Dosis.

Würmer

Helminthen sind an Tieren und Pflanzen schmarotzende Würmer. Die zu den Plattwürmern (Plathelminthes) zählenden **Bandwürmer** (Cestoda) und **Saugwürmer** (Trematoda) sind bei Amphibien und Reptilien keine Seltenheit. Von ähnlicher Bedeutung für die Gesundheit unserer Pfleglinge sind **Fadenwürmer** (Nematoda) und **Kratzer** (Acanthocephala). Nicht nur die ausgewachsenen Würmer, sondern auch deren Larven treten als Parasiten auf.

Um eine zielgerechte Wurmbekämpfung einleiten zu können, ist die Bestimmung der Wurmarten unerläßlich. Dies geschieht durch Bandwurmglieder und vor allem durch den Nachweis von Eiern im Kot. Zuweilen findet man auch Wurmlarven und vollständige Würmer. Die Kotprobe kann man einem Tierarzt oder Institut zur Identifikation der Wurmart übergeben oder man macht sich selbst ans Werk. Zur Auffindung und Unterscheidung der Wurmeier wie zur Erstellung einer Diagnose ist dem Laien am besten mit einfachen Techniken gedient. Die Grundausstattung besteht aus einem Mikroskop mit unterschiedlichen Vergrößerungen, die bis zum 1000fachen reichen, weiterhin aus Objektträgern und aus Deckgläschen. Zusätzlich benötigt man eine Pipette, einige Reagenzgläser mit Gummistöpseln, Bechergläser, Glasstäbe, Holzstäbe, Spachtel, einen Draht mit einer Öse sowie Reagenzien.

Oft kann man schon mit bloßem Auge eine richtige oder fast richtige Diagnose stellen, wenn ausgewachsene Würmer oder Proglottiden (Teile von Bandwürmern) im Kot deutlich sichtbar sind. Häufig bewegen sich die Proglottiden noch. Wenn man die Bandwurmart korrekt bestimmen will, legt man die Proglottiden zwischen zwei Objektträger und drückt diese nicht zu fest gegeneinander, damit die Eier nicht vollständig entweichen. Die beiden Objektträger werden mit Gummiband umwickelt und zehn bis zwölf Stunden in ein Gemisch einer gesättigten, wäßrigen Pikrinsäurelösung (70 cm³), Eisessig (20 cm³) und Formalin (10 cm³) eingetaucht. Nach dieser Prozedur wäscht man die Proglottiden, legt sie in eine Schale und übergießt sie mit 10%iger Natronlauge. Recht bald tritt die Uterusstruktur deutlich hervor, an der man die Bandwurmart bestimmen kann.

Eine brauchbare Methode zur Gewinnung von Wurmeiern ist die Anreicherung derselben in einer Anreicherungsflüssigkeit, die höher als das spezifische Gewicht der Wurmeier ist. Da das spezifische Gewicht von Wurmeiern größer als 1 ist, sinken die Wurmeier zu Boden. Wenn man den eihaltigen Kot in eine Flüssigkeit mit einem höheren spezifischen Gewicht einbringt, als es die Eier haben, schwimmen die Eier an der Oberfläche der Anreicherungsflüssigkeit. Als Anreicherungsflüssigkeiten für Cestoden- und Nematodeneier kommen gesättigte Kochsalzlösungen, gesättigte Magnesiumsulfatlösungen oder Zuckerlösungen in Betracht. Als Anreicherungsflüssigkeiten für Trematodeneier eignen sich eine Zinkchloridlösung oder eine Zinksalzlösung. Letztere besteht aus einem Teil einer gesättigten Kochsalzlösung und 1280 g Zinkchlorid in 680 cm³ Wasser. Am besten mischt man sich größere Mengen von Anreicherungsflüssigkeiten, die man dann zu jeder Zeit hinreichend zur Verfügung hat. Für gesättigte Anreicherungslösungen benötigt man auf 1000 ccm³ Wasser folgende Mengen an Salzen bzw. Zucker:

a) 400 g Kochsalz (NaCl), b) 400 g Magnesiumsulfat ($MgSO_4$), c) 1300 g Zucker.

Im Zuge osmotischer Abläufe, bei denen den Eiern mehr oder weniger Wasser entzogen wird, schrumpfen Trematodeneier zusammen und verfärben sich. Das ist bei Nematodeneiern nicht der Fall. Auf diese Weise kann man Nematoden- von Trematodeneiern unterscheiden.

Die Eier kann man mit einer Drahtöse oder einem Spachtel mit Anreicherungsflüssigkeit auf den Objektträger tropfen und nach dem Zudecken mit einem Deckgläschen unter dem Mikroskop durchsehen. Eine weitere Methode besteht darin, daß man ungefähr 2 g Kot in ein 100 ccm großes Becherglas einbringt und diesen mit ein wenig Anreicherungsflüssigkeit gut vermengt. Das Gemenge füllt man mit Anreicherungsflüssigkeit bis auf 90 ccm auf und rührt kräftig um. Man läßt die Flüssigkeit bis zum Zerplatzen der Luftbläschen stehen, was einige Minuten dauert. Dann legt man vorsichtig ein Deckgläschen auf die Flüssigkeitsoberfläche. Die oben schwimmenden Wurmeier bleiben an dem Deckgläschen hängen. Nach ungefähr 30 Minuten hebt man das Deckgläschen sachte mit einer Pinzette an und legt es auf einen Objektträger, um es anschließend unter dem Mikroskop auf Wurmeier zu überprüfen.

Bandwürmer (Cestoden) leben als erwachsene, geschlechtsreife Tiere stets parasitisch im Darm, seltener in der Leibeshöhle. Ihre Entwicklung geht stets über zwei oder drei Larvenstadien vor sich. Die Larven einer Reihe von Bandwürmern leben in der Muskulatur oder unter der Haut, wo man sie in Form von Beulen oder mehr oder weniger großen Verdickungen deutlich erkennen kann. Die Entfernung derartiger Larven ist nicht schwierig. Ein kleiner Schnitt an der entsprechenden Hautstelle zwischen den Schuppen, ein sanfter Druck mit den Fingern unter Zuhilfenahme einer Pinzette genügen, und im nächsten Moment ist die Larve ausgetreten. Man versorgt die kleine Wunde mit einem Antibiotikapuder. Die Ab-

Bandwurmlarven und Bandwürmer, die unter der Haut von drei Trimeresurus macrops saßen und durch einen Einschnitt in die Haut und mit Hilfe einer Pinzette entfernt wurden.

heilung geht in kürzester Zeit komplikationslos vor sich.

Weitaus gefährlicher sind Bandwurmlarven, die die Leber oder andere innere Organe schädigen und bei schwerem Befall zum Tod des Terrarientieres führen. Die in der Leibeshöhle eines Tieres schmarotzenden Larven kann man leider nicht entfernen.

Ein adulter Bandwurm lebt, vom Terrarianer oft unbemerkt, jahrelang im Darm seines Trägers, ohne großen Schaden anzurichten. Treten die Bandwürmer jedoch in großer Anzahl auf, so können sie ihren Wirt durch Entzug von wertvollen Nährstoffen und durch Verletzungen der Darmschleimhaut massiv schädigen. An den verletzten Stellen entwickeln sich nicht selten bakterielle Infektionen. Die Diagnose geschieht durch Nachweis der Proglottiden und vor allem durch Eier im Kot. Das häufige Absetzen von flüssigem Kot ist oft ein Hinweis auf Bandwürmer. Da im Terrarium keine Zwischenwirte leben, in denen die Bandwürmer ein Larvenstadium durchmachen, ist eine weitere Ansteckung der Tiere nicht möglich. Als Medikament empfiehlt sich Yomesan, das man in Form weißer Tabletten in jeder Apotheke erhält.

Eine Yomesantablette oder einen Teil davon kann man in einem frisch getöteten Futtertier verstecken. Wird das Futtertier nicht angenommen, so schreitet man zur Zwangsfütterung. Yomesan ist gut verträglich und wirksam gegen fast alle Bandwurmarten. Die Dosis beträgt 150 bis 200 mg pro kg Körpergewicht. Eine einmalige Verabreichung genügt in der Regel, bei Bothridium ist jedoch eine zweimalige Behandlung angezeigt.

Ein noch effektiveres Bandwurmmittel ist Droncit, das in einer einmaligen oral verabreichten Gabe von 2 bis 5 mg pro kg Körpergewicht gegeben wird.

Bei Amphibien kommen mindestens elf Arten von Bandwürmern vor. Die orale Therapie mit den gegebenen Medikamenten ist die gleiche wie bei den Reptilien.

Saugwürmer (Trematoden) kommen bei Amphibien und Reptilien in großer Artenzahl vor. Bei den Amphibien befallen sie vor allen Dingen die Haut und die Muskulatur. Sie leben in den Lungen, Harnblasen, Nieren, Blutgefäßen, im Verdauungstrakt, in den Nasen-, Rachen- und Leibeshöhlen der Reptilien, wo sie sich mit Saugnäpfen festheften und ihre Wirte durch Nahrungsentzug und durch Läsionen schädigen. In schwerwiegenden Fällen kann ein massiver Befall eine Nierenerkrankung und Gicht, Pneumonie oder eine allgemeine Schwächung des Organismus verursachen. Der Darm und die Anhangsorgane können gleichfalls geschädigt werden. Bei Amphibien rufen die Larven Knötchen und Pusteln hervor.

Die Diagnose stellt sich anhand der Eier im Kot. Bei im Maul von Schlangen schmarotzenden Trematoden empfiehlt sich eine mechanische Entfernung der Parasiten. Bei ungewöhnlich starkem Trematodenbefall im Maul verwendet man Tetrachloräthylen in einer Dosierung von 0,2 ml pro kg Körpergewicht. Das Medikament wird in Kapselform und mindestens vier Tage nach der letzten Fütterung verabreicht. Die gleiche Behandlung ist frühestens nach drei Wochen zu wiederholen, da dieses Wurmmittel toxisch wirkt und die Leber schädigen kann. Nehmen die Trematodeninfektionen jedoch kein größeres Ausmaß an, verzichtet man auf eine Behandlung, da vereinzelte Saugwürmer weniger Schäden anrichten als die Therapie mit Tetrachloräthylen. Die beulenähnlichen Trematodenzysten unter der Haut werden durch einen feinen Schnitt geöffnet, der Parasit wird herausoperiert. Gegen darmbewohnende Trematoden verabreicht man 30 bis 50 mg Droncit pro kg Körpergewicht in einer ein- bis zweimaligen Dosis. Im Leibesinneren erweisen sich gegen die Würmer zwei intramuskuläre Injektionen von Resochin (30 bis 50 mg pro kg Körpergewicht) als wirksam.

Die bei Amphibien und Reptilien am häufigsten vertretene Gruppe parasitisch lebender Würmer sind Nematoden, auch als **Rund**- oder **Fadenwürmer** bekannt. Sie befallen fast alle Organe und führen bei starkem Befall zum Tode ihres Wirtes, wenn nichts unternommen wird. Für den Terrarianer sind die im Darm und in der Lunge lebenden Nematoden am wichtigsten. Schwieriger zu bekämpfen sind Nematoden, die sich in Blutgefäßen und sonstigen Körpergeweben ansiedeln, hier bis zum Tode eine versteckte und oft unbemerkte Lebensweise führen und sich so weitgehend einem Nachweis entziehen. Die Nematoden haben einen spindel- bis fadenförmigen, im Querschnitt rundlichen Körper. Am Vorderende der meist transparenten oder weißlichen bis gelblichen Würmer befindet sich die von Sinnesborsten, Tastpapillen oder kleinen Lippen umgebene Mundöffnung. Das Hinterende ist zugespitzt oder abgerundet. Im Gegensatz zu den zwittrigen Cestoden sind die Nematoden getrenntgeschlechtlich.

Die Spulwürmer (Ascariden), die Zwergfadenwürmer (Strongyliden), die Madenwürmer (Oxyuren) und die Spiruriden leben weitgehend im Magen-Darm-Trakt der Terrarientiere.

Die allgemeinen Symptome eines Nematodenbefalls bestehen in einer Schwächung des Wirtsorganismus, die durch Nahrungsentzug und toxische Ausscheidungen des parasitierenden Wurmes verursacht wird. Der Wirt wird durch Verschluß von Pankreas- und Gallengängen, Zerstörung der Blutgefäße, Perforationen und Eindringen in die Körpergewebe, Reizungen und Läsionen der Darmschleimhäute und Nekrosenbildungen sowie durch Blutentzug und eine begleitende Anämie geschädigt. Sekundär auftretende Infektionen durch Bakterien und Protozoen führen schließlich zu einer starken Verminderung der körperlichen Widerstandskraft und zum baldigen Tod. Nematoden können zuweilen in derartigen Massen im Darm auftreten, daß es zu einer Verstopfung und vollständigen Zerstörung der Darmschleimhäute kommt. In gleicher Menge können sie in der Muskulatur und in den Körpergeweben vorkommen.

Von Nematoden befallene Amphibien und Reptilien verweigern häufig die Nahrung, sie magern sichtbar ab, die Augen sind eingefallen, die Körperfärbung ist abgestumpft, ihr Kot ist oftmals durchfallartig verändert und in ihrem Verhalten zeigen sie sich matt und apathisch.

Die Diagnose erfolgt durch mikroskopische Kotuntersuchungen und den Nachweis der Eier. Die runden, dickschaligen Eier enthalten in ihrem Inneren zahlreiche, mehr oder weniger weit fortgeschrittene Embryonen.

Gegen die im Darm schmarotzenden Nematoden stehen uns eine ganze Reihe wirkungsvoller Wurmpräparate zur Verfügung. Am bekanntesten ist das Panakur, das für das Tier relativ ungefährlich ist und in einer Dosierung von 30 bis 50 mg pro kg Körpergewicht in einer einmaligen Dosis oral verabreicht wird. Beim Vorliegen von Haarwürmern *(Capillaria)* soll das genannte Antihelminthikum täglich über acht bis zehn Tage in einer Dosis von 20 bis 30 mg pro kg Körpergewicht gegeben werden. Ein weiteres bewährtes Mittel ist Concurat, das in einer einmaligen Dosis von 100 bis 300 mg pro kg Körpergewicht oral verabreicht wird. Fenbendazol (30 bis 50 mg pro kg Körpergewicht) sowie Rintal (10 bis 30 mg pro kg Körpergewicht) sind weitere erprobte Mittel. Auch Piperazin (150 mg pro kg Körpergewicht) in dreimaliger Dosis im Abstand von je einer Woche ist geeignet.

Die orale Applikation der Medikamente erfolgt mit einer mit Eiweiß schlüpfrig gemachten Gummisonde, die unter drehenden Bewegungen sachte bis in den Magen eingeführt wird, oder in einem frisch abgeöteten Futtertier. Für die in der Lunge und in anderen Geweben als dem Magen-Darm-Trakt schmarotzenden Nematoden hat sich auch Citarin-L bewährt, das man in verdünnter Form in einer Dosis von 50 mg pro kg Körpergewicht injiziert. Man hüte sich jedoch davor, die angegebene Dosis zu überschreiten, da das Mittel ziemlich giftig ist und das Terrarientier in kurzer Zeit eingehen kann. Ist die Dosis zu gering, werden die Würmer nicht abgetötet. Bei im Blut, in den Lymphgefäßen und in anderen Geweben lebende Nematoden, vor allem Filarien, soll bei geringem Befall auch Hetrazan zu einer Heilung geführt haben.

Die **Kratzer** oder **Hakenwürmer** (Acanthocephala) sind gestreckte, schlauchähnliche Würmer mit einem einziehbaren, fingerförmigen bis kugeligen, mit vielen Haken besetzten Haftrüssel. Die weißlichen, gelblichen oder orange gefärbten, getrenntgeschlechtlichen Tiere, deren Entwicklung sich über ein bis drei Zwischenwirte erstreckt, schmarotzen vor allem im Darm von Amphibien und Reptilien. Sie werden jedoch auch im Hinterleib und unter der Haut von Amphibien und terrestrisch lebenden Reptilien angetroffen.

Die Larven gelangen mit den Beutetieren in ihre Wirte. Bei starkem Befall zeigen sich Darmentzündungen mit Blutungen, teilweise sogar Darmperforationen.

Die Diagnose ergibt sich aus der mikroskopischen Untersuchung von Kot und den darin enthaltenen Eiern. Die Eier sind dickschalig und von ovaler Gestalt. Sie haben vorne einen Widerhaken und erinnern somit an Bandwürmer (Cyclophyllida), die gleichfalls einen Hakenkranz aufweisen. Zur Bekämpfung der Hakenwürmer wird Mansonil als Mittel der Wahl angegeben. Das Medikament wird in zweimaliger oraler Dosis von 150 bis 200 mg pro kg Körpergewicht verabreicht.

Schließlich seien noch die **Lungenwürmer** (Pentastomida) erwähnt. Diese Würmer bohren sich zuweilen durch die Lunge und die Körperwand und ragen dann aus der Haut heraus oder sie kriechen aus dem Maul oder den Nasenöffnungen hervor, besonders dann, wenn der Wirt unter Atemnot leidet. Als Beispiel dient hier der wohl bekannteste, bis zu 15 cm lang werdende *Armillifer armatus*, der in den Atmungsorganen, vor allem in der Lunge von Schlangen und Echsen, aber auch in den großen Blutgefäßen und im Kopf schmarotzt. Dieser langgestreckte und äußerlich geringelte Wurm verankert sich im Lungengewebe mit zwei Doppelhaken. Der Parasit ernährt sich vorwiegend von Blut, ruft schwerwiegende Veränderungen des Lungengewebes hervor und führt gelegentlich zu Perforationen. Die verursachten Lungenläsionen infizieren sich nicht selten bakteriell, und so steht das Krankheitsbild einer Pneumonie im Vordergrund, wobei der primäre Verursacher der Lungenwurm und die sekundären Verursacher die Bakterien sind.

Als Zwischenwirte kommen allerlei Wirbeltiere, vor allem Affen, Nager und kleinere Antilopen in Betracht. In Afrika tritt der Mensch zuweilen als Zwischenwirt, vielleicht sogar als Wirt auf. Daher ist peinliche Hygiene geboten, falls der Tierbestand infizierte Exemplare aufweisen sollte. Die Diagnose stellt sich durch Nachweis der Eier im Kot.

Eine Therapie ist bisher unbekannt geblieben, sollte aber wie bei Filarien versuchsweise mit Diäthylcarbamin-Präparaten durchgeführt werden.

Gliederfüßer

Neben den Pentastomiden, deren taxonomische Stellung umstritten ist und die teilweise auch zu den Gliederfüßern (Arthropoda) gerechnet werden, sind die Milben und die Zecken jedem langjährigen Terrarianer aus eigener Anschauung bestens bekannt.

Milben kommen bei ungefähr 250 Amphibien- und Reptilienarten vor. Die zu den Spinnentieren zählenden Milben sind knapp 1 mm lang und haben im erwachsenen Zustand vier und als Larven drei Beinpaare. Am bekanntesten ist die Blutmilbe (*Ophionyssus natricis*), die bei Schlangen, aber auch bei Echsen sehr häufig vorkommt. Frisch gefangene Schlangen sind zu einem hohen Prozentsatz von diesen Parasiten befallen.

In freier Natur können sich Schlangen und Echsen durch Scheuern und Kratzen an Gegenständen und wegen der Weite des Raumes weitgehend von diesen Plagegeistern befreien. Besonders im feuchtwarmen Terrarium kommt es jedoch innerhalb kurzer Zeit zu einer Massenvermehrung, wobei Hunderte oder gar Tausende von Milben auf den Körpern ihrer Wirte sitzen, denen sie mit Hilfe ihrer saugenden, beißenden und stechenden Mundwerkzeuge Blut entziehen. Die ektoparasitischen Milben sitzen auf den Zwischenschuppenhäuten, in den Achseln, am Bauch, um die Augen herum und an sonst für sie günstigen Körperstellen. Man erkennt sie als winzige, dunkle Pünktchen auf den

Leibern ihrer Wirte. Wenn man sie mit einem feuchten Finger antupft, auf diese Weise festklebt und zwischen den Fingernägeln zerdrückt, erkennt man, daß sie voll von dunklem, geronnenem und zum Teil verdautem Blut sind. Die winzigen weißen Pünktchen auf den Terrarientieren sind die Exkremente der Milben.

Wegen des Juckreizes zeigen sich befallene Terrarientiere sehr unruhig und reiben sich an allen Gegenständen, um die Milben loszuwerden. Die Milben schädigen ihre Wirte nicht nur durch Blutentzug. Bei starkem Befall führen sie zu Häutungsschwierigkeiten, unbehandelt auch zum Tod der Terrarientiere. Milben können bakterielle Keime, Viren, Sporozoen und Filarien übertragen.

Milben, selbst in der geringsten Anzahl, sind in jedem Fall abzutöten. Das für unsere Zwecke beste Mittel ist unzweifelhaft Neguvon, das neben seiner Wirksamkeit die positive Eigenschaft besitzt, chemisch instabil zu sein und daher bald zerfällt. Größere Tiere übersprüht man mit einer 0,2%igen wäßrigen Neguvonlösung. Nach Entfernung der Tiere wird die gesamte Inneneinrichtung des Terrariums mit Neguvonlösung ausgesprüht. Erst nach der Verdunstung der wäßrigen Lösung werden die Terrarientiere wieder eingesetzt. Diese Prozedur wird nach ungefähr zwei Wochen wiederholt. Junge, frisch, gefangene oder neu erworbene Schlangen werden bereits im Leinenbeutel mit Neguvon besprüht und erst nach vollständiger Verdunstung der wäßrigen Lösung wieder ins Terrarium gesetzt. Als weiteres Milbenabtötungsmittel sind Vapona-Strips im Handel. Die Vapona-Strips stellt man am besten auf ein Terrarium oder an die Seite eines Terrariums. Das in den Vapona-Strips gelöste Dichlorphos verdampft, dringt in die Terrarien ein und tötet die Milben ab.

Auch bei Amphibien können Milben vorkommen, die man mechanisch entfernt oder mit Terracortril bestreicht.

Zecken hinter den Vordergliedmaßen einer männlichen Zauneidechse.

Große Reptilien, wie Landschildkröten, Schlangen, Warane, Leguane usw., sind in freier Natur sehr oft von **Zecken** befallen. Zecken schädigen ihre Wirte durch starken Blutverlust, übermäßige Hautverhornungen, Abszeßbildungen und Übertragung von Krankheitserregern. Sie lassen sich leicht entfernen, indem man sie mit Salatöl und Vaseline bestreicht, wobei die Atemöffnungen zugeschmiert werden. Die erstickten Zecken zieht man anschließend mit einer stumpfen Pinzette aus der Haut heraus.

Einige **Insekten** rufen in freier Natur Krankheiten bei Amphibien und Reptilien hervor. Die Krötenschmeißfliege *(Bufolucilia bufonivora)* und einige ihr verwandte Arten legen ihre Eier auf den Köpfen von Kröten und anderen Amphibien ab. Die ausgeschlüpften Maden kriechen in die Nasenöffnungen, wo sie die Weichteile und Augenhöhlen zerstören. Zuweilen dringen sie bis in die Schädelhöhle vor und zerfressen das Gehirn von innen her. Im Freiland verläuft die Erkrankung für das befallene Tier stets tödlich.

Die Behandlung besteht in der mechanischen Entfernung der Maden und einer anschließenden Nachbehandlung der verletzten Teile mit einer Antibiotikasalbe. Verschiedene Arten von Schmeißfliegen legen ihre Eier in die Wunden von Landschildkröten. Die Wunde wird geöffnet und die ausgeschlüpften Maden werden entfernt. Die Wunde wird mit einem Antiseptikum nachbehandelt.

Nichtparasitäre Erkrankungen und Umweltschäden

Geschwulstbildungen

Bei Amphibien und Reptilien kommen sowohl gutartige (benigne) als auch bösartige (maligne) Tumorbildungen in zahlreichen Organsystemen vor. Allerdings sind sie erheblich seltener als bei Warmblütern. Gutartige Tumore können durch ihr Wachstum Organe regelrecht verdrängen. Bösartige Tumorbildungen, wie Melanosarkome, Plattenepithelkarzinome, Osteochondrome und Schilddrüsenkarzinome, sind relativ selten. Die bösartigen Geschwülste infiltrieren in das gesunde Gewebe hinein, stören dadurch auch die Zellhierarchie und führen zu Metastasenbildungen. Bei Amphibien dominieren Hautgeschwülste, bei den Reptilien sind es hauptsächlich Geschwülste epithelialer Herkunft.

Die meisten Geschwülste sind virusbedingt. Feste Tumore auf der Hautoberfläche in Form von Borkenbildungen, Papillomen, Melanomen und sonstigen Hautwucherungen sind operativ zu entfernen. Bei bösartigen, inoperablen Krebsgeschwülsten muß das Tier getötet werden.

Arteriosklerose

Die Arteriosklerose ist beim Menschen die wichtigste und häufigste krankhafte Veränderung der Arterien. Dabei handelt es sich um herdförmige Bindegewebsverdickungen der Gefäßinnenhaut mit Lipoidanhäufungen, die häufig mit Verkalkungen und Geschwürbildungen einhergehen.

Gicht

Bei dieser Erkrankung handelt es sich um eine Purinstoffwechselentgleisung, die durch Abscheidung von harnsauren Salzen an verschiedenen Körperstellen gekennzeichnet ist. Die Gicht kommt bei allen Reptilien vor und ist teilweise nicht selten.

Die Harnsäurekristalle lagern sich nicht nur in den Gelenken, sondern auch in der Leibeshöhle, in den Eingeweiden, in den Nieren, in der Leber, im Perikard, in den Blutgefäßwänden, im Fettgewebe, in den Muskeln und in sonstigen Organen ab. An Gicht erkrankte Reptilien fressen wenig, machen einen apathischen Eindruck oder zeigen keine Symptome. Zuweilen findet man ein Tier tot im Behälter. Gelegentlich treten Lähmungen und Ödeme in den Hintergliedmaßen auf.

Die Ursachen für die Gicht sind in einer Nierenstörung begründet. So wurden an allen an Gicht gestorbenen Reptilien, die zur Untersuchung gelangten, starke Nierenveränderungen festgestellt. Möglicherweise ist die Gicht auch anlagebedingt. Die Nierenstörungen können aber auch auf nierenschädigende Medikamente zurückgehen. So schädigt beispielsweise eine Überdosis an Gentamycin die Nierentubuli von Schlangen, was zu verminderten Harnsäureausscheidungen führt.

Wassermangel bei zu hohen Haltungstemperaturen und dadurch bedingte Dehydratisierung ist möglicherweise ebenfalls für Nierenschäden verantwortlich zu machen. Infektionen und eine fehlerhafte Ernährungsweise können in gleicher Weise die Ursache für eine Gichterkrankung sein.

Verdickte Gelenke legen den Gedanken an eine Gicht zwar nahe, klinisch ist die Gicht aber nur in den wenigsten Fällen zu diagnostizieren. Die Diagnose ergibt sich durch den Nachweis eines erhöhten Harnsäurespiegels im Blut.

Die Gicht ist in der Regel unbehandelbar und nimmt einen tödlichen Verlauf. Prophylaktisch läßt sich die Entstehung dieser Erkrankung durch das Weglassen nierenschädigender Mittel, durch hinreichende Flüssigkeitszufuhr, günstige Haltungsbedingungen und eine ausgewogene Ernährung sowie durch die Verhinderung von Infektionskrankheiten vermeiden.

Mangelkrankheiten und organische Schäden

Mangelerscheinungen bei Terrarientieren sind immer die Folgen einer fehlerhaften Ernährung. Das den Terrarientieren angebotene Futter entspricht nicht der Vielfalt an Beutetieren und an Futterpflanzen, die unter natürlichen Bedingungen verzehrt werden. Es ist jedoch anzunehmen, daß unsere Pfleglinge für ihr Wachstum und ihre Stoffwechselabläufe die gleichen Aufbaustoffe benötigen, wie es bei anderen Tieren und beim Menschen der Fall ist. Das bedeutet, daß sie Eiweißstoffe, Kohlenhydrate, Fette, Vitamine, Mineralstoffe, Ballaststoffe und Wasser benötigen. Wenn nur einer der aufgezählten Stoffe in zu geringer Menge in der Nahrung auftritt oder gar fehlt, kommt es zu schwerwiegenden Gesundheitsschäden.

Es gibt Amphibien und Reptilien, die sich nicht in die Gefangenschaft eingewöhnen können. Obwohl sich keinerlei Krankheitssymptome bemerkbar machen, verweigern die Tiere die Nahrung und siechen dahin.

Derartige Futterverweigerer sind möglichst mit vitaminisiertem Futter zwangszufüttern. Am besten eignet sich ein Multivitaminpräparat.

Zahlreiche Körperschäden und die damit verbundenen Stoffwechselveränderungen entstehen durch Vitaminmangel. In manchen Fällen können die Vitamine auch vom Organismus nicht resorbiert werden. Ein Mangel an UV-Licht z.B. bewirkt, daß Vitamin D nicht oder in unzureichender Menge synthetisiert wird. Avitaminosen bzw. Hypovitaminosen begünstigen zahlreiche Krankheiten, wie Molchpest, Maulfäule, Infektionen durch Pseudomonas, Augenerkrankungen bei Wasserschildkröten, Störungen des Kalzium- und Phosphatstoffwechsels und dadurch bedingte Knochenveränderungen, Gicht, Hauterkrankungen und Zahnfleischblutungen bei Krokodilen.

Vitamin-A-Mangel führt bei jungen Wasserschildkröten zu Augenschäden. Es kommt zu einer Metaplasie und Schwellungen der Augendrüsen. Körperschäden, die im Zusammenhang mit einem Vitamin-A-Mangel stehen, sind Funktionsstörungen der Leber, der Nieren, der Schilddrüse und Fettstoffwechselstörungen. Derartige Mangelzustände sind bereits zu Beginn mit Vitaminpräparaten anzugehen. Am besten eignet sich ein Polyvitaminpräparat und zusätzliche Vitamin-A-Dosen. Die Vitamine kann man in das Futter hineinmischen oder mit einer Kanüle in ein Futtertier injizieren.

Vitamin-B-Mangel kommt zuweilen bei fischfressenden Schlangen, bei Wasserschildkröten und Krokodilen vor. Die Ursachen für diesen Mangel sind im Verfüttern thiaminasehaltiger Fische (Meeräschen, Elritzen, Goldfische und einiger anderer Karpfenfische) begründet. Die Folgen eines Vitamin-B-Mangels bestehen in Appetitlosigkeit, Abmagerung, Enteritis und Gleichgewichtsstörungen bis zum Tod. Die Therapie besteht in intramuskulären Injektionen von Vitamin B_1

in Dosierungen zwischen 40 und 50 mg pro kg Körpergewicht. Darüber hinaus sollten die Futtertiere mit Thiamin (Vitamin-B-Komplex) angereichert sein.

Vitamin-E-Mangel kommt durch Verfütterung von Vitamin-E-armer Nahrung, die reich an ungesättigten Fettsäuren ist, zustande. Besonders betroffen sind Krokodile, die mit Makrelen, Stinten, zu fetten Ratten usw. gefüttert werden. Das Verfüttern von ranzigem Fisch hat gänzlich zu unterbleiben. Krokodile werden am besten mit ganzen, nicht zu fetten Säugetieren, Hühnern, Küken, frischen Fischen und Vitamin-B-Zusätzen gefüttert. Die Symptome eines Vitamin-E-Mangels zeigen sich in Form einer Steatitis (Gelbfettkrankheit), die durch Appetitlosigkeit, Apathie, Leber- und Milzverfettung gekennzeichnet ist.

Einen **Vitamin-K-Mangel**, der bei Krokodilen von Zahnfleischblutungen begleitet wird, behandelt man durch intramuskuläre Injektionen von Vitamin K in Dosierungen von 0,5 mg pro kg Körpergewicht.

Am bekanntesten ist der **Vitamin-D-Mangel**. Es handelt sich hierbei um eine Unterversorgung dieses Vitamins bei gleichzeitigem Sonnenmangel. Das Verhältnis von Kalzium und Phosphaten in der Nahrung ist nicht gewährleistet. Die Folgen sind Störungen im Kalzium- und Knochenstoffwechsel. Die Symptome äußern sich in entkalkten, weichen, verdickten und gebogenen Knochen. Es kommt zu Mineralstoffverlusten, Verformungen und Knochenbrüchen. Krokodile zeigen verbogene Schnauzen, Schildkröten Panzererweichungen. Wirbelsäulenverkrümmungen sind bei Schlangen ein typisches Krankheitsbild.

Eine Besserung bzw. Behebung der Erkrankung besteht in einer Änderung des Speiseplans, wobei eine Vitamin-D-Anreicherung des Futters mit Vigantol und Multivitaminen unumgänglich ist. Ebenso wichtig ist hinreichend Sonnenlicht oder eine Bestrahlung mit Osram-Ultra-Vitalux aus einer Entfernung von 1 m. Dabei wird der Vitamin-D-Mangel behoben. Die Knochendeformierungen werden jedoch nicht wieder rückgängig gemacht.

Eine Überdosierung von Vitamin D über einen längeren Zeitraum führt zu Verkalkungen in den Blutgefäßen, Kalkeinlagerungen im Herz und in den Nieren und bei Schildkröten zu einem übermäßigen Wachstum der Hornschneiden.

Eine Schilddrüsenunterfunktion ist die Folge eines **Jodmangels**. Bei Landschildkröten bildet sich ein Kropf aus. Amphibien mit Schilddrüsenunterfunktion sind nicht zur Metamorphose befähigt. Um den Jodmangel und die Kropfbildung rückgängig zu machen, mischt man dem Futter oder dem Trinkwasser Kaliumjodid in geringen Mengen bei.

Schäden durch äußere Einwirkung

Als solche kommen Verletzungen jeglicher Art, wie Knochenbrüche, Panzerverletzungen, Verbrennungen, Hautschäden, Quetschungen und sonstige mechanische Einwirkungen, in Frage. **Knochenbrüche** werden fast immer durch Beißereien, unsachgemäßen Fang oder durch Unfälle verursacht. Sie führen oft zu sichtbaren Veränderungen der gebrochenen Knochenteile und zu entsprechenden Funktionsausfällen. Wenn bei einem Knochenbruch Gliedmaßen betroffen sind, sind im Bereich der Fraktur meist Schwellungen und Funktionsuntüchtigkeit festzustellen. In solch einem Fall ist eine Richtigstellung der Bruchstellen und Schienung des Gliedes die notwendige Behandlungsmethode. In der Literatur wird auch eine Knochennagelung unter Verwendung von Epoxydharzen angeraten. Die Operation sollte unter Narkoseschutz durchgeführt werden. In solch einem Fall kann man ohne die Hilfe eines erfahrenen Tierarztes kaum auskommen.

Die Bruchstücke verknöchern nach ungefähr sechs Wochen. Nach zwölf Wochen ist das gebrochene Glied soweit zusammengewachsen, daß es wieder bewegt werden kann. Die vollständige Ausheilung hat nach ungefähr 14 Monaten einen Abschluß gefunden.

Panzerbrüche bei Landschildkröten heilen in der Regel von selbst. Zum Schutze von Infektionen bepudert man die Bruchstellen mit einem Antibiotikapuder oder verwendet eine Sulfonamidsalbe.

Rippenbrüche bei Echsen und Schlangen sind meist unbehandelbar. Wie die meisten unbehandelten Knochenbrüche heilen sie von selbst aus, wenn sich keine Infektionen einstellen.

Verbrennungen kommen bei Reptilien besonders bei mutwillig angelegten Geländebränden im Freiland, aber auch bei fehlerhaft installierten Heizgeräten und Strahlern vor. Im Gelände sind vor allem Schildkröten von Verbrennungen betroffen, da sie im Falle der Gefahr oft keinen schützenden Unterschlupf finden. Bei leichten Verbrennungen behandelt man die Wundstellen mit 1%iger Tannin- oder Lebertransalbe. Bei schweren Verbrennungen entfernt man das abgestorbene und funktionsuntüchtig gewordene Gewebe und behandelt mit Antibiotikasalbe, um eine Infektion zu vermeiden.

Hautschäden entstehen nach Gewalteinwirkungen, wie Quetschungen, Biß-, Schnitt-, Stichverletzungen usw. Werden die entsprechenden Stellen nicht gesäubert und desinfiziert, so können allerlei Infektionen entstehen. Die Wunden heilen fast immer komplikationslos und verhältnismäßig rasch aus, wenn sie gesäubert, je nach ihrer Schwere chirurgisch versorgt und mit Antibiotika- oder Sulfonamidsalben behandelt werden. Wenn die Wunde vernarbt ist, kann es an der vernarbten Stelle bei der nächsten Häutung zu Häutungsschwierigkeiten kommen. Bei Amphibien werden leichte Verletzungen mit Kaliumpermanganatlösung behandelt.

Häutungsschwierigkeiten bei Echsen und Schlangen beruhen in der Regel auf einer zu trockenen Haltung. Die alte Haut löst sich nicht oder nur teilweise. Eine in Häutung steckengebliebene Echse oder Schlange setzt man ein oder zwei Tage in ein Gefäß mit lauwarmem Wasser (25 bis 30 °C). Die alte Haut löst sich nach einem derartigen Bad fast immer selbständig ab.

Vergiftungen

Vergiftungen kommen bei Amphibien und Reptilien aus den unterschiedlichsten Ursachen vor, wobei die Symptome ziemlich einheitlich sind oder einander sehr ähneln. Gleichgewichtsstörungen, Zittern, Krämpfe, Lähmungserscheinungen und Atembeschwerden deuten meist auf eine Vergiftung hin. Bei schwächeren Vergiftungen beobachtet man nicht selten Apathie, Erbrechen und Durchfälle.

Amphibien, die in unterschiedlichen Arten in zu hoher Dichte in zu kleinen Terrarien gehalten werden, können sich an den Hautsekreten der eigenen und anderer Arten vergiften. Die Symptome zeigen sich in zentralnervösen Störungen in Form von Krämpfen und Lähmungserscheinungen. Ein sofortiges Baden in Frischwasser und Umsetzen in ein größeres Terrarium kann bisweilen zu einer Heilung führen.

Das Bepudern oder Besprühen der Terrarientiere mit chlorierten Kohlenwasserstoffen wie DDT, Hexachlorcyclohexan usw. zur Bekämpfung von Ektoparasiten endet unweigerlich in baldigen Krämpfen, Atmungslähmungen und Tod.

Falls die Tiere über das Futter, wie Salat, Gemüse, Früchte oder Futtertiere usw., Insektizide mitaufgenommen haben, ist möglichst sofort ein Erbrechen der Nahrung herbeizuführen. Der Darm ist mit warmen Bädern und Abführmitteln zur Entleerung zu bringen. Zur schnelleren Ausscheidung des

Giftes über die Nieren empfehlen sich 50 ccm Wasser pro kg Körpergewicht oder 50 ccm einer 0,6%igen Kochsalzlösung pro Tier subkutan.

Auch Antibiotika, zu hoch dosierte Wurmmittel und sonstige, zu hoch dosierte Substanzen können eine giftige Wirkung entfalten. Um die gefährlichen Nebenwirkungen einer oral verabreichten Überdosis irgendeines Medikamentes rückgängig zu machen, verabreicht man Aktivkohle, die eine große Oberfläche besitzt und somit absorbierend wirkt. Bei den ersten Erscheinungen zentralnervöser Störungen schwemmt man sofort staubfeine Aktivkohle auf und spritzt sie dem Tier mit einer Sonde in den Magen.

Anomalien

Entwicklungsbedingte Anomalien sind bei Amphibien und Reptilien keine Ausnahmeerscheinungen. Die sich auf Form und Gestalt beziehenden Körperveränderungen sind sowohl genetisch bedingt oder können auf die Embryonalzeit zurückgeführt werden. Die endogen bzw. exogen hervorgerufenen Störungen treten im Terrarium und in freier Natur auf.

Permanent erhöhte oder zu niedrige Temperaturen oder eine zu hohe Feuchtigkeit während der Embryonalentwicklung können zu Mißbildungen, vor allem aber einer Vermehrung bestimmter Körperteile führen. Doppelköpfigkeit wurde bei verschiedenen Schlangen, Echsen und Schildkröten beschrieben. Siamesische Zwillinge sind von der Blindschleiche *(Anguis fragilis)* und der Wilden Dreiklaue *(Trionyx ferox)* bekannt. Aus einem Ei von *Naja melanoleuca* schlüpften bei mir zwei unterentwickelte eineiige Zwillinge. Kongenital verwachsene *Liasis al-*

bertisi erhielt ich vor Jahren aus einem Gelege derselben Art. Die Jungschlangen schlüpften nicht aus eigener Kraft. Ich mußte die Eischalen mit einer Rasierklinge öffnen. Alle Jungtiere waren tot. Ich führe den Mißerfolg auf eine erhöhte Substrat- und Luftfeuchtigkeit während der Inkubation der Eier zurück.

Hin und wieder treten doppelschwänzige Echsen auf. Auf anomale Temperaturschwankungen während der Embryonalzeit gehen auch schwanzlose Krokodile zurück.

Mißbildungen bei Amphibien und Reptilien sind auch auf Umweltbedingungen und auf Strahlenschäden zurückzuführen. Bei Mißbildungen läßt sich nicht entscheiden, ob sie auf genetischen oder entwicklungsgeschichtlichen Ursachen beruhen.

Gewisse Farbanomalien sind durchaus nicht immer negativ zu bewerten. So können beispielsweise melanistische Exemplare gewisser Schlangenarten (Kreuzotter, Aspisviper usw.) die Sonnenwärme besser ausnutzen, was vom Selektionswert her durchaus als positiv zu bewerten ist. Albinotische oder leukistische Exemplare sind wegen ihres oftmals schönen Aussehens und ihrer Seltenheit bei Liebhabern sehr begehrt. Da albinotische Individuen mancher Arten teilweise hohe Preise einbringen, bemüht man sich um eine vermehrte Nachzucht.

Falls eine Mißbildung, wie etwa ein Doppelschwanz bei einer Echse, ein überzähliger Zeh oder eine sonstige geringfügige Abweichung vom Normalen das betroffene Exemplar nicht stören, sollte man derartige Schönheitsfehler hinnehmen. Eine Mißbildung kann einem Tier allerdings auch Leiden und ein kurzes Leben einbringen, wobei eine Heilung in der Regel unmöglich ist. In solch einem Fall sollte man das betroffene Exemplar möglichst schmerzlos abtöten.

Terraristik und Rechtsfragen

Die Haltung von Terrarientieren ist an eine Reihe von Rechtsvorschriften gebunden, die der Terrarianer auf jeden Fall beachten muß, um sich unnötige Schwierigkeiten zu ersparen. Die Rechtsgrundlagen der Terrarientierhaltung betreffen sowohl nationales als auch internationales Recht.

Für den Terrarientierhalter, aber auch für öffentliche Institutionen, sind das Mietrecht, das polizeiliche Erlaubnisrecht, veterinärhygienische Bestimmungen und Tierschutz- sowie Artenschutzgesetze rechtsverbindliche Gesichtspunkte, die unbedingt einzuhalten sind. Ein Vermieter kann einen Mieter verklagen, wenn der Mietvertrag eine Tierhaltung grundsätzlich ausschließt. In solch einem Falle sollte sich der Mieter eine neue Wohnung suchen. Ist dieser Passus im Mietvertrag nicht enthalten, kann der Vermieter eine sachgemäße Tierhaltung nicht untersagen, solange die übrigen Mieter dadurch nicht beeinträchtigt werden.

Das polizeiliche Verwaltungsgesetz betrifft die Haltung und Pflege von Giftschlangen, großen Riesenschlangen, Krokodilen und Großechsen. In § 367 Abs. 1, Ziff. 11 des Strafgesetzbuches heißt es: »Wer ohne polizeiliche Erlaubnis gefährliche, wilde Tiere hält oder wilde oder bösartige Tiere frei umherlaufen läßt oder in Ansehung ihrer Gefährlichkeit die erforderlichen Vorsichtsmaßregeln zur Verhütung von Beschädigungen unterläßt, wird ... bestraft.« Ungiftige Schlangen bis zur Größe von ca. 3 m sind im Sinne des § 367 weder wild noch bösartig oder gefährlich, zumal kaum ein Schlangenpfleger auf den Gedanken kommen dürfte,

seine Tiere frei umherlaufen zu lassen. Die Amphibien, aber auch kleine und mittelgroße Echsen wie die Schildkröten, fallen nicht unter diesen Paragraphen. Zur Pflege der genannten Großreptilien ist jedoch eine polizeiliche Genehmigung erforderlich, die erteilt wird, wenn gewisse Auflagen erfüllt sind. Die Vorsichtsmaßregeln umfassen feste und ausbruchsichere Behälter in gesonderten Räumen, die Unbefugten nicht zugänglich sind. Die Räume, in denen die sogenannten gefährlichen Tiere leben, sollten von anderen Personen nur im Beisein des Pflegers betreten werden.

Im Falle der Giftschlangenhaltung sollten entsprechende Giftschlangen-Sera und »Venomex« vorhanden sein. »Venomex« ist ein Gerät, dessen Anwendung in vielen, wenn nicht den meisten Fällen den fatalen Ausgang eines wirklich ernst verlaufenden Giftschlangenbisses verhindert. Über den Mechanismus und die Wirkungsweise von »Venomex« habe ich in meinem Buch »Schlangen im Terrarium«, Band 2, Giftschlangen, ausführlich berichtet (s. Literaturverzeichnis).

Als weitere Voraussetzung zur Haltung von Großreptilien, die unter Umständen einen Menschen gefährden könnten, wird gelegentlich eine Haftpflichtversicherung verlangt.

Im Ernstfalle lassen sich die Folgen aus der Tierhaltung, die in Ausnahmesituationen theoretisch auftreten können, wirkungsvoll auf ein Mindestmaß eingrenzen. In besonderem Maße sollte sich der Giftschlangenpfleger der strafrechtlichen Konsequenzen und

Probleme bewußt sein, die auf ihn zukommen, wenn durch Fahrlässigkeit ein Unbeteiligter (auch Familienmitglieder) zu Schaden kommt. Derartige Unfälle ziehen stets strenge, strafrechtliche Maßnahmen nach sich, wie auch Schadenersatz zu leisten ist.

Große Riesenschlangen, Krokodile und Großechsen, die ebenfalls unter den § 367 fallen, wirken zwar auf manchen Laien bedrohend, sind aber in der Regel harmlose Tiere, gegen deren Haltung durch Reptilienliebhaber nichts einzuwenden ist. Sie können keine Gefahr für die Öffentlichkeit darstellen.

Unabhängig von § 367 hier noch einige Ratschläge zur eigenen Sicherheit des Pflegers.

Neben Seren und »Venomex« (dieses wird vor allem bei Serumunverträglichkeit verwendet) sollte stets eine sterile Injektionsspritze mit entsprechenden Kanülen, sterile Rasierklingen, Verbandszeug, ein Lederriemen oder ein kräftiges Gummiband zum Abbinden bereitgehalten werden. Die meisten Giftschlangenbisse erfolgen während der Wartungsarbeiten im Terrarium. Alle Arbeiten im Giftschlangenbehälter, wie Kotentfernung, Reinigung der Trinkgefäße, Säuberung der Terrarienscheiben usw., sind stets in Ruhe und mit Bedachtsamkeit auszuführen. Hektische Bewegungen, die einen Giftschlangenbiß auslösen können, sind in jedem Fall zu unterlassen. Verschließbare Schlupfkästen in Giftschlangenterrarien, in die sich die Giftschlangen während der Wartungsarbeiten verkriechen können, stellen für den arbeitenden Pfleger einen sicheren Schutz dar. Um nicht in gefährliche Nähe zum Schlangenkopf kommen zu müssen, sollten die Schlangenhaken und die Futterpinzetten möglichst lang sein. Beim Hantieren mit Speikobras ist immer ein Schutz zu tragen, der das ganze Gesicht bedeckt.

Bevor sich ein Terrarianer zur Haltung von Giftschlangen entscheidet, sollte er möglichst über Erfahrungen in der Haltung von ungiftigen Schlangen verfügen. Der Gesundheitszustand eines Menschen ist bei einem Bißunfall von größter Bedeutung. Eine solide Gesundheit entscheidet in vielen, wenn nicht gar den meisten Fällen, ob ein Giftschlangenbiß einen glimpflichen oder folgenschweren Verlauf nimmt. Daher sollte der Giftschlangenpfleger keine Herz- und Kreislaufschäden, keine Nierenerkrankungen und Allergien aufweisen. Er sollte sich eine gesunde Lebensführung zu eigen machen und auf Tabak und Alkohol gänzlich verzichten.

Aus veterinärhygienischer Sicht dürften Terrarientiere keine pathogenen Bakterien auf den Menschen übertragen. Nach den Angaben von MARKUS (1983) sollen aber in den USA in einer Anzahl von Fällen auch Schildkröten für die Ansteckung mit Salmonellen verantwortlich gewesen sein.

Neben den aufgezählten Rechtsvorschriften sind bei Im- und Exporten aus und in andere Länder neben Zoll- und Außenhandelsgesetzen vor allem das »Übereinkommen über den internationalen Handel mit gefährdeten Arten freilebender Tiere und Pflanzen«, kurz als »Washingtoner Artenschutzübereinkommen (WA)« bekannt, zu beachten. Durch das WA, das am 3. 3. 1973 in Washington beschlossen wurde und am 1. 7. 1975 in Kraft trat, wird der internationale Handel mit gefährdeten, freilebenden Pflanzen- und Tierarten reglementiert. Die Im- wie auch die Exporte gewisser Pflanzen und Tiere unterliegen nach diesem Übereinkommen einer Genehmigungspflicht durch die Vertragsstaaten, von denen es heute über 90 gibt. Dadurch soll die vollständige Ausrottung gefährdeter Pflanzen- und Tierarten verhindert werden. Die Ein- und Ausfuhren betreffen jedoch nicht nur lebende Pflanzen und Tiere, sondern auch Teile und Produkte davon. Das WA, das ungefähr 2000 Tier- und 30 000 Pflanzenarten einschließt, ist in drei Anhänge oder Listen aufgegliedert. Maßgeblich für die drei Anhänge und die mehr oder weniger strengen Handelsbeschränkungen sind die Gefährdungsgrade der aufgenommenen Arten. Unter Anhang I findet man die Arten, die von der Ausrottung bedroht sind. Für Arten, die unter Anhang I stehen, gilt ein Handelsverbot. Unter Anhang II findet man die weniger bedrohten Arten. Anhang I und Anhang II unterliegen situationsbedingten Verschlechterungen bzw. Verbesserungen und damit ständigen Abänderungen, die sich im Turnus von zwei Jahren in Zusätzen oder Streichungen widerspiegeln. So können Arten von Anhang II in Anhang I, bzw. aus Anhang I in Anhang II überführt werden. Der Anhang III beinhaltet alle die Arten, die von den einzelnen Vertragsstaaten für ihr Staatsgebiet als gefährdet angesehen werden. Arten aus Anhang III werden von den Vollzugsbehörden so wie Arten, die unter Anhang II stehen, behandelt.

Bei Tausch- und Handelsgeschäften der besonders geschützten Arten müssen Liebhaber wie auch Händler der zuständigen Landesbehörde nachweisen, daß die Tiere in Übereinstimmung mit den Vorschriften des WA erworben wurden. Der Nachweis kann z. B. durch erteilte Einfuhrgenehmigungen, die die Herkunft der Exemplare belegen, erbracht werden. Dies geschieht entweder mit der Durchschrift der Einfuhrgenehmigungen für den Berechtigten oder der Einfuhrbescheinigung für den Einführer. Für nicht aus Drittländern eingeführte WA-Exemplare (z. B. aus eigenen Nachzuchten) stellt die zuständige Landespflegebehörde sog. Cites-Bescheinigungen aus.

Neben Ein- und Ausfuhrgenehmigungsvorschriften gibt es weitere Reglementierungen, die gegenüber den zuständigen Länderbehörden zu erfüllen sind. Werden in unserem Falle Amphibien und Reptilien der besonders geschützten Arten gehalten, unterliegen sie der Meldepflicht nach § 10 der Bundesartenschutzverordnung. Der zuständigen Landesbehörde (z. B. Untere Natur-

schutzbehörde) sind schriftlich unverzüglich Inbesitznahme, Zugang (z. B. durch Nachzucht) und Abgang (Abgabe, Tausch, Tod) mit einer Beschreibung des einzelnen Exemplares zu melden. Stellen die zuständigen Behörden fest, daß Tiere und Pflanzen ohne die erforderlichen Genehmigungen ein- oder ausgeführt werden, so werden sie beschlagnahmt. Dem Betroffenen kann aufgegeben werden, die Genehmigungen einzuholen. Steht allerdings fest, daß eine Genehmigung nicht erteilt wird – etwa bei Exemplaren vom Aussterben bedrohter Arten –, so werden diese endgültig eingezogen. Die entstehenden Kosten, wie Unterbringung, Verpflegung usw., werden dem Ein- oder Ausführer auferlegt.

Da das WA in zweijährigem Wechsel ständigen Abänderungen unterliegt und sich der Vollzug der Verordnungen parallel dazu ändert, sei auf eine Niederschrift der in den drei Anhängen aufgeführten Amphibien und Reptilien verzichtet. Falls ein Terrarianer diese Listen benötigt, empfehle ich einen Besuch bei der für ihn zuständigen Unteren Naturschutzbehörde oder beim Bundesamt für Ernährung und Forstwirtschaft, Adickesallee 40, 6000 Frankfurt/Main, wo er die für ihn notwendigen Informationen bzw. schriftlichen Unterlagen erhält.

Neben dem WA sind zwei weitere Verordnungen für den Terrarianer verpflichtend. Es handelt sich um die EG-Verordnung Nr. 3626/82, nach der für eine Reihe von Amphibien- und Reptilienarten zusätzliche Vorschriften gelten, und die Bundesartenschutzverordnung (BArtSchV). Letztere, die am 25. 8. 1980 erlassen und am 30. 8. des gleichen Jahres ausgegeben wurde, verbietet den Erwerb, den Handel und den Besitz der europäischen freilebenden Amphibien und Reptilien. Ausgenommen davon sind Exemplare, die unter Obhut des Menschen nachgezüchtet sind sowie Tiere, die bereits vor Inkrafttreten der Verordnung gepflegt wurden. Beide Verordnungen kann man bei den zuständigen Behörden einsehen bzw. sich die entsprechenden Unterlagen geben lassen. Die erwähnte Bundesartenschutzverordnung gebe ich an dieser Stelle auszugsweise wieder, soweit sie die einheimischen und europäischen Amphibien- und Reptilienarten betrifft.

Verordnung über besonders geschützte Arten wildlebender Tiere und wildlebender Pflanzen (Bundesartenschutzverordnung – BArtSchV) vom 25. August 1980 (Bundesgesetzblatt, Jahrgang 1980, Teil I, Anlage 1 zu § 1 Abs. 1 Nr. 1):

a) Besonders geschützte Tierarten

I. Vertebrata	Wirbeltiere
3. Reptilia spp.	Kriechtiere – alle europäischen Arten, insbesondere:

Ablepharus kitaibelii	Johannisechse
Algyroides marchi	Spanische Kieleidechse
Chamaeleo chamaeleon	Gewöhnliches Chamäleon
Coluber hippocrepis	Hufeisennatter
Cyrtodactylus kotschyi	Ägäischer Nacktfingergecko
Elaphe longissima	Äskulapnatter
Elaphe quatuorlineata	Vierstreifennatter
Elaphe situla	Leopardnatter
Emys orbicularis	Europäische Sumpfschildkröte
Lacerta lepida	Perleidechse
Lacerta parva	Zwerg-Zauneidechse
Lacerta princeps	Zagros-Eidechse
Lacerta simonyi	Hierro-Rieseneidechse
Lacerta viridis	Smaragdeidechse
Mauremys caspica	Spanische Sumpfschildkröte

Natrix tessellata	Würfelnatter
Podarcis filfolensis	Malta-Eidechse
Podarcis lilfordi	Balearen-Eidechse
Podarcis muralis	Mauereidechse
Podarcis sicula	Ruineneidechse
Testudo graeca	Maurische Landschildkröte
Testudo hermanni	Griechische Landschildkröte
Testudo marginata	Breitrandschildkröte
Vipera ammodytes	Sandotter
Vipera aspis	Aspisviper
Vipera kaznakovi	Kaukasus-Otter
Vipera latasti	Stülpnasenotter
Vipera lebetina	Levante-Otter
Vipera ursinii	Spitzkopf- oder Wiesenotter
Vipera xanthina	Bergotter

4. Amphibia ssp.	Lurche – alle europäischen Arten, insbesondere:

Alytes cisternasii	Iberische Geburtshelferkröte
Alytes obstetricans	Geburtshelferkröte
Bombina bombina	Rotbauchunke
Bombina variegata	Gelbbauchunke
Bufo calamita	Kreuzkröte
Bufo viridis	Wechselkröte
Chioglossa lusitanica	Goldstreifensalamander
Hyla arborea	Laubfrosch
Pelobates cultripes	Messerfuß
Pelobates fuscus	Knoblauchkröte
Proteus anguinus	Grottenolm
Rana arvalis	Moorfrosch
Rana dalmatina	Springfrosch
Rana latastei	Italienfrosch

Salamandra luschani	Lycischer Salamander
Salamandrina terdigitata	Brillensalamander
Triturus cristatus	Kammolch

Die Bundesartenschutzverordnung suggeriert einen Schutz der europäischen Herpetofauna. Daß es sich bei dieser Verordnung aber um einen Eitkettenschwindel handelt, dürfte klar sein. Gerade die ernsthaften Terrarianer, die Aquarianer, die Vogelzüchter usw. gehören der Lobby an, die sich bemüht, die wahren Ursachen des Artenschwundes zu mindern oder gar zu stoppen.

Sicherlich wird die Individuenstärke einer Art durch jahrelange Sammeltätigkeit an den gleichen Stellen verringert. Ist der Biotop aber weiträumig und intakt, so wird eine bestimmte Art durch eine begrenzte Sammeltätigkeit von wenigen Individuen in keiner Weise in ihrer Existenz bedroht.

Daß der gewerbsmäßige Handel und Erwerb von Wildfängen durch das betreffende Gesetz untersagt worden ist, ist durchaus ein Schritt in die richtige Richtung. Es läßt sich aber in keiner Weise verstehen, daß die Naturschutzverordnungen nur Privatpersonen betreffen und solche Institutionen nicht belangt werden, die durch Biotopvernichtungen in riesigem Ausmaß weiterhin ganze Biozönosen vernichten. Zahlreiche biotopzerstörende Projekte werden darüber hinaus durch Steuergelder subventioniert. Somit ist die Ausrottung der meisten Arten, die sich nicht oder kaum an eine menschengemachte Umwelt anpassen können, trotz BArtSchV vielleicht nur noch eine Frage der Zeit. Wird der Biotop zerstört, wie das beim Zuschütten von Tümpeln, Weihern, Teichen, Gräben und Kiesgruben, beim Bau von Autobahnen durch Heide-, Moor- und Waldgebiete, bei der Asphaltierung der Landschaft, bei Bach- und Flußbegradigungen, beim Anlegen von Industriegebieten, bei der Überdüngung des Bodens, bei der Versprühung von Pestiziden usw. der Fall ist, dann werden nicht nur einzelne Individuen aus ihrem Lebensumfeld herausgerissen, sondern die gesamte Lebensgemeinschaft in einem bestimmten Gebiet zerstört.

Ausgewählte Terrarientiere

In diesem Kapitel wird vor allem die Pflege und Nachzucht von solchen Amphibien und Reptilien beschrieben, die regelmäßig im Tierhandel erhältlich sind, die im Rundbrief der DGHT (Deutsche Gesellschaft für Herpetologie und Terrarienkunde) und in den Kleinanzeigen von Aquarien- und Terrarienzeitschriften als Nachzuchten zum Kauf oder Tausch angeboten werden. Weiterhin Arten, die man wegen ihrer Häufigkeit heute noch sammeln darf und schließlich solche Terrarientiere, deren Haltung und Verhalten bekannt, deren Nachzucht jedoch schwierig, aber schon mehrfach gelungen ist. Einige beschriebene Arten dürfen ohne Cites-Bescheinigung nicht gehalten werden. Da sie aber regelmäßig nachgezüchtet werden und korrekte Cites-Bescheinigungen daher erhältlich sind, wurden sie dennoch hier erwähnt. Natürlich können an der Vielzahl der Terrarientiere hier nur einige Arten beispielhaft beschrieben werden. Da die Ansprüche eng verwandter Arten aber sehr ähnlich sind, kann man sie durchaus auch auf andere Arten derselben Gattung oder Familie übertragen. Dennoch empfiehlt es sich, bei Unklarheiten auf Spezialliteratur zurückzugreifen (s. Literaturverzeichnis Seite 307).

Amphibien

Schwanzlurche (Urodela)

Cryptobranchidae (Riesensalamander)

Cryptobranchus alleganiensis
Schlammteufel

<u>Kennzeichen:</u> *Cryptobranchus alleganiensis,* der in den beiden Unterarten *Cryptobranchus alleganiensis alleganiensis* und *Cryptobranchus alleganiensis bishopi* vorkommt, gehört zu den urtümlichsten Schwanzlurchen. Der Sexualdimorphismus spiegelt sich zur Paarungszeit vor allem durch den stärkeren Kloakenwulst der Männchen gegenüber den Weibchen wieder, aber auch in der Körpergröße. Die größeren Weibchen von *Cryptobranchus alleganiensis alleganiensis* erreichen Körperlängen von 74 cm, während die Männchen höchstens 68,8 cm lang werden. Die Maximallänge der Unterart *bishopi* beträgt 62 cm. Die beiden Unterarten unterscheiden sich vor allem in der Färbung, wobei *Cryptobranchus alleganiensis bishopi* eine deutlichere Fleckung als die Nominatform zeigt. die ziegelrote bis dunkelbraune oder schwarzbraune Körperoberseite ist von hellen und dunklen Flecken unregelmäßiger Größe und Gestalt durchsetzt. Die Bauchseite kann einfarbig oder gefleckt sein. Der Kopf ist groß, auffallend flach und an der Schnauze abgerundet. Die Mundspalte ist sehr breit. Die kleinen, dunklen Augen stehen seitlich. Der fleischig-dicke Rumpf zeigt eine dorsoventrale Abplattung. Die Flanken sind von einer längs verlaufenden Hautfalte ge-

Der Schlammteufel (Cryptobranchus alleganiensis) ist einer der größten Schwanzlurche und ein begehrtes Aquarientier.

säumt. Die beiden kräftigen, kurzen Gliedmaßenpaare haben vorne und hinten fünf Finger. Der seitlich abgeflachte Schwanz zeigt auf der Oberseite einen dünnen Hautsaum. Typisch für den Schlammteufel sind die beiden Kiemenöffnungen – zuweilen existiert linksseitig hinter dem Kopf nur eine einzige – und die vier Kiemenbögen. Trotz gut entwickelter Lungen vollzieht sich die Atmung zu 90 % durch die schleimige Haut.

Herkunft und Lebensraum: Die Nominatrasse ist in den östlichen Vereinigten Staaten vom südlichen und westlichen New York bis ins nördliche Georgia, Alabama, Mississippi und westwärts bis nach Missouri und Südost-Kansas verbreitet. Die Unterart *bishopi* bewohnt ein kleines Gebiet in Südost-Missouri und Nordost-Kansas. *Cryptobranchus alleganiensis* bewohnt stets schnell fließende, klare, sauerstoffreiche, große Bäche und kleine Flüsse mit sandig-kiesigem Untergrund, der von kleinen und großen Felsbrocken durchsetzt ist. Im

Jahre 1975 besuchte ich den Coopers Creek in Nord-Karolina, der in den Great Smoky Mountains liegt. Der rotbraune Bodengrund des Coopers Creek ist sandig-kiesig und von kleineren und größeren Felsbrocken durchsetzt, die neben den im Wasser liegenden Ästen und umgefallenen Baumstämmen eine Unmenge von Schlupfwinkeln schaffen. Das Ufer ist von Büschen und Bäumen dicht bewachsen und stellenweise eher schattig als sonnig. In dem kühlen, sauerstoffreichen und klaren Wasser des Cooper Creeks lebt *Cryptobranchus alleganiensis*. Am 30. Juni 1973 gelangen meinem Freund Joel Volpi und mir der Fang von je einem Exemplar des Schlammteufels an seichten Stellen unter schräg im Wasser liegenden Steinen.

Haltung und Pflege: Die Pflege geschieht ausschließlich in einem schattig stehenden Aquarium, denn der Schlammteufel ist ziemlich lichtscheu. Der Bodengrund soll aus peinlichst sauber gewaschenem grobem Reinsand bestehen. Einige große, flache Steine werden so am Boden des Aquariums aufgestellt, daß das Tier einen passenden Unterschlupf findet. Ganz wesentlich zur Gesunderhaltung ist ein vollfunktionierender Filter, der das 10 bis 18 °C warme Wasser, das im Sommer auch auf 20 bis 22 °C steigen darf, in ständiger Bewegung und sauber hält und mit Stickstoff anreichert. Eine passende Deckscheibe, die ein Entweichen des Tieres unterbindet, ist unverzichtbar. Ich habe über mehrere Jahre einen Schlammteufel von ca. 20 cm Körperlänge in einem Aquarium (60 × 33 × 30 cm gepflegt. Ein Tier vonn ca. 35 cm Körperlänge, das ich augenblicklich pflege, lebt in einem sehr gut gefilterten Aquarium (80 × 40 × 40 cm). In freier Natur ist *Cryptobranchus alleganiensis* ein Einzelgänger, worauf man auch im Aquarium unbedingt Rücksicht nehmen muß. Zu mehreren vergesellschaftet, sollte man die Tier in einem sehr großen Aquarium mit zahlreichen Schlupfplätzen halten, da sie sich gegenseitig stören, rastlos hin- und herschwimmen, keine oder kaum Nahrung annehmen und unter Umständen scheinbar am Streß ohne äußere Krankheitszeichen eingehen. Ihrem Naturell entsprechend sind einzeln gehaltene Exemplare sehr ruhig und liegen stets unter dem gleichen Stein. Das Beutespektrum besteht unter natürlichen Bedingungen aus Krebsen, Fischen, Wasserinsekten und deren Larven, Würmern, Schnecken, Eiern der eigenen Art, Kaulquappen, Fröschen, Kröten und selbst Aas. Ich füttere meine Schlammteufel wöchentlich bis monatlich in unregelmäßigen Zeitabständen mit Regenwürmern und Forellenstückchen von der Pinzette, die ich vor dem Maul hin- und herbewege. Die Beute wird optisch, durch den Geruch und mit Hilfe des Tastsinns wahrgenommen. Mit einem plötzlichen Saugschnappen zur Seite hin oder nach vorne wird der Futterbrocken gepackt und verschlungen.

Nachzucht: Die Fortpflanzung von *Crypto-branchus alleganiensis* wurde sowohl in freier Natur wie auch unter Laborbedingungen beobachtet. In Europa wurde die Art meines Wissens noch nicht zur Nachzucht gebracht. Die Angaben über das Fortpflanzungs- und Brutpflegeverhalten stammen von SMITH (1912) und NICKERSON und MAYS (1973). Je nach geographischer Lage beginnt die Fortpflanzungszeit gegen Ende August und endet Anfang November. In dieser Zeit legt das Männchen meist nachts unter Felsbrocken, unter großen Steinen oder unter am Gewässergrund liegenden Baumstämmen im Bodengrund ein untertassenförmiges Nest an. Bevor das Nest fertiggestellt ist, nähern sich die Weibchen dem Männchen, das sie in das Nest treibt. Wenn ein Weibchen widerspenstig ist, wird es vom Männchen so lange gefangen gehalten, bis es seine Eier abgelegt hat. Einige Weibchen besetzen oft ein gemeinsames Nest, in das zuweilen über 1000 Eiern abgelegt werden. Zum Laichen nimmt das Männchen jedes Weibchen an. Bei Austritt der gelatinösen, perlenkettenähnlichen Eisträge aus der Kloake des Weibchens ergießt das Männchen seine milchige Samenflüssigkeit und ein Kloakensekret ins Wasser und wirbelt beide durch Körperbewegungen auf die 200 bis 500 Eier. Die Befruchtung ist eine äußere. Gelegentlich laicht das Männchen mit mehreren Weibchen ab. Die vom Männchen gefressenen Eier schwanken zwischen 15 und 25, bei den vom Laichakt ermatteten Weibchen können es mehr sein. Das Männchen bewacht in der Folgezeit die Eisträge und vertreibt jeden Eindringling aus seinem Territorium. Die Larven, die nach 68 bis 84 Tagen schlüpfen, haben äußere Kiemen und messen am Anfang ungefähr 29 cm. Auf dem Rücken sind sie deutlich pigmentiert. Ihre Schwänze sind breit und flach, die dorsalen Hautsäume erstrecken sich bis über die Hinterbeine hinaus. Im ersten Jahr erreichen die Larven eine Länge von 68 bis 70 mm, im zweiten Jahr zwischen 100 und 130 mm und im dritten Jahr zwischen 140 und 267 mm. Eineinhalb bis zwei Jahre nach dem Schlüpfen bilden sich die äußeren Kiemen zurück. Die Geschlechtsreife tritt nach fünf bis sechs Jahren ein. Über die Aufzucht junger Schlammteufel wird in der einschlägigen Literatur nicht berichtet. Die Ernährung mit Wasserflöhen, Mückenlarven, Tubifex, Enchyträen, kleinen Regenwürmern und sonstigem Süßwasserplankton dürfte aber der anderer großer Schwanzlurchlarven entsprechen. Daß das Wasser stets gefiltert werden muß und teilweise durch frisches zu ersetzen ist, dürfte selbstverständlich sein.

Ambystomatidae (Querzahnmolche)

Ambystoma maculatum
Fleckensalamander

Kennzeichen: Der Fleckensalamander ist ein stämmiger Landsalamander, dessen Körperoberseite in der Grundfärbung zwischen schwarz, schwarzblau, dunkelgrau oder schwarzbraun variiert. Zwei Reihen unregelmäßig angeordneter gelber bis orangefarbener Flecken ziehen sich von der Kopfoberseite bis über den Schwanz hinweg, wo sie teilweise miteinander verschmelzen und am Ende eine Reihe bilden. Ungefleckte Exemplare sind Ausnahmeerscheinungen. Die schiefergraue Bauchseite zeigt kleine, weiße Punkte. Der breite Kopf setzt sich deutlich vom Körper ab. Die Augen sind verhältnismäßig groß und leicht vorstehend. Zu beiden Seiten des Rumpfes befinden sich Seitenfurchen. Der Schwanz ist im Querschnitt rund bis oval. Erwachsene Exemplare haben Körperlängen zwischen 15 und knapp 25 cm. Die Männchen sind in der Regel ein wenig größer und schlanker als die Weibchen. In der Fortpflanzungsperiode zeichnen sie sich durch eine etwas vorstehende Kloakalöffnung aus.

Herkunft und Lebensraum: Der Fleckensalamander ist von Südost-Kanada über die mittleren und östlichen Vereinigten Staaten bis nach Nordostflorida, Lousiana und Nordtexas verbreitet. Er lebt oft in großer Anzahl in Laub- und Mischwäldern, die von Tümpeln, allerlei temporären Wasseransammlungen und langsam dahinfließenden Bächen durchsetzt sind. Da sich der Fleckensalamander meist in der Dunkelheit im Erdboden unter Steinen, Baumstämmen, altem Holz und Laubansammlungen aufhält, wird er nur selten auf der Erdoberfläche angetroffen.

Haltung und Pflege: Da die genannte Art die meiste Zeit des Jahres an Land lebt und sich nur im Frühjahr zur Fortpflanzungszeit ins Wasser begibt, sollte man ein geräumiges, hell bis schattiges aber nicht besonntes Aquaterrarium mit einem weiten Landteil und einem nicht zu kleinen Wasserteil einrichten. Als Bodengrund eignet sich humushaltige Walderde, die von Moosplatten bedeckt ist. Morsche Äste und Rindenstücke vervollständigen die Einrichtung. Als Pflanzen eignen sich Efeu und eingetopfte Farne.

Während der Aktivitätsperiode sind Temperaturen zwischen 17 und 21 °C angezeigt. Die Höhe des Wasserstandes im Wasserbehälter sollte zwischen 10 und 20 cm betragen. Das Ufer ist so anzulegen, daß die Tiere den Wasserbehälter mühelos verlassen können. Als Futter bietet man Regenwürmer, Nacktschnecken, Insekten, Maden, Engerlinge, Raupen, Spinnen und Tausendfüßer an. *Ambystoma maculatum* sollte bei etwa 10 °C überwintert werden.

Nachzucht: Je nach der geographischen Lage, aus der die Tiere stammen, findet die Fortpflanzung zu unterschiedlichen Zeiten statt. Exemplare aus dem Norden laichen von März bis Mitte April, solche aus dem Smoky Mountains in den Apalachen von Januar bis Februar und solche aus dem Süden von Dezember bis Februar. Steigende Temperaturen und warme Regenfälle im Frühjahr sind die Auslöser für die Wanderungen zu den Laichgewässern. Oftmals versammelt sich eine große Schar von Fleckensalamandern im gleichen Gewässer. Die Männchen und Weibchen schwimmen vor der Paarung kreisförmig umeinander herum, wobei die Köpfe der Partner zu den Schwanzspitzen gerichtet sind. Die Tiere sondern Sexualhormone ab, was zu einem gegenseitigen Beriechen und Reiben führt. Schließlich setzt das Männchen eine Spermatophore am Gewässergrund ab, die das Weibchen mit der Kloake aufnimmt. Die Befruchtung läuft im Körperinneren des Weibchens ab.

Das Weibchen legt eine oder mehrere kompakte Eimassen, die die Form von Trauben haben und 6,4 bis 10,2 cm im Durchmesser messen. Sie werden an untergetauchten Zweigen und anderen Gegenständen abgesetzt. Die Anzahl der Eier in einer Eimasse variiert zwischen einem Dutzend und 250. Das einzelne Ei ist 2½ bis 3 mm groß und läßt einen dunkelgrauen oder dunkelbraunen oberen Pol und einen schmutzigweißen bis gelblichen unteren Pol erkennen. Je nach Höhe der Temperatur schlüpfen die Larven in freier Natur nach einer Inkubationsdauer von 31 bis 54 Tagen.

Nach der Eiablage werden die Elterntiere entfernt, da sie sich zuweilen an den Eiern und an den Larven vergreifen. Man kann die Eier auch auf einzelne Behälter und Plastikschalen verteilen, wobei die Temperaturen und die chemischen Werte des Wassers mit denen des Ausgangswassers übereinstimmen müssen. Als erstes Aufzuchtfutter verwendet man Artemien und Tümpelplankton. Mit zunehmendem Wachstum finden Cyclops, Daphnien und Mückenlarven als Futter Verwendung. Zwei bis vier Monate nach erfolgtem Schlupf findet die Metamorphose zum fertigen Molch statt, der jetzt eine Länge von ungefähr 64 mm aufweist. Die gelbe oder orangefarbene Fleckenzeichnung erscheint im Verlauf von einer Woche nach der Gestaltumwandlung. Die zum Landleben übergegangenen Jungmolche sind mit kleinsten Regenwürmern, Enchytraen usw. zu füttern. In einem Alter von zwei bis drei Jahren sind die Jungmolche geschlechtsreif geworden. Das Höchstalter beträgt ungefähr 20 Jahre.

Ambystoma opacum
Marmorquerzahn-Salamander

Kennzeichen: Dieser stämmige und gedrungen gebaute Landsalamander erreicht eine Körperlänge zwischen 8,9 und 12,7 cm. Auf dunkelgrauem bis schwarzem Rumpf und Schwanz verlaufen weiße bis silberfarbene Querbänder, die auf den beiden Rumpfseiten zu Längsbändern verschmelzen können. Der Kopf ist von einem gleichgefärbten Fleck bedeckt, der in der Mitte einen schwarzen Kern aufweist. Die Bauchseite ist schwarz. Die weißen Flecken sind bei männlichen Tieren heller als bei weiblichen, wie die Männchen auch ein wenig kürzer und schmaler als die Weibchen sind. Die Männchen zeichnen sich gegenüber den Weibchen außerdem durch eine etwas vorstehende Kloakalöffnung aus.

Herkunft und Lebensraum: Das Verbreitungsgebiet dieser sehr attraktiven Art erstreckt sich vom Nordosten der USA von New Hampshire westwärts bis zum Eriesee und in den Süden bis nach Nordflorida und Osttexas. Die Art ist in Laub- und Mischwäldern häufig, die einen sandigen bis kiesigen Untergrund aufweisen und von allerlei Gewässern durchsetzt sind oder an Bäche und Flüsse angrenzen. Darüber hinaus kommt sie auch an trockenen Berghängen vor, wenn diese von Sümpfen gesäumt werden. Wie *Ambystoma maculatum* hält sich auch *Ambystoma opacum* im Erdboden unter Steinen, vermodernden Baumstämmen, altem Holz, Rindenstücken, Laubansammlungen und Moos auf. Nur selten wird der Marmorquerzahn-Salamander auf der Erdoberfläche angetroffen.

Haltung und Pflege: Da *Ambystoma opacum* ähnliche Lebensbedürfnisse wie *Ambystoma maculatum* hat, ist auch der Marmorquerzahn-Salamander in einem nur mäßig feuchten Waldsalamander-Terrarium zu pflegen. Während der Aktivitätsperiode verlangen die

Tiere Wasser- und Lufttemperaturen zwischen 18 und 22 °C, die während der zwei- bis dreimonatigen Überwinterung auf ungefähr 10 °C abzusenken ist.

Nachzucht: Das Fortpflanzungsverhalten von *Ambystoma opacum* unterscheidet sich wesentlich von den meisten Arten dieser Gattung. Die Paarung findet im Herbst und ausschließlich auf dem Land statt. Regenfälle wirken auf die Tiere paarungsstimulierend. Marmorquerzahn-Salamander aus dem Norden ihres Verbreitungsgebietes paaren sich zwischen September und Oktober, solche aus dem Süden zwischen Oktober und Dezember. Das eigentliche Paarungsverhalten ähnelt dem von *Ambystoma maculatum* weitgehend, wobei die Tiere sich im Kreis bewegen und die Schwänze mit den Schnauzen berühren. Die Befruchtung der Eier ist eine innere, da sie sich im Körper des Weibchens vollzieht. Das Weibchen legt seine 50 bis 200 Eier unter Steinen, morschem Holz und Blättern ab oder es baut selbst eine Bruthöhle unter Blättern. Nach der Eiablage ringelt sich das Muttertier um sein Gelege, das es mit Hilfe von Flüssigkeit aus der Analblase feucht hält. Bei den einsetzenden, oft schweren Herbstregen werden die Nisthöhlen überschwemmt und die ca. 19 mm langen Larven schlüpfen in wenigen Tagen. Wenn der Regen ausbleibt, gerät die Larvenentwicklung ins Stocken. Die erst im nächsten Frühjahr schlüpfenden Larven können eine Körperlänge bis zu 25 mm haben. Die nach einigen Tagen aus den einzeln abgelegten Eiern ausgeschlüpften Junglarven leben in den durch die Regenfälle aufgefüllten Erdvertiefungen oder sie werden in Tümpel abgeschwemmt. Nach einer Dauer von vier bis sechs Monaten verwandeln sie sich zum kleinen Landsalamander, der eine Körperlänge von ungefähr 63 bis 74 mm aufweist. Die Geschlechtsreife wird in einem Alter von 15 bis 17 Monaten erreicht. Um die Tiere zur Paarung zu animieren, sollte man im Herbst im Terrarium häufig sprühen, was zu einer erhöhten Boden- und Luftfeuchtigkeit führt. Auch sollten ausreichend hohl liegende Steine, Rindenstücke, alte feuchte Blätter und morsche Äste im Terrarium liegen, die den Weibchen die Eiablage erleichtern.

Ambystoma tigrinum
Tigersalamander

Kennzeichen: Der Tigersalamander tritt in einer Reihe von Unterarten in einem riesigen Verbreitungsgebiet auf, das fast die gesamten Vereinigten Staaten und Teile Mexikos umfaßt. Dementsprechend haben die einzelnen Unterarten dieses größten auf der Erde lebenden Landsalamanders auch unterschiedliche Körperlängen zwischen 15,2 und 40 cm und eine unterschiedliche Körperfärbung und Körperzeichnung. Das kräftig und gedrungen gebaute Tier hat einen breiten Kopf. Die seitlich stehenden Augen liegen ein wenig erhöht. Auf den Körperseiten sind elf bis vierzehn Seitenfurchen. Die Männchen unterscheiden sich von den Weibchen durch ihren längeren und im Querschnitt höheren Schwanz. Es gibt Tigersalamander, die auf schwarzer, grau- bis schwarzbrauner, olivfarbener oder brauner Körpergrundfärbung helle Flecken oder Striche unterschiedlicher Größen aufweisen.

Herkunft und Lebensraum: Das Verbreitungsgebiet des Tigersalamanders erstreckt sich von Alberta und Sasketchewan in Kanada bis nach Florida und Mexiko. Die genannte Art fehlt in weiten Teilen der östlichen und westlichen USA. In Anbetracht der Unterartenvielfalt des Tigersalamanders sind auch die Biotope der genannten Art in bezug auf den Lebensraum und das Klima unterschiedlich. Der Tigersalamander lebt in der Ebene und erreicht im Gebirge Höhen von etwas über 3300 m. Die Biotope sind feuchte Wiesen und Flächen in der Ebene, die von weiten Beifußbeständen durchsetzt sind sowie Kiefernhänge und Bergwälder. Hier lebt der eindrucksvolle Salamander in Erdhöhlen, Gängen von

Säugetieren und Wirbellosen, unter Steinen, unter altem Holz usw. Während die im Osten lebenden Unterarten von *Ambystoma tigrinum* landbewohnend sind, verbringen die meisten westlichen geographischen Rassen ihr Leben als Larven mit voll entwickelten Kiemen im Wasser. Im Larvenzustand pflanzen sie sich hier sogar fort. Die Ursache hierfür soll in einem Jodmangel begründet sein. Experimentelle Untersuchungen haben ergeben, daß ein Jodmangel oder ein Fehlen von Jod oder eine Entfernung der Schilddrüse eine Metamorphose zum Landtier verhindert.

Haltung und Pflege: Entsprechend seiner Größe ist der Tigersalamander in einem geräumigen Aquaterrarium mit einem etwa gleich großen Wasser- und Landteil zu pflegen. Der Wasserteil sollte mit allerlei schwimmenden Wasserpflanzen bewachsen sein und eine Tiefe von ungefähr 20 bis 30 cm aufweisen. Damit die Tiere das Wasser mühelos verlassen können, muß das Ufer entsprechend gestaltet sein. Als Bodengrund verwendet man ein Gemisch aus Sand, Torf, Garten- und Walderde, das ausreichend weich ist und so ein Wühlen im Boden ermöglicht. Den Bodengrund bedeckt man mit Moospolstern und einigen eingetopften Farnen. Einige große, hohl liegende Steine und morsche Äste sind als Versteckplätze geeignet. Die Wasser- und Lufttemperaturen sollten den Lebensräumen angepaßt sein, aus denen die jeweiligen Unterarten stammen. Temperaturen zwischen 18 und 22 °C dürften während der Aktivitätsperiode ausreichen. Überwintert wird bei Temperaturen zwischen 0 und 10 °C von Oktober bis März, wobei auch die Überwinterungstemperaturen der geographischen Verbreitung der betreffenden Unterart anzupassen sind. Als Futter bietet man alles, was nicht zu groß ist und sich bewegt. Regenwürmer, allerlei lebende Insekten und Gliederfüßer von der Pinzette Sowie Nacktschnecken und hin und her bewegte Rindfleischstreifen sind das richtige Futter.

Nachzucht: Die Fortpflanzungsperiode fällt im kühlen Norden und in Höhenlagen in den März, April, Mai und Juni, im Süden in die Monate Dezember, Januar und Februar und im Südwesten in den Juli und in den August. In der freien Natur wird das Paarungsverhalten durch Regenfälle ausgelöst. Während sie sonst unterirdisch leben, erscheinen sie bei Regenfällen auf der Erdoberfläche. Sie suchen zur Fortpflanzungszeit allerlei Tümpel, Teiche, Weiher, Seen, stille Wasserzonen von Bächen, Flüssen usw. auf. Die Geschlechter erkennen sich optisch und an einem artspezifischen Geruch, der wohl durch ausgeschiedene Sexualhormone hervorgerufen wird. Das Balzverhalten, das dem von *Ambystoma maculatum* nicht unähnlich ist, spielt sich stets im Wasser ab. Beide Geschlechter beschnuppern sich und stoßen sich gegenseitig mit dem Maul an, wobei das Weibchen die Kloakaldrüsen des Männchens durch Anstoßen stimuliert. Ein derartiger Reiz führt beim Männchen zum Absetzen der Spermatophore, die vom Weibchen sofort mit dessen Kloakallippen aufgenommen wird. Einen Tag oder mehrere Tage nach der Befruchtung legt das Weibchen seine Eier in Form von Klumpen auf Ästen, Wasserpflanzen und anderen im Wasser liegenden Gegenständen ab. Die Anzahl der Eier in einem Eiklumpen kann zwischen 23 und 110 variieren. Die Entwicklungsdauer der Embryonen ist temperaturabhängig und kann zwischen zwei und vier Wochen liegen oder noch länger dauern. Die Jungen messen beim Schlupf ungefähr 14 mm. Im Aquaterrarium sind die Eitrauben nach ihrer Ablage sofort zu entfernen und in besonderen Plastikbehältern, Kühlschrankschalen oder Kleinstaquarien zur Entwicklung zu bringen. Die Junglarven werden zuerst mit Artemien, kleinen Wasserflöhen, Mückenlarven und mit zunehmender Größe mit gehackten Tubifex und Enchytraen aufgezogen. Die Metamorphose vollzieht sich bei einer Körperlänge von 9 bis 12 cm. Während der

Aufzucht der Larven ist ein häufiger Wasserwechsel angebracht. Vor der Umwandlung der Larven zu Landsalamandern wird der Wasserstand gesenkt, so daß die jungen Tigersalamander ohne Schwierigkeiten an Land gehen können. Eine Aufzucht der Larven in kleiner Anzahl ist dringend anzuraten, da die Tiere sonst zu gesteigertem Kannibalismus neigen. Die Metamorphose vollzieht sich nach zwei bis drei Monaten, die Geschlechtsreife wird in einem Alter von zwei bis drei Jahren erreicht.

Ambystoma cingulatum, Ambystoma jeffersonianum, Ambystoma mabeei und *Ambystoma macrodactylum* verlangen eine ähnliche Haltung und Pflege wie der Tigersalamander und sind auch unter ähnlichen Terrarienbedingungen zur Nachzucht zu bringen.

Ambystoma mexicanum
Axolotl

Kennzeichen: Dieser bis zu 30 cm messende Schwanzlurch besitzt eine graubraune, grauschwarze bis schwarze Körperfarbe. Die Körperoberseite ist von schwarzen Flecken durchsetzt, die auf den Schwanzseiten in Form einer Marmorierung besonders deutlich hervortreten. Zum Bauch hin sind die Flanken mehr oder weniger hell gepudert. Die Bauchseite ist hell. Albinotische Exemplare sind nicht selten. Der Axolotl ist ein gedrungen gebautes, kräftiges Geschöpf, das zu beiden Seiten hinter dem Kopf je drei Kiemenäste mit fächerförmigen Kiemen aufweist. Der Rumpf zeigt eine seitliche Abplattung. Der vertikal abgeflachte Schwanz ist auf der Ober- und Unterseite mit einem Hautsaum versehen. Auf den Flanken sind die Körperfurchen deutlich sichtbar. Die Vorder- und Hintergliedmaßen sind gut entwickelt. Die Männchen erkennt man an den vergrößerten Seitenwülsten zu beiden Seiten der Kloake. Der Axolotl lebt zeit seines Lebens im Zustand der Larvenform im Wasser, wo er auch regelmäßig zur Fortpflanzung schreitet. Eine Umwandlung zur Landform ist möglich, wenn das Futter dieser Tiere mit dem Schilddrüsenhormon Thyroxin versetzt wird oder wenn die Heimatgewässer langsam austrocknen. In beiden Fällen bilden sich auch die Kiemenäste zurück und verschwinden schließlich gänzlich.

Herkunft und Lebensraum: Die aztekische Bezeichnung »Axolotl« bedeutet soviel wie Wasserspiel. Dieser Schwanzlurch lebt im Xochimilco-See und seinem Kanalsystem südöstlich von Mexiko-City, wo er heute von den Eingeborenen aus unterschiedlichen Gründen stark verfolgt wird und seine Existenz bedroht ist. Daher wird er im WAÜ auch als vom Aussterben bedrohte Art aufgeführt. Bei Terrarianern und in Labors wird der Axolotl jedoch regelmäßig nachgezüchtet. In der Natur soll sich das Tier in dichten Wasserpflanzenbeständen aufhalten.

Haltung und Pflege: Der Axolotl wird in einem Aquarium gepflegt, dessen Bodengrund aus gut gewaschenem Reinsand besteht. Als Versteckplätze stellt man einige Steine so zusammen, daß sich die Tiere stets verbergen können. In einem Axolotl-Aquarium sind Wasserpest *(Elodea)* und Tausendblatt *(Myriophyllum)* die geeigneten Wasserpflanzen. Ein gut funktionierender Filter, der das Wasser reinigt, stets in Bewegung hält und mit Sauerstoff versorgt, ist eine Lebensnotwendigkeit. Im Winter sollte die Temperatur auf 5 bis 10 °C absinken und im Frühjahr, Sommer und Herbst zwischen 18 und 22 °C liegen. Frisches Leitungswasser, in dem chemische Zusätze sind, besonders Chlor, ist auf jeden Fall zu vermeiden, da es die empfindlichen Kiemen schädigt und zum Tode der Tiere führen kann. Bevor man die Tiere ins Aquarium setzt, sollte das Wasser, falls es sich um frisches Leitungswasser handelt, einige Tage über Kohle gefiltert worden sein. Als Futter bietet man Regenwürmer, Fischstückchen, Bachflohkrebse, Wasserflöhe, Wachsmaden und in feine Streifen geschnittenes Rinderherz oder Rindfleisch.

Axolotl.

Nachzucht: Der Axolotl pflanzt sich unter Aquarienbedingungen in der Zeit zwischen November und Juni fort. Die Weibchen werden von einem Sexualduftstoff angelockt, den die Männchen aus ihren Kloakaldrüsen abscheiden. Das Männchen setzt mehrere kegelförmige Spermatophoren ab, die das Weibchen mit seinen Kloakenlippen aufnimmt. Kurze Zeit nach der Spermatophorenaufnahme legt das Weibchen seine Eier einzeln oder als Schnüre an Wasserpflanzen, Steinen, anderen Gegenständen oder am Boden ab. Die gelbbraunen Larven schlüpfen bei 20 bis 22 °C nach acht bis zehn, bei 13 bis 14 °C nach 28 bis 30 Tagen. Beim Schlüpfen haben sie eine Körperlänge von ungefähr 1 cm. Die Larven sind in möglichst geringer Dichte aufzuziehen, da sie sich sehr kannibalistisch verhalten. Bei häufigem Wasserwechsel und einer guten Filterung wachsen sie schnell heran, wenn man sie täglich mit Artemien, Wasserflöhen, Mückenlarven, gehackten Tubifex und Enchyträen ernährt. Bereits nach einem Jahr sind die Tiere geschlechtsreif (Cites!).

Proteidae (Olme)

Necturus maculosus
Gefleckter Furchenmolch

Kennzeichen: *Necturus maculosus*, der in den USA als »Mudpuppy« oder »Waterdog« bezeichnet wird, erreicht eine Körperlänge zwischen 20,3 und 43,2 cm. Neben der Nominatform existieren die Unterarten *Necturus maculosus louisianensis* und *Necturus maculosus stictus*. Der Gefleckte Furchenmolch hat einen kurzen, breiten Kopf, federähnliche Kiemenbüschel seitlich hinter dem Kopf, einen vertikal abgeflachten, von einem Hautsaum umgebenen Schwanz, vierfingrige Hände und vierzehige Füße. Die drei geographischen Rassen sind unterschiedlich gefärbt. *Necturus maculosus maculosus* ist auf der Körperoberseite rostbraun mit großen, blauschwarzen Flecken. Die graue Bauchseite ist gefleckt. *Necturus maculosus louisianensis* hat eine gelbbraune bis rötliche Körperoberseite mit zahlreichen großen, dunklen Flecken. Auf der Bauchmitte verläuft eine weißgraue Mittellinie, die ungefleckt ist. *Necturus maculosus stictus* zeigt auf der Körperoberseite ein dunkelgraues bis fast schwarzes Kolorit mit zahlreichen kleinen Punkten. Die dunkle Bauchseite weist gelegentlich eine helle Mittellinie auf.

Herkunft und Lebensraum: *Necturus maculosus maculosus* kommt von Südostmanitoba bis nach Südquebec in Kanada vor und von hier aus in zahlreichen östlichen US-Staaten bis in das Mississippi-Flußsystem, wo die genannte Unterart in Missouri und Nordgeorgia ihre südliche Verbreitungsgrenze erreicht. *Necturus maculosus louisianensis* ist von Südostkansas über Südmissouri bis nach Nordlousiana verbreitet. *Necturus maculosus stictus* kommt in Nordostwisconsin und in angrenzenden Teilen Michigans vor. Der zeit seines Lebens im Wasser lebende Molch bildet nie seine Kiemen zurück, die ihm neben der Haut als Atmungsorgane dienen. Die wenig entwickelten, sackähnlichen Lungen spielen bei der Atmung keine oder nur eine völlig unbedeutende Rolle. *Necturus maculosus* bewohnt Flüsse, Bäche, Seen, Teiche und andere Gewässer unter den unterschiedlichsten Lebensbedingungen. Er kommt sowohl in klaren, sauerstoffreichen Seen und Flüssen vor als auch in schlammigen, verkrauteten Buchten, Kanälen und Drainagetümpeln. Er bewohnt normalerweise die Flachwasserzonen, wurde aber im Michigansee auch in einer Wassertiefe von 27,4 m gefunden.

Haltung und Pflege: In Anpassung an seine voll aquatischen Lebensgewohnheiten ist *Necturus maculosus* in einem gut bepflanzten, schattig, aber nicht dunkel stehenden Aquarium bei Wassertemperaturen zwischen 20 und 22 °C unterzubringen. Die weitgehend nachtaktive Art, die in einem sehr dicht bepflanzten Aquarium auch am Tage zeitweilig munter ist, wird mit Regenwürmern, Bachflohkrebsen, Wasserinsekten, Schnecken, kleinen Fischen, Fisch- und Fleischstückchen gefüttert. Mudpuppies sind empfindlich gegen Verunreinigungen, und so ist ein gut funktionierender Filter, der das Wasser kontinuierlich in Bewegung hält und zusätzlich mit Sauerstoff anreichert, unumgänglich. Das Wasser, in dem diese Schwanzlurche gehalten werden, muß frei von Chemikalien, besonders aber von Chlor sein, das die Kiemen angreift. Eine bakterielle oder pilzbedingte Kiemeninfektion nimmt in der Regel einen tödlichen Ausgang. Um die Tiere zur Nachzucht zu bringen, sollen Exemplare, die aus dem Süden des Verbreitungsgebietes stammen, bei etwa 15 °C und solche, die nördlicher Herkunft sind, bei etwa 7 bis 8 °C überwintert werden. Mudpuppies, die aus kalten, sauerstoffreichen Heimatgewässern stammen, haben in Anpassung an ihren natürlichen Lebensraum kurze Kiemen, solche aus warmen und trüben Gewässern jedoch lange Kiemen.

Nachzucht: Die Männchen unterscheiden sich während der Paarungszeit durch den hohen Schwanzsaum sowie durch eine halbmondförmige Kloakenfurche. Die Paarung findet meist im Herbst, seltener im Winter oder im Frühjahr statt. Das Weibchen nimmt die vom Männchen abgesetzte Spermatophore mit den Kloakenlippen auf, wobei die Eier jedoch erst im darauffolgenden Frühjahr befruchtet werden. Das Weibchen legt 30 bis 90 gelbliche Eier einzeln an die Unterseite von im Wasser liegenden Steinen, an Baumstämmen, an Äste und an andere Gegenstände ab, betreibt Brutpflege und bewacht die Eier, die je nach der Wassertemperatur nach einer Entwicklungsdauer von 38 bis 63 Tagen schlüpfen. Die Junglarven, die in einzelnen Fällen noch eine kurze Zeit von der Mutter bewacht werden, haben beim Schlüpfen eine Körperlänge von ca. 25 mm. Als Futter werden Artemien, Wasserflöhe, Tubifex und Enchyträen angeboten, wobei auf peinliche Sauberkeit, eine geringe Besatzdichte und häufigeren Wasserwechsel zu achten ist. Eine Reihe weiterer *Necturus*-Arten *(Necturus alabamensis, Necturus beyeri, Necturus lewisi, Necturus punctatus)* ist nach den gleichen Gesichtspunkten zu pflegen wie die beschriebene Art.

Amphiumidae (Aalmolche)

Amphiuma means
Zweizehen-Aalmolch

Kennzeichen: Von den drei Arten der Gattung *Amphiuma*, die in ihrem Verbreitungsgebiet auf die südöstlichen Vereinigten Staaten beschränkt sind, sei an dieser Stelle nur der Zweizehen-Aalmolch erwähnt, da er der bekannteste und am häufigsten gepflegte ist. Das Tier erreicht eine Körperlänge zwischen 45,7 und 116,2 cm und gehört somit zu den größten Amphibien überhaupt. *Amphiuma means* besitzt einen aalartigen Körper mit vier winzigen, zweizehigen Gliedmaßen und einen kaum vom Rumpf abgesetzten Kopf mit winzigen Augen, denen die Augenlider fehlen. Die Larven haben äußere Kiemen, die Erwachsenen behalten ein Paar Kiemenschlitze kurz oberhalb vor den Vordergliedmaßen. Lungen sind vorhanden, so daß das Tier an der Wasseroberfläche Luft holen kann. Die Körperoberseite ist einfarbig dunkelgrau bis dunkelbraun oder schwarz. Die Bauchseite ist heller.

Herkunft und Lebensraum: Der Zweizehen-Aalmolch bewohnt die Küstenebenen von Südostvirginia bis nach Florida und nach Ostlouisiana. Hier lebt er in verkrauteten, pflanzenreichen Drainagetümpeln, Gräben, Sümpfen, Bayous, nassen Wiesen, Reisfeldern, Überschwemmungsgebieten von Flüssen und Bächen und sonstigen trüben Gewässern. Er hält sich häufig in den Höhlungen von Krebsen, unter allerlei Pflanzenansammlungen, umgefallenen Baumstämmen, Rindenstücken und eingewühlt im Schlamm der flachen Uferzonen auf. Die nachtaktive Art verläßt bei Regenwetter zeitweise sein Wohngewässer und wandert über Land, um hier seinen Beutetieren nachzustellen.

Haltung und Pflege: *Amphiuma means* ist wegen seiner Größe in einem sehr geräumigen Aquarium mit einer Bodenschicht aus Sand und Kies zu pflegen. Als Schlupfwinkel kann man Moorkienholzwurzeln, hohle Dachziegel oder Tonröhren verwenden. Die Wasserpflanzen pflanzt man am besten in Tontöpfe ein, deren Oberfläche mit Steinen bedeckt ist, um so ein Aufwühlen zu unterbinden. Die Wassertemperaturen sollten in der Aktivitätsperiode zwischen 18 und 22 °C liegen und im Winter auf 10 bis 15 °C absinken. Obwohl *Amphiuma means* keine besonderen Ansprüche an die Wasserqualität stellt, muß das Wasser doch frei von Chemikalien sein. Ein Filter, der das Wasser reinigt und mit Sauerstoff versorgt, aber nicht zu sehr in Bewegung setzt, ist auf jeden Fall sinnvoll.

In freier Natur ernährt sich *Amphiuma means* vornehmlich von Krebsen, Fröschen, Fischen und Schlangen. Unter Aquarienbedingungen füttert man mit allerlei Würmern, Wasserinsekten, Wasserschnecken, Muscheln, Fischen oder Fisch- und Rindfleisch, das man in mundgerechte Streifen schneidet. Wenn man mehrere Exemplare pflegt, sollte man daran denken, daß dieser Schwanzlurch kannibalistische Neigungen hat und sich bei knapper Ernährung auch über einen kleineren

Artgenossen hermacht. Der Zweizehen-Aalmolch ist glatt und schwierig zu greifen wie er auch ziemlich unverträglich ist und den Menschen durch kräftige Bisse verletzen kann.

Nachzucht: Über die Fortpflanzung ist nur wenig bekannt, und die Nachzucht ist unter Obhut des Menschen bisher wohl noch nicht gelungen, da diese Art selten gehalten wird. Es wäre jedoch eine überaus reizvolle Aufgabe, *Amphiuma means* im Großaquarium zur Nachzucht zu bringen, wobei natürlich eine Überwinterung bei herabgesetzten Temperaturen und Lichtverhältnissen unbedingt vorausgesetzt werden muß. Der langlebige Zweizehen-Aalmolch, der unter Gefangenschaftsbedingungen 27 Jahre überdauert, legt ungefähr 50 Eier, die schnurartig miteinander verbunden sind, in Brutmulden in teilweise austrocknenden Sümpfen ab. Die Eiablage findet vom Herbst bis in den Winter statt. Während der fünfmonatigen Embryonalentwicklung bewacht das Weibchen die Eischnüre. Die Jungen haben beim Schlupf eine Körperlänge von ungefähr 55 mm, Kiemenbüschel im Halsbereich und sichtbar entwickelte Gliedmaßen, die mit zunehmendem Wachstum an Größe verlieren. Wenn die Larven ungefähr 80 mm lang sind, werden auch die Kiemenbüschel zurückgebildet. Als Futter kämen für die Larven kleine Würmer, Daphnien, Mückenlarven, kleine Wasserinsekten und vielleicht Rindfleischstreifen in Betracht.

Plethodontidae (Lungenlose Salamander)

Plethodon glutinosus
Silber-Waldsalamander
Kennzeichen: *Plethodon glutinosus*, der einer der größten Waldsalamander aus der Gattung *Plethodon* ist, erreicht Körperlängen zwischen zwölf und fast 21 cm. Die in zwei geographische Rassen aufspaltende Art ist verhältnismäßig schlank gebaut. Das Maul ist abgerun-

det. Der Kopf setzt sich nur unbedeutend vom Hals ab. Die Augen treten deutlich hervor. 16 Seitenfurchen auf den Flanken, eine transversal verlaufende Gularfalte im Kehlbereich sowie ein im Querschnitt kreisrunder Schwanz sind artcharakteristisch. *Plethodon glutinosus* ist gewöhnlich glänzend schwarz und auf den Körperseiten weiß, hellgrau oder gelb gefleckt. Die Flecken nehmen auf dem Kopf, dem Rücken und dem Schwanz an Größe und Anzahl ab. Bei manchen Exemplaren aus dem Süden ihres Verbreitungsgebietes verschmelzen die hellen Flecken zu unvollständigen Streifen. Andere Populationen sind kaum gefleckt. Die Bauchseite ist schiefergrau.

Herkunft und Lebensraum: *Plethodon glutinosus* ist vom Staate New York bis nach Florida und im Westen bis zum Mississippi, bis nach Südmissouri, nach Arkansas und bis nach Oklahoma verbreitet. Isolierte Populationen kommen in New Hampshire, Lousiana und in Texas vor. Die Unterart *Plethodon glutinosus albagula* ist vom Edwards-Plateau aus Südtexas bekannt. Die vertikale Verbreitung erstreckt sich vom Meeresniveau bis in Höhenlagen von fast 1700 m.

Der Silber-Waldsalamander hält sich gewöhnlich unter verrottenden, umgefallenen Baumstämmen, unter Steinen, in alten, feuchten Laubansammlungen, im feuchten Waldhumus, in Tierhöhlungen und im Erdboden auf. Das nachtaktive Geschöpf ist im Süden seines Verbreitungsgebietes über das ganze Jahr hinweg aktiv. Im Norden kommt das Tier im Frühjahr an die Erdoberfläche und wandert bei und nach heftigen Regenschauern über den feuchten Waldboden, wo es nach Würmern, Schnecken und anderen Wirbellosen Ausschau hält. Dabei überquert es auch Wege und Straßen, wobei es nicht selten zu Hunderten oder gar Tausenden ein Opfer des Autoverkehrs wird.

Haltung und Pflege: *Plethodon glutinosus* ist in einem gut durchlüfteten, geräumigen und halbfeuchten Waldterrarium an einem halbschattigen bis schattigen Standort unterzubringen. Als Bodengrund ist krümelige Walderde mit einer Schicht von Waldhumus an der Oberfläche bestens geeignet. Die Tiefe des Terrarienbodens sollte mindestens 10 cm betragen. Als unterste Drainageschicht kommen Tonscherben, kleine Steine und Kiesel in Betracht. Als Wasserbehälter verwendet man eine Plastikschale, die man in den Bodengrund einsenkt. Um den Boden feucht zu halten, ist ein tägliches Besprühen notwendig. Als Pflanzen eignen sich Moospolster und kleine, eingetopfte Farne sowie einige Efeuranken. Ein dicker, alter, verrottender Ast und eine Reihe von flachen Steinen bieten passende Unterschlupfmöglichkeiten. Während der Aktivitätsperiode vom Frühjahr bis zum Herbst sollen Tagestemperaturen zwischen 18 bis 22 °C herrschen. Je nach ihrer Verbreitung bietet man Tieren aus dem Süden eine winterliche Ruhezeit von zwei bis drei Monaten bei Temperaturen von ungefähr 10 °C. Exemplare aus dem Norden sollten bei 4 bis 5 °C überwintert werden. Wenn man einen Silber-Waldsalamander in die Hand nimmt, scheidet er aus seinen Hautdrüsen ein klebriges Sekret ab, das an den Händen haften bleibt und sich nur schwierig entfernen läßt. Wegen dieser Eigenschaft nennt man *Plethodon glutinosus* in den Vereinigten Staaten »Slimy Salamander«.

Nachzucht: Die Männchen erkennt man an der hellgefärbten Kinndrüse, die den Weibchen fehlt. Das Sekret dieser Kinndrüse stimuliert das Weibchen sexuell. Vor der Paarung führt das Männchen ein kompliziertes Werbezeremoniell vor dem Weibchen aus, das sich in dem sogenannten eigenartigen »Fußtanz« widerspiegelt. Dabei hebt und senkt es zunächst die Vorder- und dann die Hinterbeine in rhythmischer Folge und stößt das Weibchen mit der Kinndrüse an. Das Männchen beißt das Weibchen auch sachte mit dem Maul und läuft an seiner Körperseite entlang.

Wenn das Männchen vor dem Weibchen herläuft, bringt es seinen Körper mit der Schnauze des letzteren in Kontakt. Schließlich drückt das Männchen seinen Schwanz unter das Kinn des Weibchens und führt mit ihm vibrierende Bewegungen durch.

Das Weibchen setzt sich nun rittlings auf den vibrierenden Schwanz des Männchens und beide bewegen sich wie im Marsch langsam vorwärts.

Nach einiger Zeit hält das Männchen in seiner Bewegung inne und setzt eine Spermatophore ab, die das Weibchen mit seiner Kloake aufnimmt. Die Befruchtung läuft im Körperinneren des Weibchens ab. Die Paarung findet bei im Norden des Verbreitungsgebietes beheimateten Silber-Waldsalamandern im Herbst, die Eiablage im Frühjahr statt.

Die zehn bis zwanzig porzellanweißen Eier machen keine aquatische Entwicklung durch, sondern werden unter umgefallenen Baumstämmen, unter Steinen und ähnlichen Gegenständen mit Stielen an deren Decken festgeheftet. Neben einer Gallertmembran ist das einzelne Ei, das einen Durchmesser von 7,5 mm aufweist, von zwei weiteren Schichten umgeben.

Nach der Eiablage treibt das Weibchen Brutpflege, indem es sich schützend um die Eier legt, was deren weitere Entwicklung begünstigt. Nach einer Entwicklungsdauer von ca. drei Monaten schlüpfen die ungefähr 3 cm langen, voll metamorphosierten Jungsalamander, die ihrem natürlichen Beutespektrum entsprechend mit allerlei kleinen Gliederfüßern, besonders aber mit Insekten und Würmern aufzuziehen sind. Sie erreichen bei guter Fütterung bereits nach zwei Jahren die Geschlechtsreife.

Plethodon cinereus, Plethodon jordani und *Plethodon welleri* verlangen die gleichen Terrarienbedingungen wie *Plethodon glutinosus*. Sie zeigen gleiche Verhaltensmuster und sind in gleicher Weise wie die beschriebene Art zur Nachzucht zu bringen.

Desmognathus fuscus
Brauner Bachsalamander

Kennzeichen: *Desmognathus fuscus* erreicht im erwachsenen Zustand eine Maximallänge von 14,1 cm. Durchschnittlich ist er jedoch 6 bis 11 cm lang. Der Kopf ist breit mit rundlicher Schnauze und bei alten Männchen besonders im hinteren Bereich verdickt. Die Augen treten ein wenig hervor. Die Hintergliedmaßen sind länger als die Vordergliedmaßen. Der im Querschnitt dreieckige Schwanz ist im hinteren Bereich auf der Oberseite gekielt. Auf den Körperseiten sind 14 Seitenfurchen erkennbar. Junge Braune Bachsalamander sind auf der Körperoberseite gelbrot. Zu beiden Seiten der Körperoberseite verläuft je eine gelbliche Fleckenreihe, die in Höhe der Vorderextremitäten beginnt und auf dem Schwanz endet. Die Anzahl der Flecken beträgt fünf bis acht pro Reihe. An der Außenseite der Flecken verläuft eine schwarze Linie, die hinter den Augen ihren Ausgang nimmt und auf der Schwanzoberseite in dessen Mitte endet. Erwachsene Tiere sind grau, braun oder rötlichbraun und dunkel gefleckt. Die Flecken, die zu Bändern verschmelzen können, verblassen häufig mit zunehmendem Alter vollständig, so daß sehr alte Tiere sehr dunkel bis fast schwarz aussehen. Die Bauchseite ist leicht grau bis braun pigmentiert. Gegenüber der Nominatform zeichnet sich die Unterart *Desmognathus fuscus conanti* vor allem durch die vergrößerten goldenen bis rotgoldenen Flecken aus, die die Körperoberseite zieren.

Herkunft und Lebensraum: Das Verbreitungsgebiet der genannten Art erstreckt sich über das östliche Nordamerika mit inselartigen Vorkommen in Georgia, Florida, Louisiana und Arkansas. *Desmognathus fuscus conanti* ist von Südillinois über Westkentucky, Westtennessee und Teile Floridas, Arkansas und Louisianas verbreitet. Die vertikale Verbreitung erstreckt sich von Meereshöhe bis zu 1615 m. Der Braune Bachsalamander ist vor allem im Bereich klarer, von Schatten bedeckten Waldbächen zu finden, die von Steinen und Felsen, Laubanhäufungen, Fallholz und morschen Baumstämmen gesäumt werden, unter denen er seinen Unterschlupf hat. Der dämmerungsaktive lungenlose Salamander kommt aber auch unter Baumstämmen und unter Steinen vor, die an flachen Stellen im Bach liegen und gerade vom Wasser benetzt werden.

Haltung und Pflege: *Desmognathus fuscus* ist in einem schattig stehenden Aquaterrarium mit einem ausgedehnten Wasserteil zu pflegen, der ungefähr die Hälfte der Gesamtfläche ausmachen soll. Als Bodenfüllung verwendet man eine Drainageschicht aus Kieselsteinen und Tonstücken, die man mit Laubwalderde überdeckt. Wie im natürlichen Lebensraum bringt man Steine, einen verrottenden Ast und Rindenstücke in das Terrarium ein, die von den Tieren als Unterschlupf angenommen werden. Der Landteil soll sachte in den Wasserteil übergehen, damit die Tiere das Land bzw. das Wasser ohne Schwierigkeiten verlassen können. Moospolster und ein wenig verrottendes Laub verleihen dem Terrarium ein natürlicheres Aussehen. Als Bepflanzung eignen sich eingetopfte Efeuranken und Farne. Damit die Bodenschicht hinreichend feucht ist, sollte im Abstand von einigen Tagen mit kühlem Wasser gesprüht werden. In der Aktivitätsperiode fühlen sich die Tiere bei Luft- und Bodentemperaturen von 18 °C wohl. Die Temperaturen sollen jedoch 22 °C nicht übersteigen. Man überwintert die Braunen Bachsalamander von Oktober bis März bei 2 bis 10 °C. Die Bodenschicht muß tief genug sein, damit sich die Tiere eingraben können. Als Futter bietet man Regenwürmer, Maden, Raupen, Nacktschnecken, Engerlinge, Spinnen und Käfer.

Nachzucht: Die Männchen, die etwas größer als die fülligeren Weibchen sind, haben eine helle Linie zwischen Auge und Mundwinkel. Die Fortpflanzungszeit ist von Juni bis September. Die eigentliche Paarung findet in der Dämmerung und in der Nacht statt. Beim Balzverhalten berührt das Männchen mit seiner Schnauze, seinen Schläfenseiten und seiner Kinndrüse die Schnauze des Weibchens. Das Männchen betastet mit seinen Vorderbeinen den Kopf des Weibchens, legt anschließend seinen Körper im Halbkreis um das Weibchen und führt mit seinem Schwanz windende Bewegungen aus. Die Reizbeantwortung auf dieses Verhalten besteht darin, daß das Weibchen auf den Schwanz des Männchens kriecht. Das Männchen setzt eine Spermatophore ab, die vom Weibchen mit der Kloake aufgenommen wird. Die zwölf bis 26 Eier werden in kleinen, kompakten, traubenähnlichen Gelegen bei hinreichender Feuchtigkeit in der Nähe von Gewässern unter umgefallenen Baumstämmen, Felsen, Uferböschungen usw. abgesetzt. Eigelege wurden in freier Natur im Juni, Juli und August gefunden. Das Weibchen treibt Brutpflege, indem es sich kreisförmig um das Gelege windet und seinen Kopf mitten in das Gelege bohrt. Das einzelne Ei, das von drei Schichten umgeben ist, hat einen Durchmesser von 4,5 mm. Nach einer Inkubationszeit von vier bis fünf Wochen schlüpfen die 16 mm langen Larven, die noch zwei Wochen in der feuchten Bruthöhle bleiben, um anschließend das Wasser aufzusuchen, wo sie Kiemen bilden. Zu ihrer optimalen Entwicklung benötigen die Larven Wassertemperaturen von 18 bis 19 °C, die unterschritten, aber nicht überschritten werden dürfen. Die Metamorphose zum fertigen Jungsalamander findet nach sieben bis neun Monaten im darauffolgenden Jahr statt. Der Entwicklungsweg kann jedoch auf zwei unterschiedliche Weisen erfolgen: Die frisch geschlüpften Braunen Bachsalamander begeben sich sofort ins Wasser oder die Entwicklung im Wasser wird einfach übersprungen.

Desmognathus fuscus ist nach drei bis vier Jahren geschlechtsreif. Die Larven werden am besten in kleinen Aquarien oder Kunststoffbehältern untergebracht. Als Futter bietet man Daphnien, Cyclops, zerschnittene Tubifex und Enchyträen. Ein häufiger Wasserwechsel ist notwendig. Vor der Metamorphose zum Jungmolch muß den Larven ein Verlassen des Wassers an Land möglich gemacht werden. Als Versteckplätze für die Jungsalamander, die mit kleinen Würmern, Fliegenmaden und sich wenig bewegenden Insekten zu füttern sind, eignen sich kleine, hohl liegende Rindenstücke, konkave Steine, Tonscherben und Ähnliches. Eine ähnliche Lebensweise und ein ähnliches Fortpflanzungsverhalten zeigen *Desmognathus ochrophaeus, Desmognathus brimleyorum, Desmognathus aeneus, Desmognathus quadramaculatus* (dieser legt seine Eier an Stielchen an der Unterseite von Steinen im Wasser ab), *Eurycea bislineata* und *Eurycea longicauda*. Die genannten Arten sind wie *Desmognathus fuscus* zu pflegen und zur Nachzucht zu bringen.

Salamandridae (Echte Salamander und Molche)

Salamandra salamandra
Feuersalamander

Kennzeichen: Die elf Unterarten des Feuersalamanders haben unterschiedliche Körperlängen, Färbungen und Zeichnungsmuster. Die Nominatform erreicht eine Maximallänge bis zu 28 cm, während *Salamandra salamandra semenovi* nur 12 cm lang wird. Kopf und Rumpf sind plump, der Schwanz ist rundlich bis oval mit konisch auslaufendem Ende. Zu beiden Seiten des Kopfes befindet sich in der Ohrgegend je eine halbmondförmige Drüse, deren Drüsenporen mit dem bloßen Auge sichtbar sind. Zwei Längsreihen von Drüsenporen ziehen sich über die Rückenmitte bis zum Schwanz. Die Flanken sind vertikal gefurcht und die deutlich sichtbaren Querwülste mit Warzen bedeckt. Die Haut ist glänzend und erscheint oft wie lackiert. Über den schwarzen Körper sind dottergelbe bis oran-

gefarbige Flecken unregelmäßig verstreut oder verschmelzen zu Längsreihen. *Salamandra salamandra almanzoris* ist fast einfarbig schwarz. Die gelbe Zeichnung ist auf einige kleine bis winzige Tüpfelchen reduziert.

Herkunft und Lebensraum: Die Verbreitung des Feuersalamanders erstreckt sich über Mittel-, Süd- und Südwesteuropa, über Nordwestafrika und Westasien. Die genannte Art bevorzugt das Hügelland bis über 1000 m Höhe. Sie lebt bevorzugt in schattigen Laub- und Mischwäldern in der Nähe von klaren und sauerstoffreichen Bächen, Tümpeln und Quellrinnsalen. Der Feuersalamander lebt unter Felsen, Steinen, Fallholz, umgefallenen Baumstämmen, Moospolstern, Laubanhäufungen und in Erdlöchern. Am Tage hält er sich meist in seinen Schlupfwinkeln verborgen, die er nach Gewittern, am Abend und in der Nacht verläßt, um sich seine Nahrung zu suchen, die aus Würmern, Engerlingen, allerlei langsamen Insekten, Nacktschnecken und Gliederfüßern besteht.

Haltung und Pflege: Der Feuersalamander wird in einem geräumigen, feuchten, aber nicht nassen Waldterrarium gepflegt. Der Behälter sollte hell bis schattig stehen, aber keine direkte, lang andauernde Sonneneinstrahlung erhalten. Ein größerer Wasserbehälter, den die Salamander bei Gelegenheit aufsuchen und schwierigkeitslos verlassen können, ist eine Lebensnotwendigkeit. Die Inneneinrichtung des Terrariums wird täglich oder alle zwei Tage mit kühlem Wasser fein übersprüht. Als Bodengrund verwendet man Walderde mit einer Humusschicht an der Oberfläche. Als Drainage kommen Kieselsteine und Tonscherben in Betracht. Ein verrottender Ast oder Baumstubben, große Rindenstücke und Steine werden zu passenden Versteckmöglichkeiten angeordnet. Moospolster, unter denen sich die Tiere häufig verbergen, gehören zur notwendigen Inneneinrichtung eines Feuersalamanderterrariums. Als Bepflanzung eignen sich eingetopfte kleine Farne und

Efeuranken. Die Temperatur sollte zwischen 15 und 20 °C liegen und den zuletzt erwähnten Temperaturwert nicht oder nur unbedeutend überschreiten.

Die Überwinterung findet im gleichen Terrarium bei Temperaturen von 2 bis 6 °C von Mitte Oktober oder Anfang November bis Anfang März statt. Damit sich die Salamander verkriechen können, sollte der Bodengrund mindestens 10 bis 15 cm tief, humus- und spaltenreich sein. Letzteres läßt sich leicht bewerkstelligen, wenn man in die Bodenfüllung Steinplatten schräg einläßt. Feuersalamander sind ortstreue, dämmerungs- bis nachtaktive Geschöpfe, die nach ihren nächtlichen Beutezügen fast immer zu ihren einmal eingenommenen Versteckplätzen zurückkehren. Aus diesem Grunde füttert man am Abend, obwohl man die Tiere auch an eine Tagfütterung gewöhnen kann. Das Futter, z. B. Regenwürmer, Maden, Engerlinge usw. kann man mit der Pinzette anbieten. Nach meinen Erfahrungen sind Feuersalamander lernfähig und gewöhnen sich verhältnismäßig schnell an eine Pinzettenfütterung.

Nachzucht: Je nach Klima und Verbreitung verlassen die Feuersalamander in freier Natur bereits im März ihre frostfrei gelegenen Winterquartiere in Erdlöchern, unter Felsen und Laubhäufen. Die Tiere paaren sich an Land, gelegentlich auch im flachen Wasser. Das Männchen schiebt sich von unten her unter das Weibchen und umfaßt dabei dessen Vorderbeine mit seinen Vorderbeinen. Dabei trägt es das Weibchen auf dem Rücken umher und reibt seinen Kopf an der Kehle und seinen Schwanz an der Kloake des Weibchens. Diese Reize veranlassen das Männchen zum Absetzen einer Spermatophore, die das Weibchen in seine Kloake aufnimmt. In der Samentasche des Weibchens wird der Samen bis zur Befruchtung der Eier aufbewahrt, was zuweilen erst nach einem Jahr geschieht. Die Larven, manchmal mehr als 60, werden im darauffolgenden Frühjahr oder Sommer geboren. Die Larven sind bei der Geburt 2,5 bis 3,5 cm lang und besitzen gut ausgebildete äußere Kiemen und vier Gliedmaßen. Jene, die in kühlen, sauberen und sauerstoffreichen Gewässern an strömungsschwachen Stellen oder im stehenden Wasser abgesetzt werden, sind gelblichbraun gefärbt, haben feinste, schwarze Tupfen und sind auf den Oberarmen und Oberschenkeln hell gefleckt. Je nach Umweltbedingungen setzt die Metamorphose bei einer Körperlänge von ca. 6 cm in einem Alter von zwei bis fünf Monaten ein. Die Larven werden in möglichst geringer Dichte auf mehrere Kleinaquarien und Kunststoffbehälter verteilt, da sie zu Kannibalismus neigen und einzeln oder zu wenigen besser gedeihen. Die Wassertemperatur soll möglichst unter 20 °C liegen. Das Wasser muß peinlichst sauber gehalten werden. Ein häufiger Wasserwechsel ist angezeigt. Als Futter bietet man Tümpelplankton wie Daphnien, Cyclops oder Mückenlarven, darüber hinaus zerschnittene Tubifex, Enchyträen usw. Zur Zeit der Metamorphose ist darauf zu achten, daß die sich zu Feuersalamandern umwandelnden Larven das Wasser schwierigkeitslos verlassen können, um sich auf dem Landteil unter Rindenstückchen, flachen Steinen usw. zu verstecken. Wie bei den Larven anderer Schwanzlurcharten ist auch hier der Wasserspiegel zu senken. Die Jungsalamander werden mit kleinen Regenwürmern, Maden, Nacktschnecken usw. am besten einzeln versorgt. Die Geschlechtsreife tritt nach drei bis vier Jahren ein. Die Feuersalamandermännchen unterscheiden sich von den Weibchen durch ihre schlankere Körpergestalt und eine zur Fortpflanzungszeit stärker entwickelte Kloake. Der Feuersalamander ist dem Anfänger wie dem Fortgeschrittenen zu empfehlen, da er pflegeleicht ist und sich ohne Schwierigkeiten nachzüchten läßt. Bei richtiger Pflege ist er sehr langlebig und hat unter geeigneten Lebensbedingungen schon über 25 Jahre unter Obhut des Menschen ausgedauert.

Triturus alpestris
Bergmolch

Kennzeichen: Der Bergmolch, der im männlichen Geschlecht eine Körperlänge von 8 cm erreicht und im weiblichen bis zu 12 cm lang wird, ist der farbenfreudigste unserer einheimischen Molche. Der Rücken schwankt in grauen, blaugrünen bis schwarzbraunen Farbnuancen. Er kann einfarbig, aber auch marmoriert sein. Die Männchen zeichnen sich gegenüber den Weibchen durch eine größere Farbigkeit aus. Von den Kopfseiten aus zieht sich eine weiße, von dunklen Punkten übersäte Binde über die Flanken bis zur Kloake. Unterhalb dieser Binde beginnt eine hellblaue Zone. Die weiße und blaue Linie fehlt dem Weibchen oder sie ist nur angedeutet. Der Rückenkamm zeigt eine gelbe und schwarze Bänderung. Die Schwanzzeichnung zeigt schwarze, graue, blaue und gelbliche Farbtöne. Die Bauchseite erstrahlt in einem herrlichen Orange- bis Ziegelrot. Rumpf und Schwanz sind ungefähr gleich lang. Zur Fortpflanzungszeit bildet das Männchen auf dem Rücken einen Kamm aus. Die Schwanzunterseite weist ebenfalls einen Hautsaum auf. Das Weibchen besitzt keinen Kamm. Die Haut ist glatt oder fein gekörnt.

Herkunft und Lebensraum: Das Vorkommen von *Triturus alpestris* erstreckt sich über Mittel- und Südeuropa (in Nord-Süd-Richtung von Dänemark bis nach Griechenland und in West-Ost-Richtung von den französischen Alpen über Norditalien bis nach Polen und nach Westrußland). In Nordwestspanien existiert ein inselartiges Vorkommen. Neben dem Teichmolch ist der Bergmolch unsere häufigste Molchart, die bereits gegen Ende Februar ihre Winterquartiere verläßt und in die verschiedensten stehenden und fließenden Gewässer abwandert, wo die Fortpflanzung stattfindet. Man findet den Bergmolch in Wassergräben, Pfützen, Bächen, Wagenspuren, Viehtränken, Brunnen und in sonstigen Wasseransammlungen. Auch in größeren Weihern und Teichen fehlt er nicht, wie er sowohl im schattigen Wald als auch im besonnten Gelände anzutreffen ist. Nach der Paarung von März bis Mai oder Juni verläßt das Gros der Bergmolche das Wasser und geht zum Landleben unter Steinhäufen, vermorschenden Baumstämmen, Rindenstücken, Laubmassen, Moospolstern usw. über und sucht sich hier seine Nahrung, die aus allerlei Würmern, Nacktschnecken, Insektenlarven, kleinen Gliederfüßern usw. besteht. Es gibt jedoch auch Exemplare, die länger im Wasser bleiben, wo sie im Herbst und auch im Winter anzutreffen sind. Auch Neotenie kommt vereinzelt vor, wobei die Larven, die die Größe erwachsener Molche unter Beibehaltung der äußeren Kiemenbüschel erreicht haben, geschlechtsreif werden.

Haltung und Pflege: Der Bergmolch ist in einem geräumigen Aquaterrarium zu pflegen, dessen Länge 80 bis 100 cm betragen sollte. Der Landteil sollte genau so groß sein wie der ca. 25 bis 30 cm tiefe Wasserteil, in welchem Wasserpest *(Elodea)* und Tausendblatt *(Myriobphyllum)* geeignete Wasserpflanzen darstellen. Der Landteil wird als ungeheiztes, feuchtes Terrarium eingerichtet, so wie es für den Feuersalamander beschrieben wurde. Das Terrarium soll einen hellen bis schattigen Standort aufweisen, jedoch für kurze Dauer etwas Sonne erhalten, ohne daß die Temperatur 20 °C weit überschreitet. Bei den neotenen Bergmolchformen muß die Wassertemperatur zwischen 15 und 20 °C liegen, damit die Tiere sich wohlfühlen. Die auf dem Lande lebenden

Linke Seite:
Oben: Feuersalamander (Salamandra salamandra).
Unten: Bergmolch (Triturus alpestris alpestris).

Bergmolche werden mit Regenwürmern, Enchyträen, Maden, Raupen, kleinen Nacktschnecken, sich kaum bewegenden kleinen Insekten usw. gefüttert. Während des Wasserlebens bietet man seinen Tieren Daphnien, Cyclops, Mückenlarven, Wasserasseln, Tubifex, Enchyträen und kleine Regenwürmer sowie Regenwurmstücke als Nahrung an. Die Fütterung kann am Tage oder gegen Abend stattfinden. Die neotenen Formen des Bergmolches werden im gleichen Aquarium einige Grad oberhalb des Gefrierpunktes überwintert. Die Landstadien aller Größen überstehen den Winter bei gleichen Temperaturverhältnissen von Ende Oktober bis Ende Februar oder Anfang März im gleichen Terrarium.

Nachzucht: Um den Bergmolch im Aquaterrarium zur Fortpflanzung zu bringen, ist eine vier- bis fünfmonatige Überwinterung bei herabgesetzten Temperaturen die natürliche Voraussetzung. Von den neun geographischen Rassen des Bergmolches ist *Triturus alpestris apuanus* aus Ligurien und der nordwestlichen Toscana für die Nachzucht am besten geeignet, da die Männchen fast über das ganze Jahr brünftig bleiben und ihr wunderschönes Hochzeitskleid beibehalten. Die Paarungszeit ist von März bis Mai, kann jedoch auch darüber hinausgehen. Während der Paarungszeit bildet das Männchen sein Hochzeitskleid aus. Im Verlauf des Paarungszeremoniells krümmt das Männchen seine hintere Schwanzhälfte nach vorn und wedelt dem Weibchen mit der Wasserströmung Duftstoffe entgegen. Diese stimulieren das Weibchen zur Aufnahme der Spermatophore. Das Männchen setzt schließlich eine oder mehrere Spermatophoren am Gewässergrunde ab, die das Weibchen mit seiner Kloake aufnimmt. Das Weibchen legt seine Eier einzeln an Blättchen von Wasserpflanzen ab. Dabei werden die Blättchen so gekrümmt, daß sie das einzelne Ei einschließen, was wohl als Schutz gedeutet werden kann. Die Eier sind grau oder braun und messen 1,5 bis 1,7 mm im Durchmesser. Die

Larven haben beim Schlüpfen eine Länge von 7 bis 8 mm. Je nach Temperatur schlüpfen die Larven nach zwei bis drei Wochen aus den Eiern. Unter natürlichen Bedingungen bleiben die Larven oft noch bis zum Herbst im Wasser. Nach der Eiablage im Aquaterrarium werden die Eier samt der Pflanzen in Miniaquarien und Kühlschrankschalen, die mit sauberem Wasser gleicher Qualität gefüllt sind, überführt. Um Kannibalismus zu vermeiden, werden die Larven in möglichst geringer Dichte untergebracht. Sobald sich eine Wasserverschmutzung zeigt, ist das Wasser gegen frisches zu ersetzen. Die Larven werden anfänglich mit Daphnien und Cyclops und mit zunehmendem Wachstum mit Mückenlarven, zerschnittenen Tubifex, Enchyträen und winzigen Regenwürmern gefüttert. Nach ungefähr zwei bis drei Monaten erfolgt die Metamorphose der Larven zu jungen Bergmolchen. Zu dieser Zeit ist der Wasserstand abzusenken, um den jungen Bergmolchen ein Erklettern des Landteiles zu ermöglichen. Die 4 bis 5 cm langen Jungmolche werden in Kleinstterrarien und große Kühlschrankschalen überführt, die wie das ungeheizte, feuchte Waldterrarium eingerichtet sind. Die Ernährung der Jungmolche entspricht der der erwachsenen Molche. Die Futtertiere müssen natürlich der Größe der Jungmolche entsprechend kleiner sein. Nach ungefähr zwei Jahren setzt bei Bergmolchen die Geschlechtsreife ein. Der Kammolch (*Triturus cristatus*), der Teichmolch (*Triturus vulgaris*), der Fadenmolch (*Triturus helveticus*), der Marmormolch (*Triturus marmoratus*), der Spanische Wassermolch (*Triturus boscai*), der Türkische Bandmolch (*Triturus vittatus*) und der Grünliche Wassermolch (*Notophtalmus viridescens*) aus den USA stimmen in ihren Verhaltensweisen weitgehend mit dem Bergmolch überein. Sie sind in gleicher Weise zu pflegen und zur Nachzucht zu bringen. Alle europäischen Arten dürfen derzeit nur mit Cites-Bescheinigungen als Nachzuchten gehalten werden.

Pleurodeles waltl
Rippenmolch

Kennzeichen: Der Rippenmolch ist einer der größten europäischen Schwanzlurche, der eine Maximallänge von 30 cm erreichen kann. Der Kopf ist kurz, die Schnauze rund, der Körper kräftig, der zusammengedrückte Schwanz ist oben und unten gesäumt, die rauhe Haut ist warzig und drüsenreich. Er hat seinen Namen von einer großen Anzahl von Rippen, deren spitze Enden gut sichtbar unter der Haut der Flanken in Form von zwei Höckerreihen hervortreten oder die Haut sogar durchstoßen können, was das Wohlbefinden der Tiere in keiner Weise beeinträchtigt. Diese Eigenschaft wird als Schutzeinrichtung gegen Feinde gedeutet, die sich an den spitzen Rippenenden verletzen können. Erwachsene Rippenmolche sind auf der Körperoberseite graubraun, schmutziggrün bis olivgrün. Junge Rippenmolche sind schmutziggelb bis olivgrün. Die unregelmäßigen dunklen Flecken treten auf der hellen Bauchseite deutlicher hervor als auf dem Rücken und auf den Flanken. Auf beiden Körperseiten ragen in etwa gleichem Abstand große Warzenkegel hervor, die weißlich bis orange gefärbt sind.

Herkunft und Lebensraum: *Pleurodeles waltl* ist außer in Nord- und Ostspanien auf der Iberischen Halbinsel und in Nordwest- und Nordmarokko verbreitet. Hier lebt dieser stattliche Schwanzlurch unter Steinen, morschen Baumstämmen, Fallholz, Laubansammlungen und dergleichen. Während der Fortpflanzungszeit sucht der Spanische Rippenmolch alle möglichen Gewässer auf. Ich fand ihn im Frühjahr in Straßengräben und auf überschwemmten Äckern südlich von Tetuan in erstaunlich großer Anzahl, desgleichen im Sommer in Südspanien unter von der Sonne beschienenen Steinplatten in unmittelbarer Nähe eines Baches. Ansonsten findet man ihn zur Fortpflanzungszeit in allerlei langsam fließenden Gewässern, Teichen, Tümpeln, Zisternen, Wasserlöchern und in kleinen Seen. Von Natur aus dämmerungs- bis nachtaktiv, verläßt der Rippenmolch seine Schlupfwinkel erst in der Dämmerung und in der Dunkelheit. Während der Fortpflanzungsperiode im Wasser verhält er sich auch tagaktiv.

Haltung und Pflege: Der Rippenmolch benötigt zu seinem Wohlbefinden ein großes Aquaterrarium, das in einen ungefähr gleich großen Wasser- und Landteil aufgegliedert sein soll. Der Wasserstand des Wasserteils sollte ungefähr 15 bis 25 cm betragen. Für den Wasserteil eignen sich Wasserpflanzen wie *Elodea* und *Myriophyllum*. Der Landteil sollte aus einer Mischung von Sand, Kies und Erde bestehen. Als Versteck eignen sich einige Steine, Rindenstücke und ein größerer morscher Ast. Als Pflanzen für den Landteil kann man Tradescantien und Scindapsus verwenden. Das Aquaterrarium sollte hell bis schattig stehen und für kurze Zeit sogar besonnt sein, wobei die Lufttemperaturen gelegentlich durchaus auf 25 °C steigen dürfen, ohne daß dies den Tieren schadet. Ansonsten soll die Temperatur zwischen 18 und 22 °C schwanken. *Pleurodeles waltl* ist ungemein gefräßig. Auf dem Lande lebende Tiere kann man mit Regenwürmern, Raupen, Engerlingen, Nacktschnecken, kleinen Rinderherzstreifen und Nacktmäusen von der Pinzette füttern. Im Wasser lebende Tiere versorgt man mit Regenwürmern, Wasserasseln, Bachflohkrebsen, Mückenlarven und allerlei Wasserinsekten. *Pleurodeles waltl* wird von November bis Februar bei Luft- und Wassertemperaturen von 6 bis 8 °C im gleichen Aquaterrarium überwintert. Die Überwinterung ist auch hier eine Voraussetzung für die Nachzucht.

Nachzucht: Die Männchen haben zur Paarungszeit Brunftschwielen auf den Oberarmen. Sie unterscheiden sich weiterhin von den Weibchen durch den längeren Schwanz. Unter günstigen Bedingungen erstreckt sich die Paarungszeit über das ganze Jahr. In freier Natur beginnt sie in der Regel im Februar. Die

Oben: Der Marmormolch (Triturus marmoratus) aus Mittel- und Südfrankreich sowie von der Iberischen Halbinsel wird ein wenig wärmer, aber sonst genau so gepflegt wie der Bergmolch. Eine der schönsten Molcharten.
Unten: Der Rippenmolch (Pleurodeles waltl).

Fortpflanzung findet im Wasser statt. Beim Balzverhalten schwimmt oder kriecht das Männchen unter das Weibchen, reibt mit seiner Stirn an dessen Kehle und krümmt von unten her seine Vorderbeine hakenförmig um

die des Weibchens. Schließlich biegt das Männchen seinen Körper nach vorn gegen das Maul des Weibchens und setzt dabei eine Spermatophore ab. Das Weibchen wird so herumgedreht, daß die Spermatophore von der weiblichen Kloake aufgenommen werden kann. Die von einer dicken Gallerthülle umgebenen Eier, deren Anzahl mehrere hundert oder gar bis zu tausend betragen kann, werden in Form dicker Klumpen oder Trauben an Wasserpflanzen, Treibholz und Steinen abgesetzt. Die Eier, die von einer Gallertschicht umgeben werden und mit dieser einen Durchmesser von 7 mm haben, werden vorsichtig aus dem Wasser entfernt und in einem Aquarium mit gleichen Wasserbedingungen zum Schlüpfen gebracht.

Die Larven schlüpfen bei einer Wassertemperatur von 18 °C nach 11 bis 13 Tagen. Sie haben eine Körperlänge von 11,5 mm, die zuweilen bis auf 15 mm ansteigen kann. Ihrer Körperlänge entsprechend werden sie anfänglich mit kleinen Daphnien und Cyclops, mit zunehmendem Wachstum mit gehackten Tubifex und Enchyträen, Wasserflöhen, Hüpferlingen und Mückenlarven gefüttert. Das Wasser, das bei der täglichen Fütterung rasch verschmutzt, ist zu wechseln und durch sauberes Wasser gleicher Qualität zu ersetzen. Bei guter Fütterung können die Larven bereits zwei Monaten nach dem Schlüpfen eine Körperlänge von 4 bis 5 cm aufweisen. Nach drei bis fünf Monaten haben sie eine Länge von 6,5 cm oder mehr erreicht. Jetzt findet die Metamorphose statt. Der Wasserstand wird drastisch gesenkt, wobei die metamorphosierten Jungsalamander an den schrägen Stellen des Aquaterrariums leicht den Landteil erreichen können. Die jungen Spanischen Rippenmolche werden mit dem gleichen Futter, das jedoch anfänglich eine geringere Größe aufweisen muß, wie die erwachsenen Exemplare ernährt. *Pleurodeles waltl* wird mit zwölf bis 15 Monaten geschlechtsreif (Cites notwendig!).

Winkelzahnmolche (Hynobiidae)

Hynobius keyserlingii

Sibirischer Winkelzahnmolch

<u>Kennzeichen:</u> Dieser Molch erreicht eine Körperlänge von 11 bis maximal 13 cm. Das stämmig gebaute Tier hat einen kurzen, wuchtigen Kopf mit einem breiten, runden Maul und stark vortretende Augen. An den kräftigen Vorder- und Hintergliedmaßen sind vier Finger und vier Zehen. Der Schwanz weist an seiner Wurzel einen rundlichen bis ovalen Querschnitt auf und ist am Ende seitlich zusammengedrückt mit einem Kiel auf der Oberseite. Auf den Flanken zählt man 13 bis 15 Seitenfurchen. Die Haut ist glatt und glänzt im Licht. Der Sibirische Winkelzahnmolch ist auf der Körperoberfläche braun bis olivbraun mit einem schwarzen Streifen in der Mitte, welche von beiden Seiten eine goldgelbe Begrenzung erfährt. Die Kopfseiten, die Flanken und die Schwanzseiten sind schwarz gepudert. Darunter erscheint eine weißlich punktierte Zone. Die Körperunterseite ist grau gefärbt und weißlich punktiert.

<u>Herkunft und Lebensraum:</u> Das Vorkommen von *Hynobius keyserlingii* erstreckt sich über ein riesiges Gebiet vom Ural bis zum Pazifik. Die nördliche Verbreitungsgrenze bildet der 67. Breitengrad, die südliche Verbreitungsgrenze der 40. Breitengrad. *Hynobius keyserlingii* kommt auf den Kurileninseln, auf Sachalin und auf Hokkaido, in Nordkorea, in der Mandschurei, im Amurgebiet und in der Mongolei vor. Der Sibirische Winkelzahnmolch bewohnt in Europa nur zwei Gebiete in Rußland bei Borki und bei Syktyvkar. Somit ist diese Art auch ein Bestandteil der europäischen Herpetofauna. *Hynobius keyserlingii* ist ein typischer Bewohner der Taiga, wo er in feuchten Wiesen, Sumpfgebieten und Torfsümpfen angetroffen wird. Hier lebt dieser kleine Landsalamander, der nur zur Laichzeit das nahe Wasser aufsucht, unter morschen Baumstämmen, unter Fallholz, in Laubhäufen, unter Moospolstern und im Erdboden.

Sibirischer Winkelzahnmolch (Hynobius keyserlingii).

<u>Haltung und Pflege:</u> *Hynobius keyserlingii* ist im Aquaterrarium leicht zu halten. In der freien Natur ist er bereits bei wenigen Grad über dem Nullpunkt aktiv, wobei er auch sommerliche Wärme von 25 °C schadlos übersteht. Wie andere Salamander pflegt man den Sibirischen Winkelzahnmolch im feuchten Salamanderterrarium, das zu $^2/_3$ aus Land und zu $^1/_3$ aus Wasser bestehen soll. Als Bodengrund für den Landteil verwendet man Torferde und Torfziegel, die mit Moospolstern und mit moosbewachsener Rinde als Versteckplätze bedeckt werden. Der Landteil soll in den Wasserteil uferartig übergehen. Der Wasserstand soll nur wenige Zentimeter betragen. Als Bodengrund für den Wasserteil eignen sich kleine dunkle Steine und Steingries, die man aus einem Waldbach holen kann. Vor Verwendung wird dieses Material mit kochemdem Wasser übergossen, um die Planarien abzutöten, die gewöhnlich an diesen Steinen haften, und die den Amphibienlaich schädigen können. Das Terrarium sollte einen schattigen Standort haben, wobei sich jedoch Morgen- und Abendsonne als günstig erweisen.

Als Futter bietet man den auf dem Land lebenden Salamandern vor allem Regenwürmer, Maden, kleine Raupen und sich nur wenig bewegende Spinnen und Insekten. Wenn die Sibirischen Winkelzahnmolche zur Fortpflanzung das Wasser aufsuchen, eignen sich neben den Regenwürmern zusätzlich Köcherfliegenlarven und weitere Wasserinsekten und deren Larven, Wasserasseln, Bachflohkrebse usw. Die Temperaturen für das Wohlbefinden der Tiere während der Aktivitätsperiode sollten 18 °C nicht überschreiten. *Hynobius keyserlingii* ist auf jeden Fall bei Temperaturen von 0 bis 5 °C über vier Monate zu überwintern.

Nachzucht: Je nach Klima und der Örtlichkeit und Verbreitung findet die Fortpflanzung zwischen Ende April und Juni statt. Zum Zwecke der Fortpflanzung suchen die Tiere bereits schon zur Zeit der Schneeschmelze das Wasser auf. Sie dringen in kleine Wasseransammlungen und stagnierende Gewässer von geringer Tiefe ein. Die Männchen sind etwas größer als die Weibchen. Erstere zeichnen sich auch durch einen etwas höheren Schwanz und durch mehrere Kloakenschlitze aus. Während des Paarungsverhaltens bewegt das Männchen den Schwanz undulierend hin und her, wobei dem Weibchen Sexualstoffe entgegengewedelt werden. Auf diesen Reiz hin legt das Weibchen einen Eisack an Wasserpflanzen oder im Wasser liegende Ästen ungefähr 2 cm unter der Wasseroberfläche ab. Darauf entläßt das Männchen seinen Samen über dem Eisack und manövriert ihn mit den Hinterbeinen in ihn hinein. Ungefähr einen Monat nach erfolgter Eiablage und Befruchtung schlüpfen die ungefähr 10 mm langen Larven aus dem unteren Ende des Eisackes. Die Larven sind anfänglich mit feinem Süßwasserplankton und später mit Daphnien, Cyclops und mit kleinen Wasserinsekten sowie deren Larven zu füttern. Die Metamorphose findet gewöhnlich im August statt. Ein Teil der Larven überwintert im Wasser, wobei die Umwandlung zum Jungmolch erst im Jahr darauf erfolgt. Die an Land gewanderten Jungsalamander sind mit dem gleichen Futter zu versorgen wie die erwachsenen Exemplare. Die Geschlechtsreife stellt sich nach zwei bis drei Jahren ein.

Froschlurche (Anura)

Discoglossidae (Scheibenzüngler)
Bombina maxima
Chinesische Riesenunke

Kennzeichen: Die Männchen erreichen eine Körperlänge bis zu 8 cm, die Weibchen nur 6,5 cm. Das kräftig gebaute Tier hat einen breiten, wuchtigen Kopf mit abgerundetem Maul, vorstehenden Augen und dreieckiger Pupille. Die Körperoberseite wie die Gliedmaßenoberseiten sind mit großen und kleinen Warzen bedeckt, von denen jede mehrere dunkle Dornen trägt. Bei den Männchen sind die Dornen zahlreicher als bei den Weibchen. Ohrspeicheldrüsen und Trommelfelle sind äußerlich nicht erkennbar. Die Gließmaßen sind kräftig. Die Zehen sind durch Schwimmhäute miteinander verbunden. In Fortpflanzungsstimmung befindliche Männchen haben an den Fingern und an den Händen, an den Armen und auf der Brust hornige, schwarze Brunstschwielen. Die Körperoberseite ist hell- bis dunkelbraun. Hinter dem Kopf und auf der Schultermitte ist häufig ein leuchtendgrüner Fleck erkennbar. Auf den Gliedmaßen sind dunkelolivfarbene oder schwarze Querbinden, die auf den Oberarmen schwach entwickelt sein können oder gar fehlen. Die Kehle, die Bauchseite und die Gliedmaßenunterseiten sind schwarz oder dunkelgrau und von scharlachroten, orangefarbigen bis orangegelben Flecken durchsetzt. Stets findet sich ein scharlachroter oder orangefarbiger Fleck auf den Handflächen und den Fußsohlen. Ein Querfleck gleichen Farbtons ist auf der Schenkelunterseite zu beobachten.

Herkunft und Lebensraum: Nach den Angaben von Liu (1950) ist *Bombina maxima* in den Himalayaausläufern von West- und Südwestchina häufig. Sie ist ein charakteristisches Faunenelement der Bergregionen Yunnans, Südwestszechouans und Südostsikiangs, dem westlichen Teil von Kweichow und Kwangsi und dem nördlichen Tonking. Die Chinesische Riesenunke ist eine Bergform, die in Höhenlagen von 1700 bis 3300 m lebt. Sie soll in Yenyuanhsien in 3000 m Höhe und darüber hinaus sehr häufig sein. Erwachsene Exemplare bewohnen vor allem kleine Tümpel und Teiche, besonders dann, wenn in diesen abgestorbene Pflanzenteile liegen. Die Chinesischen Riesenunken sollen in kleinen, schnell fließenden Bergbächen seltener angetroffen werden. Erwachsene und juvenile Exemplare findet man beim Umdrehen von Steinen am Rande kleiner Bergbäche und an Tümpeln und Teichen, die mit diesen Bächen in Verbindung stehen. Unter den Steinen halten sich nicht selten ein oder gar mehrere Exemplare auf.

Haltung und Pflege: In Anpassung an ihren Lebensraum sind Chinesische Riesenunken in einem Aquaterrarium, dessen Wasserteil ²/₃ und dessen Landteil ¹/₃ der Bodenfläche einnehmen soll, zu pflegen. Die Bodenfläche kann 40 cm × 40 cm betragen oder noch größer sein. Die Höhe sollte ungefähr 60 cm betragen. Die Wasserhöhe sollte 7 bis 8 cm nicht übersteigen. Ein heller Standort mit zeitweiliger Sonneneinstrahlung ist wünschenswert, ansonsten verwendet man eine Leuchtstoffröhre oder einen Punktstrahler. Wasserverschmutzungen sind auf jeden Fall zu unterbinden, zumal *Bombina maxima* in der Pflege wie auch in der Nachzucht die heikelste der sechs Unkenarten ist. Verschmutztes Wasser ist durch frisches, möglichst ungechlortes Leitungswasser zu ersetzen. Der Landteil wird mit gewaschenem Sand, Kies und einigen hohl liegenden Steinplatten als Versteck bedeckt, wie man auch einige Moospolster einbringen kann. Den Wasserteil versieht man mit einigen schwimmenden Wasserpflanzen *(Elodea)* und Steinen, die als Ablaichmöglichkeiten dienen. In Anbetracht der Herkunft und der dort schwankenden Temperaturen dürften für ein Aquaterrarium, in dem *Bombina maxima* gepflegt und zur Nachzucht gebracht werden soll, Temperaturen zwischen 20 und 25 °C vom Frühjahr bis zum Herbst angebracht sein. *Bombina maxima* wurde bei Temperaturen von 10 °C erfolgreich überwintert. Die Überwinterungsdauer betrug drei bis vier Monate. Als Futter bietet man Regenwürmer, Maden, allerlei Insekten, wie Fliegen, Heuschrecken, Grillen, Heimchen, Wachsmotten usw., an.

Nachzucht: In freier Natur ist die Fortpflanzungszeit ziemlich kurz. Die Tiere paaren sich in ihrer Heimat im Mai, vielleicht auch im Juni. Auch unter Gefangenschaftsbedingungen haben Chinesische Riesenunken im Mai und im Juni abgelaicht. Das Männchen umklammert das Weibchen während der Paarung mit seinen schwieligen Vorderbeinen in der Lendengegend oberhalb der Schenkel. Die Eier, die in Klumpen abgesetzt werden, sinken alsbald auf den Gewässergrund oder sie bleiben an den Wasserpflanzen hängen. In der Natur deckt sich meist eine dünne Schicht roten Bodenschlammes über sie. Die Eier haben einen Durchmesser von 3 bis 3,4 mm. Nach ihrer Ablage werden sie sofort vom Männchen äußerlich besamt. Die graubraunen Kaulquappen, die zwei bis vier Tage nach der Eiablage schlüpfen, messen von der Schnauzen- bis zur Schwanzspitze 9,8 mm. In der Körpermitte weisen sie eine Höhe von 3,7 mm auf. Die Kaulquappen hängen zuerst an Wasserpflanzen, Steinen und an anderen Gegenständen. Bei einer Körperlänge von 12 mm wird die Körperfärbung dunkler und der Hautsaum des Schwanzes heller. Die Augen kann man jetzt von außen her als schwarze Flecken sehen. In diesem Entwicklungsstadium nimmt die Unkenlarve eine normale

Chinesische Rotbauchunke (Bombina orientalis).

wünschten Erscheinung dauerhaft entgegen-
wirken. Anders als die folgende *Bombina orientalis* ist *Bombina maxima* kein Pflegling für den
Anfänger.

Bombina orientalis
Chinesische Rotbauchunke

Kennzeichen: Die genannte Art erreicht im
Adultzustand eine Körperlänge von 4,5 bis
6 cm. Der Kopf ist kurz, das Maul abgerundet,
die Augen stehen deutlich vor. Je nach Lichtintensität zeigt sich die Pupille als waagerechter Spalt oder in rundlicher Form. Ohrspeicheldrüsen fehlen, das Trommelfell ist von
außen her nicht sichtbar. Die Männchen besitzen eine spitzere Schnauze als die Weibchen. Sie haben gut entwickelte Schwimmhäute zwischen den Zehen und bilden zur
Fortpflanzungszeit Brunstschwielen an den
Innenseiten ihrer Vorderextremitäten aus. Die
Körperoberseite ist prachtvoll grün bis braun,
die Bauchseite leuchtend orange- bis ziegelrot. Die Körperober- sowie die Körperunterseite sind von unregelmäßigen schwarzen
Flecken bedeckt.

Herkunft und Lebensraum: *Bombina orientalis*
ist in Ostsibirien, in Nordostchina und in
Korea beheimatet. Die genannte Unke bevorzugt das niedere Bergland bis zu einer Höhe
von 1700 m über dem Meeresspiegel, wo sie
an kleinen Bächen mit schnell- und langsam
fließenden Abschnitten häufig sein soll.

Haltung und Pflege: *Bombina orientalis* ist in
einem Aquaterrarium gleicher Größe und
ähnlicher Ausstattung zu pflegen, wie dies für
Bombina maxima beschrieben wurde. Als
Landteil kann man ein Gemisch aus Sand und
Gartenerde verwenden. Auf eine Bepflanzung
braucht man nicht zu verzichten. Als Pflanzen
bieten sich beispielsweise einige *Scindapsus-*
und *Philodendron*-Ranken an, die an einem
Kletterast emporwachsen. Chinesische Rotbauchunken sind Dämmerungs- und Nacht-
tiere. Trotzdem sollte der Behälter hell stehen
und am Tage Luft- und Wassertemperaturen

Lage ein und schwimmt frei. Im Zuge der
weiteren Entwicklung zeigen der Kopf, die
Kiemenregion und der Schwanz eine blasse
Cremefärbung. Nach der Bildung der Vorderbeine geht die nun auf ungefähr 14 mm heran-
gewachsene Kaulquappe langsam zur Metamorphose über. Die Kaulquappen werden anfänglich mit Flockenfutter für Aquarienfische,
vitaminisiertem Löwenzahn, Salat, Spinat und
gehackten Tubifex gefüttert. Die Jungunken
füttert man anfänglich mit Maden von *Drosophila* und mit zunehmendem Wachstum mit
adulten *Drosophila,* allerlei kleinen Insekten
und Regenwurmstückchen. Da die Larven
kannibalistische Neigungen haben und sich
in zu hoher Dichte in der Entwicklung stören,
ist eine Aufzucht von wenigen Larven in
Miniaquarien oder Kühlschrankschalen bei
einer Wasserhöhe von wenigen Zentimetern
die beste Lösung. Chinesische Riesenunken-
larven bilden unter Aufzuchtsbedingungen
häufig keine roten, sondern gelbe Bäuche aus.
Durch mehrwöchige Verabreichung von Can-
thaxanthin-Präparaten kann man dieser uner-

von 22 bis 25 °C aufweisen. Als Beleuchtungsquellen verwendet man Leuchtstoffröhren und Punktstrahler. Die Tiere werden ungefähr zwei Monate bei Temperaturen von 3 bis 5 °C überwintert. Die kühle Überwinterung im Dämmerlicht oder in der Dunkelheit ist die Voraussetzung für die Nachzucht, da die Bildung der Spermien und Eizellen nur unter dem Einfluß einer kältebedingten Ruhepause möglich ist. Wenn das Aquaterrarium einen Standort aufweist, der ein Absinken der Temperatur ermöglicht, bleiben die Unken bei niedrigem Wasserstand in ihrem Behälter. Andernfalls wird das Aquaterrarium entfernt und an einer Örtlichkeit untergebracht, die ein Absinken der Temperatur auf ungefähr 5 °C ermöglicht. Die Tiere können aber auch in Plastikdosen mit Gazedeckeln im Kühlschrank über den Winter gebracht werden. Es ist selbstverständlich, daß nur gut genährte Exemplare der Überwinterung ausgesetzt werden, damit sie diese Zeit lebend überstehen. Die Unken werden ungefähr zwei Wochen, bevor sie in den Kühlschrankschalen Einzug halten, nicht gefüttert, damit sie ihren Darm entleeren können. Der Boden der Kühlschrankschalen wird mit altem Laub und mit Moos oder Fließpapier ausgelegt und stets feucht gehalten. Permanente, wöchentliche Kontrollen sind eine Notwendigkeit, die unbedingt eingehalten werden muß. Nach erfolgter Überwinterung gewöhnt man die Tiere im Verlauf einiger Tage an die normalen Umgebungstemperaturen des Aquaterrariums, bevor man zur ersten Fütterung schreitet.

Chinesische Unken wie auch ihre nahen Artverwandten sind überaus gefräßig und futterneidisch. Als Futter bietet man alles, was sich bewegt und nicht zu groß ist. Regenwürmer, Nacktschnecken, Tubifex, Enchyträen, Fliegenmaden, Raupen, Fliegen, Mehlwürmer, Heuschrecken, Wachsmotten, Heimchen, Grillen, Spinnen usw. sind eine willkommene Beute. Chinesische Rotbauchunken dürfen nie in zu hoher Individuendichte gehalten werden, da sonst Beißereien und dadurch bedingte Verletzungen nicht ausbleiben. Damit jedes Tier etwas abbekommt, verteilt man das Futter am besten an verschiedenen Stellen im Behälter. Auch abgetötete Tiere und Rinderherz- sowie Fischstreifen werden bereitwillig von der Pinzette genommen. Die tag-, hauptsächlich aber nachtaktive Chinesische Rotbauchunke sucht häufig das Wasser auf, wobei sie sich in gestreckter Körperstellung an der Wasseroberfläche treiben läßt. Wird sie auf festem Boden erschreckt und wähnt sich in Gefahr, biegt sie ihren Rücken im Reflex kahnartig durch und zeigt ihre grelle Bauchseite, die manchen potentiellen Feind davon abhält, sie anzugreifen und zu fressen. Neben dieser Warnstellung produziert sie ein giftiges, die Schleimhäute reizendes Hautsekret, das die Feindabschreckung noch verstärkt.

Nachzucht: In der Fortpflanzungszeit im Frühjahr lassen die Unkenmännchen ihre hohl klingenden, aber deutlich hörbaren »Unk-Unk«- und »Ruh-Ruh«-Rufe erschallen. Das Unkenmännchen umklammert ein paarungsbereites Weibchen in der Lendengegend oberhalb der Oberschenkel. Bei nicht paarungswilligen Weibchen löst sich das Männchen wieder. Die Laichabgabe erfolgt in der Nacht einzeln oder in Ballen, die an Wasserpflanzen angeheftet werden. Aus diesem Grunde sollten im Wasserteil stets Wasserpflanzen wie *Elodea, Myriophyllum, Ceratopteris* oder andere vorhanden sein. Das Männchen besamt die 2 bis 2,5 mm großen Eier sofort nach ihrer Ablage in das Wasser. Die ungefähr 7 mm langen Kaulquappen schlüpfen nach drei bis vier Tagen. Sie hängen anfänglich an Wasserpflanzen, an Steinen und an den Aquarienscheiben. Nachdem der Dottersack nach einigen Tagen aufgezehrt ist, sieht man sie frei im Wasser schwimmen, wo sie nach Nahrung suchen. Jetzt ist der Zeitpunkt gekommen, an dem sie mehrmals täglich mit kleinen Gaben von Flockenfutter für Aquarienfische, mit grünem, ungespritztem Salat, Löwenzahn, Spinat, gehackten Tubifex und Ähnlichem versorgt werden müssen. Die Metamorphose von der Kaulquappe zur 13 bis 15 mm langen Jungunke findet bei einer Wassertemperatur von ca. 22 °C nach ungefähr vier bis fünf Wochen statt. Damit die Jungunken den Landteil ohne Schwierigkeiten erreichen können, wird ein natürliches, flach ansteigendes Ufer nachgeahmt. Einige Tage nach der Gestaltumwandlung nehmen die Jungunken ihre erste Nahrung in Form von *Drosophila*, Fliegenmaden, Tubifex und allerlei kleinen Insekten an. Bei guter Fütterung haben sie sich drei Monate nach der Metamorphose umgefärbt und werden nach ungefähr einem Jahr geschlechtsreif.

In diesem Zusammenhang sei nicht vergessen, daß sich *Bombina orientalis* bereitwillig mit *Bombina variegata* kreuzt, wobei die Bastarde eine lebenslange gelbe Bauchfärbung zeigen. Eine derartige Verbastardierung der beiden Arten ist jedoch keineswegs wünschenswert, da dadurch die reinen Linien zerstört und später nur noch Mischformen im Handel angeboten werden. Wie bei *Bombina maxima* lassen auch die Nachzuchten von *Bombina orientalis* häufig die herrliche Rotfärbung der Bäuche vermissen. Dies kommt möglicherweise durch Ernährungsmängel zustande. Ein derartiger Mangel läßt sich mit den bereits erwähnten Canthaxanthin-Zusätzen in geringsten Mengen, verabreicht über mehrere Wochen, dauerhaft beheben. Ähnlich wirksam ist die Verfütterung von Bachflohkrebsen an die Jungfrösche und an adulte Exemplare. Das in den Bachflohkrebsen reichlich enthaltene Karotin führt zu dessen Einlagerung in die Froschhaut und ruft somit die rote Bauchfärbung hervor, die zusätzlich durch kurzfristige UV-Bestrahlungen verstärkt wird. Die Chinesische Rotbauchunke ist anders als die Chinesische Riesenunke wegen ihrer unkomplizierten Haltung und leich-

ten Nachzüchtbarkeit ein empfehlenswerter Anfängerpflegling. Die Gelbbauchunke *(Bombina variegata)* und die Rotbauchunke *(Bombina bombina)* verlangen die gleichen Pflege- und Haltungsbedingungen wie *Bombina orientalis* und sind in gleicher Weise zur Nachzucht zu bringen.

Pipidae (Wabenkröten)

Pipa carvalhoi
Zwergwabenkröte

Kennzeichen: Die Zwergwabenkröte erreicht eine Körperlänge von 4,5 bis 8 cm. Sie hat einen kurzen, flachen Kopf und ein dreieckig zugespitztes Maul, an dessen Spitze und Winkeln zipfelartige Fortsätze hängen, die als Sinnesorgane zum Lokalisieren von Beutetieren tätig sind. Das Seitenlinienorgan dient dem gleichen Zweck. *Pipa carvalhoi* hat auffällig kleine Augen. Die Hinterbeine sind lang und muskulös mit deutlichen Krallen und Schwimmhäuten zwischen den Zehen. Die Vorderbeine sind kurz und dünn. Die körnige Rückenseite ist dunkelgrau bis braun gefärbt, die glatte Körperunterseite ist dagegen weiß und von Flecken und Punkten durchsetzt.

Herkunft und Lebensraum: *Pipa carvalhoi* bewohnt das östliche Brasilien bis zu Höhenlagen von ungefähr 1000 m. Das Tier lebt in wasserpflanzenreichen, stehenden Gewässern, die starker Sonneneinstrahlung ausgesetzt sind. Mit Ausnahme der Regenzeit wird das Wasser wohl nie verlassen. Allerdings wurde beobachtet, daß im Aquaterrarium gehaltene Zwergwabenkröten gelegentlich auf dem Landteil umherwandern, wenn die Luft- und Bodenfeuchtigkeit entsprechend hoch sind. In freier Natur leben sie vornehmlich am Boden ihrer meist trüben Gewässer, den sie nur kurzzeitig und ruckartig zum Luftholen an der Wasseroberfläche verlassen.

Haltung und Pflege: *Pipa carvalhoi* wird in einem Aquaterrarium mit sehr großem Was-

ser- und kleinem Landteil, den man als Pflanz-
fläche benutzt, besser aber in einem Aquarium
mit 70 bis 100 Litern Inhalt gepflegt. Als Bodengrund verwendet man Sand oder ein Gemisch aus Sand und Kies, als Versteckplätze
Wurzeln aus Moorkienholz, halbierte Tonblu-
mentöpfe, zu Höhlen aufgebaute Steine und
schwimmende oder in den Bodengrund ein-
gepflanzte Pflanzen. In Anpassung an die starke Sonneneinstrahlung in ihren Heimatgewässern soll das Aquarium möglichst hell
stehen oder mit Leuchtstofflampen beleuchtet werden. Ihrer tropischen Heimat entsprechend pflegt man Zwergwabenkröten bei
Wassertemperaturen zwischen 20 und 26 °C.
Die heimatliche Trockenzeit läßt sich imitieren, indem man den Wasserstand von März
bis Juni senkt und die Wassertemperatur leicht
erhöht. Nach dieser Ruhezeit erhöht man den
Wasserstand durch häufiges Verspritzen von
Wasser und simuliert so Niederschläge. Um
das Wasser biologisch intakt zu halten, wird es
über Kohle filtriert. Eine derartige Nachahmung von Trocken- und Regenzeit und der
Temperatur wirkt sich wahrscheinlich auf das
Fortpflanzungsverhalten stimulierend aus. Da
Pipa carvalhoi im Nahrungsangebot nicht
wählerisch ist, bietet man als Futter Regenwürmer, Tubifex, Enchyträen, kleine Fische
und Fischstückchen, Mückenlarven und zu
Streifen geschnittenes Rinderherz und Rinderleber an.

Nachzucht: Die Nachzucht ist schon ver-
schiedentlich gelungen und nicht sonderlich
schwierig. Das laichreife Weibchen unterscheidet sich vom Männchen durch einen
deutlich verdickten Kloakenwulst und durch
eine etwas angeschwollene Rückenhaut. Unter Gefangenschaftsbedingungen erfolgten
Paarungen zwischen Juli und Februar. Zu dieser Zeit läßt das Männchen seine an Ticklaute
erinnernden Rufe erschallen. Das Männchen
umklammert ein laichwilliges Weibchen oberhalb der Oberschenkel. In dieser Weise
schwimmt das Zwergwabenkrötenpärchen

eine Weile umher. Danach wandert es auf
dem Aquarienboden umher. Schließlich führt
es mehrere kreisähnliche Bewegungen zur
Wasseroberfläche hin aus und kehrt in ähnlicher Weise zum Aquarienboden zurück. Unter der Wasseroberfläche sind die Bäuche der
beiden Tiere nach oben gerichtet. Wenn das
Pärchen zum Boden herabschwimmt, hebt
das Männchen seine Körperunterseite ein wenig vom Rücken des Weibchens ab. In diesem
Augenblick stößt das Weibchen eine Reihe
von Eiern aus, die sofort vom Männchen
befruchtet werden. Zu ungefähr gleicher Zeit
schiebt das Männchen die Eier auf die Rük-
kenhaut des Weibchens und verteilt sie hier
mit seinen Hinterbeinen. Dieser Ablauf wiederholt sich so lange, bis der Laichvorrat des
Weibchens erschöpft ist. Die Anzahl der abgelegten Eier kann weit über 100 betragen.
Gewöhnlich sind es aber weniger. Nach dem
Paarungszeremoniell löst sich das Weibchen
aus der Umklammerung. Innerhalb von Stunden oder Tagen nisten sich die Eier in der
angeschwollenen Rückenhaut des Weibchens
ein. Die Eier liegen in der Rückenhaut wie die
Larven von Bienen in ihren Waben. Aus der
Gallerthülle der Eier bildet sich über jeder
Eikammer eine Art Deckel, der nach zwei bis
vier Tagen abfällt. Ungefähr 14 Tage nach
erfolgter Eiablage bilden sich an den Stellen,
an denen die Eier in die Rückenhaut einge-
sunken sind, zahlreiche kleine Aufwölbungen,
die mit der Entwicklung der Zwergwabenkrö-
tenkaulquappen in ihrem Inneren zunehmend
an Größe gewinnen und nach einigen Tagen
aufbrechen. Die rauh aussehende Rückenhaut
des Weibchens nimmt bald wieder ein norma-
les Aussehen an. Die ausgetretenen, fast transparenten Kaulquappen haben eine Körperlänge von 11 bis 12 mm. Die Eltern sehen in ihrer
Nachkommenschaft nichts anderes als eine
Bereicherung ihres Speisezettels. Aus diesem
Grunde müssen die Kaulquappen sofort nach
dem Schlupf aus dem Aquarium entfernt und
in ein anderes gesetzt werden, das die glei-

Krallenfrosch (Xenopus laeris).

chen Wasserbedingungen aufweist. Die Larven steigen zur Wasseroberfläche empor, schnappen nach Luft und kehren zum schützenden Bodengrund zurück. Nach wenigen Tagen schwimmen sie frei im Wasser umher. Sie sind jetzt mit feinstem Staubfutter, wie man es für die Aufzucht junger Aquarienfische verwendet, zu füttern. Da bei der Fütterung viel Mulm anfällt, ist das Wasser zu filtern und schwach zu durchlüften. Auch Wasserpflanzen erweisen sich in einem Aufzuchtaquarium als biologisch sinnvoll, da sie das Wasser auf natürliche Weise reinigen. Die Metamorphose der Kaulquappen zu den ungefähr 15 mm langen Zwergwabenkröten setzt nach ungefähr zweieinhalb bis drei Monaten ein. Nun werden sie mit Daphnien, Cyclops, Tubifex und Ähnlichem gefüttert. Bei hinreichender Ernährung erreichen sie bereits nach acht Monaten bei einer Körperlänge von ungefähr 4 cm die Geschlechtsreife.

Da sich die Zwergwabenkröte leicht halten und regelmäßig im Aquarium vermehren läßt, eignet sie sich vorzüglich für den Anfänger.

Xenopus laevis
Krallenfrosch
Kennzeichen: Der Krallenfrosch erreicht im weiblichen Geschlecht 13 und im männlichen 6 bis 7 cm. Das stämmig gebaute Tier hat einen flachen, kurzen Kopf, ein breites Maul und vorstehende Augen. Die Hinterbeine sind auffällig lang und kräftig, die Vorderbeine kurz und dünn. Die Zehen sind durch große Schwimmhäute miteinander verbunden. Die drei inneren Zehen tragen eine schwarze Hornkralle. An der Körperseite verläuft vom Kopf bis zum After eine Reihe weißer Fransen. Diese Fransenreihe teilt sich dergestalt in Schulterhöhe, daß einige Fransen in Richtung Maul und andere in Richtung Auge verlaufen. Unterhalb der ersten Fransenreihe verläuft

eine weitere Fransenreihe parallel zur ersten. Neben den Fransen, die Schleimkanäle darstellen, existiert neben jedem Auge je ein Tentakel. Die Fransen wie die Tentakeln sind Hautsinnesorgane. Die Körperoberseite zeigt ein schwärzliches, braunes oder hellgraues Kolorit, das von dunklen Flecken durchsetzt ist. Gelegentlich treten albinotische Tiere auf.

Herkunft und Lebensraum: Der Krallenfrosch ist südlich der Sahara über weite Teile Afrikas bis nach Südafrika verbreitet und bewohnt hier die Ebene und das Bergland. Er lebt vollständig aquatisch in Tümpeln, Teichen, Gräben und anderen stehenden Gewässern. Bäche und Flüsse werden seltener besiedelt. *Xenopus laevis* verläßt sein Heimatgewässer nur bei Regenfällen, um von einem Tümpel zum anderen zu wandern. Wenn die Heimatgewässer vorübergehend eintrocknen, überdauert er die Trockenzeit im feuchten Schlamm.

Haltung und Pflege: Der weitgehend dämmerungs- bis nachtaktive Krallenfrosch ist in einem geräumigen, flachen Aquarium bei Temperaturen zwischen 20 und 28 °C zu pflegen, obwohl vorübergehend auch weit niedrigere und höhere Temperaturen ertragen werden. Im Winter schiebt man eine Ruheperiode ein, indem man die Tiere ein wenig kühler hält. Im Sommer kann man die Krallenfrösche auch in den Gartenteich setzen und hier zur Nachzucht bringen. Der Standort des Krallenfroschaquariums sollte hell bis sonnig sein. Ansonsten sollte die Beleuchtung – Leuchtstoffröhren oder Punktstrahler – zehn bis zwölf Stunden in Betrieb sein.

Als Bodengrund eignet sich Kies. Auf eine Bepflanzung kann man verzichten, da sie häufig beschädigt wird. Als Verstecke sind feststehende Steine, ausgelaugte Wurzeln und halbierte Blumentöpfe zu empfehlen. Um ein Entweichen der Tiere aus dem Aquarium zu unterbinden, müssen die Behälter stets gut abgedichtet werden. *Xenopus laevis* sind sehr lebhaft und stets gefräßig. Als Futter eignen

sich Regenwürmer, zu schmalen Streifen geschnittenes Rinderherz und Fischfilets, Tubifex, Mückenlarven, Raupen, Wachsmotten, Engerlinge, Bachflohkrebse und Ähnliches. In freier Natur machen Krallenfrösche Jagd auf Kaulquappen anderer Froscharten, auf kleine Fische und auf Wasserinsekten. Sie fressen alles, was sich bewegt und in ihre Schnauze paßt. Ihre Beutetiere packen sie saugschnappend, wobei der Freßakt blitzschnell abläuft. Zu große Futtertiere zerreißen sie mit ihren Fingern und stopfen die Futterfetzen in ihr Maul. Wenn man sich mit seinen Krallenfröschen individuell beschäftigt, können sie sehr zahm werden, wobei sie das Futter willig von der Pinzette nehmen.

Nachzucht: Eine Überwinterung bei 10 bis 15 °C wirkt sich stimulierend auf das Fortpflanzungsverhalten aus. Früher wurden die Weibchen von *Xenopus laevis* als Labortiere gehalten und für Schwangerschaftstests verwendet. Um die Schwangerschaft einer Frau festzustellen, wurde einem Krallenfroschweibchen eine Urinprobe einer schwangeren Frau in den Rückenlymphsack injiziert. Das im Urin enthaltene Hormon Prolan löste wenige Stunden nach der Injektion ein Ablaichen aus, und somit erwies sich dieser Test als positiv.

In seiner südafrikanischen Heimat erstreckt sich die Fortpflanzungsperiode des Krallenfroschs vom Frühjahr bis zum späten Sommer. Die Männchen haben an der Unterseite ihrer Finger und teilweise an der Unterseite ihrer Arme rauhe, schwarz gefärbte Schwielen. Die Weibchen zeichnen sich durch ihre dreizipflige Kloake aus. Da Krallenfrösche keine Zunge besitzen, werden sie als stimmlos angesehen. Das ist jedoch nicht der Fall. Die paarungswilligen Männchen stoßen unter Wasser schwache Rufe aus, die sich wie ein »trr-trr-trr« oder »chee-chee-chee« anhören. Paarungsbereite Weibchen werden von den Männchen mit den Vorderbeinen oberhalb der Oberschenkel im hinteren Rumpfbereich umklammert. Die Umklammerung kann unter Umständen zwei Tage dauern. Die sich in der Umklammerung befindlichen Tiere führen kreisförmige Bewegungen im Wasser aus, wobei 50 bis 2000 Eier austreten, die sofort vom Männchen besamt werden. Das Paarungsgeschäft vollzieht sich meist in der Nacht. Da die Elterntiere ihr Gelege in der Regel sofort fressen, werden sie aus dem Aquarium entfernt und in ein anderes überführt. Die Kaulquappen schlüpfen nach ungefähr zwei Tagen bei einer Temperatur von 25 °C. Wenn die äußeren Kiemen zurückgebildet werden, verfügen sie recht bald über ein funktionsfähiges Mundfeld, mit dem sie feinste Nahrungspartikel wie Mikroorganismen und schwimmende Algen aus dem Wasser filtrieren können. Bereits im frühen Kaulquappenstadium nehmen die Larven eine charakteristische Stellung ein, wobei der Kopf nach unten gehalten wird und die Schwanzspitze kontinuierlich zitternde Bewegungen ausführt. Die gesellig lebenden Larven stehen oft schwarmartig beieinander. Da die Kaulquappen sehr gefräßig sind und viel Kot hinterlassen, muß das Wasser gefiltert und häufiger teilweise gewechselt werden. Eine feinperlige Durchlüftung ist ebenfalls empfehlenswert. Als anfängliches Aufzuchtfutter hat sich eine Suspension von zerriebenem Eigelb, Brennesselpulver und Fischfutter, die man im Wasser durch Nylonstrümpfe oder Leinenstoff reibt, bestens bewährt. Diesem Futter mischt man gelegentlich Infusorien bei. Da sich die zahlreichen Kaulquappen in ihrer Entwicklung gegenseitig hemmen, muß man sie aufteilen und zur weiteren Aufzucht in getrennten Behältern unterbringen. Die Metamorphose zum Jungfrosch, der eine Körperlänge von ungefähr 1,3 cm besitzt, vollzieht sich zwischen dem 40. und 50. Tag nach der Eiablage. Die jungen Krallenfrösche, die anfänglich große Mengen an Mückenlarven und Wasserflöhen verzehren, sind bei guter Fütterung nach zehn bis 14 Monaten geschlechtsreif.

Bufonidae (Kröten)

Bufo blombergi
Blomberg-Kröte, Kolumbianische Riesenkröte
Kennzeichen: Die erst 1951 von MYERS und FUNKHOUSER beschriebene *Bufo blombergi* kann eine Körperlänge bis zu 25 cm erreichen. Das gewaltige Tier hat einen massigen Körper, einen kurzen, breiten Kopf und ein großes Maul. Hinter den dunkelbraunen Augen mit der waagerechten Pupille befinden sich die auffällig großen Parotiden. Das Trommelfell ist klein und kaum sichtbar. Die Körperoberseite ist leder- bis rötlichbraun. Die Körperseiten und die Vorder- und Hinterextremitäten sind dunkelbraun, die Bauchseite und die Kehlregion hell.
Herkunft und Lebensraum: Die Heimat von *Bufo blombergi* ist das südwestliche Kolumbien und das nordwestliche Ekuador, wo das Tier an den zum Westen abfallenden Andenabhängen in Feuchtwaldgebieten in der Nähe von stehenden Kleingewässern angetroffen wird. Ein bekannter Fundort ist die Ortschaft Nachao in der Nariño-Provinz in Südwestkolumbien, die in einer Meereshöhe von ungefähr 550 m liegt.
Haltung und Pflege: Die Blomberg-Kröte ist in einem geräumigen Aquaterrarium mit einer Bodenfläche von ungefähr 120 cm × 80 cm und einer Höhe von 60 bis 80 cm zu pflegen. Der Landteil sollte ungefähr $2/3$ und der Wasserteil $1/3$ der Grundfläche betragen. Für den Wasserteil wählt man eine Tiefe zwischen 10 und 20 cm. Als Bodengrund eignet sich Kies, den man mit einer dicken Schicht Torf, Walderde und Torfplatten überdeckt. Als Versteckplatte kann man einen umgekippten Baumstubben, eine sehr große, halbierte Zierkorkröhre oder Steinplatten verwenden, welche nicht verschoben werden können. Den Torfboden überdeckt man zweckmäßigerweise lokal mit einer Sphagnumansammlung, in die sich die Kröte häufig eingräbt. Zarte Pflanzen sind in solch einem Riesenkrötenterra-

rium nicht angebracht, da sie von den wuchtigen Kröten während der nächtlichen Wanderungen regelmäßig zerstört werden. Statt dessen eignen sich robuste, eingetopfte und nicht verrückbare Pflanzen, wie ein kleiner Gummibaum, ein Philodendron oder eine Monstera. Der Wasserteil ist frei von Wasserpflanzen zu halten, da diese ebenfalls zerstört werden.

Für das Riesenkröten-Terrarium wählt man einen hellen, aber nicht besonnten Standort. Ansonsten soll der Behälter am Tage zehn bis zwölf Stunden mit Leuchtstoffröhren, die das Pflanzenwachstum fördern, beleuchtet werden. Luft- und Bodentemperaturen von 25 bis 28 °C am Tage, die in der Nacht geringfügig absinken, und Wassertemperaturen von ungefähr 24 °C halten die Kolumbianischen Riesenkröten bei guter Gesundheit. Die relative Luftfeuchtigkeit soll am Tage 70 bis 80% und in der Nacht 90 bis 95% betragen. Derartige Werte erreicht man durch tägliches Übersprühen. Ihrem dämmerungs- bzw. nachtaktiven Verhalten entsprechend ist *Bufo blombergi* möglichst am Abend zu füttern. Als Futter bietet man große Regenwürmer, große Insekten, Mäuse und sonstige Kleinsäuger, die die Kröten leicht überwältigen können. Rinderherzstreifen werden ebenfalls nicht verschmäht, wenn man sie mit einer langen Pinzette vor der Kröte hin und her bewegt. Dem Klima ihres natürlichen Lebensraumes entsprechend reduziert man die Luftfeuchtigkeit von Juli bis September auf 70 bis 80% und erhöht sie ab Oktober wieder.

Nachzucht: *Bufo blombergi* erreicht nach ungefähr vier Jahren die Geschlechtsreife. Zu dieser Zeit lassen die Männchen ihre Rufe erschallen. Das Männchen umklammert ein laichreifes Weibchen nach Krötenmanier in der Achselregion. Das Weibchen legt Tausende von 1 bis 2 mm großen Eiern in Form von Schnüren in das Wasser, die bei ihrem Austritt sofort vom Männchen äußerlich besamt werden. Die Eimengen sind zweckmäßigerweise zu teilen und in vorbereiteten Aquarien unter-

Oben: Bufo crucifer verlangt die gleiche Pflege wie Bufo blombergi. Bufo crucifer ist im tropischen Südamerika beheimatet und eine pflegeleichte Art.

Unten: Bufo granulosus bewohnt trockenere Gebiete im mittleren Südamerika. Die Temperaturansprüche entsprechen in etwa denen von Bufo blombergi und Bufo crucifer. Im Juni und Juli wird die Temperatur entsprechend dem Südwinter um 2 bis 3 °C reduziert. Pflegeleichte Art.

zubringen. Etwa 100 Eier kommen auf fünf bis acht Liter Wasser. Das Wasser in den Kleinaquarien oder Plastikwannen muß gefiltert und feinperlig durchlüftet werden. Die 12 mm langen Kaulquappen schlüpfen bei einer Wassertemperatur von 24 °C nach vier bis sechs Tagen. Unbefruchtete oder abgestorbene und verpilzte Eier sind möglichst rasch zu entfernen, da sie zur Verpestung des Wassers beitragen. Nachdem die Kaulquappen, die in den ersten Tagen ihres Lebens an den Aquarienscheiben, an Wasserpflanzen und an anderen Gegenständen hängen, ihren Dottervorrat aufgezehrt haben, schwimmen sie frei. Sie sind ab sofort zweimal täglich mit feinstem Futter zu versorgen. Trockenfutter für Aquarienfische in Form von Tetra Min, Tetra Phyll o. ä. werden gerne angenommen. Die Metamorphose der Kaulquappen zu 1 bis 1,5 cm langen Jungkröten beträgt sechs bis sieben Wochen. Schon vorher wird der Wasserstand gesenkt, damit die kleinen Tiere den Landteil besser erreichen können. Die Landteile in den Aufzuchtterrarien bestehen am zweckmäßigsten aus Schaumstoff, der sich unter fließendem Wasser leicht säubern läßt. Als Unterschlupfmöglichkeiten sind Zierkorkrindenstücke gut geeignet. Die jungen Blomberg-Kröten sind anfänglich mit *Drosophila*, Mükkenlarven, kleinen Heimchen und Grillen zu füttern. *Bufo ictericus, Bufo marinus* und *Bufo paracnemis* sind in gleicher Weise zu pflegen und zur Nachzucht zu bringen wie *Bufo blombergi*. Da die Haltung keinerlei Schwierigkeiten bereitet, sind diese Krötenarten auch Anfängern zu empfehlen (Cites!).

Bufo melanostictus
Schwarznarbenkröte

Kennzeichen: Erwachsene Tiere erreichen eine Körperlänge von ungefähr 10 cm. *Bufo melanostictus* zeichnet sich durch einen breiten Kopf mit großen, braunen Augen und einer waagerechten Pupille aus. Auffällig sind die großen, kantigen Knochenleisten, die hinter

den Augen beginnen und bis zur Nasenspitze verlaufen, wo sie miteinander verschmelzen. Zu jeder Kopfseite erblickt man eine deutlich aufgeworfene Parotide oberhalb eines großen Tympanums. Die konisch zulaufenden Warzen auf der Körperoberseite sind dornig entwickelt und enden in schwarzen Hornspitzen. Die Körperoberseite ist gelblich, rötlich, braun bis dunkelgrau. Die Körperunterseite ist einfarbig weißlichgrau oder teilweise dunkel gefleckt. Besonders hübsche Tiere fand ich in Ostthailand. Diese besaßen verstreute, kleine, zinnoberrote Flecken auf der Rückenseite.

Herkunft und Lebensraum: Die Schwarznarbenkröte ist über ein riesiges Gebiet verbreitet, das sich von Indien und Südchina über das südostasiatische Festland, Sri Lanka, den Indoaustralischen Archipel und die Philippinen erstreckt. Das Tier kommt vom Meeresniveau bis zu Höhenlagen von 3000 m vor. Es lebt an den Rändern von Wäldern, in jeder Art von offenem Gelände und als Kulturfolger auf Plantagen, Feldern in Dörfern und Städten. Hier hält es sich während des Tages unter Steinen, verrottenden Baumstämmen, Fallholz, Laubansammlungen, alten Brettern und allerlei Gerümpel versteckt. In Ost- und in Südthailand beobachtete ich die Schwarznarbenkröte nahezu auf jeder Toilette und in nahezu jedem Waschraum, die direkt neben den aus Bambus und aus Brettern gebauten Häusern liegen. In der Dämmerung und in der Nacht verläßt *Bufo melanostictus* seine Versteckplätze und sucht sich Nahrung, die aus Gliederfüßern, Insekten und deren Larven, Würmern und Schnecken besteht. Bei Regenfällen ist *Bufo melanostictus* im kühleren Hochland auch am Tage unterwegs.

Haltung und Pflege: Als tropisches Geschöpf ist die Schwarznarbenkröte in einem geräumigen, feuchtwarmen Tropenterrarium bei Tagestemperaturen von 25 bis 32 °C zu pflegen. Je nach der Jahreszeit und den Gebieten, aus denen die gepflegten Tiere stammen, sind die

Temperaturen in der Nacht um 3 bis 5 °C zu senken. Das Terrarium sollte einen hellen und teilweise schattigen Standort aufweisen. Ansonsten wird das Terrarium mit Leuchtstoffröhren am Tage zehn bis zwölf Stunden beleuchtet. Durch tägliches Versprühen von Wasser läßt sich die Luftfeuchtigkeit auf Werten zwischen 60 und 90% halten. Ein größeres Wasserbecken ist eine Lebensnotwendigkeit. Während der Fortpflanzungszeit sollte der Wasserbehälter eine Grundfläche von 50 cm × 50 cm haben und mindestens 10 cm tief sein. Als Bodenfüllung für das ungefähr 80 cm × 60 cm × 50 cm große Terrarium kann man als Drainageschicht Kieselsteine und darüber ein Gemisch aus Gartenerde, Sand, Waldhumus und Torf verwenden. Als Pflanzen eignen sich nur widerstandsfähige Tropenarten, die in einem Blumentopf so untergebracht werden, daß die Kröten sie nicht unterwühlen oder zerstören können. Hohl liegende Zierkorkrindenstücke, Steinplatten, größere Äste oder ein kleiner Baumstubben bilden passende Unterschlupfmöglichkeiten. Gefüttert wird gegen Abend. Regenwürmer, allerlei Insekten, Gliederfüßer und deren Larven sowie Nacktschnecken und nackte, nestjunge Mäuse sind geeignete Futtertiere.

Nachzucht: Die Männchen sind schmäler und kleiner als die fülligeren Weibchen und besitzen in der Regel eine gelbe Kehle und einen Stimmsack. Die Kehlregion ceylonesischer Exemplare ist während der Paarungszeit orange oder ziegelrot gefärbt. Während der Fortpflanzungszeit haben die Männchen an der Unterseite der beiden ersten Finger Brunstschwielen. Die Paarungszeit hängt von den Herkunftsländern ab, aus denen die unterschiedlichen Exemplare stammen. In Hongkong und seiner Umgebung paart sich *Bufo melanostictus* von Februar bis April oder Mai. Auf Sri Lanka beginnt die Paarungssaison mit dem Beginn der Monsunzeit. Gleiches gilt für Thailand und wahrscheinlich auch für die angrenzenden Staaten. Sie paart sich aber auch in jedem Monat des Jahres, wenn heftige Regenfälle nach einer Trockenperiode einsetzen. Unter Terrarienbedingungen kommt es zu Paarungen, wenn die Tiere über zwei bis drei Monate verhältnismäßig trocken gehalten und anschließend häufiger mit leicht angewärmtem Wasser übersprüht werden, wobei die Luftfeuchtigkeit auf 70 bis 90% ansteigen sollte. Das Weibchen legt lange, gelatinöse Eischnüre ab, die zwischen Wasserpflanzen und Steinen hängen bleiben. Entsprechend der Höhe der Wassertemperaturen läuft die Entwicklung der Eier schnell ab, und die Kaulquappen schlüpfen bereits nach zwei Tagen. Die Oberseite des Kopfes und des Rumpfes sowie die Schwanzmuskulatur sind schwarzbraun. Die Kaulquappen und jungen *Bufo melanostictus* sind so aufzuziehen und zu ernähren, wie es für *Bufo blombergi* beschrieben wurde. Bei der Metamorphose haben die Jungkröten eine Körperlänge von ungefähr 1,5 cm. *Bufo melanostictus* eignet sich wegen der leichten Pflege auch für den Anfänger.

Leptodactylidae (Südfrösche)

Ceratophrys ornata
Schmuckhornfrosch
Kennzeichen: Der Schmuckhornfrosch erreicht eine Körperlänge bis zu 12,5 cm. Er ist ein großer, stämmiger Frosch mit einer verknöcherten Rückenhaut, einem massigen Kopf mit außergewöhnlich weitem Maul und einem plumpen Körper. Die Augenlider sind zipfelförmig ausgezogen und treten stark hervor. Die Pupille verläuft horizontal. Von den Augen aus verläuft eine Knochenleiste nach hinten. Das Trommelfell ist klein. Die Arme und Beine sind kurz und kräftig. Die Schwimmhäute an den Zehen sind nur schwach entwickelt. Die Haut ist warzig bis pustelartig entwickelt. Der Rücken ist leuchtend grün oder gelblich gefärbt und von ovalen braunen bis sehr dunklen Flecken durchsetzt. Letztere sind gelblich gerandet. Auch

rötliche Farbtöne kommen vor. Die Vorder- und Hinterbeine sind auch auf der Oberseite dunkel gefleckt. Von den Augen verlaufen dunkle Linien zum Maulrand. Die Augen sind durch einen V-förmigen Interokularfleck miteinander verbunden. Die Bauchseite ist einfarbig weißlich, die Kehle unregelmäßig gefleckt.

Herkunft und Lebensraum: Die Heimat von *Ceratophrys ornata* sind die Pampa- und Chacoregionen von Argentinien, Paraguay, Uruguay und Rio Grande do Sul (Brasilien). Der grotesk aussehende Frosch lebt während der Trockenzeit unter der Erde, eingeschlossen in eine keratinähnliche Hülle. Hier harrt er lange Zeit aus, bis er nach heftigen Niederschlägen im Sommer oder nach Überschwemmungen aktiv wird. Ansonsten fällt er in seiner natürlichen Umgebung wegen seiner Körperfärbung kaum auf, zumal er sich zusätzlich in die Erde eingräbt und nur sein Kopf herausschaut. Das träge, aber unglaublich gefräßige Tier wartet eingegraben auf vorbeilaufende Beutetiere, die aus allerlei Insekten, Gliederfüßern, Fröschen, Reptilien und Kleinsäugern bestehen. Schmuckhornfrösche sind gegenüber Feinden sehr angriffslustig und werden in ihrer Heimat irrtümlicherweise als giftig und als gefährlich angesehen, da sie ihre Widersacher anspringen und beißen.

Haltung und Pflege: Schmuckhornfrösche werden in großflächigen Terrarien mit einer Bodenschicht von ungefähr 25 cm Tiefe gepflegt. Als Bodengrund eignet sich feuchter Torf, gemischt mit feinem Sand. Darüber hinaus ist ein größerer Wasserbehälter notwendig. Die Bodenfüllung muß stets feucht, darf aber nie schlammig-naß sein. Die Tiere haben eine rege Verdauung und hinterlassen viel Kot und Urin. Daher ist das Substrat häufiger zu wechseln. Da die Tiere viel im Boden wühlen, müssen die Pflanzen so in Töpfen untergebracht und durch Steine gesichert werden, daß sie nicht zerstört werden können. Als Unterschlupfmöglichkeiten kommen große Baumstubben und Zierkorkrindenstücke in Betracht. Schmuckhornfrösche bevorzugen als ausgesprochene Tagtiere einen hellen Standort oder eine zehn- bis zwölfstündige Beleuchtung mit Leuchtstoffröhren und zu ihrem Wohlbefinden hohe Tagestemperaturen von 25 bis 30 °C, die in der Nacht auf etwa 20 bis 24 °C absinken sollen. Die Tiere sind durchaus nicht zimperlich und beißen bei vermeintlichen Störungen kräftig zu. Aus eigenen Erfahrungen dringen die scharfen Zähne durch die Haut und verursachen blutende Wunden. Wegen ihrer Aggressivität und da Schmuckhornfrösche gegenüber kleineren Artgenossen zu Kannibalismus neigen, pflegt man möglichst nur ein Exemplar, bei Zuchtvorhaben ein Männchen und ein bis zwei Weibchen in einem Behälter. Bei zu dichter Haltung fügen sich die Tiere Bißwunden zu. Infizierte Wunden, die man nicht unter Kontrolle bringen kann, führen in der Regel zum Tode des verletzten Exemplares. Ansonsten sind Schmuckhornfrösche interessante und problemlose Pfleglinge, wenn man ihre Lebensansprüche berücksichtigt.

Nachzucht: Zur Fortpflanzungszeit lassen die Männchen ihre metallisch klingenden, scharfen Rufe ertönen. Die Männchen haben Daumenschwielen, eine dunkel gefärbte Kehle und sind kleiner als die Weibchen. Um die Tiere in Paarungsstimmung zu bringen, ist eine Temperatur- und Feuchtigkeitsabsenkung im Juni, Juli und im August angebracht. Eine derartige Ruhezeit wirkt sich förderlich auf die Entwicklung der Geschlechtsprodukte aus. Anschließend sind die um wenige Grade abgesenkten Temperatur- und Luftfeuchtigkeitswerte wieder anzuheben, was sich auf die Fortpflanzungslust steigernd auswirkt. Die Männchen umklammern die Weibchen hinter den Vordergliedmaßen. Die Eier werden in Klumpen abgesetzt und sofort nach Austritt aus der Kloake vom Männchen besamt. Nach CEI (1980) liegen die Eier über dem Bodengrund ihrer Heimatgewässer verstreut ohne Brutpflege durch die Elterntiere. Je nach der

Wassertemperatur schlüpfen die ziemlich dik-
ken Kaulquappen nach zwei bis vier Tagen.
Der Ruderschwanz ist senkrecht abgeplattet
und leicht gefärbt. Die Augen liegen dorsal.
Die Nasenöffnungen sind aufgeworfen. Das
unterständige Maul ist von einigen papillenar-
tigen Fortsätzen umgeben und weist im Inner-
en eine große Anzahl unregelmäßiger Zähne
auf. Die Kaulquappen leben räuberisch und
Kannibalismus ist nicht selten. Daher sind die
Kaulquappen unbedingt zu trennen. Sie werden einzeln in Plastikdosen untergebracht und
aufgezogen. Als Futter kommen Mückenlarven, Tubifex, allerlei Wasserinsekten und Rinderherzstückchen in Betracht. Die Metamorphose findet nach ungefähr sieben Wochen
statt. Die jungen Schmuckhornfrösche werden nun einzeln in Plastikdosen auf feuchtem
Torf und Sphagnum, die regelmäßig gewechselt werden, aufgezogen. Sie werden anfänglich mit Rinderherzstreifen von der Pinzette
und mit zunehmendem Wachstum mit nestjungen und größeren Mäusen gefüttert. Die
Haltung der anderen *Ceratrophrys*-Arten ist
gleich. Allerdings sind die Temperaturen entsprechend der Verbreitung dieser Arten zu
variieren.

Dermatonotus muelleri lebt im gleichen Biotop wie
Ceratophrys ornata, gehört aber zu den Engmaul-
fröschen (Microhylidae) und ist eine im Boden
wühlende Form. Die genannte Art ernährt sich von
Termiten und allerlei kleinen Insekten. Dermatonotus muelleri wird bei Temperaturen zwischen 25
und 30 °C gepflegt. Das Tier hält sich vornehmlich
unter alten Rindenstücken auf, wo der Boden ein
wenig angefeuchtet ist.

Dendrobatidae (Baumsteiger- oder Färberfrösche)

Dendrobates auratus
Goldbaumsteiger
Kennzeichen: Erwachsene Exemplare sind 3
bis 4 cm lang. In manchen Gebieten erreichen
sie eine Körperlänge bis zu 6 cm. Der Kopf ist
mäßig lang, die Augen mittelgroß und dunkel,
der Körper schlank und an den Seiten leicht
gerundet. Die Hinterbeine sind lang und kräftig, die Vorderbeine kürzer und dünn. An den
Fingern und Zehenspitzen befinden sich
zweigeteilte Haftlappen. Die Zehen sind nicht
durch Schwimmhäute miteinander verbunden. So variabel wie sich dieser Färberfrosch

in den einzelnen Populationen innerhalb seines Verbreitungsgebietes in Mittel- und im
nordwestlichen Südamerika zeigt, so variabel
ist er auch hinsichtlich seiner Körperfärbung.
Die häufigste der über 15 bekannten Farbva-
rianten zeichnet sich durch eine schwarze
Körperfärbung aus, auf die grüne Flecken und
Bänder unregelmäßig verteilt sind. Daneben
gibt es aber auch Exemplare mit blauen, blaugrünen, gelbgrünen, braunen, gelbgebänder-
ten und weißen Flecken, und selbst Albinos
kommen vor.
Herkunft und Lebensraum: Das Verbreitungsgebiet von *Dendrobates auratus* erstreckt sich
von der pazifischen bis zur karibischen Küste
des südlichen Mittelamerikas. Der Gold-

baumsteiger bewohnt das südliche Nicaragua, Costa Rica und Panama bis zum Golf von Urabá in Kolumbien. Ausgesetzt wurde er auf der hawaiianischen Insel Oahu im Manoa-Tal. Seine vertikale Verbreitung erstreckt sich vom Meeresspiegel bis zu Höhenlagen von 800 m, wo er vor allem trockenere Stellen in Primärwäldern in Bodennähe bewohnt. Vereinzelt wurde er aber auch wenige Meter über dem Erdboden entdeckt. Er hält sich weitgehend in der Nähe großer Bäume oder unter großen Bäumen auf, wo Anhäufungen von großen Blättern den Boden bedecken. Auch in Kakaoplantagen und in Sekundärwäldern dringt er ein, wo der ursprüngliche Lebensraum zerstört wurde, was besonders in Panama der Fall ist. Auf der Pazifikinsel Taboga sollen die Goldbaumsteiger während der Trockenzeit unter Brettern und unter Blechen leben und sich in großer Zahl dicht aneinanderdrücken, um so Feuchtigkeitsverlusten zu entgehen.

Haltung und Pflege: *Dendrobates auratus* ist eine häufig gepflegte Art, die man ohne weiteres mit anderen Dendrobaten aus dem gleichen Lebensraum vergesellschaftet im gleichen Regenwaldterrarium pflegen kann. Nach HESELHAUS (1988) eignen sich für die gemeinsame Pflege von vier *Dendrobates auratus*, vier *Phyllobates lugubris* und fünf bis zehn *Dendrobates pumilio* ein Terrarium von 90 cm Länge, 60 cm Breite und 90 cm Höhe. Für eine Zuchtgruppe von zwei bis sechs Tieren genügt ein Behälter mit der Grundfläche von 50 cm × 50 cm und einer Höhe von 60 cm oder etwas mehr. Als Drainageschicht empfiehlt NIETZKE (1989) Blähton und darüber feuchten Torf. Über die Torfschicht deckt man Eichenlaub. Als Bepflanzung eignen sich Anthurium und ein Epiphytenast mit gängigen Bromelien wie *Aechmea* oder *Vrisea* oder andere. Auch einige *Scindapsus* kann man als Rankpflanzen verwenden. Als Wasserteil kommt eine viereckige Plastikschale von ca. 20 cm × 20 cm Grundfläche und einer Höhe von 6 cm in Betracht. Der Wasserbehälter

wird mit 2 bis 3 cm saubergewaschenem Sand oder Kies als Bodenfüllung beschichtet. Einige schwimmende Wasserpflanzen erweisen sich als biologisch zweckmäßig. Das Terrarium sollte auf jeden Fall hell stehen, wobei eine kurzzeitige Sonneneinstrahlung nicht schadet. Es darf jedoch auf keinen Fall stundenlang in der prallen Sonne stehen. Steht das Terrarium an einem schattigen Standort, muß es täglich 10 bis 14 Stunden beleuchtet werden. Am zweckmäßigsten sind Leuchtstoffröhren mit einem Lichtspektrum, das dem Tageslicht weitgehend entspricht. Da es sich bei *Dendrobates auratus* um Tropentiere handelt, sind gleichmäßige Luft- und Bodentemperaturen von über 20 °C und hohe Luftfeuchtigkeitswerte von 80 bis 100% eine zwingende Notwendigkeit. Die Temperaturhöhe hängt von der Herkunft der Tiere ab. So sind Tiere aus Costa Rica bei Temperaturen von 24 bis 26 °C und solche aus Panama zwischen 27 und 29 °C zu pflegen. Eine geringe nächtliche Abkühlung um 3 bis 4 °C ist naturgemäß. Die relative Luftfeuchtigkeit hält man durch mehrmaliges, tägliches Zerstäuben von leicht angewärmtem Wasser (22–24 °C) auf der erwähnten Höhe. Als geeignetes Futter ist im Sommer Wiesenplankton anzuraten. In der kalten Jahreszeit ist man auf *Drosophila*, kleine Grillen, Heimchen, kleine Stubenfliegen, und die Maden von *Drosophila*, von kleinen Stubenfliegen und Wachsmotten angewiesen. Wie bei anderen Terrarientieren sollte man auch bei Dendrobatiden eine Vitaminisierung des Futters und Kalkzugaben nicht vergessen.

Nachzucht: *Dendrobates auratus* gehört zu den leicht nachzüchtbaren Arten. Daher ist der Goldbaumsteiger auch dem ernsthaft arbeitenden Anfänger, der bereits einige Kenntnisse erworben hat, zur Haltung und zur Nachzucht zu empfehlen. Geschlechtsunterschiede sind schwierig festzustellen. Die Männchen sind geringfügig kleiner als die Weibchen. Im Zuge des Fortpflanzungsverhaltens tragen die Männchen Revier- und Rangordnungskämpfe aus. Anscheinend sind der Besitz und die Verteidigung des Reviers von eminenter biologischer Bedeutung, denn hier können die Weibchen ihre Gelege absetzen, die dann vom Männchen versorgt werden. Bei diesen Kämpfen versucht ein Männchen nach einem ringkampfähnlichen Scharmützel das andere aus seinem Revier zu vertreiben, was dem Überlegeneren schließlich auch gelingt. Die Weibchen führen ebenfalls Kämpfe untereinander aus. Ein laichreifes Weibchen springt auf den Rücken eines anderen laichreifen Weibchens und drückt es. Das Männchen nimmt die Kämpfe von zwei laichreifen Weibchen nicht zur Kenntnis. Ein laichreifes Weibchen sucht ein paarungswilliges Männchen erst auf, wenn dieses aus seinem Versteck seine leisen, schnarrenden Paarungsrufe ertönen läßt. Das Weibchen streichelt das Männchen mit seinen Vorderbeinen. Die beiden Partner suchen nun einen geeigneten Laichplatz im Terrarium auf. Als solcher kommen glatte Bäume oder halbierte Kokosnußschalen mit Eingang in Betracht. Halbierte Kokosnußschalen dienen nicht nur als bevorzugte Laichplätze, sondern auch als Verstecke und sollten daher nie in einem *Dendrobates*-Terrarium fehlen. Das Weibchen legt sechs bis acht schwarze Eier an dem erwähnten Laichplatz ab. Das Männchen befruchtet die Eier unmittelbar nach der Eiablage, treibt in freier Natur und in vielen Fällen auch im Terrarium Brutpflege und läßt das Gelege nur selten im Stich. Das Brutpflegeverhalten besteht darin, daß das Männchen die Eier bewacht und in kurzen Zeitabständen mit Wasser befeuchtet. Dazu sucht das Männchen den Wasserbehälter auf und füllt seine Haut und die Analdrüsen mit Wasser, die es über dem Gelege entleert. Dies wird einige Tage beibehalten. Nach ungefähr acht Tagen erfolgt der Schlupf der Kaulquappen. Das Männchen nimmt ein bis drei Kaulquappen auf den Rücken und trägt sie zum Wasser. Als Wasser verwendet man ca. 24 °C warmes Altwasser, das schon einige

Tage gestanden hat. Frisches Leitungswasser, unter Umständen noch gechlort, erweist sich für die Kaulquappen als tödlich. In den Fällen, in denen sich das Männchen nicht um sein Gelege kümmert, müssen die Eier entfernt und künstlich zur Entwicklung gebracht werden. Die Eier bringt man in einer Petrischale, in einem Glas oder Plastikgefäß unter. Einzelaufzucht ist die beste Lösung, da so jeglicher Kannibalismus unterbunden wird. Nach dem Schlupf soll die Wasserhöhe für die Kaulquappen ungefähr 1 cm betragen. Sie wird nach vier bis sechs Tagen auf eine Maximalhöhe von 5 cm gebracht, die nicht mehr überschritten werden sollte. Da sich die Kaulquappen hauptsächlich karnivor ernähren, verfüttert man gekochtes und getrocknetes Eigelb, Zierfischfutterpulver, Leber, gehackte Tubifex und Mückenlarven, die durch ein Tuch gepreßt werden. Mit zunehmendem Wachstum der Kaulquappen kann das Futter größer sein und ganze Tubifex und Mückenlarven werden gefressen. Auch jetzt wird das Futter vitaminisiert und mit Kalkpulver vermischt. Da bei den häufig notwendigen Fütterungen viel Mulm entsteht, ist ein regelmäßiger Wasserwechsel dringend angezeigt. Je nach Temperaturhöhe, Häufigkeit und Qualität des dargebotenen Futters dauert die Entwicklung der Kaulquappen bis zur Metamorphose ungefähr 75 bis 120 Tage. Zu dieser Zeit muß den gerade verwandelten Fröschchen das Erreichen des Landteils möglichst leicht gemacht werden. Das in diesem Kapitel beschriebene Fortpflanzungsverhalten trifft in gleicher oder sehr ähnlicher Weise mit geringen Unterschieden auch für andere Dendrobatiden wie *Dendrobates leucomelas, D. tinctorius, Phyllobates terribilis* und *Ph. vittatus* zu.

Dendrobates leucomelas wird bei Luft- und Bodentemperaturen zwischen 23 und 28 bis 30 °C und einer hohen Luftfeuchtigkeit gepflegt. Gefüttert werden die gleichen Futtertiere wie bei *Dendrobates auratus* erwähnt. Es sei darauf hingewiesen, daß alle Entwick-

lungsstufen von *Dendrobates leucomelas* regelrecht im Futter stehen müssen. In der Natur bewässert das Männchen auch hier das Gelege und besamt bei der ersten Bewässerung gleichzeitig die Eier. Daher dürfen die Eier vor der Besamung nicht aus dem Terrarium genommen werden. Die Kaulquappen schlüpfen zwischen dem 12. und 16. Tag nach der Eiablage. Auch hier werden die Kaulquappen wieder per Rückentransport in das Wasser geschafft. Die Kaulquappen zieht man gemeinsam in einem Aufzuchtaquarium oder besser einzeln in Plastikbehältern bei Wassertiefen zwischen 2 und 8 cm und einer Wassertemperatur zwischen 23 und 24 °C mit dem für *Dendrobates auratus* angegebenen Futter auf. Auch hier ist ein häufiger Wasserwechsel unerläßlich.

Der farblich überaus variable *Dendrobates tinctorius* wird bei Temperaturen zwischen 24 und 30 °C und Luftfeuchtigkeitswerten zwischen 80 und 100% gepflegt. Die stets hungrigen Tiere müssen mit einer Vielfalt von kleinen Insekten und deren Maden gefüttert werden. *Drosophila* allein genügen nicht. Auch hier ist das Futter wieder mit Vitaminen und Kalkpräparaten anzureichern. Die nach zehn bis 18 Tagen schlüpfenden Larven, die nur gelegentlich kannibalistische Neigungen zeigen, sind mit Trockenfutter für Zierfische, Algen, Mückenlarven, Tubifex und Ähnlichem aufzuziehen. Die Metamorphose vollzieht sich bei einer Körperlänge von 15 bis 18 mm nach drei bis vier Monaten.

Phyllobates terribilis verlangt zu seinem Wohlbefinden Temperaturen zwischen 22 und 28 °C, hohe Luftfeuchtigkeitswerte und ist bei einem Futterangebot von Fliegen, Heimchen, Grillen, Maden und kleinem Wiesenplankton leicht haltbar. Es werden bis zu 30 Eier abgesetzt. Die Männchen verzichten auf eine Bewässerung ihrer Gelege. Das Männchen erscheint bei seinem Gelege, wenn die Kaulquappen zu schlüpfen beginnen. Dies ist nach zwei bis drei Wochen der Fall. Die Kaulquappen schlängeln sich entlang der Flanken auf den Rücken des Männchens, das sie in mehrmaligem Transport ins Wasser trägt. Die Aufzucht der Kaulquappen erfolgt in genau der gleichen Weise wie bei anderen Dendrobatiden. Die Gestaltumwandlung erfolgt nach acht bis zehn Wochen. Die metamorphosierten jungen *Phyllobates terribilis* sind sehr empfindlich gegen Verunreinigungen. Als Substrat wird Schaumstoff verwendet, der stets feuchtgehalten und in etwa wöchentlichem Rhythmus unter heißem Wasser gereinigt wird. Als Unterschlupfmöglichkeiten für die kleinen *Phyllobates terribilis* eignen sich halbierte Kokosschalen oder Korkrindenstücke. Die Futtertiere werden vitaminisiert und mit Kalkpuder bestäubt.

Phyllobates vittatus bewässert sein Gelege, das aus sieben bis zwanzig Eiern besteht, 13 bis 16 Tage lang. Der Rückentransport kann von der ersten bis zur letzten Kaulquappe acht Tage in Anspruch nehmen. Auf dem Rücken des Männchens nehmen die Larven an Körpergröße zu. Nach HESELHAUS (1988) entfernt man das Gelege vorzeitig und zeitigt es künstlich. Die Kaulquappen werden anfänglich einem Wasserstand von 2 bis 3 cm Höhe und einer Wassertemperatur von 20 bis 25 °C ausgesetzt. Die Metamorphose erfolgt nach ungefähr 40 Tagen, wobei eine gute und abwechslungsreiche Fütterung vorausgesetzt wird. Um kräftige Jungtiere zu bekommen, ist dem Futter, das vitaminisiert und mit Kalkpulver eingestäubt werden muß, besondere Aufmerksamkeit zu widmen. Neben dem erwähnten Fortpflanzungstyp existieren bei den Dendrobatiden zwei weitere Fortpflanzungsstrategien, von denen eine recht einfach, die andere dagegen hoch entwickelt ist. Der verhältnismäßig unkomplizierte Fortpflanzungstyp wird unter anderem von *Dendrobates trico-*

Phyllobates terribilis.

lor repräsentiert. Nach einem einfachen Werberitual, das das Trillern des Männchens mit einschließt, legt das Weibchen 15 bis 40 Eier. Vor der Eiablage umfaßt das Männchen die Kehle des Weibchens mit seinen Vorderbeinen und verharrt unter Umständen in dieser Stellung stundenlang. Das Männchen bewässert die Eier, verteidigt das Gelege und transportiert alle Kaulquappen – diese schlüpfen nach einer Entwicklungsdauer von zehn bis 14 Tagen aus den Eiern – auf einmal im Huckepack ins Wasser. Die Kaulquappen werden gemeinsam mit einer anfänglichen Wasserhöhe von 2 und später bis zu 10 cm bei Temperaturen von 20 bis 25 °C aufgezogen. Als Futter kommt Trockenfutter für Zierfische, aufgetaute rote Mückenlarven, gehackte Tubifex und geschabtes Rinderherz in Betracht. Die metamorphosierten Jungfrösche ernährt man mit dem gleichen Futter wie alle anderen jungen Dendrobaten. Da *Dendrobates tricolor* zu den am leichtesten zu pflegeenden und nachzuzüchtenden Dendrobatiden zählt, ist diese Art dem Anfänger zu empfehlen.

Der zweite hochentwickelte Fortpflanzungstyp, bei dem die Brutpflege darüber hinaus in zwei unterschiedlichen Formen auftritt, zeichnet sich durch eine langandauernde Werbephase aus. Im ersten Fall sucht das Weibchen seine Kaulquappen in Bromeliazeentrichtern auf und füttert sie mit unbefruchteten Nähreiern. Die herbivoren und karnivoren Kaulquappen machen sich auch über die Eier anderer Frösche in den Bromeliazeentrichtern her. Zu diesem Typ gehören *Dendrobates fantasticus, Dendrobates quinquevittatus* und *Dendrobates reticulatus*. Im 2. Falle füttert das Weibchen die Kaulquappen in den Bromeliazeentrichtern nur mit arteigenen, unbefruchteten Eiern. Zu diesem Typ zählen Pfeilgiftfrösche wie *Dendrobates granuliferus, Dendrobates histrionicus, Dendrobates lehmanni* und *Dendrobates pumilio*. Die Aufzucht all dieser Dendrobatiden erfolgt in der für diese Familie typischen Art und Weise, über die

man sich am besten in der weiterführenden Literatur informiert (Cites beachten!) (s. Literaturverzeichnis).

Hylidae (Laubfrösche)

Hyla arborea
Laubfrosch

Kennzeichen: *Hyla arborea* erreicht eine Körperlänge bis zu 5 cm. Der Kopf ist kurz, die Schnauze abgerundet, die Augen groß mit waagerechter Pupille. Das Trommelfell ist gut sichtbar. Die Vorder- und Hinterbeine sind schlank. Letztere sind länger und kräftiger als die Vorderbeine und zum Springen hervorragend geeignet. Die Spannhäute reichen an den längsten Zehen etwas über die Hälfte hinaus. Die Zehenenden besitzen an ihrem Ende breite Haftballen. Die Rückenhaut ist glatt, die der Bauchseite gekörnt, wobei jedes Drüsenwärzchen in der Mitte eine Pore aufweist. Das Männchen vermag seine kehlständige Schallblase beim Quaken ballonartig aufzublasen. Beide Geschlechter sind gleichgroß. Die Rücken- und die Körperseiten sind glänzend grasgrün gefärbt. Je nach Umweltbedingungen und Stimmung zeigt das Tier einen raschen Farbwechsel. In kurzer Zeit kann sich die grüne Oberseite grau oder braun verfärben. Die Färbung der Rückenseite ist von der weißen Bauchseite durch eine dunkle Linie abgegrenzt. Diese dunkle, oberhalb weiß gesäumte Binde beginnt vor den Augen, zieht sich die Körperseiten entlang und endet vor den Hinterbeinen. Die Kehle des Männchens ist schwärzlich, die des Weibchens gelblich. Das Männchen bläst seine kehlständige Schallblase beim Quaken ballonartig auf.

Herkunft und Lebensraum: *Hyla arborea*, in mehreren geographischen Rassen auftretend, bewohnt West-, Mittel- und Südeuropa und dringt von hier aus nach Westasien bis in den Kaukasus und in den Ural vor. Die Lebensräume des Laubfrosches sind vegetationsreiche Feuchtgebiete. Im Frühjahr hält sich das Tier

Hyla gratiosa.

Hyla fuscovaria ist bei 24 bis 28 °C in einem feuchtwarmen Tropenterrarium zu pflegen. Fütterung mit kleinen Insekten. Temperaturabsenkung im Juni/Juli um 2 bis 3 °C.

Hyla raniceps verlangt die gleichen Pflegebedingungen wie Hyla fuscovaria.

Phyllomedusa sauvagei verlangt ein hellstehendes, gut bepflanztes Terrarium bei 24 bis 30 °C mit Temperaturabsenkung im Juni/Juli um 2 bis 3 °C. Futter: allerlei Insekten. Verhältnismäßig gut zu halten.

Phyllomedusa hypochondrialis. Haltung wie Phyllomedusa sauvagei, allerdings etwas heikler als die vorgenannte Art. Futter: kleine Insekten.

Litoria caerulea. Bei Temperaturen zwischen 24 und 28 °C in einem großen, gut bepflanzten Terrarium leicht zu haltende Art.

im Gras und im Schilf in der Nähe von Gewässern auf. Im Sommer und im Herbst lebt es vor allen Dingen auf Sträuchern, wo es sich bevorzugt auf der Ober- und Unterseite von Blättern aufhält.

Haltung und Pflege: Laubfrösche sind ausgesprochen interessante Terrarienpfleglinge. Tagestemperaturen von 22 bis 28 °C und Nachttemperaturen von 15 bis 20 °C sind artgerecht. Laubfrösche lernen es im Laufe der Zeit, Mehlwürmer, Regenwürmer und Fliegen von der Pinzette in Empfang zu nehmen. Ein Laubfroschterrarium läßt sich mit Farnen, Efeu, Brom- und Himbeeren und Kletterästen bei entsprechenden Ausmaßen und einem hellen Standort mit viel Luft und Licht sehr naturgetreu gestalten. Der Wasserteil, der bei entsprechenden Terrariengrößen recht weitflächig ausfallen darf, wird mit *Elodea, Myriophyllum* und ähnlichen geeigneten Wasserpflanzen versehen. Das Wasser sollte nicht zu weich sein, da es hierdurch zu Knochenerweichungen, Häutungsschwierigkeiten und Krämpfen kommen soll. Ein häufiges Sprühen wird von den Tieren als angenehm empfunden. Als Futter bietet man allerlei Insekten, Mehlwürmer und Regenwürmer, die die Tiere überwältigen können. Falls das Terrarium an einem dunklen Standort steht, wird der Behälter mit Leuchtstoffröhren erhellt. Diese sollen der natürlichen Tagesperiodizität entsprechend zwölf bis 14 Stunden täglich in Betrieb sein und ein Licht produzieren, das dem Tageslicht möglichst nahekommt.

Nachzucht: Die Überwinterung, die die Voraussetzung für die Fortpflanzung ist, findet im gleichen Terrarium bei Temperaturen von unter 10 °C statt. Unser heimischer Laubfrosch überwintert in freier Natur im Erdboden. Im März oder April verläßt er je nach momentanen Witterungsbedingungen sein Winterquartier. Mit steigender Lichtfülle und zunehmender Wärme lassen die Männchen ihre lauten Rufe erschallen, wobei sie sich gegenseitig zum Rufen anregen. Die fortpflanzungswilligen Männchen vertreiben Nebenbuhler vehement aus ihren Revieren und verfolgen sie sogar. Das Männchen umklammert ein laichreifes Weibchen mit seinen Vorderbeinen in der Achselregion. Das Weibchen setzt 150 bis 300 Eier in kleinen Häufchen ab, die sofort besamt werden. Nach einer Entwicklungsdauer von zwei bis drei Tagen schlüpfen die Kaulquappen. Sie werden am besten in einem Aquarium mit Altwasser, einer feinperligen Durchlüftung und einem schwachlaufenden Filter untergebracht. Nach weiteren ein bis drei Tagen füttert man die Laubfroschlarven mit Trockenfischfutter, Brennesselpulver und Algen. Nach ungefähr fünf Wochen findet die Metamorphose statt. Die jungen, 1,5 bis 2 cm langen Junglaubfrösche steigen an Land. In einem Aufzuchtaquarium mit viel Blattwerk und horizontal wachsenden Blättern, das auch vom Licht, von der Temperatur und von der Feuchtigkeit her ihren Lebensbedürfnissen gerecht wird, werden sie mit allen möglichen kleinen Insekten aufgezogen. Bei guter Fütterung erreichen sie bereits nach einem Jahr die Geschlechtsreife.

Hyla meridionalis aus Südwesteuropa und Nordwestafrika, *H. cinerea, H. gratiosa, H. squirella* und *H. versicolor* aus den östlichen und mittleren Vereinigten Staaten haben die gleichen Lebensbedürfnisse und das gleiche Fortpflanzungsverhalten wie *Hyla arborea* und sind daher in gleicher Weise zu pflegen und nachzuzüchten wie der heimische Laubfrosch. Bei Laubfröschen sind teilweise Cites-Bescheinigungen notwendig!

Microhylidae (Engmaulfrösche)

Kaloula pulchra
Indischer Ochsenfrosch

Kennzeichen: Dieser 7 bis 8 cm lang werdende Frosch hat einen kleinen, kurzen Kopf, der sich nicht vom Hals absetzt, ein kurzes, abgerundetes Maul und einen plumpen, ovalen

Kaloula pulchra.

Körper. Die Vorder- und Hintergliedmaßen sind ziemlich kurz. An den Zehen befinden sich schwach entwickelte Schwimmhäute und an den Fersen ein großer, schaufelähnlicher Fersenhöcker mit scharfer Kante. An den Fingern und Zehen sind kleine, abgestutzte Haftscheiben. Die Männchen erkennt man an ihrer schwarzen Schallblase. Die Haut ist fein gekörnelt mit einigen verstreut liegenden pustelähnlichen Tuberkeln. Der Kopf und der Rücken sind dunkelbraun und schwarz gerandet. Von der Schnauzenspitze aus verläuft ein breites, lehmfarbiges bis rötlich angehauchtes Band über die Körperseiten und endet vor den Hinterextremitäten. Tiere, die ich in Isan (Ostthailand) in der Provinz Srisaket beobachtete, hatten wunderschöne orangefarbene Lateralstreifen. Unterhalb dieser Lateralstreifens ist ein braunes, schwarz gestreiftes Band, das bauchwärts hin zunehmend verblaßt. Die Vorder- und Hinterbeine sind graubraun und feinkörnig gefleckt. Die rauchfarbene Bauchseite zeigt ein lavendelähnliches Netzmuster mit kleinen, hellen Zwischenbezirken.

Herkunft und Lebensraum: *Kaloula pulchra* ist über den südostasiatischen Subkontinent verbreitet und bewohnt hier Teile Chinas, Vorder- und Hinterindiens, Sri Lankas und der Sundainseln. Auf Borneo und Celebes soll das Tier ausgesetzt worden sein. Die genannte Art ist überall anzutreffen, im Naturraum und besonders im Kulturgelände, wo sie auch heute noch sehr häufig vorkommt. In Bangkok ist das Tier eine ganz gewöhnliche und jedem bekannte Erscheinung. In Slums findet man diesen Frosch unter Brettern, Blechen und allem möglichen Gerümpel, wo er sich am Tage verbirgt. Mit Hilfe seiner Grabschaufeln an den Hinterbeinen gräbt er sich rückwärts in den Boden ein und verbringt die Trockenperioden in oft meterlangen Gängen. Bei Bedrohung bläht sich der Indische Ochsenfrosch mit Luft auf und streckt die Gliedmaßen von sich. Während der Nacht verläßt er seine Verstecke und macht Jagd auf allerlei Gliederfüßer, Insekten, Schnecken und Würmer.

Haltung und Pflege: Die Haltung und Pflege dieses auch für den Anfänger empfehlenswerten Frosches ist kein Problem. Auch die Nachzucht ist einfach. Man bringt ihn in einem Aquaterrarium mit großem Land- und kleinem Wasserteil mit einer Wassertiefe von 6 bis 10 cm unter. Als Bodengrund verwendet man Gartenerde, gemischt mit Waldhumus oder Torf. Die 20 cm tiefe Bodenschicht ist leicht feucht zu halten. Alle paar Tage wird mit lauwarmem Wasser gesprüht. Zum Wasserteil hin bedeckt man den Bodengrund mit Moospolstern oder Torfziegeln, die leicht zu reinigen sind, denn *Kaloula pulchra* ist ungemein gefräßig und kotet viel. Als Versteckmöglichkeiten sind große Zierkorkrindenstücke, flache Steine oder vermorschende Äste bestens geeignet. Bepflanzt wird das Terrarium mit *Scindapsus, Philodendron* und Farnen in Blumentöpfen, die gegen die Grabtätigkeit der Tiere durch Steine abgesichert werden. Als Futter bietet man Regenwürmer, Mehlwürmer, Heuschrecken, Heimchen,

Wachsmotten, Raupen, Engerlinge und alles, was nicht zu groß ist, in das Maul des Indischen Ochsenfrosches paßt und sich bewegt. Die Beutetiere werden blitzartig gepackt und hinuntergeschluckt. Mit der Zeit wird *Kaloula pulchra* ausgesprochen zahm. Das Terrarium, in dem Indische Ochsenfrösche gepflegt werden, sollte einen hellen Standort aufweisen oder zehn bis zwölf Stunden täglich beleuchtet werden. Zum Wohlbefinden benötigt *Kaloula pulchra* seiner tropischen Heimat entsprechende Temperaturen von 24 bis 30 °C, die in der Nacht um einige Grad absinken sollen.

Nachzucht: In seiner Heimat macht der Indische Ochsenfrosch eine Trockenperiode durch. Heftige Regenfälle lösen unabhängig von der Jahreszeit den Fortpflanzungstrieb aus. In Thailand schreitet *Kaloula pulchra* in der Regenzeit zwischen Mai und Ende Juli bis Anfang August zum Paarungsgeschäft. Nach schweren Regenfällen an Abenden und in der Nacht ertönt die Luft von den weit hörbaren, dröhnend-tutenden »Eung-Ahng, Eung-Ahng«-Rufen der schwarzkehligen Männchen. Diese Rufe haben *Kaloula pulchra* in Thailand den Namen »Ing-Ahng« eingetragen. Die Tiere sitzen an Gräben, temporären Pfützen und Wasserlachen oder schwimmen aufgeblasen an der Wasseroberfläche ihrer Laichgewässer, wo sie lautstark die Weibchen anlocken. Im Terrarium hält man *Kaloula pulchra* zeitweise trocken und imitiert auf diese Weise die Trockenzeit. Zur heimatlichen Regenzeit ist das Wasserbecken bis auf eine Höhe von 6 bis 10 cm mit ca. 25 °C warmem Wasser zu befüllen. Außerdem muß häufig gesprüht werden. In den Wasserteil können einige rankende Wasserpflanzen eingebracht werden. In freier Natur hängt meist vom Ufer aus umgebogenes Gras in die Laichtümpel hinein. Die kleinen Eier treiben flächenartig in großer Anzahl an der Wasseroberfläche. Oft sieht man sie zwischen umgeknickten, im Wasser liegenden Grashalmen hängen. Die Larven schlüpfen nach einem Tag. Sie werden sofort mit Zierfischflockenfutter versorgt, das von der Wasseroberfläche und vom Bodengrund aufgenommen wird. In Anpassung an die temporären Gewässer findet die Metamorphose schon ungefähr zwei Wochen nach erfolgter Eiablage statt. Die jungen, an das Land kletternden Ochsenfrösche werden in Aufzuchtterrarien mit Schaumstoffplatten als Bodengrund und Zierkorkrinden als Verstecke mit Kleinstinsekten und kleinen Würmern aufgezogen. Bei guter Fütterung wird die Geschlechtsreife bereits im ersten Jahr erreicht.

Rhacophoridae (Ruderfrösche)

Rhacophorus leucomystax
Weißbart-Ruderfrosch

Kennzeichen: Der bis zu 8 cm lang werdende, laubfroschartig aussehende *Rhacophorus leucomystax* ist der bekannteste und häufigste Ruderfrosch. Er besitzt einen länglich-gestreckten Körper, einen rundlichen, flachen Kopf mit abgerundeter Schnauze, große, dunkle, hervortretende Augen und eine waagerechte Pupille. Das Trommelfell ist gut sichtbar. Die Vorder- und die langen Hinterbeine sind schlank, aber kräftig entwickelt. An den Fingern und Zehen sind große Haftscheiben. Die Zehen sind durch Spannhäute miteinander verbunden. Die Haut ist glatt. Die Körperoberseite ist braun bis ockerfarben und grau getüpfelt bis gepudert. Ein dunkler Strich verläuft mehr oder weniger deutlich sichtbar von der Schnauzenspitze ausgehend durch die Augen und oberhalb des Trommelfells bis zum Ansatz der Vordergliedmaßen. Auf der Kopfoberseite zwischen den Augen ist oft ein dunkler, uhrglasförmiger Fleck, der auf der Nackenmitte endet. Die Gliedmaßen zeigen dunkle, bindenähnliche Flecken in ungefähr gleichen Abständen. Die Bauchseite ist porzellanfarbig.

Rhacophorus leucomystax.

Herkunft und Lebensraum: *Rhacophorus leucomystax* ist von China ausgehend über das südostasiatische Festland bis zu den Großen Sundainseln und Philippinen verbreitet. Er kommt auf manchen Inseln des Indoaustralischen Archipels ebenfalls vor, allerdings in einer vier- oder sechsstreifigen Variante. Er ist einer der weitverbreitetsten und häufigsten Frösche Südostasiens und bewohnt nahezu jeden Biotop. Besonders zahlreich ist er in kultiviertem Gelände anzutreffen. Ich sah ihn oft in und an Wassergräben, an den Rändern von Reisfeldern, von Bananenplantagen und an den Rändern von Sekundärwäldern auf Phuket und auf der Malayischen Halbinsel. In Ostthailand lebt er in Reisfeldern – die heute leider mit Spritzmitteln vergiftet werden – und im Gras feuchter und überschwemmter Wiesen. Selbst in großen Städten kommt er an Wasserlachen, allerlei Pfützen, Regentonnen, Zisternen und an ähnlichen Wasseransammlungen häufig vor. Die Tiere leben tag-, vor allen Dingen aber nachtaktiv. Bei trockenem Wetter kommt der Weißbart-Ruderfrosch meist erst gegen Abend aus seinen Verstecken hervor und bleibt die ganze Nacht munter, um alle möglichen kleinen Insekten und Gliederfüßer zu jagen. Bei Regenwetter ist er auch während des Tages unterwegs. Die kleineren Männchen sitzen häufig auf den Blättern von Bäumen und Sträuchern stets in Wassernähe. Das Tier ist jedoch vorwiegend an den Bodenbereich gebunden.

Haltung und Pflege: *Rhacophorus leucomystax* benötigt ein hohes Aquaterrarium mit einer Höhe von 60 cm und einer Bodenfläche von 50 cm × 50 cm oder größer. Der Wasserteil, der ruhig die Hälfte des Terrariums ausmachen kann, sollte möglichst hinter der Frontscheibe liegen. Das Ufer legt man so an, daß es sanft in den Wasserteil übergeht. Als Bodengrund verwendet man ein Gemisch aus Erde mit Torf oder Waldhumus. Kletteräste und ein umgefallener kleiner Baumstubben sowie Zierkorkrindenstücke als Versteckmöglichkeiten sind notwendig. Im Interesse der Tiere verzichtet man keinesfalls auf eine Bepflanzung. Als Pflanzen kommen *Scindapsus*, verschiedene *Philodendron*-Arten, *Dieffenbachia* und Farne in Betracht. Mit der Zeit wuchern die Pflanzen bei starker Beleuchtung oder hellem bis sonnigem Standort über die Kletteräste hinweg. Da die Gebiete, in denen *Rhacophorus leucomystax* zu Hause ist, in der Regel starker Sonneneinstrahlung ausgesetzt sind, soll die Beleuchtung während des Tages zwölf bis 14 Stunden in Betrieb sein, falls kein heller bis sonniger Standort für das Terrarium zur Verfügung steht. Seiner tropischen Heimat entsprechend bieten wir dem Weißbart-Ruderfrosch Lufttemperaturen von 24 bis 30 °C am Tage, die in der Nacht um 3 bis 4 °C absinken sollen. Als Wassertemperaturen kommen 24 bis 26 °C in Betracht. Die Luftfeuchtigkeit soll am Tage zwischen 60 und 70% liegen und in der Nacht auf 80 bis 100% ansteigen. Weißbart-Ruderfrösche sind äußerst gefräßig und neigen zum Kannibalismus. Mit Fröschen und Echsen, die kleiner als sie selbst sind, kann man sie in keinem Fall vergesellschaften. Es gibt sogar Fälle, in denen sie gleich große und selbst größere Frösche und Echsen bei Hunger verspeist haben. Die Fütterung mit allerlei Insekten, Gliederfüßern, Heimchen, Maden, Raupen, Regenwürmern und Herzfleischstückchen von der Pinzette ist völlig unproblematisch. Das Futter ist möglichst mit Vitaminen zu versehen und mit Kalkpulver einzustäuben.

Nachzucht: Die Nachzucht ist schon mehrfach gelungen und verhältnismäßig einfach. Um die Tiere zur Fortpflanzung zu stimulieren, imitiert man eine ungefähr zweimonatige Trockenzeit, während der man die Wassertiefe im Behälter absenkt und gleichzeitig die Luftfeuchtigkeit herabsetzt, indem man auf das sonst notwendige Versprühen von leicht angewärmtem Wasser verzichtet. Zu Beginn und während der Regenzeit im Juni, Juli und August überbraust man die Inneneinrichtung des Terrariums häufiger und hebt auch den Wasserstand im Wasserbehälter wieder an. Die Luftfeuchtigkeit steigt ebenfalls. Die kleineren Männchen, die während der Paarungszeit Daumenschwielen an den Daumen entwickeln, lassen ihre Rufe von geeigneten Plätzen aus erschallen. Auf diese Lockrufe hin eilen die Weibchen herbei. Das Männchen springt auf das Weibchen und umklammert es mit seinen Vorderbeinen. Die sich in Umklammerung befindenden Tiere suchen dann die Laichgewässer auf, wo sie über ihre Haut und ihre Analblase Wasser aufnehmen. Einen geeigneten Laichplatz findet das Pärchen auf Büschen und Sträuchern, deren Äste direkt über den Laichgewässern hängen, in seltenen Fällen auch am Boden direkt am Rande des Gewässers. Das Weibchen flacht nun seinen Körper ab, bewegt die Hinterbeine und preßt eine klebrige, eiweißartige Flüssigkeit aus seiner Kloake aus, die es mit den Unterschenkeln zu Schaum schlägt. Das Weibchen legt seine Eier portionsweise in den Schaum, die nach ihrer Ablage sofort vom Männchen besamt werden. Ein Gelege kann bis zu 800 Eier aufweisen. Nach der Eiablage entfernt sich das Männchen vom Weibchen und sucht ein weiteres Weibchen auf. Das Schaumnest, das zu Beginn weiß ist, nimmt später eine dunklere bis leicht rotbraune Färbung an und verfestigt sich außen. Die Schaumnester werden zuweilen an die Wände von Zisternen angeklebt. Die auf den Blättern von Sträuchern und Büschen abgesetzten Schaumnester werden mit dem nächsten Regen in das darunter gelegene Gewässer geschwemmt. Die meisten Nester sieht man zwischen Gräsern und anderen Pflanzen in Reisfeldern und in Straßengräben. Die Kaulquappen schlüpfen aus den weißen, 1,2 bis 2 mm großen Eiern nach einer Entwicklungsdauer von ein bis zwei Wochen, die sich nach der Höhe der Umgebungstemperatur richtet. Die Kaulquappen sammeln sich am Grunde der Schaumkugel, deren äußere pergamentartige Hülle sich langsam verflüssigt. Die Kaulquappen, die in Schaumnestern auf dem Erdboden zur Entwicklung gelangen, erreichen das Wasser durch Schlängelbewegungen. Wegen ihrer großen Anzahl zieht man sie bei niedrigem Wasserstand am besten in getrennten Behältern bei Wassertemperaturen zwischen 24 und 26 °C auf. Die Aufzucht erfolgt mit Algen, Brennesselpulver und Zierfischtrockenfutter. Nach erfolgter Metamorphose werden die Weißbart-Ruderfrösche in kleinen Aquaterrarien untergebracht und hier mit Insekten, Gliederfüßern und Würmern, die ihrer Körpergröße angemessen sind, aufgezogen.

Reptilien

Krokodile (Crocodylia)

Alligatorinae (Alligatoren und Kaimane)

Caiman crocodilus

Brillen- oder Krokodilkaiman

Kennzeichen: *Caiman crocodilus* erreicht eine maximale Körperlänge von 2,7 m und kann somit auch von Privatleuten in einer eigenen Anlage gepflegt und nachgezüchtet werden. Da sich zwischen den Augen eine Querleiste befindet, ist die Bezeichnung »Brillenkaiman« durchaus gerechtfertigt. Vor den vorderen Augenwinkeln befindet sich eine Längsleiste. Die beiden großen Vorderzähne des Unterkiefers passen in die zwei Öffnungen des Oberkiefers hinein. Wie bei den echten Krokodilen ragen diese beiden verlängerten Unterkieferzähne bei adulten *Caiman crocodilus* seitlich heraus. Erwachsene Brillenkaimane sind dunkelbraun, dunkelolivfarben bis schwärzlich mit undeutlichen schwärzlichen Querbinden auf den Körperseiten. Die Jungtiere sind in der Regel heller gefärbt. Sie haben deutliche Querbinden, die auch den Rücken überziehen. Wie bei verschiedenen anderen Krokodilen können auch Brillenkaimane innerhalb kurzer Zeit ihre Körperfärbung ändern.

Herkunft und Lebensraum: *Caiman crocodilus* bewohnt in vier, vielleicht sogar sechs geographischen Rassen ein riesiges Verbreitungsgebiet von Südmexiko über Mittelamerika einschließlich einiger Südamerika vorgelagerter Inseln bis nach Argentinien. Der Brillenkaiman hat sich durch Aussetzen in verkrauteten Kanälen und in anderen Gewässern Südfloridas eingebürgert und bildet hier kleine, aber fortpflanzungsfähige Populationen. Er bewohnt langsam dahinmäandernde, stark verkrautete Flüsse mit schlammigem Untergrund und deren Seitenarme, weiterhin Seen, Teiche, Waldsümpfe und Überschwemmungsgebiete, die häufig von verkrauteten Bächen durchsetzt sind.

Haltung und Pflege: *Caiman crocodilus* ist nur mit Vertretern der eigenen Art in einer recht geräumigen Anlage oder in einem Gewächshaus unterzubringen, dessen Landteil etwas größer und der Wasserteil etwas kleiner sein sollte. Als Richtschnur kann man für den Wasserteil von ungefähr 9 m² Grundfläche ausgehen. Da die Pflege des Brillenkaimans sehr einfach ist, verwundert es nicht, daß er die wohl am häufigsten gepflegte Krokodilart ist. Man kann den Landteil mit einem Gemisch von grobem Sand, Erde und kleinen Steinen versehen und ihn so gegen den Wasserteil abschirmen, daß möglichst wenig Bodenmaterial vom Landteil in das Wasser gelangt, wenn die Tiere vom Land ins Wasser überwechseln. Als Übergangszone zwischen Land- und Wasserteil eignet sich Kies. Eine andere Möglichkeit besteht darin, daß der Landteil nicht mit Bodenmaterial befüllt wird. Auf eine Bepflanzung braucht man in keinem Fall zu verzichten. Allerdings müssen die Pflanzen in der Anlage an Stellen angepflanzt werden, die von den Tieren nicht erreicht werden. Als Pflanzen eignen sich *Tetrastigma*, verschiedene *Ficus*-Arten, *Philodendron*, *Scindapsus* und *Tradescantien*. Besonders hübsch sind Fensterblätter *(Monstera)*. Auf Epiphytenästen lassen sich verschiedene Farne, Bromeliazeen und auch Orchideen unterbringen.

Seiner tropischen Heimat entsprechend fühlt sich *Caiman crocodilus* am Tage bei Luft- und Bodentemperaturen zwischen 25 und 32 °C wohl. Die Wassertemperatur sollte kaum unter 25 °C absinken. In der Nacht sollten die Luft- und Bodentemperaturen um 2 bis 4 °C absinken.

Die Anlage sollte möglichst lange von der Sonne beschienen werden. Ebenso notwendig ist eine Heizlampe, am besten mit Ultraviolettanteil, denn Brillenkaimane sind Tropenbewohner, die sich bei großer Helligkeit und Wärme am wohlsten fühlen.

Caiman crocodilus fuscus.

Wie bei allen Krokodilen ist die Fütterung mit frischen Süßwasserfischen, allerlei Kleinsäugern, Vögeln und Innereien von Schlachttieren mit entsprechenden Multivitaminzusätzen problemlos. An Jungtiere kann man auch allerlei große Insekten, Gliederfüßer, Schnecken und Fische verfüttern. Je abwechslungsreicher die Ernährung ist, desto besser gedeihen die Tiere. Wie variabel das Beutespektrum von Brillenkaimanen in freier Natur ist, geht aus Magenuntersuchungen hervor. So enthielten die Mägen von 21 *Caiman crocodilus yacare* aus dem Pantanal Insekten, Krebse, Schnecken, Fische, Echsen, Schlangen, Vögel und Säugetiere unterschiedlicher Arten. Daneben zeichnet sich *Caiman crocodilus* auch durch kannibalistische Neigungen aus, denn in den Mägen wurden auch zwei junge Artgenossen gefunden. Bei richtigem Umfang und dem entsprechenden Fingerspitzengefühl ge-

wöhnen sich Brillenkaimane sehr schnell in ihr Heim ein und werden mit der Zeit so handzahm wie ein Haustier. Sie kennen ihren Pfleger, den sie sofort von anderen Personen an seinem äußeren Erscheinungsbild, an seinen Gebärden und an seiner Stimme erkennen, gleichgültig in welcher Kleidung er sich darbietet.

Nachzucht: Die Nachzucht ist schon mehrfach gelungen. Die Männchen, deren Köpfe und Schwänze breiter als die der Weibchen sind, erreichen auch größere Körperlängen. Die Männchen haben eine kräftigere und deutlich sichtbarere Nackenmuskulatur als die Weibchen. Die Weibchen, die stets von zarterem Körperbau als die Männchen sind, lassen sich leicht an ihren nach außen gewölbten bis geschwollenen Bäuchen erkennen. In freier Natur sind die Zeiten, in denen Brillenkaimane zur Fortpflanzung schreiten, in denen sie ihre Nester bauen und in denen die jungen Kaimane schlüpfen, unterschiedlich und hängen von der geographischen Lage und den jahreszeitlichen Witterungsbedingungen in dem riesigen Verbreitungsgebiet ab. Wie bei allen Krokodilen, so vollzieht sich auch bei *Caiman crocodilus* die Kopulation stets im Wasser. In Nordsurinam bauen die Brillenkaimane ihre Nester in der Regenzeit zwischen Mai und Juli. Der Schlupf der Jungkaimane findet zwischen August und Oktober statt. Im Pantanal paart sich *Caiman crocodilus* am Ende der Trockenzeit zwischen August und November. Die jungen Kaimane schlüpfen zwischen Ende März und Mitte April. Die Nester sind kegelförmig, ungefähr 1,2 m lang, 1 m breit und 44 cm hoch. Sie bestehen aus Wasserpflanzen, Blättern, Gräsern und anderem Pflanzenmaterial und sind von Schlamm und Erde durchsetzt. Sie werden unter Büschen und unter Bäumen und gelegentlich im freien Sonnenlicht angelegt.

Wesentlich für die Nachzucht von Brillenkaimanen scheint eine abwechslungsreiche Ernährung zu sein, wobei die Tiere jedoch nicht verfetten dürfen. Ebenso wichtig sind entsprechend hohe Temperaturen und Lichtwerte. Anhand von Klimatabellen kann man sich über Temperaturen, Sonnenscheindauer und Niederschläge eines betreffenden Gebietes informieren, in dem *Caiman crocodilus* lebt. Diese Werte sind dann mögichst naturgetreu nachzuahmen. Wenn sich ein Brillenkaimanweibchen als trächtig erweist, ist Nistmaterial in Form von Blättern, Stroh, Schilfrohr, Zweigen und Sand oder Erde in den Behälter einzubringen, damit das Weibchen sein Nest bauen kann. Wenn das Weibchen seine Eier abgelegt hat, werden diese entfernt und künstlich bei Optimaltemperaturen zwischen 30 und 32 °C und einer Luftfeuchtigkeit zwischen 80 und 100% inkubiert. Die Eier dürfen auf keinen Fall gedreht werden, sondern sind in der Lage in das Substrat einzubetten, in der sie abgelegt und gefunden wurden. Der Breit-

schnauzenkaiman *(Caiman latirostris)* und der Mohrenkaiman *(Melanosuchus niger)* kommen im gleichen Verbreitungsgebiet der Brillenkaimane vor und sind daher in gleicher oder sehr ähnlicher Weise zu pflegen, zumal sie in ihrem Verhalten und in ihrer Lebensweise mit dem Letzteren nahezu identisch sind. Gleiches gilt für den Mississippi-Alligator, der im Winter keine oder kaum Nahrung zu sich nimmt und zu dieser Zeit bei niedrigeren Temperaturen zwischen 10 und 20 °C zu halten ist, wenn man Nachzucht beabsichtigt (Cites beachten!).

Paleosuchus palpebrosus
Brauen-Glattstirnkaiman

<u>Kennzeichen:</u> *Paleosuchus palpebrosus* erreicht eine Körperlänge von 172 cm. Im Gegensatz zu den Kaimanen der Gattungen *Caiman* und *Melanosuchus* fehlen auf der Kopfoberseite die Quer- und Längsleisten. Ein auffälliges Merkmal ist auch die glatte Oberseite des oberen Augenlides. Die Hinterhaupthöcker sind in zwei, die Nackenhöcker in drei Querreihen angeordnet. Bei dem sehr nahe verwandten *Paleosuchus trigonatus* existiert nur eine Querreihe von Hinterhaupthöckern und 4–5 Querreihen von Nackenhöckern. Den Rücken bedecken 6 bis 8 Längs- und 18 bis 19 Querreihen unregelmäßig angeordneter, gekielter Schilde. Auf der Bauchseite befinden sich 17 bis 19 Querreihen von Schilden. Erwachsene Brauen-Glattstirnkaimane haben eine dunkle Körperoberseite. Jungtiere sind dunkel gefleckt und quergebändert. Die helle Bauchseite ist an den Rändern gefleckt. Die Augen sind kastanienbraun.

<u>Herkunft und Lebensraum:</u> Der Brauen-Glattstirnkaiman ist in Ostkolumbien, in Teilen Venezuelas, in den drei Guyanas, in Ostecuador, in Ostperu, in weiten Teilen Nord- und Zentralbrasiliens und in Ostbolivien beheimatet. Hier bewohnt diese kleine Kaimanart zuweilen in Gesellschaft mit dem Keilkopf-Glattstirnkaiman *Paleosuchus trigonatus*

rasch fließende bis reißende Urwaldbäche mit steinigem Untergrund. Diese Gewässer sind von Urwaldbäumen umgeben und mehr oder weniger dem Schatten ausgesetzt. Als echtes Urwaldgeschöpf setzt sich *Paleosuchus trigonatus* nur selten den Sonnenstrahlen aus. In seinem natürlichen Lebensraum verbirgt sich der Brauen-Glattstirnkaiman gelegentlich in tunnelähnlichen Höhlungen unter Uferböschungen zwischen Baumwurzeln.

Haltung und Pflege: Wegen ihrer geringen Größe sind sowohl *Paleosuchus palpebrosus* wie auch *Paleosuchus trigonatus* bestens für eine Pflege im Gewächshaus und im großangelegten Aquaterrarium geeignet. *Paleosuchus palpebrosus* besitzt eine ruhige und friedliche Wesensart, ganz im Gegensatz zu *Paleosuchus trigonatus*, der eigenartigerweise scheu und bissig bleibt und sich kaum gefahrlos berühren läßt. Diese Erfahrungen machte ich bei der Pflege der beiden Arten.

Den Behälter für *Paleosuchus palpebrosus* kann man mit Pflanzen wie *Monstera*, *Philodendron* und *Dieffenbachia* oder einem Kletterast mit aufgepropften Bromeliazeen und Farnen ziemlich naturgetreu gestalten. Natürlich müssen die Pflanzen so angebracht sein, daß sie von den Krokodilen nicht erreicht und zerstört werden können. In einem taghellen Raum, der viel Licht und gelegentlich ein wenig Sonne von außen hereinläßt, erübrigt sich eine grelle Heizlampe, da diese kleinen Krokodile von Natur aus stundenlange Sonnenbäder vermeiden und ein Leben im Urwaldschatten bevorzugen. Zu ihrem Wohlbefinden benötigen beide *Paleosuchus*-Arten am Tage Luft- und Bodentemperaturen zwischen 23 und 32 °C und Wassertemperaturen um die 25 °C.

Brauen-Glattstirnkaimane werden mit verschiedenen Süßwasserfischarten, allerlei Kleinsäugern, Vögeln, Hühnerkücken, Herzfleisch und verschiedenen Wirbellosen gefüttert. Das Futter ist mit Vitaminzusätzen zu versehen.

Nachzucht: Die Nachzucht ist schon mehrfach gelungen. Die Männchen zeichnen sich gegenüber den Weibchen durch einen stämmigeren Körperbau und durch wuchtigere Köpfe aus. In freier Natur baut Paleosuchus palpebrosus ein Nest aus Blättern, Gras und Zweigen, das von Erde und Schlamm durchsetzt ist. Dem ist auch in der Krokodilanlage Rechnung zu tragen. Nach der Kopulation bringt man eine flache Kiste mit Sand, Erdmaterial, Heu, Blättern und Zweigen in die Anlage, damit das Weibchen ein Nest anlegen kann. In freier Natur werden die Nester an schattigen Stellen angelegt, die dem direkten Sonnenlicht nicht ausgesetzt sind.

Ein von MEDEM (1981) am 10. November 1967 in einem Galeriewald am Rio Pachaquiarito (Kolumbien) aufgefundenes Nest hatte einen Durchmesser von 125 cm und eine Höhe von 49 cm und enthielt 13 Eier. Das größte dieser Eier maß 7,1 cm × 5,2 cm und das kleinste 6,1 cm × 4,1 cm. Das schwerste Ei wog 74,5 Gramm und das leichteste 62,5 Gramm. Zwischen dem 18. und 29. Dezember des gleichen Jahres schlüpften zwölf Junge aus diesem Gelege. Sie wiesen Körperlängen zwischen 20,2 und 24,5 cm auf. Die Körpergewichte variierten zwischen 41,6 und 48,9 Gramm. Temperaturen, die in weiteren aufgefundenen Nestern gemessen wurden, betrugen in 5 cm Tiefe 28 °C und in 22 cm Tiefe 31 °C. Die Lufttemperatur betrug außerhalb des Nestes 27 °C. Aus einem weiteren Nest schlüpften ebenfalls zwölf Jungkaimane nach einer Inkubationsdauer von 90 bis 92 Tagen. Über das Fortpflanzungsverhalten, die Eiablage, den Schlupfvorgang und die Zeitdauer, die junge Brauen-Glattstirnkaimane in freier Natur in der Nähe ihrer Mutter verbringen, ist bisher nichts bekannt geworden. Daher sind die Berichte aus Gefangenschaftshaltungen, die das gesamte Fortpflanzungs- und Brutpflegeinventar einschließlich der Entwicklung der Jungtiere angeben, um so wertvoller. Nach den Darstellungen von LÜTHI (1983) hielt er selbst zwei Jungtiere der genannten Art in einem Aquaterrarium von 400 × 120 cm × 60 cm bei variierenden Luft- und Wassertemperaturen zwischen 26 und 28 °C im ersten und bei 25 bis 27 °C im zweiten Fall. Das Wasser wurde mit Hilfe eines Umwälzfilters gereinigt. Während des Tages erhielt die Anlage zwölf Stunden lang Licht von acht 40 Watt starken Leuchtstoffröhren. Im Oktober, November und Dezember 1981 ließt das Männchen seine laut brüllende Stimme erschallen. Die Brauen-Glattstirnkaimane erhielten pro Wochen eine Kapsel des Multivitaminpräparates Protovit und eine Kapsel des Vitamin-E-Produktes Ephynal. Im Dezember und Januar stellten beide Tiere die Nahrungsaufnahme ein. Die Temperatur wurde um 10 °C und die Beleuchtungsdauer im Raum auf sechs Stunden täglich herabgesetzt.

Am 15. Mai 1982 scharrte das Weibchen auf dem Land und grub vier Tage später ein Loch in den Sand einer mit Sand angefüllten Kiste. Sowohl das Männchen wie auch das Weibchen transportierten Heu, das der Verfasser auf den Landteil des Behälters geworfen hatte, auf die Sandkiste. Am nächsten Tag war das Nest vollendet. Nach mehrmaligem Aufsuchen des Nestes am 10., 12. und am 17. Juni, öffnete das Weibchen am Morgen des 22. Juni gegen 10 Uhr das Nest. Gegen 17 Uhr legte es Heu auf das Nest und drückte es mit dem Unterkiefer fest. Am Morgen des 3. Juli schaufelte das Männchen mit dem Schwanz Heureste auf das Nest, während das Weibchen mit gekrümmten Rücken über dem Nest stand und zwischen 16 und 23 Uhr neun Eier ablegte, die es anschließend zwischen die Kiefer nahm und sorgfältig nebeneinander legte. Danach deckte es das Nest wieder zu und drückte es mit dem Bauch flach.

Acht von neun Eiern wurden in ein Gemisch aus Sand und Hobelspänen bei einer Temperatur von 29 °C und einer Luftfeuchtigkeit von 90 % in einem Aquarium inkubiert. Das erste Jungtier schlüpfte am 15. Oktober,

sechs weitere folgten in den nächsten Tagen. Das Weibchen grub das im Nest verbliebene Ei aus und zog das Jungtier am Kopf aus der Eischale. Der junge Kaiman lief zum Wasserbehälter und kroch auf den Kopf des Männchens. LÜTHI züchtete den Brauen-Glattstirnkaiman mehrfach nach. Im Aquarium/Terrarium des Kölner Zoos wird *Paleosuchus palpebrosus* seit vielen Jahen zur Nachzucht gebracht.

Die Aufzucht der Jungtiere mit verschiedenen großen Insekten, kleinen Fischen, Süßwasserfischstreifen, Rinderherz, kleinen Mäusen und ähnlichem Futter, das vitaminisiert und mit Kalkpräparaten eingepudert wird, ist nicht allzu schwierig. Bei optimaler Fütterung erreichen die frisch geschlüpften, ungefähr 22 bis 23 cm langen und 40 bis 45 g schweren Jungtiere bereits nach ungefähr 10 Monaten Körperlängen zwischen 48 und 56 cm und Gewichte zwischen 550 und 750 g. Aus diesen Ausführungen läßt sich ersehen, daß *Paleosuchus palpebrosus* bei sorgfältiger Pflege durchaus nicht schwer zu halten und auch nachzüchtbar ist (Cites beachten!).

Schildkröten (Testudines)

Kinosternidae (Schlammschildkröten)

Kinosternon leucostomum
Weißmaul-Klappschildkröte

Kennzeichen: *Kinosternon leucostomum* erreicht eine Körperlänge von ca. 15 cm. Der Kopf dieser Schildkröte ist länglich mit spitz ausgezogener Schnauze. Wie bei den anderen Kinosterniden ist der Oberkiefer hakenartig entwickelt. Der Bauchpanzer ist mit zwei beweglichen Scharnieren versehen. Der größte Teil des hinteren Zwischenschildes liegt vor dem hinteren Quergelenk des Bauchpanzers. Der Rückenpanzer ist altersabhängig mehr oder weniger deutlich gekielt. Hinter den Augen verläuft ein dunkler Streifen zum Hals. Die Kopfoberseite ist ebenfalls dunkel, die Kieferregion porzellanhell gefärbt. Der Rückenpanzer ist bräunlich mit zuweilen leichten Aufhellungen in der Mitte der Schilde. Der Bauchpanzer ist hell. Die dunklen Vorder- und Hinterextremitäten sowie die anliegenden Weichteile werden nach hinten zu heller.

Herkunft und Lebensraum: *Kinosternon leucostomum* ist von Ostmexiko aus über die mittelamerikanischen Staaten Guatemala, Honduras, Nicaragua, Costa Rica und Panama bis in das nordwestliche Südamerika verbreitet. Die genannte Art lebt in warmen, pflanzenreichen, stehenden Gewässern in der Ebene und dringt lokal ins Brackwasser vor. Die dämmerungs- und nachtaktiven Schildkröten verbergen sich während des Tages unter ins Wasser gefallenen Baumstämmen und unter Steinen, wobei die Tiere zuweilen über Land wandern.

Haltung und Pflege: *Kinosternon leucostomum* ist in einem Aquaterrarium von ungefähr einem halben Quadratmeter bei einem Wasserstand von etwa 15 cm zu pflegen. Der Landteil braucht nicht sonderlich groß zu sein. Hierfür eignet sich auch ein großes Plastikgefäß von ungefähr 30 cm × 20 cm × 20 cm, das man mit Sand anfüllt und in den Schildkrötenbehälter einläßt. Der Landteil muß vom Wasserteil aus leicht zu erreichen sein. Da Weißmaul-Klappschildkröten vornehmlich am Bodengrund kriechen, sollte letzterer rauh gestaltet sein. Um Weißmaul-Klappschildkröten den Übergang zum Landteil zu erleichtern, kann man Moorkienwurzeln bzw. die weniger schönen, aber praktischen Kokosmatten verwenden. Die Moorkienwurzeln sind beliebte Versteckplätze, während die Kokosmatten ein besonders leichtes Anlandgehen ermöglichen. Bei sehr großem Wasserteil, hellem Standort und einem geringen Schildkrötenbesatz kann man auch an Wasserpflanzen denken. Als Lichtquelle genügt helles Tageslicht, etwas Sonneneinstrahlung und zusätzlich ein Punkt-strahler, der zehn bis zwölf Stunden in Betrieb ist und den Tieren ein zeitweiliges Sonnenbad ersetzt. Als Tropengeschöpfe verlangen Weißmaul-Klappschildkröten Wassertemperaturen von 25 bis 30 °C.

Die Fütterung mit fleischlicher Kost ist völlig unproblematisch. Geboten werden Regenwürmer, Fisch- und Fleischstückchen, nackte Mäuse, Garnelen, Wasserschnecken, Miesmuscheln, Katzenfutter oder der sogenannte Schildkrötenpudding.

Nachzucht: Die Männchen unterscheiden sich von den Weibchen durch den längeren Schwanz, die dickere Schwanzwurzel und den konkav eingedellten Bauchpanzer. Wenn man nachzüchten will, senkt man im August und im September die Temperaturen auf 20 bis 22 °C, um sie gegen Ende Oktober wieder auf 25 bis 30 °C ansteigen zu lassen.

Es erweist sich als günstig, wenn man die beiden Geschlechter getrennt pflegt und erst zur Paarungszeit zusammensetzt. Das Ansteigen der Temperaturen löst bei den Tieren den Fortpflanzungstrieb aus. Das Männchen reitet plötzlich von hinten her auf den Rückenpanzer des Weibchens auf, wobei das Weibchen den Kopf und die Vorderbeine einzieht, um so den Bissen des Männchens zu entgehen. Dabei dringt die Analregion zwischen Carapax und Plastron hervor.

Jetzt erfolgt die ungefähr 30 bis 40 Minuten dauernde Kopulation. Dabei streckt das Männchen den Kopf weit nach vorne und führt mit ihm horizontal verlaufende Pendelbewegungen aus. Ein Gelege umfaßt zwei bis vier hartschalige Eier, die zwischen November und April abgelegt werden. Während dieser Zeit können mehrere Gelege abgesetzt werden. Das Weibchen buddelt eine Vertiefung von 12 bis 15 cm in das Substrat. Die ungefähr 3 bis 3,5 cm langen und 7,5 g schweren Eier werden in einem Inkubator in Sand, Erde oder Torf bei Temperaturen zwischen 25 und 30 °C und hohen Luftfeuchtigkeitswerten von etwa 90% untergebracht.

Sternotherus odoratus.

Die Geschlechtsfestlegung der jungen Schildkröten erfolgt aufgrund einer niedrigeren bzw. höheren Temperatur. Bei niedrigen Bruttemperaturen zwischen 25 und 26 °C entstehen vornehmlich Männchen, bei höheren zwischen 29 und 30 °C vornehmlich Weibchen. Um günstige Geschlechtsverhältnisse zu erzielen, kann man die Eier auf unterschiedliche Inkubatoren mit höheren und niederen Temperaturen verteilen.

Die Entwicklungszeiten in den Eiern sind überaus unterschiedlich. Sie variieren zwischen ungefähr 100 und 230 Tagen. Schon Tage vor dem eigentlichen Schlupf zeigen sich Risse in den Eischalen. Der Schlupfvorgang nimmt unter Umständen ebenfalls einige Tage in Anspruch. Die frisch geschlüpften Weißmaul-Klappschildkröten sind ungefähr 3 cm lang, 2 cm breit und wiegen 4 g. Die Aufzucht mit kleinen Regenwürmern, Fisch- und Fleischstückchen sowie dem bereits erwähnten Gelatinefutter ist völlig problemlos. Diese interessante Wasserschildkröte ist wegen ihrer leichten Haltbarkeit und Nachzüchtbarkeit auch dem Anfänger wärmstens zu empfehlen.

Sternotherus odoratus
Gewöhnliche Moschusschildkröte

Kennzeichen: Diese Schildkröte erreicht eine Körperlänge bis zu 14 cm. Auf dem Carapax befinden sich drei Längskiele. Der Kopf und die Weichteile sind graubraun bis schwarz gefärbt. Der Carapax variiert von graubraun über grau bis fast schwarz. Das Plastron ist braun, oft mit hellem Kern in der Mitte der Schilde oder gelbbraun. Je ein heller Streifen, der von der Schnauzenspitze seinen Ausgang nimmt, verläuft auf jeder Kopfseite oberhalb und unterhalb des Auges bis zum Hals. Am Kinn erblickt man zwei Barteln.

Herkunft und Lebensraum: Das Verbreitungsgebiet von Sternotherus odoratus erstreckt sich von Südkanada bis nach Osttexas und von dort aus bis zur Südspitze von Florida. Diese häufige Schildkröte bewohnt alle möglichen Gewässer, wie Tümpel, Teiche, Seen, Gräben und Kanäle, die teilweise von üppiger Vegetation durchwuchert sind. In fließenden Gewässern trifft man sie seltener an. Die Gewöhnliche Moschusschildkröte ist weitgehend an das Leben im Wasser gebunden. Sie scheint sich aber auch gelegentlich außerhalb des Wassers aufzuhalten. Größere Kolonien von Sternotherus odoratus leben in Gewässern Floridas, die während des Winters und des Sommers nur geringe Temperaturunterschiede erkennen lassen. In den nördlichen Teilen ihres Verbreitungsgebietes überwintert die Gewöhnliche Moschusschildkröte aber im feuchten Erdreich oder im Schlamm flacher Gewässer. Im Süden findet man sie während der kalten Jahreszeit in Uferhöhlungen von Flüssen, unter umgefallenen Baumstämmen, unter allerlei Anhäufungen von Ästen, Zweigen, Blättern und unter Müll.

Haltung und Pflege: Sternotherus odoratus ist eine Schildkröte für den Anfänger und für den fortgeschrittenen Terarianer. Eine Überwinterung ist bei Exemplaren aus dem Norden des Verbreitungsgebietes notwendig, wenn man Nachkommenschaft wünscht. Die Überwinterungsdauer sollte drei bis fünf Monate dauern. Während der Aktivitätsperiode zwischen März und Oktober oder November bietet man Luft- und Wassertemperaturen zwischen 18 und 25 °C. Tageslicht ist erwünscht. Sonneneinstrahlung ist nicht notwendig. Den Schildkrötenbehälter kann man auch über zehn bis zwölf Stunden mit Leuchtstoffröhren beleuchten. Obwohl die Gewöhnliche Moschusschildkröte eine fast rein aquatische Lebensweise führt, ist sie eine schlechte Schwimmerin und bewegt sich eher kriechend über den Gewässerboden. Als Verstecke bietet man Moorkienwurzeln, umgekippte Blumentöpfe oder aufeinandergeschichtete Steine. *Sternotherus odoratus* ist nicht selten zu jeder Tageszeit unterwegs. In freier Natur sonnt sie sich so gut wie nie und nimmt besonders im Süden ihres Verbreitungsgebietes nächtliche Lebensgewohnheiten an. Aus diesem Grunde ist eine UV-Bestrahlung nicht notwendig. In ihren Nahrungspräferenzen zeigt sich diese kleine Wasserschildkröte weitgehend karnivor, wobei sie gelegentlich auch Pflanzliches zu sich nimmt. Die Ernährung macht also nicht die geringsten Schwierigkeiten. Als Futter verwendet man den bereits erwähnten Schildkrötenpudding sowie Regenwürmer, Wasserschnecken, kleine Fische und Fischstreifen, Fleischstückchen, Insekten aller Art und Katzenfutter. In ihrem Verhalten zeigen sich Gewöhnliche Moschusschildkröten ein wenig aggressiv und versuchen zu beißen, wenn sie in die Hand genommen werden. Dabei strömen sie einen unangenehmen Geruch aus vier Duftdrüsen an den Rändern des Panzers aus. Schon nach kurzer Zeitdauer gewöhnen sich diese Tiere an ihren Pfleger, werden gänzlich zahm, nehmen das Futter von der Pinzette und lassen sich in die Hand nehmen, ohne von ihren Hornschneiden Gebrauch zu machen.

Nachzucht: Die Geschlechtsreife tritt bei guter Fütterung nach ungefähr drei Jahren ein. Der Schwanz des Männchens ist ein wenig

Sternotherus carinatus.

länger und dicker als der des Weibchens. Die Köpfe der Männchen sind in der Regel breiter und wuchtiger als die der Weibchen. Die Männchen haben an der Innenseite der Hinterextremitäten vergrößerte Hornschuppen. Die Bindegewebsnähte zwischen den Plastronschilden treten außerdem deutlicher hervor. Die Paarung findet während der gesamten Aktivitätsperiode statt, vornehmlich jedoch im Frühjahr, weniger häufig im Herbst. Bei einer Herbstpaarung verbleiben die Spermien über den Winter in den Eileitern des Weibchens. Vor der Paarung verfolgt das Männchen das Weibchen, bis dieses keinen Widerstand mehr leistet. Das Männchen reitet von hinten her auf das Weibchen auf, das seinen Kopf während der Kopulation eingezo-

Claudius angustatus.

längen von 22 bis 23 mm, Körperbreiten von 15 bis 16 mm und wiegen ungefähr 2,5 g. Ihre gemeinsame Aufzucht mit kleinen Regenwürmern, Mückenlarven, Schildkrötenpudding und Ähnlichem ist leicht. Das Wachstum geht bei guter Fütterung rasch vor sich. Unter Terrarienbedingungen können Gewöhnliche Moschusschildkröten ein Alter von über 20 Jahren erreichen. *Sternotherus carinatus* und *S. minor*, die in den südlichen und südöstlichen USA beheimatet sind, verlangen die gleichen Pflegebedingungen wie *Sternotherus odoratus*. In ihren Verhaltensweisen unterscheiden sie sich nicht oder nur unbedeutend von den Letzteren, wie sie sich auch in gleicher Weise nachzüchten lassen.

Claudius angustatus
Großkopf-Schlammschildkröte
Kennzeichen: Die genannte Art erreicht eine Maximallänge bis zu 15 cm. Die Weibchen sind mit ungefähr 10 cm ausgewachsen. Die genannte Art fällt durch ihren großen Kopf, der beim Männchen massiger als beim Weibchen ist, durch den hakenartigen Unterkiefer und die beiden Barteln unter dem Kinn auf. Auf dem Rückenpanzer, der in der Mitte verhältnismäßig flach ist, sind drei weniger stark entwickelte Längskiele. Der Rücken- und der Bauchpanzer sind an der Brücke durch je einen schmalen Streifen häutigen Bindegewebes elastisch miteinander verbunden. Der Rückenpanzer zeigt eine graue bis olivfarbene Grundfärbung, die von zahlreichen dunklen Pünktchen und von Strichen entlang der Schildränder durchsetzt ist. Die Bauchseite zeigt ein porzellanfarbenes bis gelbliches Kolorit. Die Vorder- und Hintergliedmaßen sind grauschwarz wie die Kopf- und Halsoberseite.
Herkunft und Lebensraum: Das Verbreitungsgebiet von *Claudius angustatus* erstreckt sich vom östlichen Mexiko bis nach Britisch-Honduras. Die Lebensräume dieser sehr versteckt lebenden Wasserschildkröte sind allerlei ste-

gen hat und sich weitgehend passiv verhält. Die von den Weibchen ausgehobenen Erdnester sind von recht unterschiedlicher Tiefe. In einigen Fällen gräbt sich das Weibchen mit dem Hinterkörper weit in das Substrat ein. Die ein bis neun Eier werden in 7,5 bis 10 cm Tiefe abgelegt. In anderen Fällen liegen die länglich-ovalen Eier teilweise sichtbar an der Oberfläche. Sie sind im Durchschnitt 2,7 cm lang, 1,55 cm breit und wiegen knapp 4 g, haben eine harte, zerbrechlich-spröde Schale und sind von porzellanheller Färbung. Die Entwicklung im Inkubator bis zum Schlupf der Jungen hängt zeitlich von der Temperaturhöhe ab und schwankt zwischen 60 und 130 Tagen. Werden die Eier in einem passenden Substrat, etwa einem Gemisch aus Sand und Walderde oder Torf bei ungefähr 23 °C untergebracht, entstehen Männchen. Weibchen entstehen, wenn die Bruttemperaturen zwischen 28 und 30 °C liegen. Die Luftfeuchtigkeitswerte sollen während der Inkubation zwischen 80 und 95% variieren. Die frisch geschlüpften Jungschildkröten haben Körper-

hende und langsam fließende Gewässer in Küstennähe. Bei Austrocknung ihrer Heimatgewässer soll sich die Großkopf-Schlammschildkröte in den austrocknenden Schlamm eingraben.

Haltung und Pflege: Für die Haltung von *Claudius angustatus* werden Behälter mit einer Grundfläche von 80 cm × 40 cm angegeben. Ich pflege seit über zehn Jahren ein Pärchen dieser Art in meiner Krokodilanlage in einem Aquarium mit einer Grundfläche von 120 cm × 80 cm. Der Bodengrund besteht aus einzementierten flachen Steinen. Anscheinend ist es wichtig, daß viele kleine Steine im Behälter sind, da sich diese Schildkröten stark lithophag verhalten. Die Lithophagie steht möglicherweise mit einer gut funktionierenden Verdauung im Zusammenhang. In dem erwähnten Behälter halte ich den Wasserstand auf einer Höhe von 20 bis 25 cm. Ein rechteckiges Plastikwaschbecken von 40 cm × 40 cm Grundfläche ist in dem hinteren Winkel des beschriebenen Schildkrötenbehälters ein wenig erhöht eingelassen, so daß es von den Schildkröten nur durch Erklettern erreicht werden kann. Der Plastikbehälter enthält ein Sand-Kies-Gemisch in einer Höhe von ungefähr 15 cm. Eine Leuchtstoffröhre ist am Tage zehn Stunden in Betrieb. Die Wassertemperatur richtet sich in dem Aquarium nach der Raumtemperatur. Sie variiert im Sommer zwischen 25 und 30 °C. Im Winter liegen die Wassertemperaturen zwischen 22 und 26 °C, meist zwischen 24 und 26 °C.

Das Männchen hat eine Körperlänge von 13,4 cm und das Weibchen von 11,3 cm. Die beiden Tiere sind mit zwei *Kinosternon acutum,* vier *Kinosternon scorpioides seriei* und zwei *Pelomedusa subrufa* vergesellschaftet. Unter den verschiedenartigen Schildkröten kam es bisher zu keinen Beißereien. Die gesamte Schildkrötenschar wird mit Katzenfutter, Regenwürmern, Schnecken, Fischstückchen, Herzfleisch und ganz gelegentlich mit kleinen Mäusen gefüttert. Bei der Fütte-

rung sind die Großkopf-Schlammschildkröten ziemlich wendig, sausen mit ihrem lang ausgestreckten Hals hinter den Futterbrocken her, die sie im brüsken Vorstoß packen. Bei den gerade beschriebenen Pflegebedingungen halten sich die Schildkröten recht gut und sind immer gefräßig. Paarungsverhalten, Kopulationen und Eiablagen habe ich bisher nicht beoachtet. Vielleicht liegt das an der Unruhe, die in dem Behälter von den anderen Schildkröten verursacht wird, vielleicht auch an zu hohen Sommertemperaturen oder daran, daß das Weibchen zu fett oder gar zu alt ist.

Nachzucht: *Claudius angustatus* wurde in Deutschland schon mehrfach nachgezüchtet. PAULER (1981) berichtet in einem Aufsatz in der »Herpetofauna« über die Pflege und mehrfach gelungene Zucht dieser Schildkröte. Das erste Gelege in Form von drei Eiern wurde am 27. 5. 1978 abgesetzt. Die Eier waren 26 bis 29 mm lang, hatten einen Durchmesser von 15 bis 18 mm und wogen 3 bis 4 g. Die Eier hielten in ein mit Torfmull befülltes Einweckglas Einzug und wurden in einem Heizungskeller mit schwankenden Temperaturen zwischen 25 und 30 °C untergebracht. Die untere, ca. 3 cm hohe Torfschicht war naß. Der Torf um die Eier herum war trocken. Am 7. 9. 1978 nach 103 Tagen schlüpften alle drei *Claudius angustatus.* Aus einem weiteren Gelege, das am 22. 2. 1978 abgesetzt wurde, schlüpfte nur ein Tier nach einer Entwicklungsdauer von 116 Tagen. Ein drittes Gelege von fünf Eiern wurde am 11. 4. 1979 gefunden. Zwei Jungtiere schlüpften am 25. 7. 1979 und zwei weitere am 26. 7. 1979. Genaue mündliche Informationen über die Nachzucht dieser interessanten Schildkröte erhielt ich durch M. KMIER, der *Claudius angustatus* mehrfach zur Fortpflanzung brachte. Um den sexuellen Appetit der Männchen zu steigern, ist eine Einzelhaltung der Geschlechter angezeigt. Die Tiere werden nur von Zeit zu Zeit zur Paarung zusammengesetzt. Paarungswillige

Weibchen strecken den Schwanz nach oben. Die Männchen meines Bekannten leben in einem Aquarium von 60 cm × 40 cm und die Weibchen in einem Behälter von 90 cm × 60 cm Grundfläche. Das Männchen reitet bei der Paarung von hinten her auf das Weibchen auf. Der Vorgang des Aufreitens dauert nur wenige Sekunden bis eine Minute. Die eigentliche Paarung und Kopulation nimmt 40 Minuten bis zu einer Stunde und mehr in Anspruch.

Der Beginn der Eiablage setzt gegen Ende Januar und zu Beginn Februar ein. In der Regel werden vier bis sechs Eier abgelegt. Die Elterntiere werden bei 25 bis 26 °C gehalten. Die Eier dürfen vor allem zu Beginn der Inkubation nicht über 26 °C gehalten werden, da die Verluste unter den Embryonen sonst zu hoch sind. In Mexiko gemachte Versuche an über 200 Eiern von *Claudius angustatus* zeigten, daß die Eier, die einer Dauertemperatur von 28 °C ausgesetzt worden waren, zu 80 % nicht zur Entwicklung gelangten, während die Eier, die bei 26 °C inkubiert wurden, zum größten Teil Junge erbrachten. Es ist günstig, wenn man auf dem Landteil eine Pflanze einsetzt, da *Claudius angustatus* seine Eier bevorzugt an Pflanzenwurzeln ablegt.

Emydidae (Sumpfschildkröten)

Chinemys reevesi
Chinesische Dreikielschildkröte
Kennzeichen: Die Maximallänge von *Chinemys reevesi* kann bis zu 25 cm betragen. Die Männchen erreichen jedoch in der Regel nur eine Körperlänge von 12, die Weibchen von 13 bis 17 cm. Charakteristisch für diese Art sind drei Längskiele auf dem Carapax. Das Plastron ist fast ebenso lang wie der Carapax. Auffällig ist der plumpe, dicke Kopf. Er ist dunkelbraun oder schwärzlich. Hinter den Augen und auf der Unterseite des Kinns sind gelbe Linien und Flecken, die von länglicher und gewundener Gestalt sein können. Die Gliedmaßen und der Hals sind dunkelgrau bis braun. Der Rückenpanzer ist violettbraun bis schwarz, der mittlere Kiel in der Regel schwärzlich. Das Plastron zeigt dunkelbraune bis schwarze Farbkombinationen, die von gelben Farbelementen durchmischt sind, wobei sich letztere vorwiegend an den Rändern und an den Nähten befinden. Melanismus wird häufig angetroffen. Die Männchen sind fast immer schwarz. In Anpassung an ihre aquatischen bis semiaquatischen Lebensgewohnheiten hat die Chinesische Dreikielschildkröte nur kleine Schwimmhäute.

Herkunft und Lebensraum: Die genauen Verbreitungsgrenzen von *Chinemys reevesi* in China sind unbekannt, da sie in ganz China auf Märkten vornehmlich für Speisezwecke verkauft wird und so auf künstliche Art und Weise über das ganze Land verstreut wurde. Das wahrscheinliche natürliche Verbreitungsgebiet umfaßt das mittlere China und den Südosten des Landes. Besonders zahlreich soll diese Schildkröte im Tal des Yangtse-Kiang-Flusses sein. Das südliche Korea und zahlreiche japanische Inseln, auf welche sie vom Menschen eingeführt wurde, kommen gleichfalls als Verbreitungsgebiet in Betracht. Die Chinesische Dreikielschildkröte lebt in stark verkrauteten Tümpeln, Teichen, Gräben, Flüssen, allerlei Bewässerungsanlagen, Reisfeldern und Kanälen und gehört somit zu einer der wenigen Schildkröten, die dem Menschen als Kulturfolger begegnen. Sie verläßt häufig besonders bei Regenfällen das Wasser und wandert über Land. Die Wahl im Wasser zu bleiben oder über Land zu wandern, soll mit der Jahreszeit und mit den herrschenden Außentemperaturen in Zusammenhang stehen.

Haltung und Pflege: *Chinemys reevesi* wird auch heute noch in verhältnismäßig großer Stückzahl nach Deutschland importiert und ist im Zoofachhandel zu ziemlich niedrigen Preisen zu bekommen. Da sich die Art unter

Chinemys reevesi.

Obhut des Menschen leicht hält und unschwer zur Nachzucht zu bringen ist, kann man sie auch dem Anfänger empfehlen. *Chinemys reevesi* wird am besten kombiniert im Freiland- und im Zimmeraquaterrarium gepflegt. Die Behälter, in denen diese Schildkröten gepflegt werden, sollten möglichst weitflächig sein bei Wassertiefen zwischen 20 und 50 cm. Angebracht sind Wasserflächen mit Mindestmaßen von 0,5 m², wobei jedoch 1 m² und mehr weit zuträglicher sind. Die Tiere werden im Mai in die Freilandanlage gesetzt, wo sie bis September verbleiben. Ein möglichst starker Pflanzenbewuchs im Freilandbehälter in Anpassung an die natürlichen Lebensverhältnisse ist biologisch sinnvoll. Da sie in keiner Weise temperaturempfindlich sind, ertragen Chinesische Dreikielschildkröten ohne weiteres Temperaturen zwischen 10 und 30 °C. Die Optimaltemperaturen liegen jedoch zwischen 20 und 28 °C. Der Landteil, auf dem sich die Schildkröten sonnen und auf dem sie sich zuweilen mitten im Sommer in die Erde eingraben, sollte ungefähr ¹/₃ der Wasserfläche betragen. Im September werden die Schildkröten aus dem Freiland entfernt und in einer Kiste oder in einem Aquarium mit feuchter Erde, Moos und Blättern oder sonst einem feuchten Substrat einer zweimonatigen Ruhepause in der Dunkelheit bei Temperaturen zwischen 10 und 16 °C unterworfen. Eine Überwinterung im Wasser sollte unterbleiben, da sie unter Umständen zu Todesfällen führen kann. Es sei jedoch darauf hingewiesen, daß sie im Freiland sogar schon bei Minustemperaturen von 15 bis 20 °C schadlos überwintert hat. Nach der Ruhepause überführt man *Chinemys reevesi* in das möglichst hell stehende Zimmeraquarium, wo sie Wassertemperaturen zwischen 20 und 25 °C und Lufttemperaturen zwischen 25 und 30 °C ausgesetzt wird. Beleuchtet wird mit Leuchtstoffröhren bei einer Tagesdauer von etwa zwölf Stunden. In der sonnenarmen Zeit sind auch UV-Bestrahlungen zweckmäßig. *Chinemys reevesi* ist eine Allesfresserin mit Bevorzugung tierischer Nahrung. Mit Schildkrötenpudding, Regenwürmern, Fischfleisch, Garnelen, großen Insekten, Rinderherz und einer zusätzlichen Anreicherung mit Vitaminen ist der Nährstoffbedarf vollständig gedeckt.

Nachzucht: Diese ist schon häufig gelungen. Die Männchen sind an ihrem eingedellten Bauchpanzer, an der verdickten Schwanzwurzel und an dem längeren Schwanz erkenntlich. Diese Schildkröten werden nach sieben bis neun Jahren geschlechtsreif. Die ungefähr 30 Minuten dauernde Kopulation erfolgt nach einem festgelegten Werberitual, wobei das Männchen von hinten her auf das Weibchen aufreitet. Vor der Paarung nähert sich das Männchen dem Weibchen und beriecht es. Es nähert sich dem letzteren stelzbeinig in schlangenlinienähnlicher Gangart, stellt sich vor das Weibchen, zieht Kopf und Vorderbeine ein und öffnet und schließt das Maul. Schließlich stößt es mit seiner Nase an die Nasenspitze des Weibchens. Diese Vorgänge können sich mehrfach wiederholen. Das Weibchen zeigt seine Paarungsbereitschaft durch ein passives Verhalten an. Paarungsunwillige Weibchen versuchen die Männchen durch Bisse zu vertreiben. Die Weibchen legen ihre 3 bis 4 cm langen und 2 bis 2,2 cm breiten, weißgefärbten Eier zwischen November und März ab. Die Gelegegröße schwankt zwischen vier und sechs Eiern. Im Abstand von vier bis sechs Wochen können bis zu drei Gelege produziert werden. Vor der Eiablage sucht das Weibchen eine geeignete Stelle auf dem möglichst sandigen Landteil des Behälters auf und hebt hier eine Nistgrube zwischen 5 und 15 cm aus. Die Eier entfernt man vorsichtig aus dieser Grube und bringt sie in der gefundenen Lage in dem gleichen Substrat bei Luftfeuchtigkeitswerten zwischen 90 und 100% unter. Es sei an dieser Stelle nochmals hervorgehoben, daß die Eier von *Chinemys reevesi* wie auch die aller anderen Schildkröten auf keinen Fall gewendet werden dürfen, da die Embryonen sonst absterben. Der Schlupf der Jungschildkröten erfolgt bei Temperaturen zwischen 25 und 30 °C nach einer temperaturbedingt unterschiedlichen Zeitdauer von 63 bis 85 Tagen. Die Geschlechterverteilung der Jungschildkröten hängt wahrscheinlich von der Höhe der Inkubationstemperatur ab.

Die jungen *Chinemys reevesi* sind beim Schlupf knapp 3 cm lang, gut 2 cm breit und wiegen ca. 6 g. Sie werden in Gesellschaft ihresgleichen aufgezogen. Da sie zu Anfang sehr scheu sind, bietet man ihnen möglichst viele Versteckmöglichkeiten. Als Futter kommen Mückenlarven, kleine Regenwürmer, Herzfleisch- und Fischstreifen, Schildkrötenpudding und Ähnliches in Betracht, wobei man eine Vitaminisierung der Nahrung nicht vergessen sollte. Um möglichst kräftige, rachitisfreie Schildkröten heranzuziehen, ist die Nachkommenschaft möglichst oft dem ungefilterten Sonnenlicht auszusetzen. Wenn dies nicht möglich ist, schalte man alle 14 Tage für wenige Minuten die UV-Lampe ein. *Chinemys kwangtungensis, C. megalocephala* und *Ocadia sinensis* sind bei etwas höheren Temperaturen so zu halten, zu pflegen und zur Nachzucht zu bringen wie *Chinemys reevesi.*

Clemmys guttata
Tropfenschildkröte

Kennzeichen: Diese kleine Schildkröte überschreitet selten eine Körperlänge von 12,5 cm. Der glatte Carapax ist schwach gewölbt, schwarz und von mehr oder weniger kleinen gelben Flecken durchsetzt. Jungtiere können einfarbig schwarz sein. Das Plastron ist schwarz und unregelmäßig gelb begrenzt. Der Kopf und die Gliedmaßen zeigen auf schwarzem Untergrund gelbe Tupfen und Striche.

Clemmys guttata.

Zwischen den Zehen deuten Schwimmhäute auf die weitgehend aquatile Lebensweise hin. Herkunft und Lebensraum: Das Verbreitungsgebiet der Tropfenschildkröte erstreckt sich von Südostkanada (Ontario) über die nordöstlichen und östlichen Vereinigten Staaten. In den Vereinigten Staaten kommt sie von Südostillinois ostwärts bis Maine und von hier aus entlang der Atlantikküste bis nach Südostgeorgia vor. Das sporadische Auftreten in Nordostflorida beruht auf alten, unbeglaubigten Angaben. *Clemmys guttata* bevorzugt mäandernde Wiesenbäche, kleine Sümpfe und Teiche mit schlammigem Untergrund. Haltung und Pflege: Die Haltung und Pflege dieser Art ist in keiner Weise einfach. Daher möchte ich sie dem Anfänger nicht empfehlen. Die Schwierigkeiten für die Haltung liegen möglicherweise in der Wasserqualität. Das Wasser, in dem Tropfenschildkröten in ihrer Heimat vorkommen, entspricht nach meinen Erkenntnissen in etwa saurem, torfigklarem Wasser aus europäischen Heidemooren. Aufgrund dieser Tatsache sollte man den Wasserteil des Tropfenschildkrötenterrariums mit klarem, saurem Torfwasser auffüllen und letzteres auch über Torf filtern, um das Wasser stets rein zu halten. Trotz ihrer geringen Größe verlangen diese Schildkröten einen möglichst geräumigen Behälter mit großem Wasser- und kleinerem Landteil. Eine Wasserfläche von 1 bis 2 m² für vier bis sechs Tiere ist durchaus angemessen, wobei die Wassertiefe 20 bis 40 cm nicht überschreiten sollte. Der Übergang vom Wasser- zum Landteil ist so zu gestalten, daß die Tropfenschildkröten das Land ohne Schwierigkeiten erreichen können. Da die Schildkröten auch im Freilandterrarium gehalten werden können, sollte der Wasserteil eine üppige Bepflanzung aufweisen, wofür man ohne weiteres die heimischen Wasserpflanzen verwenden kann. Als Substrat für den Landteil eignet sich ein Gemisch aus Sand, Waldhumus und Torf, das ebenfalls mit feuchtigkeitsliebenden Pflanzen bepflanzt wird. An das Ufer legt man einige Kiefern- oder Fichtenrindenstücke, die von der Sonne aufgeheizt werden und auf denen sich die Tropfenschildkröten sonnen können. Ein kleiner Baumstamm, der über den Wasserteil gelegt wird, wird auch zum Sonnenbaden angenommen. In Ohio ist *Clemmys guttata* zwischen Februar und November aktiv. Die Luft- und Wassertemperaturen sollten sich nach der Herkunft der Tiere richten. Für die deutschen Spätfrühjahrs- und Sommermonate sind Wassertemperaturen zwischen 24 und 26 °C zu empfehlen, wobei diese Temperaturen je nach Witterung variieren dürfen (Freilandterrarium). Die Lufttemperaturen sollten etwas höher liegen. Diese erreicht man durch UV-durchlässige Doppelstegplatten, mit denen das gesamte Terrarium verglast wird. Die Doppelstegplatten werden meist für Gewächshäuser verwendet. Das zwölf bis 14 Stunden mit Leuchtstoffröhren erhellte Zimmerterrarium ist ebenfalls geeignet, wobei man den Bodengrund mit dunklem, flachem Bachgestein ausfüllt, auf dem diese weitgehend aquatil lebenden Tiere gut unter Wasser laufen können. Moorkienwurzeln, die die Wasseroberfläche und den Landteil erreichen, dienen den Schildkröten als Versteckplätze und machen ein Emporklettern möglich. Tropfenschildkröten überwintern unter natürlichen Bedingungen im Schlamm am Grund ihrer Heimatgewässer, in Anhäufungen von verrottendem Pflanzenmaterial sowie in den Höhlungen von Bisamratten. In Anlehnung an das natürliche Überwinterungsverhalten wird *Clemmys guttata* bei Temperaturen von 5 bis 10 °C im Wasser überwintert. Die Überwinterungsdauer sollte ungefähr drei Monate betragen. Eine andere Möglichkeit besteht in der Überwinterung in feuchtem bis nassem

Sphagnum. Man kann die Schildkröten während des Winters jedoch auch im Behälter im Zimmer belassen, wo sie bei Temperaturen von weniger als 20 °C und einer Kurztagbeleuchtung ungefähr drei Monate bleiben sollten. Da *Clemmys guttata* weitgehend karnivor lebt, ist die Fütterung mit Regenwürmern, Wasserinsekten, Bachflohkrebsen, Wasserschnecken, Fisch- und Fleischstückchen, Schildkrötenpudding und Ähnlichem kein Problem.

Nachzucht: Die Männchen von *Clemmys guttata* haben braune Augen, ein bräunlich gefärbtes Kinn, längere und dickere Schwänze, wobei der Kloakenspalt weiter in Richtung zur Schwanzspitze hin verlagert ist. Die Weibchen haben orangefarbene Augen, ein gelb gefärbtes Kinn und ein längeres und leicht konvexes Plastron.

Der Kopulation geht ein Paarungsritual voraus, wobei das Männchen das Weibchen beriecht, es auf den Boden drückt und umschwimmt. Zuweilen wird das Weibchen über weite Strecken hinweg vom Männchen verfolgt. Bei der Kopulation reitet dieses von hinten her auf das Weibchen auf. Die Paarung findet von März bis Mai, meist im Wasser, gelegentlich jedoch auch auf dem Land statt. Das Weibchen legt im Juni in sonnendurchfluteten Gelände bis zu acht Eier in eine flache, kolbenähnliche Nistgrube, die es mit den Hinterbeinen ausgegraben hat. Die Jungen schlüpfen im späten August und September oder sie überwintern in der Nistgrube bis zum kommenden Frühjahr. Die Eier sind ungefähr 3 cm lang und 1,75 cm breit. Sie werden in einem Inkubator in einem Gemisch von Torf und feuchtem Sand bei einer relativen Luftfeuchtigkeit von 90% und Temperaturen zwischen 23 und 30 °C untergebracht. Dabei ist wieder zu bemerken, daß bei einer Dauertemperatur von 23 °C nur Männchen und bei 28 bis 30 °C nur Weibchen entstehen. Die temperaturbedingten Entwicklungszeiten variieren zwischen 50 und 80 Tagen. Die frisch geschlüpften Tropfenschildkröten haben einen auffallend langen Schwanz und erinnern somit an junge *Emys orbicularis*. Ihre Körperlänge beträgt 2,5 und ihre Breite 2,3 cm. Die jungen *Clemmys guttata*, die mit kleinen Regenwürmern, Mückenlarven, Schnecken, Kleinkrebsen und Schildkrötenpudding versorgt werden, hält man bei Tagestemperaturen von ungefähr 26 und Nachttemperaturen von 20 °C bei einer anfänglichen Wassertiefe von 2 bis 3 cm. Damit die Schildkröten nicht rachitisch werden, setzt man sie häufig dem ungefilterten Sonnenlicht aus.

Clemmys insculpta
Waldbachschildkröte

Kennzeichen: Die Waldbachschildkröte ist mit einer Körperlänge zwischen 12,5 und 23 cm die größte *Clemmys*-Art der Vereinigten Staaten. Der Rückenpanzer ist von eiförmiger Gestalt. Als Artcharakteristikum weisen die Rückenschilde von ihrem Mittelpunkt ausgehend konzentrisch verlaufende Ringe und gleichzeitig strahlenförmige Furchen auf, worauf der Artname *»insculpta«* hindeutet. Die hinteren Randschilde sind stark gezähnelt. Über die Rückenmitte verläuft ein höckerförmiger Kiel. Der Hinterrand des Bauchpanzers zeigt einen weiten Ausschnitt. Vorn in der Mitte der Hornschneiden des Oberkiefers findet sich eine tiefe, für diese Art charakteristische Einkerbung. Die Zehen der Vorder- und Hinterextremitäten sind nur am Grunde durch Schwimmhäute miteinander verbunden. Die Krallen sind kräftig entwickelt und dienen zum Graben und zum Zerreißen von Beutetieren. Die Körperoberseite von *Clemmys insculpta* ist kaffeebraun gefärbt und von strahligen und punktförmig angeordneten gelblichen Flecken durchzogen. Der Bauchpanzer zeichnet sich durch eine schmutzig horngelbe Grundfärbung aus. Jedes Schild des Bauchpanzers weist an der unteren Außenecke einen unregelmäßigen schwarzen Fleck auf. Die Kopfoberseite und der Nacken sind

aschgrau bis schwarz. Die Halsunterseite, die Halsseiten, die Vorder- und Hinterbeine und die Schwanzunterseite zeigen ein orangefarbenes bis hellrot-braunes Kolorit, das von dunklen Makeln durchsetzt ist. Manche Exemplare sind auch an den Weichteilen gelblichbraun gefärbt.

Herkunft und Lebensraum: *Clemmys insculpta* ist im Südosten von Kanada in den Provinzen Neu-Schottland und Ontario und in den USA in folgenden Staaten beheimatet: Maine, Vermont, New Hampshire, Massachusetts, Connecticut, New York, Pennsylvania, Maryland, Westvirginia, Nordostvirginia, Rhode Island, Michigan, Wisconsin, Ostminnesota und Nordostiowa. In Ohio kommt die Waldbachschildkröte im »Hudson Summit Country« vor. In ihren Biotopansprüchen ist *Clemmys insculpta* an keinen besonders spezialisierten Lebensraum gebunden. Innerhalb ihres Verbreitungsgebietes vagabundiert diese Art in Laubwäldern, in feuchten Wiesen, an Sümpfen, Seen, Teichen, Bächen und Flüssen umher. Waldbachschildkröten haben einen hervorragenden Orientierungssinn und finden von unbekannten Örtlichkeiten wieder zu den ursprünglichen Biotopen zurück.

Haltung und Pflege: Von ihrer Größe wie von ihren Lebensansprüchen her eignet sich die Waldbachschildkröte kaum für das Zimmeraquaterrarium. Da das Klima im Nordosten der Vereinigten Staaten weitgehend mit dem unseren übereinstimmt, ist die Waldbachschildkröte für eine ganzjährige Haltung im Freiland wie geschaffen. Da ich diese Art lange Zeit gehalten habe, schildere ich an dieser Stelle meine Erfahrung mit ihr.

Meine vier erwachsenen Tiere bewohnten seinerzeit ein mit Doppelstegplatten überdachtes und von den Seiten her mit Glaswänden geschlossenes, gewächshausähnliches Freilandaquaterrarium. Der Metallrahmen der Anlage, die eine Länge von 325 cm, eine Breite von 235 cm und eine Höhe von 100 cm aufweist, steht auf einem in den Boden eingelassenen Steinsockel, welcher vom Erdboden aus 45 cm hoch ist. Der rundliche bis ovale Wasserteil in dem Behälter ist in seiner weitesten Ausdehnung 240 cm lang und 190 cm breit. Das Wasser mißt an der tiefsten Stelle ungefähr 60 cm. Der Bodengrund des Wasserteils ist von einer ungefähr 15 bis 30 cm dicken Lehmschicht bedeckt. Durch die Bewegungsaktivitäten der Schildkröten war das Wasser mehr oder weniger lehmig-trübe verfärbt aber geruchlos. Die Ausscheidungen der Schildkröten wurden durch den sehr üppigen Pflanzenwuchs – dieser wird im Herbst bei Eintritt der Kälte durch Abschneiden entfernt –, durch Algenwachstum, durch die zahlreichen *Daphnien* und *Cyclops,* zum geringen Teil auch durch bakteriellen Abbau biologisch unter Kontrolle gehalten. Einmal jährlich wurde das alte Wasser durch Abpumpen entfernt und durch frisches ersetzt. Der Landteil, ein Erde-Sand-Gemisch, wird von größeren und kleineren, flachen wie runden und unregelmäßig gestalteten Steinen und vor allen Dingen von den Wurzeln der im Behälter wuchernden Vegetation zusammengehalten.

Im Frühjahr, Sommer und Frühherbst wird die von krautigen Pflanzen, allerlei Büschen und Bäumen umgebene Anlage bei gutem Wetter fast ganztägig von der Sonne beschienen, da die Pflanzen nur geringfügig Schatten spenden. Dadurch steigt die Lufttemperatur im oberen Bereich der Überdachung gelegentlich auf 48 °C. In Bodennähe erreicht die Lufttemperatur nur selten geringfügig mehr als 30 °C. Dann steigt die Wassertemperatur gelegentlich sogar auf 28 °C. Aber selbst bei bedecktem Himmel und diffusem Lichteinfall mißt das Thermometer unter dem Doppelstegplattendach zuweilen Temperaturen von 35 bis 38 °C, die zum Boden hin auf 23 bis 27 °C absinken. Im Sommer fallen die nächtlichen Temperaturwerte auf 15 bis 22 °C. An den Seiten unter dem Dach befinden sich mehrere mit Plastikgaze überklebte schlitzähnliche Öffnungen, die schon durch das

Temperaturgefälle zwischen außen und innen eine stete Frischluftzufuhr gewährleisten. Die Durchschnittstemperaturen liegen in dem Freilandaquaterrarium je nach Witterung ungefähr 8 bis 10 °C höher als die Außentemperaturen. Bei sehr niedrigen Wintertemperaturen ist die Wasseroberfläche trotz des Schutzes durch die Überdachung und die vier Glaswände von einer mehrere Zentimeter dicken Eisschicht bedeckt. Die Luftfeuchtigkeit in dem bezeichneten Behälter variiert zwischen 85 und 100 % und führt unter dem Dach zu starker Tropfenbildung. Die auf den Landteil zurückfallenden Tropfen halten diesen stets leicht feucht. Die hohe Lichtintensität und die erhöhten, aber günstigen Temperaturverhältnisse regen die sich auf dem Land- und im Wasserteil befindlichen einheimischen Pflanzen zu üppigem Wachstum an. Die Wasserschwertlilien *(Iris pseudacorus),* die Flechtsimsen *(Scirpus sylvaticus),* die Schnabelseggen *(Carex rostrata)* und die Flatterbinsen *(Juncus effisus)* wachsen bis unter das Dach. Ebenso üppig gedeihen im Wasser das Rauhe Hornblatt *(Ceratophyllum demersum)* mit den dicht stachelig gezähnten Blättchen sowie die Wasserlinse *(Lemna minor).* Die Sumpfdotterblumen blühen im Frühjahr zeitiger als im Freien.

Meine vier Waldbachschildkröten verließen als rein tagaktive Vertreter der Schildkröten bei warmer Witterung im Mai, Juni, Juli und August bereits am frühen Morgen kurz nach Sonnenaufgang das Wasser. Geschickt kletterten sie auf den Landteil und setzten sich vor den Glasscheiben den im schrägen Winkel einfallenden Sonnenstrahlen aus. Bei hohen Lufttemperaturen suchten sie während der späten Vormittags-, Mittags- und Nachmittagsstunden schattige Stellen auf dem Landteil zwischen hochwachsenden Pflanzen oder unter verrotteten Pflanzenteilen auf oder ließen sich im Wasser treiben. Weniger aktiv waren sie in den frühen Nachmittags- und Abendstunden. Vor Eintreten der Dunkelheit kehrten meine Waldbachschildkröten in das Wasser zurück und buddelten sich am Grunde in den Schlamm ein. Ausnahmsweise verbrachten sie auch die Nacht auf dem Landteil, wo sie sich mit dem Kopf voran zwischen Pflanzen oder Steinen schräg nach unten ein Loch scharrten. Bei regnerischem und kühlem Wetter waren meine Tiere nur selten aktiv. Auf dem Landteil wanderten sie mit erhobenem Kopf umher, wobei sie hauptsächlich nach sich bewegenden Beutetieren Ausschau hielten. Sie waren nicht nur geschickte Läufer, sondern vermochten ebenso gut zu schwimmen und zu klettern. Wenn ich die Behältertür öffnete, erschienen die Waldbachschildkröten und bettelten um Futter. Innerhalb von kurzer Zeit hatten sie ihr anfänglich scheues Wesen abgelegt und gelernt, stets an der gleichen Stelle ihr Futter entgegenzunehmen, das sie in der Regel täglich, seltener alle zwei bis drei Tage angeboten bekamen. Anders als zahlreiche Wasserschildkröten verzehrten sie ihr Futter sowohl auf festem Erdgrund als auch im Wasser. In freier Natur sind Waldbachschildkröten Allesfresser. Ich verfütterte an meine Exemplare Gehäuseschnecken, allerlei kleine Nacktschnecken, rote Wegschnecken, Regenwürmer, nackte Mäuse, in Streifen geschnittene Süßwasserfische und Seefischfilets, Apfel- und Birnenstücke, Erdbeeren, Himbeeren, Bananen, Katzenfutter und selbstangefertigten Schildkrötenpudding mit folgenden Inhaltsstoffen: Süßwasser- und Meeresfisch, Muscheln, Krabben, Rinderherz, Milch, Vitalkalk, Vitaminkapseln der Marke Supradyn, Wasserlinsen, Brombeerblätter, Löwenzahn, Klee, Gras, Grünkohl, Äpfel, Birnen, Bananen, Haferflocken.

Die Winterquartiere der Waldbachschildkröten sind in freier Natur unter Ansammlungen verrotteter Pflanzen, in Erdlöchern, in Höhlungen unter Uferböschungen oder meist im Bodenschlamm ihrer Heimatgewässer. Im Jahre 1982 sah ich meine Exemplare letztmalig am 6. Oktober bei maximalen Lufttemperaturen von 10 bis 12 °C während des Tages. Im Frühjahr erschienen die Tiere mit schlammbedecktem Panzer gegen Ende März oder Anfang bis Mitte April aus der Überwinterung. Schon nach wenigen Tagen nahmen sie die erste Nahrung in Form der besonders beliebten Regenwürmer zu sich.

Nachzucht: Der Sexualdimorphismus ist bei *Clemmys insculpta* deutlich erkennbar. Die Männchen, die längere und dickere Schwänze als die Weibchen aufweisen, sind ohne Schwierigkeiten an der konkaven Form des Bauchpanzers von den Weibchen zu unterscheiden, welche an ihrem konvexen Bauchpanzer leicht zu erkennen sind. Männliche Waldbachschildkröten besitzen auf den Vorderbeinen größere und gröbere Schuppen, und ihre Krallen sind stärker entwickelt als bei den Weibchen.

Clemmys insculpta paart sich im Frühjahr und seltener im Herbst. Das Paarungsverhalten wird durch einen Balztanz eingeleitet. Mit ausgestreckten Hälsen und emporgehaltenen Köpfen nähern sich die Männchen und Weibchen einander. Wenn sie bis auf ungefähr 20 cm aneinander herangekommen sind, senken sie die Köpfe und bewegen sie pendelartig von einer Seite zur anderen. Diese Pendelbewegungen können zwei Stunden und länger andauern. Das gerade beschriebene Paarungsverhalten konnte ich an meinen Tieren studieren. Die Kopula läuft stets unter Wasser ab. Das Männchen umfaßt den Panzer des Weibchens mit den Vorder- und Hinterextremitäten. Bei diesem Vorgang hängt der Kopf des Männchens fast senkrecht über dem Vorderrand des Rückenpanzers des Weibchens. Der Kopf des Weibchens ist mehr oder weniger eingezogen. Zu Anfang 1982 begann mein kleines Waldbachschildkrötenweibchen unter alternierenden, langsamen Bewegungen der Hinterbeine an zwei verschiedenen Stellen eine Grube auszuheben. Mit seiner Wühltätigkeit, die mehrere Tage andauerte, begann das Tier stets am Nachmittag. Nach Überprüfung fand ich in beiden Gruben kein Gelege. Am Nachmittag des 9. Juni hob die Schildkröte eine weitere Grube zwischen zwei Steinen aus. Bei der Wühltätigkeit mit den Hinterbeinen stand der Panzer schräg nach oben, und der Hals des Tieres war lang ausgestreckt.

Am 10. Juni scharrte ich die Stelle, an der am Vortage die Grube von der Schildkröte ausgehoben worden war auf und stieß in ungefähr 7 cm Tiefe auf sieben weiße, weichschalige Eier, die eine Länge von 40 bis 45 cm und einen Durchmesser von ungefähr 25 mm aufwiesen. Beim Ausgraben mit dem Metallöffel zerstörte ich leider ein Ei, und der zähflüssige, gelbe Inhalt entleerte sich auf den Erdboden. Die restlichen sechs Eier brachte ich in einem Plastikgefäß (25 cm × 17 cm × 9,5 cm) unter, das zu drei Vierteln mit einem Gemisch aus Lavaerde und grobem Waldboden angefüllt war. Über die Eier legte ich den sehr leichten Deckel einer Quarkdose, so daß eine gute Ventilation des Geleges gewährleistet und jegliche Schwitzwasserbildung vermieden wurde. Während der gesamten Inkubationszeit variierten die Lufttemperaturen zwischen 25 und 28 °C. Die jungen Schildkröten schlüpften während meiner Abwesenheit am 2. und 3. August. Sie hatten einen ziemlich kreisrunden Rückenpanzer und wiesen Längen zwischen 30 und 35 mm auf. Die Schwänze meiner sechs Schlüpflinge maßen genau 3,5 cm, was in etwa ihrer Körperlänge entsprach. Die Carapaxfärbung war einheitlich nußbraun, die des Plastrons schwarz mit wenigen kleinen, orangefarbenen Flecken. Den ersten Monat verbrachten die Jungschildkröten in einem 20 × 20 × 9 cm großen Plastikgefäß bei einem Wasserstand von ungefähr 5 cm. Die Wassertemperatur schwankte zwischen 20 und 25 °C. Die jungen *Clemmys insculpta* nahmen als erste Nahrung sofort kleine Regenwürmer, Fischstückchen und Katzenfutter aus der Dose an. Leider ging mir ein Tier aus Eigenverschulden ein. Die restlichen fünf Waldbachschildkröten siedelte ich

im September in ein auf der Fensterbank stehendes Aquaterrarium (58 cm × 30 cm × 28 cm) mit ebenso großem Land- wie Wasserteil um. In den gleichen Behälter zogen eine ebenfalls in diesem Jahr geschlüpfte *Clemmys guttata* und vier fast gleichgroße *Chrysemys picta picta* ein. Das Wasser wurde alle zwei bis drei Tage gewechselt. Die Luft- und Wassertemperaturen, die am Tage ziemlich einheitlich bei 25 bis 28 °C lagen, fielen wegen der unter der Fensterbank liegenden Zentralheizung auch nachts kaum ab. Bei Messungen am 8. Oktober 1992 hatten die fünf jungen *Clemmys insculpta* folgende Körpergrößen erreicht:

Tier	1	2	3	4	5
Länge in cm:	5,1	5,3	4,9	4,9	5,2
Breite in cm:	4,5	4,7	4,6	4,4	4,7

In ihrem Verhalten konnte ich bei den jungen Waldbachschildkröten keinerlei Unterschiede zu ihren Eltern feststellen. Wie diese erschienen sie und bettelten um Futter, wenn ich die Schiebetür des Behälters öffnete. Der ausgezeichnete Appetit und das Körperwachstum ließen gegen Anfang November nach. Im Verlauf von wenigen Tagen machten die kleinen Schildkröten einen matten Eindruck. Hilflos mußte ich zusehen wie eine weitere *Clemmys insculpta* und zwei kleine *Chrysemys picta picta* eingingen. Ich hatte den Eindruck, daß die gleichmäßig hohen Temperaturen den Schildkröten zu der Zeit nicht mehr zuträglich waren, in der sie sich in der Natur bereits in ihren Winterquartieren aufhalten. Alle mir verbliebenen Jungschildkröten siedelte ich in ein Plastikaquarium mit einem Wasserstand von 0,5 cm um, überdeckte die Tiere mit feuchtem Moos, altem Laub und Wasserpflanzen. Zwei weitere geschwächte *Clemmys insculpta* starben. Die beiden restlichen Waldbachschildkröten machten zunächst einen guten Eindruck und schienen die Überwinterung bei drastisch herabgesetzten Temperaturen zwischen 2 und 7 °C zu überstehen. Wahrscheinlich hatten sie nicht mehr genügend Reservestoffe, denn mitten in der Überwinterung gingen auch sie ein. Diese Erfahrungen zeigen, daß junge *Clemmys insculpta* gut gefüttert werden müssen und wie die Eltern bereits im Oktober zu überwintern sind, am besten in einem mit Waldboden und Sphagnum versehenen Kleinbehälter.

Unter den gleichen Bedingungen können *Chrysemys picta, Clemmys marmorata, Emydoidea blandingii* und *Mauremys caspica* gehalten und nachgezogen werden, wenn man von der Temperatur her auf die Herkunft der Tiere ein klein wenig Rücksicht nimmt.

Emys orbicularis
Europäische Sumpfschildkröte
Kennzeichen: Erwachsene Exemplare erreichen Körperlängen von 20 bis 25 cm und in seltenen Fällen in Südosteuropa und in Westasien sogar bis zu 30 cm. Da *Emys orbicularis* ein weites Verbreitungsgebiet besitzt, sind die Populationen aus unterschiedlichen, weit auseinanderliegenden Gebieten im äußeren Erscheinungsbild recht unterschiedlich. Das betrifft nicht nur die Körperform, sondern auch die Körperfärbung. Je nach der betreffenden Verbreitung gibt es Populationen mit flachen und solche mit hochaufgewölbten, im Umriß ovalen Rückenpanzern.

Die Männchen unterscheiden sich von den Weibchen durch den leicht konkaven Bauchpanzer. Das Männchen hat auch einen an der Wurzel dickeren Schwanz. Allerdings ist dieses Merkmal häufig nur schwach ausgeprägt. Bei den Männchen befindet sich die Kloakenöffnung hinter, bei den Weibchen unter dem Plastronrand. Oft haben die Männchen eine rote, die Weibchen eine weiße bis gelbe Iris. Der braune, grünlichschwarze oder schwarze Rückenpanzer ist mehr oder weniger von gelben Punkten und Strichen bedeckt. Der

Emys orbicularis wird in größerer Anzahl vor allem im Freiland nachgezogen. In diesem Bild steigen Emys orbicularis (Mitte) und Mauremys leprosa auf einen im Wasser liegenden Stein zum Sonnenbad.

gelbliche Bauchpanzer ist meist dunkel gefleckt. Zuweilen treten Tiere mit schwarzem Bauchpanzer auf.

Herkunft und Lebensraum: *Emys orbicularis* ist über einige Teile Nordwestafrikas, über Mittel- und Südeuropa bis nach Westasien verbreitet. Als Lebensraum werden Tümpel, Teiche, Weiher, Gräben, Seen, tote Flußarme und langsam dahinmäandernde Bäche, die einer intensiven Sonneneinstrahlung ausgesetzt sind und einen üppigen Pflanzenwuchs aufweisen, bevorzugt.

Allein vorkommend oder in Gemeinschaft mit *Mauremys caspica* setzt sich die sonnenhungrige Europäische Sumpfschildkröte am Ufer, auf im Wasser liegenden Baumstämmen oder auf Treibholz der intensiven Sonneneinstrahlung aus. Bei Gefahr taucht sie sofort in den Schlamm auf dem Bodengrund oder verschwindet im Dickicht der Wasserpflanzen, um bald wieder auf ihrem Sonnenplätzchen zu erscheinen.

Haltung und Pflege: Die Europäische Sumpf-schildkröte wird möglichst in einem weitflä-chigen Freilandaquaterrarium gepflegt, das in Südlage so angelegt ist, daß es möglichst viel Sonne erhält. Zimmerterrarien sind für die Haltung von Europäischen Sumpfschildkrö-ten kaum geeignet. Der Landteil soll kleiner als der Wasserteil sein. Wenn der Wasserteil eine Oberfläche von 10 m² aufweist und lokal Wassertiefen bis zu 100 cm erreicht werden, kann das Freilandaquaterrarium als ideal be-zeichnet werden. Die Anlage kann man mit abnehmbaren Doppelstegplatten so überda-chen, daß sich die Wärme staut und eine höhere   Durchschnittstemperatur   erreicht wird. Als Bodengrund verwendet man Sand, der keinen Faulschlamm bilden darf. *Emys orbicularis* überwintert in freier Natur am Ge-wässergrund. Faulschlamm kann dem Wasser durch bakterielle Tätigkeit den in ihm gelö-sten Sauerstoff entziehen, was unter Umstän-den zum Tode der Tiere führen kann.

Eine üppige Bepflanzung im Wasser und auf dem Land verleiht der Freilandanlage ein natürliches   Aussehen.   Als   Wasser-   und Sumpfpflanzen verwendet man nur europäi-sche Arten. Auf dem Landteil müssen einige sonnenbeschienene Stellen für die Eiablage freigehalten werden. Ein umgekippter Baum-stamm oder ein Wurzelstubben, auf dem sich die Schildkröten in Wassernähe sonnen kön-nen, ist angebracht. Als Futter bietet man abgetötetes und lebendes Kleingetier. Als sol-ches kommen Regenwürmer, Schnecken, Heuschrecken, Heimchen, Süßwasserfische, nackte Mäuse, Fischstreifen, Katzenfutter aus der Dose und Schildkrötenpudding in Be-tracht.

Nachzucht: Die Nachzucht ist nicht sonder-lich schwierig. Eine zwingende Voraussetzung hierfür ist eine kalte Überwinterung am be-sten im Freilandterrarium bei Außentempera-turen. Die Überwinterung dauert von Anfang November bis März. Eine günstige Zucht-gruppe besteht aus zwei adulten Männchen und aus vier bis fünf zuchtreifen Weibchen. Mehr als zwei Männchen sind in einer Zucht-gruppe nicht vorteilhaft, da sie sich gegensei-tig stören. Die Männchen rivalisieren unter-einander und sind hauptsächlich damit be-schäftigt, sich gegenseitig zu vertreiben. Die meisten Paarungen erfolgen zwischen März und Juni. In abnehmender Intensität erstreckt sich das Fortpflanzungsverhalten über die ganze Aktivitätsperiode. *Emys orbicularis* paart sich stets im Wasser. Nach einem Paarungs-vorspiel, wobei das Männchen um das Weib-chen schwimmt, dessen Kloake beriecht, dann wieder um es herumschwimmt und von vorne mit weit ausholenden, leicht vibrieren-den Vordergliedmaßen ein Werbezeremoniell darbietet, kommt es zur Kopulation. Das Männchen sitzt dem Weibchen von hinten her auf und klammert sich fest. Es hat den Hals weit ausgestreckt und führt mit dem Kopf nach links und nach rechts Wackelbewe-gungen aus. Zuweilen beißt das Männchen in den Hals des Weibchens.

Ungefähr vier bis sechs Wochen nach erfolg-ter Kopulation wird das Weibchen unruhig, wandert auf dem Landteil umher und sucht einen Eiablageplatz. Der Terrarianer sollte jetzt besonders aufmerksam sein, denn die zuge-scharrten Gelege sind schwer zu finden. Nach zahlreichen Versuchen hat das Weibchen eine passende Eiablagestelle gefunden, auf der es zunächst mit dem Schwanz bohrt, diese benäßt und schließlich mit den Hinterbeinen ein 8 bis 12 cm tiefes Loch ausschaufelt. Jetzt werden die länglich-ovalen Eier (ungefähr 30 bis 40 mm lang und 20 bis 25 mm breit) abgelegt, meist sind es 3 bis 15 Stück. Bei der Eiablage preßt das Weibchen die Hintergliedmaßen schaufelartig zusammen, wobei die hartschali-gen Eier sachte in die Grube gleiten. Nach erfolgter Ablage wird das Gelege mit der lockeren, ausgehobenen Erde wieder zuge-deckt. Man entfernt die Eier und bringt sie bei einer Temperatur zwischen 25 und 30 °C in einem leicht feuchten Substrat (ich habe Humusboden vermischt mit Sand bzw. nur Vermikulit verwendet) in der Lage unter, in der man sie gefunden hat. Die Eier dürfen auf keinen Fall gewendet werden.

Nach zwei bis drei Monaten, je nach der Temperatur zuweilen auch ein wenig eher, ritzen die weichpanzrigen, dunkelgrauen Jungtiere die Eischale mit dem Eizahn auf. Die zarten Geschöpfe sind fast kreisrund und messen etwas mehr als 2 cm. Nach Resorption des Dottersackes wird mit kleinen Regenwürmern, Mückenlarven, Fischstückchen, Innereien von Insekten, Schildkrötenpudding usw. regelmäßig ausgiebig und vitaminreich gefüttert.

Die jungen *Emys orbicularis* werden gemeinsam in kleinen Aquarien bei niedrigem Wasserstand aufgezogen. Um rachitischen Erscheinungen vorzubeugen, müssen die Tiere häufig dem direkten Sonnenlicht ausgesetzt werden. Bei einer Tagestemperatur zwischen 25 und 30 °C – die Temperatur muß in der Nacht stark absinken – ist das Wachstum rasch. Die jungen Sumpfschildkröten werden bereits im ersten Lebensjahr bei verkürzter Zeitdauer überwintert. Falls die Eier nicht gefunden werden, kann man unter Umständen im nächsten Frühjahr in der Freilandanlage geschlüpfte Jungtiere entdecken. Da die Nachzucht von *Emys orbicularis* unproblematisch ist, wäre es sinnvoll, in einem Programm Sumpfschildkröten aus ostdeutschen Populationen nachzuzüchten. In freier Natur werden meist über 90 % der Jungtiere durch Feinde, Krankheiten, ungünstige Witterungsbedingungen und aus anderen Ursachen vernichtet. Bei einem gewissenhaft durchgeführten Nachzuchtprogramm erreichen ungefähr 90 % der geschlüpften Jungen den Adultzustand und können der Natur wieder zurückgegeben werden. Auf diese Weise könnte man die schwachen Restpopulationen in Ostdeutschland vor dem Erlöschen bewahren und Sumpfschildkröten wieder dort ansiedeln, wo sie einstmals heimisch waren. Derzeit ist die Haltung von *Emys orbicularis* nur mit einer gültigen Cites-Bescheinigung erlaubt, sie wird aber in großer Anzahl von Liebhabern nachgezüchtet.

Chelidae (Schlangenhalsschildkröten)

Elseya latisternum
Breitbrust-Kurzhalsschildkröte

Kennzeichen: Die Maximalgröße beträgt 28 cm. *Elseya latisternum* besitzt einen flachen, aber sehr breiten Panzer. Auffällig sind die stark gezackten Randschilde im hinteren Körperbereich. Der Hals ist kurz und wendig und von zahlreichen zapfenähnlichen Tuberkeln besetzt. Das Kinn weist unter der Schnauzenspitze zwei Barteln auf. Die Tuberkeln, die Barteln und die Rostralporen sind empfindlich für mechanische Reize. Der Schädel von *Elseya latisternum* ist breit, die Schnauze spitz und mit kräftigen, leicht gebogenen Kiefern bewehrt. Der Rückenpanzer, die Kopfoberseite und die Oberseite des Halses sind dunkelbraun. Der Bauchpanzer ist graubraun und mehr oder weniger hell gefleckt. Die Vorder- und Hinterextremitäten sowie die Schwanzoberseite sind aschgrau, die Unterseiten sind heller gefärbt.

Herkunft und Lebensraum: Die Breitbrust-Kurzhalsschildkröte ist über das nördliche und nordöstliche Küstengebiet Australiens von New South Wales bis zur Cape York-Halbinsel verbreitet. Die vertikale Verbreitung findet in Höhenlagen von ungefähr 1000 m auf dem Atherton-Tafelland einen Abschluß. *Elseya latisternum* bewohnt Flüsse, Sümpfe und Lagunen und ist an den Örtlichkeiten, an denen sie auftritt, die häufigste australische Schildkröte.

Haltung und Pflege: *Elseya latisternum* ist sehr schwimmfreudig und benötigt daher zu ihrem Wohlbefinden ein großräumiges Aquaterra-

Elseya latisternum.

rium mit einem Wasserstand von ca. 25 cm. Eine einzementierte und auf einer Erhöhung stehende Plastikwanne (33 cm × 33 cm × 15 cm), angefüllt mit Sand und Walderde, bildet den Landteil. Je nach der Jahreszeit sollte die Wassertemperatur zwischen 23 und 32 °C schwanken. *Elseya latisternum* ist eine echte Wasserschildkröte. Sie steigt nur gelegentlich auf den Landteil, um sich unter der Beleuchtung zu sonnen. Wie andere Schildkröten, so lernen auch Breitbrust-Kurzhalsschildkröten sehr schnell die Stelle kennen, an der ihnen das Futter gereicht wird. Sie sind dabei recht ungestüm und unglaublich gefräßig. Stets schwimmen sie hungrig und bettelnd hinter den Glasscheiben des Behälters auf und ab, wenn man sich nähert. Wenn man sie in die Hand nimmt, führen sie strampelnde und kratzende Bewegungen aus. Dabei strecken sie ihre Köpfe und ihre Hälse geradlinig nach vorn und beißen unvermutet und heftig zur Seite. Aus eigenen Erfahrungen weiß ich, daß die Bisse recht schmerzhaft sind. Auch untereinander verhalten sich diese Schildkrö-

ten recht grob. Da *Elseya latisternum* viel frißt und viel Kot hinterläßt, ist das Wasser dem Schildkrötenbesatz entsprechend verhältnismäßig häufig zu wechseln.

Nachzucht: Die Männchen sind stets kleiner als die Weibchen und haben längere Schwänze und einen flacheren Panzer als die Letzteren. Über das Fortpflanzungsverhalten in freier Natur ist nur wenig bekannt. In Queensland soll diese Art im September und im Oktober neun bis 17 Eier ablegen. Vor und während der Paarung schwimmen die Männchen ruhelos umher. Das Männchen folgt dem Weibchen mit lang ausgestrecktem Hals. Häufig stößt das Männchen von unten her, hinter dem Weibchen herschwimmend, leicht mit seiner Schnauzenspitze unter die Marginalschilde über der Schwanzwurzel sowie in den Kloakenbereich des Weibchens, was wohl eine stimulierende Wirkung haben dürfte. Dabei dreht sich das Weibchen nur in seltenen Fällen nach dem Männchen um. Zuweilen steigen beide Tiere, schräg von vorne einander entgegenkommend, zur Wasseroberfläche empor und halten den Kopf ein wenig über die Wasseroberfläche. Sie stoßen mit beiden Unterkiefern im Bereich der Barteln zusammen und reiben sie leicht gegeneinander. Bei derartigen Zusammenstößen pustet das Männchen aus seinen Nasenöffnungen einige Wassertropfen in die Luft. Mitunter schwimmt das Männchen von unten seitlich an das Weibchen heran und führt mit seinen Vorderbeinen am Unterkiefer des Weibchens kratzende Bewegungen aus. Dieses Kratzen beantwortet das Weibchen mit Kopfbewegungen.

Die länglichen Eier werden 10 bis 13 cm tief im Bodengrund vergraben. Die seltenere *Elseya latisternum* läßt sich ebenso leicht pflegen und in Gefangenschaft vermehren wie *Elseya novaeguineae* und *Emydura australis subglobosa* (ehemals *Emydura albertisii*). Die beiden Letzteren verlangen die gleichen Haltungs- und Zuchtbedingungen wie *Elseya latisternum*.

Testudo marginata.

Testudinidae (Landschildkröten)

Testudo marginata
Breitrandschildkröte

Kennzeichen: Erwachsene Exemplare können 35 cm und in Ausnahmefällen ein wenig mehr erreichen. Bei erwachsenen Männchen ist der Vorderrand und der Hinterrand des Panzers vom achten Randschild ab glockenartig aufgebogen. Auf der Vorderseite der Vorderarme stehen große Schuppen in vier bis fünf Längsreihen. Die Oberschenkel zeigen kegelförmige Höcker, dem Schwanz fehlt der Endnagel. Junge bis mittelgroße Exemplare sind meist lebhaft schwarzgelb gezeichnet. Mit zunehmendem Wachstum nehmen die schwarzen Farbbereiche auf den einzelnen Schilden mehr Raum ein, der gelbe Kern wird allmählich eingeengt und verschwindet schließlich gänzlich. Erwachsene Männchen sind häufig einfarbig schwarz. Die Männchen sind stets größer und stattlicher gebaut als die Weibchen. Auf dem Peleponnes wurden vor kurzer Zeit kleiner bleiber de *Testudo margina-*

ta entdeckt, die sich außer in der Größe auch in anderen Merkmalen unterscheiden und die wohl in Zukunft als *Testudo marginata weissingeri* in die Systematik eingehen werden.

Herkunft und Lebensraum: *Testudo marginata* bewohnt Griechenland und einige ägäische Inseln. Das Vorkommen auf Sardinien ist nicht natürlich, sondern beruht auf einer Einbürgerung durch den Menschen. Diese prachtvolle Schildkröte bevorzugt sonnige und trockene Berghänge der mediterranen Macchia. Ihre vertikale Verbreitung erreicht sie bei ungefähr 1600 m. Sie hält sich mit Vorliebe in wasserlosen Berggräben auf, deren Ränder dicht mit Pflanzen bewachsen sind. Hier findet sie Schutz vor Feinden und kann sich intensiver Sonneneinstrahlung aussetzen. Sie hält treu an ihrem einmal gewählten Standort fest, worauf die fast grasfreien Pfade zwischen den einzelnen Gebüschen hinweisen, die diese Schildkröten regelmäßig begehen und dabei austreten. In ihrem natürlichen Umfeld hält sich die Breitrandschildkröte an heißen Sommertagen im Schatten der Büsche und sonstiger niedriger Vegetation verborgen. Zuweilen dringt sie in Getreidefelder oder andere bestellte Felder ein und wird dann von Mähmaschinen verletzt oder getötet oder von Menschen totgeschlagen.

Haltung und Pflege: *Testudo marginata* ist für die Freilandhaltung wie geschaffen. Zu diesem Zweck wird eine möglichst weitflächige Schildkrötenanlage so in Südlage installiert, daß die Tiere über den ganzen Tag Sonneneinstrahlung erhalten. Wie in freier Natur ist ein lehmartiger Bodengrund geeignet. Die Anlage muß ausbruchssicher angelegt sein. Die Schildkröten dürfen sich nicht unter der Mauer durchwühlen können. Um Schlechtwetterperioden entgegenzuwirken, ist für einen passenden Unterschlupf Sorge zu tragen. Als solcher eignet sich ein kleines niederschlagsicheres Holzhäuschen, das die Schildkröten auch bei zu großer Hitze und Sonneneinstrahlung aufsuchen. Den Unterschlupf

kann man mit Stroh und Heu auspolstern. Um der Anlage ein möglichst natürliches Aussehen zu verleihen, bringt man Felsbrocken und Steine ein und pflanzt niederes Buschwerk an. An einer Mauer des Schildkrötengeheges läßt sich auch ein Dach installieren unter dem regengesichert ein Wärmestrahler hängt, der bei längeren Schlechtwetterperioden während des Tages in Betrieb gesetzt wird. Das gleiche gilt für eine lokal installierte Bodenheizung, die unter Steinen so einzementiert ist, daß die Schildkröten sie nicht ausgraben können, und die bei schlechtem Wetter milde Wärme abgibt. Ein größeres Wassergefäß, das stets frisches Wasser zum Trinken enthält und das die Schildkröten leicht erreichen können, ist notwendig.

Bei einer Zimmerhaltung ist wohl ein eingeglaster Balkon, der viel Sonne erhält, die günstigste Lösung. Die Temperaturen sollten am Tage zwischen 22 und 30 bis 32 °C liegen und in der Nacht die entsprechende Abkühlung erfahren.

Eine Überwinterung zwischen 4 und 10 °C ist zwingend notwendig, wenn die Schildkröten gesund bleiben und überleben sollen. Werden die Schildkröten in der Winterzeit warm gehalten, so erkranken sie fast regelmäßig an Infektionen der Atmungsorgane, die sie unbehandelt nicht überleben. Eine Überwinterung im Freiland unter großen Anhäufungen von Blättern, Heu, Stroh und Zweigen oder im alten Komposthaufen im Garten ist weit weniger mit Risiken für die Gesundheit der Tiere behaftet als eine Haltung im Zimmerterrarium. Die Überwinterung beginnt Ende Oktober oder zu Anfang November und endet Mitte bis Ende März oder im ersten Aprildrittel. Die Schildkröten werden ein bis zwei Wochen vor der Überwinterung nicht mehr gefüttert und mehrfach in warmem Wasser gebadet, damit sie ihren Darm vollständig entleeren. Sie werden in einer großen Holzkiste von ungefähr 100 cm × 80 cm Grundfläche oder mehr bei den angegebenen Temperaturen auf feuchter (nicht nasser!) Erde, die von leicht feuchten Blättern und von Moos bedeckt ist, untergebracht. Eine wöchentliche Kontrolle, bei der die Breitrandschildkröten so wenig wie möglich gestört werden, ist dringend erforderlich. Die tägliche Fütterung mit allen möglichen Wildpflanzen, Gemüsen und Früchten ist denkbar einfach. Unter das Pflanzenfutter kann man hin und wieder auch ein wenig Herzfleisch mischen und mit Vitakalk leicht einpudern. Nach kurzer Eingewöhnungsdauer nehmen die Tiere das Futter aus der Hand des Pflegers.

Nachzucht: Die Nachzucht ist sehr einfach und schon häufig gelungen. Gleich nach der Überwinterung werden die Männchen von einem unwiderstehlichen Paarungsdrang ergriffen. die sonst so ruhigen Tiere werden ungewohnt munter. Die Männchen bearbeiten die Weibchen oft pausenlos von hinten und von der Seite her durch Rammstöße und durch Bisse in den Kopf, in den Hals und in die Vorderbeine. Wenn die Weibchen fliehen, werden sie von den Männchen verfolgt. Ist das Weibchen paarungsbereit, so verweilt es auf einer Stelle und zieht den Kopf und die Vordergliedmaßen ein.

Während der Kopulation sitzt das Männchen dem Weibchen von hinten her auf und stößt dabei dumpf klingende »aö«-Laute aus. Die Tiere kopulieren an einem Tag oft mehrmals. Die Kopulationsdauer ist unterschiedlich und kann fünf bis dreißig Minuten in Anspruch nehmen. Die Breitrandschildkröten kopulieren während der gesamten Aktivitätsperiode. Gehäuft treten die Kopulationen in der 2. Aprilhälfte, im Mai, im Juni und im September auf. Zuweilen sind auch die Weibchen aktiv. Das ist besonders bei Trächtigkeit der Fall. Die Weibchen praktizieren dieses Verhalten durch Rammstöße und durch Aufsitzen von hinten. Dabei stoßen sie die dumpfkeuchenden »aö«-Laute aus wie es kopulierende Männchen zu tun pflegen. Die Weibchen belästigen aber nicht nur die Männchen

der eigenen Art, sondern rempeln auch artfremde Landschildkröten an, die in der gleichen Anlage leben.

Die Eiablage erfolgt wenige Wochen nach der Kopulation. Das Weibchen hebt mit den Hinterbeinen eine kleine Grube von ungefähr 15 cm Tiefe aus. Die abgelegten Eier werden vom Weibchen mit der ausgescharrten Erde wieder zugescharrt. In die kleine Grube legt es fünf bis zehn Eier. In der Regel erfolgen die Eiablagen im Mai und im Juni. Die hartschaligen, weißen Eier sind kugelrund und erinnern in ihrem Aussehen an Pingpongbälle. Bei Temperaturen zwischen 25 und 32 °C und Luftfeuchtigkeitswerten zwischen 70 und 90% dauert die Entwicklung der Schildkröten im Ei zwischen 75 und 80 Tagen.

Die jungen Breitrandschildkröten sind nach dem Schlüpfen ungefähr 3 cm lang. Sie werden wie adulte Exemplare behandelt. Bereits am ersten Tag ihres Lebens nehmen sie Nahrung zu sich. Gefüttert werden sie mit allen möglichen Wildkräutern, vor allem mit Löwenzahn, Gemüsen, Salaten und den verschiedenartigsten Früchten. Dabei ist zu beachten, daß auch Proteine, Vitamine und Mineralstoffe in ihrer Nahrung nicht fehlen dürfen. So fügt man am besten bei jeder Fütterung ein wenig Herzfleisch hinzu. Die dargebotene Nahrung wird ganz leicht vitaminisiert und ein wenig mit Kalkpulver überstäubt. Die jungen Breitrandschildkröten sind so oft wie möglich dem ungefilterten Sonnenlicht auszusetzen, um rachitischen Erscheinungen entgegenzuwirken.

Bei überaus abwechslungsreicher und reichlicher Fütterung, gutem Wachstum und der entsprechenden Gewichtszunahme können sie im Herbst wie die Erwachsenen zwei bis drei Monate überwintert werden. *Testudo hermanni* und *Testudo graeca* werden in gleicher Weise gehalten und zur Nachzucht gebracht wie *Testudo marginata*. Sie dürfen ausschließlich mit einer Cites-Bescheinigung gehalten werden.

Echsen (Sauria)

Gekkonidae (Geckos)

Gekko gecko

Tokee

Kennzeichen: Der Tokee, der eine Maximallänge von 35 cm erreichen kann, ist einer der stattlichsten Geckos. Auffällig ist der wuchtige, breite, vom Hals abgesetzte Kopf mit den großen, leicht vorstehenden Augen. Die Pupille ist im Licht senkrecht geschlitzt. Die Ränder der Pupille haben ein zackenartiges Aussehen. Es sind zwölf bis 14 Oberlippenschilde und zehn bis zwölf Unterlippenschilde vorhanden. Die Kehlregion ist von kleinen flachen Schuppen bedeckt. Die Kopfoberseite bedecken zahlreiche vieleckige Schüppchen. Die Bauchseite ist von zahlreichen großen Schilden bedeckt. Die freistehenden Zehen sind von flachen Häuten umgeben. Auf der Unterseite der vierten Zehe sind 20 bis 23 Lamellen. Der Schwanz ist im Querschnitt oval und von glatten Schuppen bedeckt. Die Männchen weisen auf der Unterseite der Hintergliedmaßen zehn bis 24 große Präanalporen auf. Tokees sind grau, graugrün, blaugrau und grauviolett. Diese Grundfärbung ist von zahlreichen ziegelroten und blauen Flecken durchsetzt, die auf den Warzenschuppen des Rückens und der Flanken in sieben oder acht Längsreihen angeordnet sind.

Herkunft und Lebensraum: Das Verbreitungsgebiet des Tokees erstreckt sich von Nordostindien über Südchina, Hinterindien und die Malayische Halbinsel bis zu den Andamanen und Sundainseln. *Gekko gecko* ist ungemein beweglich in seinen Biotopansprüchen. Als typischer Kulturfolger lebt der Tokee vor allem in alten Häusern unter Dächern, zwischen Dachlatten, Brettern und Bambusstäben, in Baracken, in Holzstapeln und in allerlei altem Gerümpel.

Haltung und Pflege: Man kann den Tokee frei im Haus umherlaufen lassen, wenn sich die Temperaturen zwischen 25 bis 32 °C oder darüber bewegen. Das gleiche gilt für ein ähnlich temperiertes Terrarienzimmer. Den Kot wird man allerdings überall finden. Ich halte eine ganze Reihe von Tokees in meiner Krokodilanlage bei Lufttemperaturen, die im Winter über 20 °C liegen und im Sommer zuweilen 35 °C übersteigen. Die Tiere halten sich hauptsächlich hinter der Zentralheizung auf und laufen auf den Wänden umher, wo ich sie jeden Abend als dämmerungs- bis nachtaktive Geschöpfe sehe. Ich füttere fast ausschließlich gerade behaarte Mäuse. Durch dieses Futter sind die Geckos ungemein groß und kräftig geworden und vermehren sich regelmäßig. Will man die Tiere im Terrarium pflegen, so halte man die gerade angegebenen Temperatur- und Luftfeuchtigkeitswerte ein. Man sorge für einen sonnigen Standort des Terrariums oder verwende Leuchtstoffröhren als Beleuchtungsquelle. Ein Wassergefäß vervollständigt die Einrichtung. Der Bodengrund kann aus Sand oder aus einem Gemisch von Sand und Walderde bestehen. Äußerst wichtig sind Versteckplätze aus großen Zierkorkrindenstücken, aufrecht stehenden Baumstämmen oder Steinplatten an der Rückwand des Terrariums, hinter denen sich die Tiere am Tage verbergen. Als Bepflanzung eignen sich *Philodendron, Scindapsus* oder *Pothos,* die im Laufe der Zeit die Rückwand des Behälters überwuchern. Als Futter bietet man nackte bis behaarte Mäuse, allerlei große Insekten, Mehlwürmer und Engerlinge an. Wenn der Tokee ergriffen wird, läßt er seine quäkende Stimme erschallen und beißt kräftig zu, wobei er dem Angreifer schmerzende und blutende Wunden beibringt. Tokees vergesellschaftet man nicht mit anderen Echsenarten, da er sich mit diesen schlecht verträgt. Da der Tokee sich ebenso leicht halten wie nachzüchten läßt, ist er auch dem Anfänger zu empfehlen.

Nachzucht: In seinem weiten Verbreitungsgebiet ist *Gekko gecko* den Einheimischen durch seine lauten »Tokee-Tokee«-Rufe bekannt, die fast immer in der Dämmerung und in der Nacht ausgestoßen werden. Mit diesen Rufen locken die Männchen die Weibchen an. Die Balzrufe der Männchen beginnen meist im Dezember, erreichen ihren Höhepunkt zwischen März und Mai und werden danach wieder seltener. Um regelmäßige Nachzuchten zu erhalten, muß man seine Tiere sehr gut füttern. Die Anzahl der abgelegten Gelege hängt weitgehend von einem üppigen Nahrungsangebot ab. Werden die Futtermengen reduziert, so vergreifen sich die adulten Tiere an ihren eigenen Eiern. Tokees legen mehrmals im Jahr auf Holz oder auf Steinen zwei hartschalige, zusammengeklebte weiße Eier ab, aus denen nach ungefähr 120 Tagen die 10 cm langen Jungtiere schlüpfen. Es ist nicht oder kaum möglich, die Eier von dem Substrat zu lösen, auf welches sie angeklebt wurden. Zum Schutz der Eier kann man einen Drahtkasten verwenden, den man bis zum Schlüpfen der Jungen über das Gelege stülpt. Die geschlüpften Jungtiere werden bei Temperatur- und Luftfeuchtigkeitswerten aufgezogen, bei denen sich die Elterntiere wohlfühlen und fortpflanzen. Als Futter bietet man Heimchen, Grillen, alle möglichen Insekten und mit zunehmender Körpergröße nackte Mäuse an. Die jungen Tokees erreichen bei hinreichender Ernährung nach ungefähr einem Jahr die Geschlechtsreife. Die wesentlichen Lebensbedingungen des Tokees bestehen in hohen Temperaturen, hohen Luftfeuchtigkeitswerten und in der Aufnahme von viel Futter. Nach gleicher oder sehr ähnlicher Methode lassen sich *Gekko monarchus, Gekko smithii, Gekko vittatus* und *Cosymbotus platyurus* halten und zur Nachzucht bringen.

Phelsuma madagascariensis
Madagassischer Taggecko
Kennzeichen: *Phelsuma madagascariensis* ist wohl der bekannteste der zahlreichen Madagassischen Taggeckos. Der in fünf oder sechs geographischen Rassen auftretende Gecko er-

Phelsuma madagascariensis.

reicht eine Körperlänge zwischen 20 und 28 cm und ist somit der größte Taggecko Madagaskars. Er hat sieben bis zehn Oberlippen- und sechs bis neun Unterlippenschilde. Die winzig kleinen Schuppen auf dem Rücken und die größeren auf den Körperseiten sind bei erwachsenen Exemplaren gekielt. Die Bauchschuppen sind glatt. Das Männchen hat auf jedem Oberschenkel seiner Hinterbeine 17 bis 25 Femoralporen. Der fast runde Schwanz ist in wenig deutliche Segmente aufgegliedert. Der papageien- bis hellgrüne Gecko hat auf dem Rücken und oft auch auf dem Kopf scharlachrote Flecken. Eine rote Linie zieht sich von der Schnauzenspitze durch das Auge bis in die Region oberhalb vom Mundrand. Die Bauchseite weist ein grauweißes, gelbliches oder bräunliches Kolorit auf. Je nach Lichteinfall und Temperatur ändert dieser prachtvolle Gecko seine Körperfärbung.

Herkunft und Lebensraum: Die Heimat von *Phelsuma madagascariensis* sind Madagaskar, Nossi Bé, Sainte Marie und die Seychellen. Das Tier lebt auf Bäumen, Sträuchern und Felsen und kommt ebenfalls in den Hütten der Eingeborenen vor. Der tag- und nachtaktive Gecko, der in seiner Heimat mit Vorliebe auf Kokospalmen lebt, hat neben seiner hervorragenden Farbanpassung an das Grün der Sträucher und Bäume eine artspezifische Fluchtreaktion entwickelt. Wird er aus der Luft von einem Greifvogel angegriffen, so läßt er sich auf allen Vieren in das Laub fallen und eilt blitzschnell davon.

Haltung und Pflege: *Phelsuma madagascariensis* ist ein rauflustiges Geschöpf, das grundsätzlich nur als Paar gepflegt wird, wobei die Tiere ungefähr die gleiche Größe aufweisen sollen. Als Terrarium kommt ein Behälter mit einer Grundfläche von mindestens 50 cm × 40 cm und einer Höhe von 60 bis 80 cm in Betracht. Als Bodenfüllung verwendet man ein Gemisch aus Sand und Waldhumus oder Torf und bedeckt den Boden mit ein wenig trockenem Laub. Die weitere Inneneinrichtung des Phelsumenterrariums besteht aus einem oder mehreren knorrigen, schräg verlaufenden Ästen, einer Rückwand aus aufgeklebtem Zierkork und von oben her ausgehöhlten und aufrechtstehenden Bambusstäben oder Korkrindenröhren. Eine Sansevierie, *Scindapsus* oder *Philodendron* werden in Blumentöpfen in das Terrarium eingebracht. Die Beleuchtung sollte während des Tages zwölf bis 14 Stunden betragen. Dazu verwendet man Leuchtstoffröhren. Darüber hinaus sind die Tiere möglichst täglich für eine kurze Dauer mit

UV-Licht zu bestrahlen. Während des Tages sollen die Lufttemperaturen zwischen 25 und 30 °C betragen und in der Nacht auf 20 bis 22 °C absinken. Die Luftfeuchtigkeit soll zwischen 50 und 75% schwanken. Ein morgendliches und abendliches Übersprühen wirkt sich günstig aus. Ein Wassergefäß, am Boden oder an den Ästen angebracht, vervollständigt die Einrichtung des Terrariums. Als Futter bietet man verschiedenartige Insekten. Recht gerne gefressen werden süße Früchte, Honig und Marmelade; in letztere können Kalkpulver und Vitamine hineingemischt werden, um möglichst kräftige und gesunde Tiere zu erhalten.

Nachzucht: Wie bereits erwähnt, sind die Männchen recht ruppig gegenüber den Weibchen. Aus diesem Grunde sollen auch keine kleineren Weibchen zu den Männchen gesetzt werden, da sie den Weibchen oft die Schwänze abbeißen und Hautverletzungen verursachen. Unter gleichrangigen Männchen kommt es im Terrarium regelmäßig zu Beschädigungskämpfen, wobei häufig die Schwänze coupiert und andere Körperteile verletzt werden.

Die stets größeren Männchen haben größere Köpfe und dickere Schwänze als die Weibchen. Die Schenkelporen sind bei den Männchen besser erkennbar und kammartig vergrößert. Wenn die Männchen in Paarungsstimmung kommen, nähern sie sich den Weibchen, die sie von der Seite her androhen. Sind die Weibchen paarungsbereit, so unterbleiben Beißereien. Andernfalls beißt das Männchen das Weibchen und verletzt es. Nach dem recht einfachen Paarungsritual steigt das Männchen auf den Rücken des Weibchens, beißt sich am Nacken des letzteren fest und kopuliert. Das Weibchen setzt mehrmals im Jahr zwei, selten jedoch nur ein Ei ab, aus denen bei einer Temperatur von 28 °C und einer Luftfeuchtigkeit von 75% nach 60 bis 65 Tagen die 6 bis 7 cm langen Junggeckos schlüpfen, die bei optimaler Versorgung nach einem Jahr geschlechtsreif sind. Die Eiablagen erfolgen in Abständen von einem Monat oder etwas mehr. Das Weibchen legt die hartschaligen weißen Eier in Verstecke unter Pflanzen, in hohle Bambusröhren, in eine Zierkorkröhre oder in Blumentöpfen ab. In der Natur erfolgen die Eiablagen von Oktober bis März. Gut genährte Weibchen können im Terrarium über das ganze Jahr Eier ablegen.

Die Jungen werden einzeln oder in Gruppen unter den gleichen Lebensbedingungen wie adulte Tiere, jedoch getrennt von ihren Eltern aufgezogen. Dabei ist zu beachten, daß die Jungtiere einen noch höheren Vitamin- und Kalkbedarf haben als erwachsene Exemplare. Gleich oder weitgehend ähnlich gepflegt und zur Nachzucht gebracht werden *Phelsuma abbotti, P. cepediana, P. dubia, P. laticauda, P. lineata, P. ornata, P. quadriocellata* und *P. mutabilis.*

Phelsuma cepediana.

Tarentola mauritanica
Mauergecko

Kennzeichen: Die genannte Art erreicht normalerweise eine Körperlänge von 16 cm. Der Kopf ist breit. Der plump wirkende Körper des Mauergeckos wird von Höckerschuppen bedeckt, die in Querreihen angeordnet sind. Sehr deutlich ausgebildet sind die Höckerschuppen am Ende der Schwanzwurzel, wo sie dornenähnlich hervortreten und dem Tier ein rauhes Aussehen verleihen. Die Ohröffnung und die Pupille im Licht stehen senkrecht. Die Zehen des Mauergeckos sind mit Ausnahme der 3. und 4. Zehe krallenlos. Auf ihrer Unterseite tragen die Zehen querstehende Haftlamellen. Die Körperoberseite ist hellbraun. Der Mauergecko ist zu einem deutlichen physiologischen Farbwechsel befähigt. Er ändert seine Körperfärbung nach der Umgebung, nach der Temperatur und nach seinem Stimmungsbarometer. In der Sonne ist er meist dunkel, gegen Abend wird er hell, grau gelblich, braun oder einfarbig beige. Der Rükken ist häufig deutlich quergestreift. Die regenerierten Schwänze weisen keine Höcker auf und sind einfarbig.

Herkunft und Lebensraum: Der Mauergecko ist im westlichen Mittelmeergebiet, auf den Kanarischen Inseln, in Dalmatien, auf den Ionischen Inseln, in Teilen Griechenlands, auf Kreta sowie von Marokko bis nach Ägypten hin verbreitet. Er kommt in Küstennähe, aber auch im Inland vor und ist in seinem Auftreten an altes Mauerwerk, Häuserwände, Steinhaufen, Felsspalten, Geröllhalden, Holzhäufen und ähnliche Biotope gebunden.

Haltung und Pflege: *Tarentola mauritanica* wird in einem ungefähr 50 cm langen, 40 cm breiten und 60 bis 80 cm hohen Terrarium gehalten. Ein Terrarium dieser Ausmaße ist für ein Paar dieser Tiere ausreichend. Als Bodengrund kann man ein Gemisch aus Sand, Lehm und kleinem Geröll verwenden. Auf der Rückwand bringt man unregelmäßig gestaltete, rauhe Schieferplatten zusammen mit Zierkorkrinde an. Gegen die Rückwand baut man Steinplatten so auf, daß sie eine Mauer und gleichzeitig Verstecke bilden, die man stets kontrollieren kann. In dem Mauergecko-terrarium sollte sich auch ein Kletterast befinden. Als Bepflanzung eignen sich einige xerophytisch lebende Pflanzen, die in Blumentöpfen untergebracht sind. Ein kleines Wassergefäß wird in das Bodensubstrat eingelassen. Von Zeit zu Zeit wird leicht gesprüht. Das Terrarium sollte hell stehen und möglichst viel der direkten Sonneneinstrahlung ausgesetzt sein. Andernfalls muß ein Wärmestrahler, der gleichzeitig helles Licht verbreitet, am Tage zwölf bis 14 Stunden in Betrieb sein, so daß die Lufttemperaturen zwischen 25 und 30 °C liegen. Je nach Monat sollen die Nachttemperaturen auf 15 bis 22 °C absinken. Ein Heizkabel ist so hinter der Rückwand des Terrariums anzubringen, daß sie leicht erwärmt wird.

Die Mauergeckos werden im gleichen Behälter von November bis Februar oder März bei Temperaturen zwischen 12 und 15 bis 18 °C im Dämmerlicht überwintert. Als Futter bietet man Insekten der verschiedensten Arten, Spinnen, Mehlwürmer, Raupen und Ähnliches an, wobei das Futter mit einem Multivitaminpräparat versehen und mit Kalkpulver bestäubt wird.

Nachzucht: Die Männchen unterscheiden sich von den Weibchen durch die breiteren Köpfe und den kräftigeren Körperbau. Mauergeckomännchen besitzen einen ausgeprägten Territorialsinn und dulden keinen Rivalen in ihrem Revier. Dringt ein Männchen in das Territorium eines anderen Männchens ein, so kommt es zu Beißereien, die in manchen Fällen mit Verletzungen enden.

Eine Nachzucht gelingt nur bei einer kalten Überwinterung der Tiere. *Tarentola mauritanica* paart sich im Frühjahr meist am Abend und in der Nacht in ähnlicher Weise wie es die Eidechsen tun. Das Weibchen legt in einer Aktivitätsperiode vier bis sechs Gelege. Jedes Gelege besteht aus zwei bis drei Eiern. Das Weibchen legt die ungefähr 13 mal 10 mm großen Eier unter Steinen, in Mauerritzen, in

Felsspalten oder am häufigsten in einer mit den Hinterbeinen ausgehobenen Grube in der Erde ab. Die anfangs weiche Eischale wird innerhalb der ersten drei Tage nach der Eiablage hart. Die 3 bis 4 cm langen Jungtiere schlüpfen nach einer Entwicklungsdauer von fünf Wochen bis vier Monaten. Die Eier werden in der Natur meist in leicht feuchter Erde abgelegt. Trotzdem bringt man die Eier in einem trockenen Substrat bei Temperaturen zwischen 26 und 30 °C zur Entwicklung. Die jungen Mauergeckos werden separat von den Erwachsenen in einem Trockenterrarium aufgezogen. Als Futter erhalten sie allerlei kleine Insekten, wie *Drosophila*, kleine Grillen, Heimchen, Heuschrecken, kleine Spinnen und Wachsmaden, wobei auf eine reichhaltige Vitamin- und Mineralstoffversorgung besonders zu achten ist. *Tarentola delalandii*, *T. deserti*, *T. neglecta* und *Ptyodactylus hasselquistii* stellen ähnliche Ansprüche wie *Tarentola mauritanica* und können daher in gleicher Weise gehalten und nachgezüchtet werden. Der Mauergecko ist derzeit kaum erhältlich und steht hier nur stellvertretend für die anderen erwähnten Arten.

Iguanidae (Leguane)

Anolis sagrei
Brauner Anolis, Haiti-Anolis

Kennzeichen: Erwachsene Braune Anolis sind 13 bis 21 cm lang. Ihr relativ kurzer Kopf ist konisch zugespitzt. Die Kopfschuppen sind einfach oder mehrfach gekielt. Zwischen den beiden Nasenöffnungen liegen sechs Schuppen. Die Schläfenschilde und die Rücken- und die Flankenschuppen sind gekielt. Es sind sechs Oberlippenschilde vorhanden. Die Körpergrundfärbung durchläuft alle Farbtöne zwischen grau und braun. Die Körperoberseite und die Flanken sind von hellen Flecken und Querbinden durchsetzt, die schwarz gesäumt sind. Diese Musterung verblaßt bei den

Anolis sagrei.

Männchen mit zunehmendem Alter und geht schließlich in ein einfarbiges Braun über. Die Männchen sind größer als die Weibchen und darüber hinaus an ihrem größeren Afterschild zu erkennen.

Herkunft und Lebensraum: Der Braune An-olis ist in Guatemala, in Mexiko, auf Kuba, auf Jamaika und anliegenden Inseln, auf den Ba-hamas und vom Menschen eingebürgert in Südflorida beheimatet. Die Biotope von *Anolis sagrei* sind Bäume, Büsche, Hecken, niederes Gestrüpp, Zäune und Mäuerchen. Er hält sich häufig auf Bäumen und Büschen auf und steigt hier nie weit empor. Wenn er an einer Mauer hängt oder auf einem Baum oder Busch sitzt, so ist der Kopf stets in Richtung zum Erdbo-den hin gerichtet. Bei Bedrohung stürzt sich die kleine Echse sofort zum Erdboden herab und verschwindet im nächsten Versteck, das sie nach wenigen Minuten verläßt, um sich erneut in der Morgen- oder Nachmittagsson-ne zu sonnen. Sitzt sie auf einer Palme, so verbirgt sie sich mit größter Regelmäßigkeit in den taschenartigen Zwischenräumen, die der Stamm und die Wedel der Palme bilden.

Haltung und Pflege: Der Braune Anolis wird in einem geräumigen, halbfeuchten Terrarium mit einer Grundfläche von 80 cm × 60 cm und einer Höhe von 80 cm gepflegt. Da die streitsüchtigen Männchen Reviere ausbilden, pflegt man die genannte Art in einem kleine-ren Terrarium nur als Paar. Als Bodengrund eignet sich ein Gemisch aus Sand und Wald-humus. Das Substrat kann man mit einigen

Blättern und Rindenstücken überdecken. Kletteräste und eine dicht rankende Bepflanzung sind absolut notwendig. Als letztere kann man verschiedene *Philodendron*-Arten und *Scindapsus* verwenden. Als Bodenpflanzen eignen sich *Dieffenbachia* und *Marantha*. Auf die Kletteräste pflanzt man allerlei Epiphyten wie *Aechmea, Bilbergia, Cryptanthus, Tillandsia* usw.

Ein Wassergefäß mit stets frischem Wasser senkt man in den Bodengrund ein oder hängt es an einen Ast. Das Terrarium soll viel Sonne erhalten. Bei schlechtem Wetter müssen die Leuchtstoffröhren und ein zusätzlicher Wärmestrahler zwölf bis 14 Stunden in Betrieb sein. Eine regelmäßige Bestrahlung mit UV-Licht ist unverzichtbar, wenn man auf schöne, kräftige Tiere Wert legt. Der Braune Anolis fühlt sich bei Lufttemperaturen zwischen 25 und 30 °C am Tage und bei einer nächtlichen Abkühlung auf 20 bis 22 °C wohl. Man sprüht täglich ein- bis zweimal und erreicht so eine relative Luftfeuchtigkeit von 70 bis 90%. Während und nach dem Sprühen lecken die Anolis die Tropfen von den Blättern ab. Als Futter bietet man ein großes Spektrum kleiner Insekten (Wiesenplankton) an, wobei auch zusätzlich Vitamine und Mineralstoffe nicht fehlen dürfen.

Nachzucht: Erregte Männchen reagieren auf einen in ihr Revier geratenen Rivalen durch fächerartiges Aufstellen ihrer gelblichen bis orangefarbenen Kehllappen. Wenn das schwächere Männchen nicht weicht, kommt es zum Kampf, und es wird schließlich nach erfolgten Bissen aus dem Revier getrieben. Die Voraussetzung für die Paarung und für die Nachzucht ist eine winterliche Ruheperiode von zwei bis drei Monaten bei 18 bis 20 °C. *Anolis sagrei* paart sich im Frühjahr und im Sommer. Die Eier werden von Juni bis September abgelegt. Ungefähr alle zwei Wochen wird ein einzelnes Ei abgelegt, aus dem nach einer Entwicklungsdauer von ein bis einein-halb Monaten das ca. 5 cm lange Jungtier

schlüpft. Die jungen *Anolis sagrei* werden anfänglich mit kleinen Insekten wie *Drosophila*, kleinen Grillen, Heimchen und Blattläusen gefüttert. Vitamine und Mineralstoffe werden dem Futter beigefügt. Die gemeinsame Aufzucht der Braunen Anolis in einem mittelgroßen Terrarium bei regelmäßiger UV-Bestrahlung ist verhältnismäßig einfach. Folgende Anolisarten haben die gleichen oder ähnliche Lebensansprüche und sind wie *Anolis sagrei* zu pflegen und zur Nachzucht zu bringen: *A. allisoni, A. angusticeps, A. bimaculatus, A. carolinensis, A. chlorocyaneus, A. equestris, A. porcatus* und *A. roquet*.

Iguana iguana
Grüner Leguan

Kennzeichen: Erwachsene Exemplare erreichen eine Körperlänge zwischen 1,4 bis 1,6 m. Die Maximallänge beträgt bis zu 2,2 m. Der Körper von *Iguana iguana* ist im Querschnitt zylindrisch, der seitlich zusammengedrückte Schwanz macht zwei Drittel der gesamten Körperlänge aus. Der sägeartige, bis zu 8 cm hohe Rückenkamm beginnt am Hinterkopf und verläuft bis zum Schwanz. Ein langer Kehllappen und eine sehr große Schuppe unter dem Ohr sind artcharakteristisch. Auf dem Nacken befinden sich einige Längsreihen vergrößerter, konischer Schuppen. Auf den Oberschenkeln der Hinterbeine sind zahlreiche Femoralporen vorhanden. Die Körperoberseite und die Flanken sind grasgrün, die Bauchseite ist ein wenig heller. Die Oberseite erwachsener Exemplare kann blaugraue Farbtöne annehmen. Rumpf und Schwanz sind dunkel quergebändert. Die dunklen Querbinden sind zuweilen hell gesäumt. Jungtiere sind zeichnungslos blattgrün.

Herkunft und Lebensraum: Die Heimat des Grünen Leguans erstreckt sich vom südlichen Mexiko aus über ganz Mittelamerika bis in das nördliche und mittlere Südamerika. Hier lebt er vorwiegend auf Bäumen in der Nähe von Flüssen und von Strömen. Grüne Legua-

Iguana iguana.

ne steigen gelegentlich auf den Waldboden herab. Seltener sind sie in tropischen Regenwäldern weit abseits von Gewässern. Zuweilen besiedeln sie auch Sümpfe, stille Buchten oder Savannen und dringen in Ausnahmefällen sogar in Gärten ein. Die Anwesenheit von Wasser scheint für freilebende Grüne Leguane wichtig, aber nicht lebensnotwendig zu sein.

Haltung und Pflege: Grüne Leguane benötigen ihrem Wachstum und ihrer Größe angepaßte Großterrarien, die höher als breit sein sollen. Als Bodengrund verwendet man ein Gemisch aus Sand und Waldhumus oder Torf. Das Terrarium sollte einen hellen bis sonnigen Standort aufweisen oder täglich zwölf bis 14 Stunden beleuchtet werden. Für die Gesundheit der Grünen Leguane ist eine regelmäßige UV-Bestrahlung ebenso notwendig. Auch ein lokaler Wärmestrahler darf nicht fehlen.

Einige kräftige Kletteräste werden so am Boden und in der Wand verankert, daß das Kletterbedürfnis dieser Großechsen wenigstens annähernd befriedigt wird. In Anpassung an ihre feuchtheiße Heimat werden die Tiere während des Tages Lufttemperaturen zwischen 25 und 35 °C ausgesetzt, die nachts auf 18 bis 22 °C absinken. Ein großer Wasserbehälter ist ebenso lebensnotwendig für die Gesundheit der Pfleglinge wie das tägliche Übersprühen mit leicht angewärmtem Wasser. Iguana iguana lebt vorwiegend vegetarisch und nimmt nur bei Gelegenheit tierische Nahrung an. Man verfüttert sämtliche ungespritzten Salat- und Gemüsesorten, soviel Wildkräuter wie möglich, ebenso die verschiedenartigsten Früchte. Jedoch verzichtet man auf Treibhaussalat, da dieser mit Spritzmitteln behandelt worden und darüber hinaus sehr nährstoffarm ist. Dem Futter werden regelmäßig nicht nur Vitamine und Mineralstoffpräparate beigemischt, sondern zur Proteinversorgung auch Herzfleischstückchen und nackte Mäuse. Besonders Jungtiere benötigen eine proteinreichere Ernährung als erwachsene Tiere. Bei individueller und einfühlsamer Pflege wird der Grüne Leguan seinem Pfleger gegenüber völlig zahm. Mit der Zeit nimmt er das Futter aus der Hand, läßt sich auf den Arm nehmen und kraulen. Ein derartiges Ver-

Oben: Obwohl Ameiva ameiva zu den Teiiden zählt, ist sie bei gleichen Temperaturen zu pflegen wie Iguana iguana. Das sonnig stehende Terrarium wird 12 bis 14 Stunden beleuchtet. Der Bodengrund muß hinreichend tief sein mit zahlreichen Versteckplätzen. Als Futter bietet man allerlei große Insekten, nackte Mäuse und gelegentlich Früchte.

Unten: Cyclura cornuta. Die Männchen besitzen drei auffällige Nasenhöcker, die bei den Weibchen kaum entwickelt sind. Diese imposanten Echsen, die vornehmlich in zoologischen Gärten gezeigt werden, sind in großen Trockenterrarien zu halten und verlangen Tagestemperaturen zwischen 28 und 35 °C bei entsprechender intensiver Beleuchtung. Als Futter bietet man allerlei grüne Pflanzen, Reis, Kartoffelbrei, Rinderherz und abgetötete Mäuse an.

halten legt eine gewisse Intelligenz und Lernfähigkeit nahe, die bei anderen Echsen in dieser Weise kaum zu finden ist.

Nachzucht: Der Rückenkamm der Männchen wie auch deren Femoralporen sind stärker ausgeprägt als bei den Weibchen. In freier Natur liefern sich die männlichen Tiere vor der Paarung Kommentkämpfe. Dabei drücken sie ihre Körper mit Hilfe der vier Gliedmaßen hoch, spreizen ihre Kehlsäcke fächerartig ab, wobei der Rumpf auffällig gebogen wird und dabei eine deutliche, vertikale Abflachung erfährt. In dieser Imponierhaltung umkreisen sich die Kontrahenten und stehen schließlich frontal voreinander. Durch seitliche Kopfbewegungen schlagen die Rivalen ihre Köpfe so lange gegeneinander, bis der Unterlegene aufgibt und das Schlachtfeld mit flach auf den Boden geducktem Körper verläßt. Bei den Weibchen sind Territorialkämpfe viel seltener zu beobachten. Bei der mehrminütigen Kopulation umfaßt das Männchen mit einem Hinterbein den Schwanz des Weibchens und beißt sich in deren Nacken- bzw. Kopfbereich fest. Nach einer Trächtigkeit von ungefähr 50 bis 90 Tagen scharren die Weibchen schräg verlaufende Nestgruben von 1 bis 2 m Länge 60 bis 90 cm tief in die Erde oder in den Sandboden eines Ufers ein. An dem Ende dieser Höhlungen legen sie 25 bis maximal 50 elliptische Eier ab. Die Eier sind knapp 4 cm lang und ungefähr 2,5 cm breit. Bei einer Umgebungstemperatur von 30 bis 32 °C beträgt die Inkubationsdauer drei bis vier Monate. Unter Obhut des Menschen wurde der Grüne Leguan mehrfach nachgezüchtet. Vor der Eiablage stellen die Weibchen die Nahrungsaufnahme ein. Das Weibchen legt seine Eier in eine selbst ausgescharrte Bodenvertiefung.

Die Eier werden in der gefundenen Lage in einer Mischung von feuchtem Sand und Torf untergebracht und bei Bruttemperaturen zwischen 28 und 32 °C und Luftfeuchtigkeitswerten von 80 bis 100% inkubiert. Unter Gefangenschaftsbedingungen schlüpfen die zwischen 19 und 27 cm messenden Jungtiere nach 65 bis 115 Tagen. Sie werden in einem großen Terrarium unter den gleichen Haltungsbedingungen, die man auch den adulten Tieren angedeihen läßt, bei den angegebenen hohen Temperaturen und Luftfeuchtigkeitswerten untergebracht. Dabei dürfen auch tägliche UV-Bestrahlungen über wenige Minuten hinweg nicht unterlassen werden, um rachitischen Erscheinungen von vornherein entgegenzuwirken. Dem Futter, das aus allerlei Wildpflanzen und ein wenig Herzfleisch besteht, werden regelmäßig Vitakalkzugaben und Multivitaminpräparate in wenigen Tropfen zugemischt. Bei korrekter Pflege werden die jungen Grünen Leguane bereits nach drei Jahren geschlechtsreif.

Sceloporus malachiticus

Mittelamerikanischer Zaunleguan

Kennzeichen: Diese prachtvolle Art erreicht eine Körperlänge von 20 cm. Der Kopf ist kurz, breit und konisch zugespitzt. Hinter der senkrecht verlaufenden Ohröffnung befinden sich stachelartig vorstehende Schuppen. Zwischen dem Hinterrand des Kopfes und der Schwanzbasis stehen 30 bis 39 Schuppen in einer Reihe. Zwischen der Kehlregion und dem Afterfeld sind 36 bis 48 Bauchschuppen. Die Rumpfmitte umgeben 30 bis 45 Schuppen. Auf den Oberschenkeln der Hinterbeine befinden sich 11 bis 17 Femoralporen. Der smaragdgrüne Mittelamerikanische Zaunleguan ist eine der schönsten Echsen. Das Männchen zeichnet sich durch einen leuchtend grünen Körper aus, von dem sich der türkisblaue Schwanz deutlich abhebt. Vor den Vorderbeinen sind zwei blauschwarze, dreieckige Flecken, die zur Bauchseite verlaufen und das Halsband bilden. Die Kehlregion der Männchen kann vorne grün und hinten blau irisierend sein oder die Farbtöne zeigen sich in folgender Reihenfolge: grün, orangegelb oder bräunlich, türkisblau, schwarz. Die Flan-

ken sind smaragdgrün. Von hier aus setzt sich auf die Bauchseite ein orangebräunliches, dann ein Längsband fort, das in der Bauchmitte an einen schwarzen, dann an einen grauweißen oder bläulichen Saum angrenzt. Die Weibchen sind in ihrem grünbräunlichen Farbkleid ein wenig unscheinbar gefärbt.

Herkunft und Lebensraum: *Sceloporus malachiticus* lebt in Südmexiko, El Salvador, Honduras, Nicaragua, Costa Rica und Panama. Auf einer herpetologischen Reise nach Mexiko im Jahre 1973 beobachtete ich *Sceloporus malachiticus* bei El Limon Totalca im mexikanischen Staat Jalapa in Höhenlagen zwischen 1000 und 2000 m. Die Echse lebt hier in Kiefernwäldern und ist recht häufig. Meist halten sich die Tiere, oft paarweise, an oder in der Nähe von Baumstümpfen und Bäumen auf, um sofort auf diese zu flüchten, wenn sich ihnen ein Feind nähert.

Haltung und Pflege: *Sceloporus malachiticus* bildet Reviere aus und ist daher in einem geräumigen Terrarium mit einer Grundfläche von mindestens 100 cm × 50 cm als Paar zu pflegen. In Anpassung an ihre Lebensräume in lichten Kiefernwäldern soll das 70 bis 80 cm hohe Terrarium mehrere Kletteräste mit rauher Rinde aufweisen. Als Bodengrund kommt ein Gemisch aus Sand und Waldhumus in Betracht. Das Substrat ist mit Kiefernnadeln zu überdecken. Ein Baumstubben und zusammengestellte Steine sind als passende Verstecke notwendig.

Ebenso notwendig ist ein Wassergefäß. Ein Teil des Terrariums ist trocken, der andere jedoch leicht feucht zu halten. Da die heimatlichen Gebirgswälder oft bis zum späten Morgen recht neblig sind, ist ein Versprühen von Wasser angezeigt. Das Terrarium soll hell bis sonnig stehen. Ansonsten muß die Beleuchtung zwölf bis 14 Stunden am Tag in Betrieb sein. Ein Wärmestrahler ermöglicht lokal notwendige Temperaturen von 30 bis 35 °C. Eine regelmäßige, kurzzeitige UV-Bestrahlung ist ebenfalls angezeigt. In der Nacht sollen die

Tropidurus spinulosus wird wie Ameiva ameiva gepflegt. Das Tier benötigt kräftige Kletteräste und Steinaufbauten als Verstecke. Futter: Insekten.

Temperaturen auf 18 bis 20 °C absinken. *Sceloporus malachiticus* wird mit verschiedenartigen Insekten, Spinnen und Gliederfüßern gefüttert, wobei auch Vitamine und Mineralstoffe auf keinen Fall fehlen dürfen.

Nachzucht: Der Mittelamerikanische Zaunleguan ist ausgesprochen streitsüchtig. Die Männchen treiben jeden anderen männlichen Rivalen aus ihrem Revier. Bei den Revierkämpfen, die nach festgelegten Regeln ablaufen, beißt ein Männchen zuweilen die Schwanzspitze des anderen ab, wenn ein rangniederes Tier nach Imponier- und Drohgebärden nicht vorzeitig aufgibt und das Weite sucht. Aus diesem Grund hält man die Tiere besser paarweise oder ein Männchen und ein bis drei Weibchen. Das Männchen macht vor der Kopulation – diese findet meist im Juli statt – vor dem Weibchen nickende

Kopf- und Körperbewegungen, indem es die Vorderbeine hochdrückt und senkt. Während der Kopulation beißt sich das Weibchen meist im Nackenbereich fest. Im Gegensatz zu einer Anzahl anderer *Sceloporus*-Arten ist der gebirgsbewohnende *Sceloporus malachiticus* lebendgebärend. Die Trächtigkeitsdauer beträgt drei bis vier Monate. Mit zunehmender Leibesfülle werden die trächtigen Weibchen in ihren Bewegungen unbeholfener.

Die jungen *Sceloporus malachiticus* werden in transparenten Eihüllen, in denen sie bei der Geburt unbeweglich verharren, zur Welt gebracht. Kurz nach der Geburt durchstoßen sie die Eihüllen und laufen mit dem Dottersack umher. Bei ihrer Geburt sind die drei bis fünf Jungtiere ungefähr 6 cm lang. Die Aufzucht erfolgt in einem separaten Behälter, die erste Nahrungsaufnahme ungefähr einen Tag nach der Geburt. Das Futter, das so abwechslungs-reich wie nur möglich sein soll, beinhaltet kleine Grillen, Heimchen, Heuschrecken, Stubenfliegen, Obstfliegen, Maden usw. Gefüttert wird zweimal täglich. Die Nahrung wird vitaminisiert und mit Mineralstoffen angereichert. Ebenso wesentlich wie Vitamine und Mineralstoffe für eine normale Entwicklung sind, so ist es auch die regelmäßige Bestrahlung mit ultraviolettem Licht. Ohne diese Faktoren ist eine Aufzucht unmöglich.

In gleicher oder in sehr ähnlicher Weise werden die lebendgebärenden *Sceloporus cyanogenys, S. grammicus, S. jarrovi* und *S. poinsetti* gepflegt und zur Nachzucht gebracht. Gleiches gilt auch für eierlegende Arten wie *S. graciosus, S. magister, S. occidentalis* und *S. undulatus*. Den im Norden lebenden Arten, bzw. den Arten, die im Gebirge jährlich periodischen und klimabedingten Temperaturgefällen unterliegen, ist eine vier- bis sechswöchige Überwinterungsdauer bei herabgesetzten Temperaturen von ca. 10 °C zu gewähren, um sie danach in gesteigerte Paarungsstimmung zu versetzen.

Haltung und Pflege von Polychrus acutirostris entsprechen der von Tropidurus spinulosus. Zahlreiche Kletteräste und grüne Pflanzen müssen im Terrarium vorhanden sein.

Agamidae (Agamen)

Amphibolurus (Pogona) barbatus
Bartagame
Kennzeichen: Im Normalfall wird *Amphibolurus barbatus* 60 cm lang. Die Maximallänge beträgt 70 cm. Das Tier hat einen breiten, abgeflachten Schädel. Die Kopfseiten hinter dem Ohr, der Hinterkopf und die Kinnfalte sind mit spitzen, gekielten und stachelartigen Schuppen besetzt. Der Rücken ist von vielen kleinen und vereinzelt von großen spitzen Schuppen bedeckt. Die Schwanzbasis wird gleichfalls von großen gekielten Schuppen umgeben. Die rundlich-ovale Ohröffnung hinter dem Auge ist als dunkle Vertiefung deutlich erkennbar. Die Zahl der Präanal- und Femoralporen variiert zwischen zehn und 30.

Ihrer Stimmung entsprechend ist *Amphibolurus barbatus* zu einem intensiven physiologischen Farbwechsel befähigt. Die Körperfärbung kann blaßgrau, braun, schwarz oder ziegelrot sein. Adulte Tiere haben ein mehr oder weniger einfarbiges Körperkolorit, das auf dem Rücken und auf den Körperseiten von dunklen Flecken durchsetzt ist. Jungtiere haben auf dem Rücken zwei Reihen länglicher Flecken. Ein dunkler Strich verbindet den Hinterrand des Auges mit dem Ohr. Der Schwanz ist häufig quergebändert. Die Kehle, die Brust und der Bauch sind braun oder schwarz gefleckt.
Herkunft und Lebensraum: Die genannte Art bewohnt weite Teile Australiens. Die semiarborikolen Bartagamen leben auf Bäumen, auf Baumstümpfen, auf umgefallenen Baumstäm

men, an Zaunpfählen, an Telegraphenmasten und an Böschungen. Sie kommen sowohl in den feuchten Küstenwäldern als auch in den Wüsten und Savannen des Inlandes vor.

Haltung und Pflege: Bartagamen benötigen große Wüstenterrarien mit einer Bodenfläche von mindestens 2 m², wenn man sechs Exemplare pflegen will. Als Bodensubstrat verwendet man Sand, der eine Tiefe von 15 bis 20 cm aufweisen soll. Ein großes Wassergefäß, aus dem die Tiere trinken und in dem sie baden können, darf nicht übersehen werden. Um den Bartagamen Kletter- und Versteckmöglichkeiten zu bieten, verlegt man große dicke Steinplatten so, daß sie nicht verrückt werden und zusammenbrechen können. Ein dicker Kletterast mit rauher Rinde wird zusätzlich in das Terrarium gebracht und erfüllt die gleiche Aufgabe. Als Bepflanzung eignen sich Sansevierien, *Rubus australis* und andere trockenheitsliebende Pflanzen, die man im Blumentopf, den man durch dicke Steine absichert, in das Terrarium einbringt. Dieses sollte einen hellen Standort mit soviel Sonneneinstrahlung haben, wie es möglich ist. Neben Leuchtstoffröhren verwendet man Wärmestrahler, die neben der zusätzlichen Bodenheizung Lokaltemperaturen von 40 bis 50 °C erzeugen. Die Lufttemperaturen müssen während des Tages auf 28 bis 35 °C und gelegentlich etwas höher ansteigen, wenn sich die Tiere wohlfühlen sollen. Bartagamen sind mit den verschiedenartigsten Insekten, deren Maden, weiterhin mit kleinen Mäusen, Salat, Löwenzahn, allerlei Wildkräutern und diversen Früchten sehr abwechslungsreich zu versorgen. Bei der Fütterung sollten möglichst große Insekten Verwendung finden. Eine Vergesellschaftung mit kleinen Echsen hat zu unterbleiben, da diese in der Regel als Beutetiere betrachtet werden. Das Futter muß zusätzlich vitaminisiert und mit Mineralstoffgaben versetzt werden.

In einer Schar von Bartagamen herrscht ein interessantes Rangordnungsverhalten, das die Tiere in Form ritualisierter Verhaltensweisen, wie Kopfnicken, Ärmchendrehen, Drohimponieren, Kampf, Demutsgebärden und Feindabwehr, demonstrieren. Wenn gefüttert wird, stürzt sich das ranghöchste Tier zuerst auf die Beutetiere und frißt. Die rangniederen Tiere dürfen erst anschließend fressen. Das ranghöchste Tier nimmt den besten Sonnenplatz ein und schlichtet Auseinandersetzungen zwischen rangniederen Tieren durch Belecken derselben und durch Kopfnicken. Auf diese Art und Weise werden aggressive Handlungen und schwerwiegende Verletzungen in der Gruppe unterbunden.

In freier Natur vertrauen Bartagamen auf ihre Tarnfärbung. Werden sie entdeckt und angegriffen, so nehmen sie ihre artcharakteristische Verteidigungsstellung ein. Sie reißen das Maul auf und spreizen die bartähnlichen Schuppen im Kopf- und Halsbereich wie auch die Rippen ab und erscheinen dadurch größer und furchterregender.

Nachzucht: Die Männchen zeichnen sich durch ihren breiten, abgesetzten Kopf aus. Bartagamen sind zu einem deutlichen physiologischen Farbwechsel befähigt. Die Männchen haben während der Fortpflanzungszeit einen tiefschwarzen Bart. Bartagamen erreichen nach ein bis zwei Jahren die Geschlechtsreife. Das ranghöchste Männchen paart sich mit allen Weibchen seiner Gruppe. Die Fortpflanzungsperiode dauert vier Monate. Während dieser Zeit kann man zahlreiche Paarungen beobachten. Das paarungsbereite Weibchen drückt sich auf den Boden und hebt den Schwanz leicht an. Das Männchen steigt auf den Rücken seiner Partnerin und beißt sich an deren Nacken fest. Danach umgreift das Männchen mit einem Hinterbein den Schwanz des Weibchens und kopuliert, wobei die Kloaken der beiden Tiere gegeneinandergedrückt werden. Einige Tage vor der Eiablage nimmt das Weibchen keine Nahrung mehr zu sich, läuft unruhig umher und kratzt an verschiedenen Stellen im Sand. Schließlich

Amphibolurus (Pogona) vitticeps.

gräbt das Weibchen eine große Höhle an einer feuchten Stelle in den Sand, in welche es im Verlauf einer knappen Stunde bis zu 27 Eier legt. Nach der Eiablage scharrt das Weibchen das Gelege wieder mit Sand zu. Das Weibchen legt in einer Fortpflanzungsperiode im Abstand von zwei bis vier Wochen bis zu fünf Gelege. Die Eier sind durchschnittlich bis zu 3 cm lang und 1,8 cm breit. Sie werden in der gefundenen Lage in einem Brutbehälter in feuchtem Sand untergebracht.

Die jungen Bartagamen schlüpfen bei einer Bruttemperatur zwischen 25 und 27 °C nach einer Entwicklungsdauer von 78 bis 109 Tagen. Sie sind beim Schlupf bereits 7,5 bis 8,5 cm lang. Unter den gleichen Licht- und Wärmeverhältnissen wie sie für erwachsene Bartagamen notwendig sind, können sie gemeinschaftlich aufgezogen werden. Dabei ist zu bemerken, daß kleinere Exemplare von den größeren getrennt aufgezogen werden müssen, um zu vermeiden, daß sie von den letzteren unterdrückt werden. Gefüttert wird reichlich und abwechslungsreich mit den verschiedensten kleinen Insekten unter Zugabe von Vitakalkpuder und Multivitaminen. Gleichzeitig sei nochmals auf die zwingend notwendige UV-Bestrahlung hingewiesen, die ganz besonders bei Jungtieren angezeigt ist. Bei artgerechter Pflege ist das Wachstum der jungen Bartagamen äußerst rasch. *Amphibolurus vitticeps, A. minor, A. muricatus, A. pictus* und *A. reticulatus* sind Arten mit ähnlichen Ansprüchen.

Uromastyx acanthinurus
Afrikanischer Dornschwanz
Kennzeichen: Die genannte Art erreicht eine Körperlänge bis zu 40 cm. *Uromastyx acanthinurus* ist eine stämmige, plumpe Echse mit kurzen, kräftigen Gliedmaßen. Der breite, stachlige Schwanz ist von zahlreichen Wirteln umgeben. Die großen Rückenschuppen liegen wie Dachziegel übereinander. Der Kopf ist verhältnismäßig kurz. Eine senkrecht stehende Ohrspalte ist deutlich sichtbar. Dornschwänze weisen eine sehr variable Färbung auf und sind zu einem physiologischen Farbwechsel befähigt. Manche Exemplare sind grünlich, ockergelb, graubraun oder rötlich und dunkel marmoriert. Die Bauchseite schwankt in der Färbung von weiß bis schwarzgrau und ist gefleckt oder ungefleckt. Junge Dornschwänze zeigen auf grauer Körpergrundfärbung helle und dunkle Flecken.
Herkunft und Lebensraum: *Uromastyx acanthinurus* bewohnt die Wüstengebiete Nordafrikas von Marokko bis nach Ägypten. Im Süden erstreckt sich die Verbreitung bis in den Sudan und in den Tschad. Der Dornschwanz lebt auf felsigem Wüstenboden mit kargem Pflanzenwuchs. Oft kommt er an Berghängen und am Rande von Hochplateaus vor. Hier sonnt sich dieser tagaktive Bodenbewohner auf einem großen Stein, vor einem Felsen oder vor seiner Höhle und nimmt dabei seine arttypische Körperhaltung ein. Der Kopf ist fast senkrecht nach oben gerichtet und der Vorderkörper wie im Liegestütz angehoben. Dornschwänze graben ihren Unterschlupf in den festen Sandboden. Die Höhlung hat eine Länge zwischen 80 cm und 3 m. Meist wird sie unter einem sehr großen Stein, unter einem Felsen oder unter dem überhängenden Ufer eines nicht mehr wasserführenden Flusses angelegt.
Haltung und Pflege: In Anpassung an ihren Lebensraum und an ihre grabende Lebensweise benötigen Dornschwänze geräumige Terrarien mit tiefem Bodengrund aus einem Gemisch von Sand, Kies und ein wenig Lehm. Als Unterschlupfmöglichkeiten bietet man diesen an extreme Umweltbedingungen angepaßten Echsen große, zusammenzementierte Steine und Felsplatten, die sie so durch ihre Wühltätigkeit nicht zum Einsturz bringen können. Eine Bepflanzung erübrigt sich, da sie von den pflanzenfressenden Echsen zerstört wird. Werden jedoch aus optischen Gründen Pflanzen gewünscht, so sind diese so in das Terrarium einzugliedern, daß sie für die Dornschwänze nicht erreichbar sind. Ein Wasserbehälter ist ziemlich überflüssig, jedoch muß ein- oder zweimal pro Woche am Morgen und am Abend so gesprüht werden, daß die Echsen das lauwarme Wasser aufnehmen können und gleichzeitig eine verhältnismäßig rasche Verdunstung gewährleistet ist. Im Juli und August wird nicht gesprüht. In freier Natur setzen sich Dornschwänze während des Tages einer riesigen Lichtfülle und großen Hitze aus, die im Terrarium zu imitieren sind. Es ist selbstverständlich, daß das Dornschwanzterrarium überaus sonnig stehen muß. Darüber hinaus ist es zwölf bis 14 Stunden am Tage mit Leuchtstoffröhren in Verbindung mit HQI-Entladungslampen so zu bestrahlen, daß die Luft auf 30 bis 40 °C erwärmt wird und am Boden unterschiedliche Temperaturbereiche zwischen 25 und 50 °C gemessen werden. Natürlich darf eine regelmäßige UV-Bestrahlung keinesfalls unterbleiben.

Die nächtliche Abkühlung auf Werte zwischen 18 und 24 °C ist ebenso notwendig wie die trockene Hitze am Tage. Eine Überwinterung bei herabgesetzten Temperaturen zwischen 12 und 18 °C ist für das Wohlbefinden und die Nachzucht dieser Tiere zwingend erforderlich. Ab Mitte Oktober wird die Beleuchtungsdauer auf neun bis zehn Stunden pro Tag zurückgenommen. Die Tiere werden nun nicht mehr gefüttert. Ab Mitte November schaltet man die Beleuchtung aus und dunkelt den Behälter ab. Ungefähr einmal pro Woche

Stellio picea verlangt die gleichen Pflege- und Haltungsbedingungen wie Uromastyx acanthinurus.

übersprüht man die Inneneinrichtung des Terrariums leicht mit Wasser. Ab Mitte Februar wird das Terrarium zunehmend beleuchtet und beheizt.

Im Frühjahr füttert man die Dornschwänze mit Blüten, Blättern und Sproßachsen von Kultur- und Wildpflanzen. Zusätzlich erhalten sie allerlei große Insekten, wie Grillen, Heimchen, Wanderheuschrecken, Mehlwürmer usw. Wie es in der Wüste der Fall ist, muß man seine Dornschwänze im Sommer mit derben Teilen von Wildpflanzen sowie auch allerlei Sämereien ernähren. Als solche kommen besonders Sonnenblumensamen, die Körner unserer Getreidesorten, Mais, Naturreis, Hirse, Linsen, Erbsen und Bohnen in Betracht.

Nachzucht: Die Bestimmung der Geschlechter anhand äußerer Merkmale ist schwierig und unsicher. Bis zu 18 Eier werden ungefähr vier Wochen nach der Kopulation abgelegt, die man bei Tagestemperaturen zwischen 29 und 34 °C und Nachttemperaturen zwischen 23 und 31 °C auf leicht feuchtem bis trockenem Sand zur Entwicklung bringt. Die Entwicklungsdauer ist temperaturabhängig. Die jungen Dornschwänze schlüpfen nach 93 bis 125 Tagen. Werden die Eier einer konstanten Temperatur von 34 °C ausgesetzt, erfolgt der Schlupf nach ungefähr 72 Tagen. Die 7 bis 8 cm langen Jungen werden wie ihre Eltern gepflegt, wobei sie täglich oder alle zwei Tage fünf bis acht Minuten mit UV-Licht bestrahlt werden. Als Futter erhalten sie kleine Heim-

Männchen von Chamaeleo jacksonii.

chen, Grillen, Heuschrecken, Herzfleisch-stückchen und Pflanzenteile, die man mit Kalkpulver und Multivitaminpräparaten behandelt hat. Bei guter Fütterung erreichen Dornschwänze bereits nach drei bis vier Jahren die Geschlechtsreife. *Uromastyx aegypticus, U. hardwickii, Agama atricollis, A. caucasica, A. impalearis, A. sanguinolenta*, die zu den Iguaniden zählenden *Sauromalus hispidus, Sauromalus obesus* und die Teeide *Cnemidophorus sexlineatus* sind nach den gleichen Richtlinien zu pflegen und nachzuzüchten wie *Uromastyx acanthinurus*.

Chamaeleonidae (Chamäleons)

Chamaeleo jacksonii
Dreihornchamäleon
Kennzeichen: Die Körperlänge erwachsener Exemplare schwankt zwischen 20 und 35 cm. Das Tier besitzt einen flachen, hinten stumpf-winkligen Helm und einen niedrigen Rücken-kamm. Die Männchen sind an ihren drei langen, geringelten und nach vorne gerichteten Kopfhörnern leicht zu erkennen, die bei den Weibchen nur angedeutet sind oder fehlen. Am Hinterkopf sind die unterschiedlich

großen Kopfschuppen am größten. Die Körnerschuppen des Körpers, die von Tuberkel-schuppen durchsetzt sind, sind von unterschiedlicher Größe. Der Schwanz hat ungefähr die gleiche Länge wie der Körper. Die grüne bis gelblichbraune Körpergrundfärbung ist zuweilen von hellen oder bräunlichen Flecken durchsetzt.

Herkunft und Lebensraum: Das Dreihornchamäleon bewohnt Tansania, Kenia und Uganda, wo es in kühlen, regenreichen Hochwäldern bis zu einer Höhe von 3000 m angetroffen wird. In Anpassung an seinen Lebensraum ist *Chamaeleo jacksonii* nicht sonderlich wär-meempfindlich. Auch das Dreihornchamäleon ist zu einem raschen, physiologischen Farbwechsel befähigt, wobei das Körperkolorit von dunkelgrün über gelbbraun nach lauchgrün mit rotbraunen Flecken hin wechselt und somit eine hervorragende Farbanpassung an die natürliche Umgebung erlaubt.

Haltung und Pflege: Das Terrarium sollte höher als lang und breit sein. Für ein Paar genügt ein Behälter von 60 cm × 50 cm × 80 cm; größere Ausmaße sind jedoch zu bevorzugen. Wesentlich ist eine gute Durchlüftung, die dadurch erreicht wird, daß das Terrarium von oben her und von drei Seiten mit Drahtgaze bespannt ist.

Als Bodenfüllung verwendet man ein Gemisch aus Sand mit Waldhumus oder Torf. Zahlreiche Kletteräste und eine dichte Bepflanzung sind für das Dreihornchamäleon eine Lebensnotwendigkeit. *Chamaeleo jacksonii* benötigt eine hohe Luftfeuchtigkeit, die man durch ausgiebiges Sprühen am Morgen und Abend erreicht. Die Luftfeuchtigkeit soll in der Nacht auf 80 bis 100% steigen. Eine zusätzliche Versorgung der Chamäleons mit Wasser geschieht mit der Pipette oder mit einer Tropftränke. Das Terrarium sollte hell stehen und täglich zwölf bis 14 Stunden mit Leuchtstoffröhren beleuchtet werden, wobei ein zusätzlicher Wärmestrahler für eine lokale Erwärmung sorgt. Unverzichtbar ist auch eine regelmäßige UV-Strahlung. Für ihr Wohlbefinden benötigen Dreihornchamäleons am Tage Lufttemperaturen von 22 bis 26 °C, in der Nacht 15 bis 18 °C. Als Futter bietet man Heimchen, Grillen, Schmetterlinge, Heuschrecken, Fliegen, Regenwürmer, Nackt- und Gehäuseschnecken und nackte Mäuse an, die in der für Chamäleons üblichen Weise erbeutet werden. Die sich bewegende Beute wird von den sich unabhängig voneinander bewegenden Augen fixiert. Dann nähert sich das Chamäleon in gleichförmig langsamen Körperbewegungen sachte der Beute. Im nächsten Augenblick schnellt die Zunge blitzartig hervor, umfaßt das Insekt mit dem kolbenartigen Zungenende und klebt es fest. Danach wird die Zunge wieder in das Maul zurückgezogen.

Nachzucht: Dreihornchamäleons sind ungewöhnlich streitsüchtig. Wenn sich zwei Männchen begegnen, bekämpfen sie sich, indem sie zunächst eine Drohhaltung einnehmen. Unter dem Einfluß der Erregung findet vor den Kämpfen stets ein intensiver physiologischer Farbwechsel, ein Abspreizen des Kehlsackes, und ein Abplatten und Aufrichten des Körpers statt. Danach beißen sich die Rivalen, bis der Verlierer die Flucht ergreift. Die Weibchen verhalten sich ebenfalls aggressiv gegeneinander. Die Auseinandersetzungen enden hier in der Regel nicht mit Beißereien. Zwei rivalisierende Weibchen verändern ihre Körperfärbung in geringerer Weise als es die Männchen tun. Sie blähen ihre Leiber auf und schwanken hin und her.

Zur Fortpflanzungszeit demonstriert das Männchen vor dem Weibchen sein Werberitual. Das Weibchen zeigt seine Paarungsbereitschaft durch völlig ruhiges Verharren an. Das Männchen steigt nun auf den Rücken des Weibchens und beide Tiere drücken ihre Kloaken gegeneinander. Das Männchen führt nun einen seiner Hemipenes in die Kloake des Weibchens ein. Dreihornchamäleons sind lebendgebärend. Die Trächtigkeit beträgt in der Regel etwa sechs Monate. Während dieser Zeit muß das Weibchen besonders abwechslungs- und vitaminreich gefüttert werden. Einige Wochen vor der Geburt stellt das Weibchen die Nahrungsaufnahme ein. Die ca. 5,5 cm großen Jungchamäleons zerreißen die schleimige Eihülle, wenn sie mit dem Untergrund in Berührung kommen. Sie werden separat in gut durchlüfteten, feuchten Kleinterrarien wie die Erwachsenen gepflegt, wobei die Temperatur nicht über 24 °C steigen darf. Als Futter erhalten sie reichlich allerlei kleine Insekten, die mit Vitaminen und Mineralstoffen angereichert werden. Bei guter Fütterung ist das Wachstum rasch, und die Geschlechtsreife wird nach neun Monaten erreicht.

Das Jemen-Chamäleon, *Chamaeleo calyptratus* ist leichter zu halten als die besprochene Art und daher dem Anfänger zu empfehlen.

Eidechsen (Lacertidae)

Lacerta lepida
Perleidechse

Kennzeichen: Die erwachsene Perleidechse wird in der Regel 50 bis 60 cm, in seltenen Fällen sogar bis zu 90 cm lang. Bei erwachsenen Tieren ist der Abstand zwischen der Schnauzenspitze und dem After 20 cm und mehr. Die Rückenschuppen sind klein, warzenähnlich, schwach gekielt oder glatt. Oft umgeben mehr als 60 Schuppen die Rückenmitte. Besonders bei alten Männchen sind die Kopfschilde mehr oder weniger runzlig. Das große Hinterhauptschild ist meist breiter als der Hinterrand des Stirnschildes. Perleidechsen haben auf dem Rücken und auf den Körperseiten eine grünbraune oder rötlichbraune Färbung, die von schwarzen Flecken oder von einem schwarzen, gelben oder grünen Netzmuster durchsetzt ist. Azurblaue Flecken zieren die beiden Körperseiten zwischen den Vorder- und Hintergliedmaßen in ungefähr

Lacerta lepida.

gleichmessenden Intervallen. Junge Perleidechsen sind auf ihrem braunen oder grauen
Rücken geblich bis weiß gefleckt. Diese Flek-
ken sind von einem weißen oder gelblichen
Saum umgeben. Die breitköpfigen Männchen
haben ausgeprägtere Femoralporen und sind
stattlicher und länger als die Weibchen.
Herkunft und Lebensraum: *Lacerta lepida* ist
in Südfrankreich, in Nordwestitalien, auf der
Pyrenäenhalbinsel und in Nordwestafrika beheimatet, wo man sie in verschiedenartigen
Lebensräumen antrifft. Sie bevorzugt trockenes, steiniges, zuweilen auch sandiges, gebüschreiches Gelände in sonniger Lage, wo
sie vom Meeresspiegel an bis zu Höhenlagen
von mehr als 2000 m vorkommt.
Haltung und Pflege: *Lacerta lepida* verlangt
einen geräumigen Behälter von 1–1,5 m Länge
und mindestens 0,5 m Breite. In warmen, sonnigen Sommern kann man die Perleidechsen

auch als Paar im Freilandterrarium unterbringen. Als Bodenmaterial verwendet man Gartenerde oder ein Gemisch aus Sand und
Lehm in einer Schicht von 10 bis 15 cm Tiefe
sowie Kletteräste und große Steine, die unver-
rückbar zu einem Versteck zusammengestellt
werden.
   Aus optischen Gründen bepflanzt man das
Terrarium mit Sukkulenten und Hartlaubge-
wächsen in Blumentöpfen, die gegen Unterwühlen durch schwere Steine abgesichert
sind. Eine lokal wirkende Bodenheizung, die
nicht unterwühlt werden kann, ist auf jeden
Fall anzuraten. Die Beleuchtung muß täglich
12 bis 14 Stunden in Betrieb sein. Daneben
sollte auch ein Wärmestrahler Verwendung
finden, so daß die Lufttemperaturen während
des Tages zwischen 25 und 30 °C oder gar
35 °C variieren und die Bodentemperaturen
nur lokal 40 °C erreichen. In der Nacht sind

Temperaturen zwischen 15 und 24 °C biologisch zweckmäßig. Die tagaktiven Perleidechsen sind regelmäßig mit UV-Licht zu bestrahlen. Ein großes Wassergefäß darf nicht fehlen. Die Inneneinrichtung des Terrariums ist ein oder besser zweimal pro Woche mit leicht angewärmtem Wasser zu übersprühen. Je nach ihrer Herkunft ist eine zwei- bis dreimonatige Überwinterung bei Temperaturen zwischen 5 und 15 °C für die Nachzucht erforderlich. Vor der Überwinterung werden die Eidechsen zwei bis drei Wochen nicht gefüttert, damit sie ihren Darm entleeren können. Während der Überwinterung wird der Behälter abgedunkelt und die Inneneinrichtung hin und wieder besprüht. Als Futter bietet man möglichst große Insekten, allerlei Gliederfüßer, Regenwürmer, Schnecken, nackte bis leicht behaarte Mäuse, Rinderherzstückchen, Teile von Hühnerküken und süßes Obst, wobei eine Versorgung mit Mineralstoff- und Multivitaminpräparaten nicht fehlen darf.

In der Natur zeigt sich *Lacerta lepida* als ein scheues und schnelles Geschöpf, das bei Gefahr oft geräuschvoll in seinem Unterschlupf verschwindet oder auf einen Baum flüchtet. Wenn man sie ergreift oder wenn sie in die Enge getrieben wird, reißt sie drohend ihr Maul auf und beißt kräftig und schmerzhaft zu. Auch im Terrarium bleibt sie lange Zeit scheu.

Nachzucht: Einige Wochen nach der Überwinterung setzt im April oder Mai das Paarungsverhalten ein. Das Männchen imponiert breitseits vor dem Weibchen und beißt sich anschließend oberhalb der Hinterbeine des Weibchens fest, wobei es mit seinen Hinterbeinen dessen Schwanzwurzel umfaßt und kopuliert. Drei bis sechs Wochen nach erfolgter Kopulation legt das Weibchen bis zu 20 oder mehr Eier ab, die man in freier Natur oft beim Umdrehen von flachen Steinen oder im Erdboden entdeckt. Im Terrarium werden sie in einer selbstgegrabenen Grube in leicht feuchten Boden abgelegt und anschließend mit Bodenmaterial wieder zugedeckt. Aus den rundlichen bis leicht ovalen Eiern schlüpfen nach knapp drei Monaten die ungefähr 6 bis 10 cm langen, braungefärbten Jungen, die durch ihre gelblichweißen und schwarzgerandeten Flecken auffallen. Die jungen Perleidechsen werden wie ihre Eltern gepflegt und mit allerlei Insekten und deren Maden sowie zugesetzten Mineralstoffen und Vitaminen ernährt. In gleicher oder etwas abgewandelter Weise, was Temperaturen und Feuchtigkeitswerte angehen, werden die meisten europäischen Lacerten gehalten und zur Nachzucht gebracht (Cites s. Seite 161 ff.).

Schleichen (Anguidae)

Ophisaurus apodus
Scheltopusik

Kennzeichen: Mit einer Maximallänge von 140 cm ist *Ophisaurus apodus* die größte Echse Europas. Der schlangenähnliche Körper kann bei erwachsenen Exemplaren handgelenkdick werden. Von der Ohröffnung aus verläuft eine tiefe Längsfurche entlang der Körperseiten bis zur Afterspalte. Die gekielten Schuppen, unter denen Knochenplatten liegen, sind in Gürtelform um den Körper angeordnet. Zu beiden Seiten des Afters befinden sich zwei winzige Hinterbeinstummel. Vordergliedmaßen sind nicht vorhanden. Die Bezeichnung »Scheltopusik« entstammt dem Russischen und bedeutet soviel wie »Gelbbäuchlein«. Sie bezieht sich auf die hellere Körperunterseite. Die Körperoberseite ist rotbraun bis gelbbraun, am Kopf heller und am Schwanz dunkler. Jungtiere sind auf der Körperoberseite grau mit gut ausgebildeten dunklen Binden.

Herkunft und Lebensraum: Der Scheltopusik kommt auf dem Balkan, auf der Krim-Halbinsel, in Kleinasien, in Syrien, in Persien, im Kaukasus, in Transkaspien und in Turkestan vor. Er bevorzugt trockene, steinige bis felsige Lebensräume oft in Küstennähe, wo man ihn an Feldrändern, in Hecken, in dürrem Gestrüpp, in Steinhaufen, an Legesteinmäuerchen, an Dämmen und an ähnlichen Örtlichkeiten antrifft.

Haltung und Pflege: Der Scheltopusik wird in einem geräumigen Trockenterrarium von ungefähr 1 m² Oberfläche bei Tagestemperaturen zwischen 25 und 32 °C gehalten, die in der Nacht auf 18 bis 22 °C absinken sollen. Im Sommer bietet sich auch eine Freilandhaltung an, vorausgesetzt, man kann bei ungünstiger Witterung einen Wärmestrahler und eine Bodenheizung in Betrieb setzen. Das Zimmerterrarium zur Haltung von Scheltopusiks sollte einen hellen Standort mit viel Sonneneinstrahlung aufweisen und während des Tages zwölf bis 14 Stunden beleuchtet sein, wenn es schattig steht. Ein Wärmestrahler ist besonders in diesem Fall ebenso notwendig wie eine regelmäßige Bestrahlung mit UV-Licht. Als Bodengrund verwendet man ein Gemisch aus Lehm, Sand und Waldhumus und baut große, flache Steine sowie einen Baumstubben zu einem festen Unterschlupf zusammen. Ein großes Wassergefäß, das nicht umgeworfen werden kann, ist erforderlich. Im Hinblick auf die Gesundheit, Langlebigkeit und die gewünschte Nachkommenschaft sollten Scheltopusiks ungefähr drei Monate bei Temperaturen von etwa 10 °C überwintert werden. Als Futter bietet man Regenwürmer, Schnecken, große Insekten, Mäuse, Hühnerküken und Teile davon, Eier und Herzfleischstücken an, versehen mit Vitaminen und Mineralstoffen. Wenn der Scheltopusik große Beutetiere gefaßt hat, dreht er sich rasend schnell mehrfach um seine eigene Achse, um sie zu töten und zu zerdrücken. Wird der Scheltopusik in die Hand genommen, so verteidigt er sich nicht durch Beißen, sondern durch heftige Schleuderbewegungen und verspritzt dabei seine Exkremente. Die Oberhaut wird nicht wie bei den Echsen in Fetzen, sondern ungefähr alle zwei Monate in Form eines zusammengeschobenen Wulstes abgestoßen.

Nachzucht: Nach der Überwinterung im März paaren sich die Tiere. Das Weibchen legt im Juni oder im Juli acht bis zehn längliche, weichschälige Eier, die ungefähr 4 cm lang und 2 cm breit sind, ab. Die Eier werden in einem leicht feuchten Sand-Waldhumus-Gemisch bei Bruttemperaturen zwischen 27 und 30 °C zur Entwicklung gebracht. Bei der erwähnten Temperatur schlüpfen die ungefähr 10 cm langen Jungen nach sechs bis acht Wochen. Getrennt von den erwachsenen Exemplaren werden sie in kleineren Terrarien unter den gleichen Licht- und Temperaturbedingungen mit Insekten, Regenwürmern, Fleisch und Schneckenstückchen herangefüttert.

Krustenechsen (Helodermatidae)

Heloderma suspectum
Krustenechse oder Gilatier

Kennzeichen: Die Maximalgröße von *Heloderma suspectum* beträgt 53 cm. Erwachsene Exemplare sind 45 bis 50 cm lang. Das Gilatier hat kleine, dunkle Augen, einen plumpen Körperbau, einen klobigen Fettschwanz, der als Nahrungsspeicher dient und vier kräftige Gliedmaßen. Die Körperoberseite ist von höckerartigen Schuppen bedeckt. Den Körper zieren schwarze und rosafarbene Zeichnungselemente, die zu unregelmäßigen Querbinden und Flecken verschmelzen. Der Kopf ist schwarzrosa bis schwarz-fleischfarben gesprenkelt. Die Kopfseiten sind schwarz. Die Bauchseite ist schwarz-rosa bis fleischfarben getupft.

Das auffälligste Merkmal ist der Giftapparat im Unterkiefer. Auf jeder Unterkieferseite liegt je eine 40 × 5 mm große Giftdrüse. Die Zähne sind von zwei Seiten her gefurcht. Das Gift gelangt als Gift-Speichel-Gemisch in die Wunde.

Es existieren zwei Unterarten, die man ohne Schwierigkeiten anhand der Zeichnungselemente voneinander unterscheiden kann. *Heloderma suspectum suspectum* ist in der Regel im Adultzustand auf der Körperoberseite mehr schwarz als rosa gefleckt. Die Farbelemente sind verhältnismäßig regelmäßig verteilt. Die hellen Schwanzbinden sind schwarz gefleckt, getupft oder gestrichelt. Die vier oder fünf schwarzen Schwanzbinden werden von einer Reihe heller Schuppen unregelmäßig unterbrochen. *Heloderma suspectum cinctum* besitzt regelmäßigere und zusammenhängendere Farbelemente auf dem Körper. Der Rumpf ist von vier deutlichen, rosa- bis fleischfarbenen Sattelflecken von den schwarzen, unregelmäßigen Binden abgegrenzt. Der Schwanz ist von fünf deutlich abgegrenzten schwarzen Binden umgeben.

Herkunft und Lebensraum: *Heloderma suspectum suspectum* ist im mittleren und südlichen Arizona, in Nordwestneumexiko und in Nordwestmexiko beheimatet. *Heloderma suspectum cinctum* bewohnt Südostnevada, Südwestutah und Nordwestarizona. Der natürliche Lebensraum von *Heloderma suspectum* sind die Sonora-, die Chihuahua- und Teile der Mohave- und Coloradowüsten, deren Vegetationsbilder von Charakterpflanzen, wie den riesigen Sahuarokakteen, den Paloverdebäumen, den Kreosotbüschen, den Ocotillos, den Mesquite und allerlei xerophilen Gräsern, repräsentiert werden. Die drei erstgenannten Pflanzenarten sind so bestimmend für dieses Gebiet, daß überall dort, wo sie auftreten, mit größter Regelmäßigkeit auch *Heloderma suspectum* angetroffen wird. Erwähnenswert ist auch die Tatsache, daß in diesen heißen, aber nicht allzu trockenen Wüsten während des Sommers relativ hohe Niederschläge zwischen 23 und 37 cm zu verzeichnen sind.

Haltung und Pflege: Krustenechsen werden in einem recht geräumigen Terrarium mit einer Grundfläche von mindestens 100 bis 120 cm × 60 bis 80 cm pro Paar gepflegt. Es ist jedoch günstiger, wenn die Bodenfläche größere Ausmaße aufweist. Die Höhe spielt dabei eine

Heloderma suspectum cinctum.

geringere Rolle. Sie darf zwischen 50 und 80 cm und mehr variieren. Als Bodengrund kann man grobkörnigen Reinsand, vermischt mit Kies und kleinen Steinen verwenden. Wesentlich sind Verstecke unter Steinplatten und Felsen, die so aufgebaut werden, daß sich die Tiere unter ihnen verbergen können und gleichzeitig Kontrollen möglich sind. Ein großes, flaches Wassergefäß, das so gefüllt wird, daß das Wasser ein wenig über den Rand tritt und den nahe angrenzenden Bodengrund und die Verstecke kurzzeitig ein wenig befeuchtet, ist notwendig. Die Betonung liegt hier bei »wenig«. Dauernde Feuchtigkeit oder gar Nässe führen zu Erkältungen und bakteriellen Erkrankungen der Atmungsorgane.

Eine besondere Bedeutung kommt der Beleuchtung, den Luft- und den Bodentemperaturen im Terrarium zu. Während der Aktivitätsperiode von Mitte März bis Ende November muß die Beleuchtung neun bis 14 Stunden am Tage in Betrieb sein. Im März und im April geht man von einer Beleuchtungsdauer von neun Stunden aus, die von Ende Mai bis Anfang August auf 14 Stunden gleichmäßig gesteigert wird. Danach wird die Beleuchtungsdauer bis Ende November graduell auf neun Stunden reduziert. Als Beleuchtungskörper verwendet man am besten für ein Krustenechsenterrarium zwei Leuchtstoffröhren von je 40 Watt, die das Lichtspektrum des Tageslichtes beinhalten, also einen Wellenbereich zwischen 400 und 700 nm. Das ist der Bereich, in dem die Photosynthese und somit das Wachstum der grünen Pflanzen optimal abläuft. Zusätzlich verwendet man eine Quecksilberdampflampe. Diese wird eine Stunde nach Inbetriebnahme der Leuchtstoffröhren eingeschaltet und eine Stunde vor Abschalten der Leuchtstoffröhren ausgeschaltet. Darüber hinaus werden die Krustenechsen jeden oder jeden zweiten Tag mit einer Ultra-Vita-Lux-Lampe von Osram ungefähr eine halbe Stunde bestrahlt. Kurz nach der Überwinterung und kurz vor der Überwinterung werden die Leuchtstoffröhren nur ein bis zwei Stunden täglich in Betrieb gesetzt, um schließlich vollständig ausgeschaltet zu werden. Ein derartiger Lichtzyklus ist neben den richtigen Temperaturen ungemein notwendig für die Nachzucht. Die gleiche Sorgfalt, die man der Beleuchtung zukommen läßt, gilt auch für die Temperierung des Terrariums. Eine Bodenheizung, die am Tage den Boden lokal auf 30 bis 32 °C erwärmt, ist erforderlich. Während des Tages müssen die Lufttemperaturen zwischen 25 und 32 °C betragen, mit einem Optimum zwischen 27 und 29 °C. Nach den brieflichen Mitteilungen, die ich von Dr. Daniel Beck (University of New Mexico, Albuquerque) erhielt, der zahlreiche ökologische und ethologische Studien an frei lebenden *Heloderma suspectum* durchführte, überwintert die genannte Art in nördlichen Teilen ihres Verbreitungsgebietes von Mitte November bis Ende März und in südlichen Teilen von Anfang Dezember bis Ende Februar.

Eine artgerechte Überwinterung unter Terrarienbedingungen ist somit auch für gefangen gehaltene *Heloderma suspectum* eine Notwendigkeit, wenn die Krustenechsen möglichst lange leben und sich im Terrarium auch fortpflanzen sollen. Die Überwinterung kann im Terrarium stattfinden, wenn es sich in einem Raum befindet, dessen Heizung man abdrehen kann. Überwintert wird von Anfang Dezember bis Ende Februar bei Temperaturen zwischen 10 und 12 bis maximal 15 °C. Temperaturen zwischen 10 und 11 °C sind geeigneter als 15 °C, da die Krustenechsen bei 15 °C zu aktiv sind und an Gewicht verlieren.

Ein weiteres Problem bei der Überwinterung stellen die Luft- und Bodenfeuchtigkeit dar. Als Überwinterungssubstrat erweist sich Torfmoos (Sphagnum) in einer Höhe von 3 bis 6 cm als geeignet. Ich benutze Torfmoos als Überwinterungsmaterial für alle zu überwinternden Schlangen aus den gemäßigten und subtropischen Klimazonen und habe damit die besten Erfahrungen gemacht. Man taucht Torfmoos in Wasser und preßt es solange aus, bis kein Wasser mehr austritt. Es darf keinesfalls naß sein. Während der Überwinterung trocknet Sphagnum aus und setzt dabei Feuchtigkeit frei. Ein vollständiges Austrocknen verhindert man, indem man es wöchentlich leicht mit Wasser übersprüht. Da Krustenechsen in der Lage sind, Wasser in geringem Maße über die Haut aufzunehmen, hält die erwähnte Methode den Wasserhaushalt der überwinternden Tiere aufrecht. Trotzdem muß im Terrarium zusätzlich ein Wassergefäß mit frischem Wasser aufgestellt werden.

Ungefähr vier bis fünf Wochen vor der Überwinterung wird die Fütterung der Tiere eingestellt, damit diese ihren Darm vollständig entleeren können. so unterbindet man tödlich verlaufende Fäulnisprozesse im Darm. Wie bereits betont, gewöhnt man die Krustenechsen nach der Überwinterung im Verlauf einiger Tage an langsam steigende Lichtverhältnisse und Temperaturen. Die Ernährung von *Heloderma suspectum* ist von großer Bedeutung, aber problemlos. In freier Natur stellen Kleinsäuger das Hauptkontingent an Nahrung für Krustenechsen dar. Gelegentlich kann man Hühnereier verfüttern. Auch abgetötete Hühnerküken werden genommen sowie ein Gemisch von Hühnereiern mit Rinderherz. Das Hauptfutter besteht jedoch aus frisch abgetöteten Mäusen und jüngeren Ratten. Nach meinen Erfahrungen werden nestjunge, nach Heu riechende Kaninchen ganz besonders gerne gefressen.

Nachzucht: Ohne die bereits erwähnte Überwinterung findet keine Fortpflanzung statt. Männchen und Weibchen lassen sich nicht leicht voneinander unterscheiden. Um ein Männchen von einem Weibchen an äußerlichen Körpermerkmalen zu unterscheiden, muß man viele Krustenechsen gesehen haben und über jahrelange Erfahrungen verfügen. Die Männchen sind insgesamt ein wenig länger und stämmiger gebaut als die vergleichsweise schlankeren Weibchen, deren Körperseiten eine leichte Wölbung nach außen erkennen lassen. Die Köpfe der Männchen sind wuchtiger und breiter und die Vorderbeine ein wenig kräftiger als die der Weibchen. Die erwähnten Merkmale werden vom Unerfahrenen kaum wahrgenommen und sind so konstant, daß es sich hierbei nicht um individuelle Zufälligkeiten handelt.

Eine zusätzliche Methode der Geschlechtsbestimmung besteht in einer Untersuchung der Hemipenistaschen mit der Knopfsonde, wie sie bei Schlangen verwendet wird. Die Sonde wird mit Vaseline gleitfähig gemacht und mit Fingerspitzengefühl in eine Hemipenistasche eingeführt. Bei den Männchen dringt die Sonde 3,5 bis 5 cm und bei den Weibchen 1,1 bis maximal 3,1 cm ein. Die Männchen werden im April recht munter und versuchen sich gegenseitig mit dem Kopf und mit dem Körper auf die Seite zu drängen. Zuweilen kriecht ein Männchen auf ein anderes und beginnt mit dem Kopf zu reiben. Beißereien habe ich an meinen Krustenechsen in seltenen Fällen beobachtet. Für die zu

Heloderma horridum exasperatum.

erwartenden Paarungen ist es am besten, wenn sich die Männchen Anfang März alleine im Terrarium befinden. Die Männchen werden gegen Ende März oder Anfang April zu den Weibchen gesetzt. Die Kopulationen, die ich an meinen Tieren mehrmals in mehreren Jahren beobachtete, finden von Ende April bis Anfang Juni statt.

Ich beobachtete, daß Kopulationen durch in das Wassergefäß verschüttetes frisches Wasser ausgelöst wurden. Während der Paarung liegt der Schwanz des Männchens gerade auf dem Substrat. Dabei wird der Schwanz des Weibchens von der Rückenseite eines Hinterbeins des Männchens so gegen die Schwanzwurzel des Männchens nach oben gedrückt, daß er im schrägen Winkel und bogenförmig über den Schwanz des Männchens hängt. Dabei drücken die Tiere ihre Kloaken gegeneinander. Die Kopulationen dauern eine halbe bis zu etwa zwei Stunden. Die Eiablage findet gegen Ende Mai oder zu Anfang Juni statt.

Trächtige Weibchen sind in jedem Fall aus dem Terrarium zu entfernen und jedes zur

Eiablage separat unterzubringen. Die anderen Krustenechsen machen sich sehr schnell über die Eier her und fressen sie auf. Die zerbrochenen und unverdauten Eischalen habe ich mehrfach im Kot der Tiere wiedergefunden. Das Weibchen wird bei den gleichen Licht- und Temperaturbedingungen in einem kleineren Terrarium mit einem Kistchen untergebracht, das ein klein wenig größer ist als das Tier selbst. Das Kistchen hat eine Öffnung von ca. 10 cm. In der Regel werden die Eier in das Kistchen, das mit feuchtem Sphagnum gefüllt ist, abgelegt. Vor der Eiablage kann man bei den Weibchen ein auffälliges Schrumpfen ihrer Schwänze beobachten. Die Eiablage findet gewöhnlich am Tage statt. Die Eier sind ungefähr 7 cm lang und 3,5 cm breit. Sie werden in feuchtem Vermiculite bei ungefähr 90 % relativer Luftfeuchtigkeit untergebracht. Ein wesentlicher Faktor ist die Einhaltung einer eher niedrigeren als zu hohen Luftfeuchtigkeit. Werden die Eier bei zu hoher Luftfeuchtigkeit gehalten, sterben die Embryonen in ihnen ab. Die jungen Helodermen können bei zu hoher Luftfeuchtigkeit noch kurz vor dem Schlüpfen absterben. Um das zu vermeiden, wird ungefähr sechs Wochen vor dem Schlüpfen die Luftfeuchtigkeit auf 80 % reduziert, wobei das Substrat nahezu austrocknen soll. Die Bruttemperaturen sind während der gesamten Entwicklungsdauer zwischen 27 und 29 °C zu halten.

Die Jungen schlüpfen nach einer Entwicklungsdauer von etwas weniger oder etwas mehr als 150 Tagen zwischen Oktober und Dezember. Sie haben beim Schlupf eine Körperlänge von ungefähr 16 cm. Wenige Tage nach dem Schlüpfen nehmen sie die ersten nestjungen Mäuse an, deren Größe dem zunehmenden Wachstum der Krustenechsen angepaßt wird. Im Hinblick auf die Nachzucht sollten erwachsene Krustenechsenweibchen pro Woche als ausschließliches Futter vier bis sechs Mäuse erhalten. Die Männchen fressen mit zwei bis vier Mäusen weniger

und stellen während der Fortpflanzungszeit zwischen April und Juni in der Regel die Nahrungsaufnahme völlig ein.

Die nahe verwandte, etwas größer werdende Skorpionskrustenechse *Heloderma horridum,* deren Heimat die westliche Küste Mexikos ist, wird ähnlich gepflegt wie *Heloderma suspectum.* Für die Nachzucht gilt in etwa das Gleiche. Die Vorzugstemperaturen liegen zwischen 26 und 30 °C. Von November bis März werden die Temperaturen auf 13 bis 22 °C gesenkt und die Beleuchtung stark eingeschränkt bis abgeschaltet. Der Beleuchtungszyklus ist ansonsten der gleiche wie bei *Heloderma suspectum.* An meinen Tieren beobachtete ich Kopulationen im Mai, Juni und März, Eiablagen fanden im Juni, Juli und August statt. Zwischen dem 12. und 14. 11. 1973 schlüpfte ein Jungtier von 15,8 cm. Drei weitere Jungtiere, von denen eines eine verkrümmte Wirbelsäule hatte, konnten die Eischale nicht von innen her aufritzen und erstickten. Im Zoo von Tulsa (Oklahoma) wurden im August 1983, 1984, 1985, 1986, 1987 und 1990 insgesamt 33 Eier abgelegt, aus denen zehn junge *Heloderma horridum* schlüpften, deren Aufzucht mit kleinen Mäusen unproblematisch war. Junge Krustenechsen, sowohl *Heloderma horridum* wie auch *Heloderma suspectum,* sollten nach einem Jahr 80 bis 90 % der Körperlänge der adulten Exemplare aufweisen.

Die Haltung von Krustenechsen beider Arten ist nicht sehr schwierig und die Nachzucht dieser imposanten Echsen sollte mit allen Mitteln angestrebt werden, wobei eine Überwinterung bei herabgesetzten Temperaturen und Lichtverhältnissen, eine Inkubationstemperatur zwischen 27 und 30 °C und Luftfeuchtigkeitswerte zwischen 80 und 90 % während der Inkubation der Eier und Fütterung ausschließlich mit Mäusen und anderen Kleinsäugern notwendig sind.

Eine Cites-Bescheinigung ist auch in diesem Fall notwendig.

Der leuchtendgrüne Smaragdwaran (Varanus prasinus) ist an das Baumleben angepaßt. Die in den Regen-wäldern Neuguineas lebende Art verlangt Temperaturen zwischen 25 und 32 °C, viel Licht und wird mit Mäusen, großen Insekten und gelegentlich mit Obst ernährt.

Varanidae (Warane)

Varanus timorensis
Timorwaran

Kennzeichen: Die genannte Art erreicht eine Körperlänge von 60 cm und gehört damit zu den kleinbleibenden und gut zu haltenden Arten. Das Tier besitzt einen kurzen Kopf mit spitzer Schnauze, einen schlanken Körper, einen langen Schwanz und kurze Beine. Der Körper ist von kleinen, ovalen, leicht gekielten Schuppen bedeckt. Die ungekielten Bauch-schuppen stehen in 65 bis 75 Querreihen. Die Körperfärbung variiert zwischen olivfarben, gelblich oder schwarz. Auffällig ist die kräftige Fleckung. Die großen Flecken bilden oft Krei-se mit einem schwarzen Kern im Inneren. Die Flecken können in Form eines Netzmusters oder in Form von Querbinden auftreten. Hin-

ter dem Auge verläuft ein dunkler Schläfen-streifen, der unten weiß gesäumt ist. Die Gliedmaßen sind weiß gefleckt. Der graue oder schwarze Schwanz ist regelmäßig oder unregelmäßig gebändert.

Herkunft und Lebensraum: Die Heimat des Timorwarans sind die Inseln Timor, Samaoe, Savu, Rotti sowie Neuguinea und weite Teile Nordaustraliens. Der kleine Waran lebt auf Bäumen entlang von Gewässern und in Wäl-dern. Er hält sich auf Baumästen und auf Baumstümpfen auf und sonnt sich hier. Zu-weilen steigt er auf den Erdboden herab, um hier Jagd auf Mäuse, Eidechsen, Frösche und Insekten zu machen.

In seinem natürlichen Umfeld entzieht er sich seinen natürlichen Feinden nicht nur durch seine hervorragende Tarnfärbung, son-dern auch dadurch, daß er sich hinter den

pflegen. Die Scheiben sollten mindestens 6 bis 7 mm dick und der Deckel mit starkem Drahtgitter bespannt sein. Als Bodengrund kann man Steinplatten und teilweise Walderde verwenden, welche mit kleinen Rindenstücken von mehreren Zentimetern Höhe bedeckt wird. Ein großes Wasserbecken, in dem die Tiere baden können, kann über einen Abfluß entleert werden. Die Kletteräste sind so zu verschrauben, daß sie von den Schlangen nicht zerbrochen werden. Eine milde lokale Bodenerwärmung ist ebenso notwendig. Dem Netzpython ist Tageslicht mit gelegentlicher Sonneneinstrahlung angenehm. Die Beleuchtung, die man über dem Drahtgitter anbringt, soll täglich zwölf bis 14 Stunden in Betrieb sein. *Python reticulatus* verlangt am Tage Luft- und Bodentemperaturen zwischen 25 und 32 °C und in der Nacht 22 bis 24 °C. Diesen großen Riesenschlangen ist eine Luftfeuchtigkeit zwischen 70 und 90% oder auch darüber angenehm. Schlupfwinkel und Bepflanzung entfallen. Am besten beschafft man sich Jungtiere zwischen 100 und 150 cm Körperlänge.

Als Futter bietet man Mäuse und mit zunehmendem Wachstum Ratten, Hamster, Meerschweinchen, Katzen, junge Hunde, Ferkel, Tauben, Hühner und Enten an. Der dämmerungs- bis nachtaktive Netzpython wird am besten gegen Abend gefüttert. Eine Überwinterung entfällt. Die Paarungsaktivitäten werden durch ein geringfügiges Herabsetzen der Temperaturen auf 27 bis 28 °C und der Beleuchtungsdauer angeregt.

Nachzucht: Die Nachzucht ist nicht sonderlich schwierig und schon häufig gelungen. Wenn längere Zeit einzeln gepflegte, fortpflanzungsfähige Exemplare im November oder im Dezember zusammengesetzt werden, ist die Paarungsbereitschaft in der Regel vorhanden. Ich beobachtete mein über 5 m langes Weibchen mit einem 3,5 m langen Männchen am Abend des 2. Dezembers 1976 in stundenlanger Kopulation. Während der Vereinigung hatte das Männchen seinen Schwanz um den Schwanz des Weibchens geschlungen, wobei einer der Hemipenes in der Kloake verankert war. Am 23. April 1977 legte das Weibchen 45 Eier auf dem humushaltigen Bodensubstrat ab, um die es sich sofort ringelte und die es bebrütete. Jeden 2. oder 3. Tag überbrauste ich das Muttertier und somit teilweise auch die Eier mit mehreren Litern lauwarmen Wassers. Während der gesamten Brutdauer betrug die Lufttemperatur 28 bis 32 °C. Am 25. Juni 1977 überführte ich das Gelege in einen Behälter mit Humus und abgefallenen Blättern und deckte die Eier mit feuchtem Fließpapier ab. Die Temperatur betrug Tag und Nacht 28 bis 30 °C. Das Gelege übersprühte ich jeden Tag mit lauwarmem Wasser. Zwischen dem 16. und 19. Juli des gleichen Jahres schlüpften 37 junge Netzpythons von 75 bis 79 cm Körperlänge und einem Gewicht von 160 bis 170 g. Nach wenigen Wochen nahmen sie die ersten mittelgroßen Mäuse an. Nach drei Monaten hatten sie bereits eine Körperlänge von 130 cm erreicht. Der in zwei Unterarten auf dem südostasiatischen Kontinent beheimatete Tigerpython *(Python molurus)* ist nach den gleichen Richtlinien zu pflegen und nachzuziehen wie der Netzpython. Auch diese bis zu 8 m lang werdende Riesenschlange ist für den Anfänger sowie für den fortgeschrittenen Terrarianer wie geschaffen. Der Afrikanische Felsenpython *(Python sebae)*, der ausnahmsweise eine Länge bis zu 6 m erreicht, eignet sich in gleicher Weise als dankbarer Terrarieninsasse, der sich bei einigermaßen natürlichen Bedingungen unter Obhut des Menschen ebenso willig fortpflanzt. Zu seinem Wohlbefinden

Oben: Python reticulatus, ein über 5 m langes Exemplar im Terrarium des Verfassers.
Unten: Liasis fuscus albertisii wird wie Python reticulatus gepflegt. Diese Art ist schon häufig zur Nachzucht gebracht worden.

benötigt er jedoch ein Trockenterrarium, Tagestemperaturen zwischen 25 und 32 °C und Nachttemperaturen zwischen 18 und 22 °C (Cites beachten!).

Nerodia sipedon
Siegel-Ringelnatter

Kennzeichen: In Ausnahmefällen erreicht die Art bis zu 135 cm Körperlänge. Der längliche Kopf setzt sich nur geringfügig vom Hals ab. Es sind sieben Oberlippenschilde vorhanden, von denen das 5. das Auge berührt. 21 bis 25 Reihen stark gekielter Körperschuppen umgeben die Rumpfmitte. Die Anzahl der Bauchschilde variiert zwischen 135 und 155, die der Schwanzschilde zwischen 56 und 83. Die Körpergrundfärbung schwankt zwischen grau und dunkelbraun. Der Hals und der vordere Rückenteil sind dunkel quergebändert. Auf dem mittleren und hinteren Rückenteil sowie auf den Körperseiten stehen Flecken, die in Reihen gegeneinander versetzt sind. Die Bauchseite ist schwarz und rötlich gefleckt. Die halbmondförmigen Tupfen auf der Bauchseite können verstreut sein, dunkle Bezirke oder ein regelmäßiges Muster bilden oder auch fehlen.

Herkunft und Lebensraum: Die Verbreitung der Siegel-Ringelnatter erstreckt sich von Südkanada über die östlichen und mittleren USA bis nach Florida, Alabama und Mississippi. Sie lebt stets an oder in der Nähe von Tümpeln, Teichen, Seen, Bächen und Flüssen.

Haltung und Pflege: Nerodia sipedon benötigt ein geräumiges Aquaterrarium mit einem Unterschlupf aus flachen Steinen, Rindenstücken, einem hohlen Zierkork oder Baumstamm. Als Bodenfüllung kommt ein Gemisch aus Sand und Walderde in Betracht. Das Terrarium sollte einen hellen Standort haben und möglichst viel Sonneneinstrahlung erhalten. Ansonsten ist die Beleuchtung täglich ungefähr zwölf Stunden in Betrieb. Auch sollte ein Kletterbaum nicht fehlen, da die Tiere gerne klettern und sich stundenlang den Sonnenstrahlen oder der Beleuchtung aussetzen.

Zu ihrem Wohlbefinden benötigt Nerodia sipedon während der Aktivitätsperiode Tagestemperaturen zwischen 20 und 28 °C, besser sind jedoch 25 bis 32 °C, die in der Nacht um etwa 5 °C absinken sollen. Eine lokal wirkende Bodenheizung ist angebracht. Als Futter bietet man tote und lebende Fische.

Nachzucht: Die Siegel-Ringelnatter schreitet nach einer Überwinterungsdauer von drei bis fünf Monaten, die sie bei 5 bis 10 °C zubrachte, zur Fortpflanzung. Die Paarung findet von April bis Juni statt. 8 bis 99, meist 15 bis 30 Junge, werden zwischen August und Oktober lebend geboren. Bei der Geburt haben sie eine Körperlänge zwischen 16 und 27 cm. Sie häuten sich zum ersten Mal in ihrem Leben einige Tage nach der Geburt. Danach nehmen sie die erste Nahrung zu sich. Die Aufzucht der Jungschlangen mit kleinen Fischen und Fischstückchen ist nicht schwierig, wenn man sie einzeln in artgerecht betriebene Kleinter-

Oben rechts: Lystrophis semicinctus wird weitgehend wie Nerodia sipedon gepflegt. Die im Boden wühlende Art benötigt erhöhte Dauertemperaturen zwischen 25 und 32 °C. Als Bodengrund verwendet man ein leicht feuchtes Gemisch von feinem Sand und Walderde. Als Futter bietet man Amphibien und Stücke von Süßwasserfischen, die mit Froschschleim bestrichen sind. Die Tiere lassen sich gänzlich auf Forellenstreifen umgewöhnen. Einige Individuen nehmen auch Kükenschenkel an. Sehr pflegeleichte und schöne Art.
Oben links: Thamnophis sirtalis spaltet in zahlreiche geographische Rassen auf. Die leicht zu haltende Art ernährt sich von Amphibien, Fischen und gelegentlich Regenwürmern. Thamnophis sirtalis tetrataenia ist eine der buntesten Unterarten. Sie hat eine lokale Verbreitung in der Umgebung von San Francisco (Kalifornien).
Unten: Philodrys viridissimus benötigt ein mit Kletterästen versehenes und bepflanztes Terrarium. Tagestemperaturen zwischen 25 und 32 °C. Als Futter bietet man Mäuse. Die Art ist pflegeleicht und sehr haltbar.

Xenochrophis piscator aus Südostasien hält sich leicht bei Temperaturen zwischen 25 und 32 °C. Die genannte Art ist in einem Aquaterrarium unterzubringen und mit Süßwasserfischen und Fröschen zu ernähren.

rarien überführt. Bei guter Fütterung erreichen die jungen Siegelringelnattern bereits nach einem halben Jahr eine Körperlänge von 65 cm. *N. cyclopion, N. erythrogaster, N. fasciata, N. rhombifera, Thamnophis butleri, T. cyrtopsis, T. elegans* und *Opheodrys aestivus* verlangen die gleichen Pflegebedingungen wie *Nerodia sipedon*. Die genannten Arten sind einfach zu halten, züchten nach drei- bis fünfmonatiger Überwinterung leicht nach, und die Jungen lassen sich problemlos aufziehen. Aus diesem Grunde stellen die nordamerikanischen Wassernattern ideale Terrarienschlangen für den Anfänger, aber auch für den fortgeschrittenen Terrarianer dar.

Elaphe guttata
Kornnatter

Kennzeichen: Erwachsene Exemplare sind in der Regel 80 bis 120 cm lang. In seltenen Ausnahmen erreicht diese Natter ein wenig über 180 cm Körperlänge. Der Kopf ist länglich und setzt sich kaum vom Hals ab. Das Auge ist groß, die Pupillen sind rund. Acht Oberlippenschilde sind vorhanden. Die glatten oder schwach gekielten Schuppen umgeben die Körpermitte in 27 schrägen Reihen. Die Anzahl der Bauchschilde variiert zwischen 215 und 240, die der Schwanzschilde zwischen 61 und 79. Die Körperfärbung ist starken Schwankungen unterworfen.

Im Handel sind die unterschiedlichsten Zuchtformen zu haben. Neben Albinos, die ein wenig aus der Mode gekommen sind, gibt es Exemplare, deren Körperfarbe rostbraun, orangefarben bis ziegelrot sein kann. Daneben gibt es Tiere, die keinerlei Rottönungen aufweisen.

Die »normale«, rot oder rötlich gefärbte Kornnatter hat auf der Rückenmitte in ungefähr gleichen Abständen bräunliche bis ziegelrote Flecken, die mehr oder weniger schwarz gerandet sind. Die Flanken sind gleichfarbig gefleckt. Ein V-förmig gestalteter Fleck ziert den Hinterkopf und den Nacken. Die Bauchseite ist weißlich und schwarz gefleckt, die Schwanzunterseite gestreift. *Elaphe guttata emoryi* ist grau bis braun und ähnelt in den Zeichnungselementen sehr der erwähnten Nominatform.

Herkunft und Lebensraum: Die Kornnatter bewohnt den Osten der Vereinigten Staaten vom südlichen New Jersey bis nach Florida und im Westen vom südlichen Illinois und südlichen Tennessee über Nebraska, Colorado und Texas bis nach Mexiko. Der typische Lebensraum dieser Schlange sind lichte, sonnendurchflutete Wälder. Sie ist aber ebenso an Ackerrändern, in Obstplantagen, auf Ödland, in verwilderten Gärten, in gestrüppreichem Gelände und in der Nähe von von Pflanzen überwucherten Schutthäufen anzutreffen. Sie dringt in Scheunen und in verfallene und von Schlingpflanzen durchwuchterte Blockhäuser ein, wo man zuweilen mehrere Exemplare unter dem Dach antrifft. Sie hat ihre Wohnstätten in den Bauten von Kaninchen und Baumwollratten und in Steinhäufen. Selbst alte, rostige Kühlschränke, die in den Wald geworfen wurden, stellen zuweilen die Wohnstätte einer Kornnatter dar.

Haltung und Pflege: Die Pflege dieser hübschen Natter ist denkbar einfach. Wie bei zahlreichen anderen Schlangenarten ist die Art des Bodengrundes ziemlich unwichtig. Man kann die Kornnatter selbst auf Zeitungs- oder Fließpapier pflegen und nachzüchten. In Anpassung an den Lebensraum und im Aussehen natürlicher ist jedoch ein Gemisch aus Erde und Waldhumus, das man mit Moospolstern, trockenen Fichten- oder Kiefernnadeln und trockenen Blättern überdeckt. Wenn das Terrarium größere Ausmaße hat, braucht man auch auf eine Bepflanzung nicht zu verzichten. Die Pflanzen sollten jedoch eingetopft und die Töpfe sollten so kaschiert werden, daß man sie nicht mehr sieht. Als Unterschlupf verwendet man einen hohlen Baumstamm, eine derbe Zierkorkröhre, große Rindenstücke und Steinplatten. Der Bodengrund sollte im Bereich des Unterschlupfes leicht feucht gehalten werden. Ein Wassergefäß mit stets frischem Wasser ist eine Lebensnotwendigkeit.

Ein Terrarium, in dem Kornnattern gepflegt werden, sollte einen hellen Standort aufweisen. Ansonsten hält man die Beleuchtung zwölf bis 14 Stunden in Betrieb. Die optimalen Luft- und Bodentemperaturen hält man in der Aktivitätsperiode zwischen März und November auf Werten zwischen 22 und 30 °C. Nachts senkt man diese Temperaturen um 4 bis 6 °C. *Elaphe guttata* ist bei Temperaturen zwischen 10 und 12 °C zwei bis drei Monate zu überwintern. Als Futter bietet man weiße Mäuse und Hühnerküken an, die stets willig genommen werden.

Nachzucht: Die Nachzucht ist so einfach, daß sie selbst Anfängern auf Anhieb gelingt. Nach der notwendigen Überwinterung schreiten die Tiere im Frühjahr nach der ersten Häutung zur Paarung. Zwischen Mai und Juli legt das Weibchen meist zwölf bis 24 zu einem

Albinotische Erdnatter (Elaphe obsoleta).

Gelege verklebte Eier ab. Im Terrarium findet man das Gelege meist an der feuchtesten Stelle unter Moospolstern, unter Rindenstükken und Steinen. Wenn das trächtige Weibchen umherkriecht, bringt man eine Plastikdose oder ein Gurkenglas ins Terrarium. Die Eier werden meist in diesen Behältern abgelegt. Man bettet die Eier in feuchtes Substrat ein (Torf, Waldhumus, Sand, Vermiculite) und deckt sie mit leicht feuchtem Fließpapier oder ein wenig Sphagnum ab. Wie bei den Gelegen anderer Schlangenarten wird das Gelege von *Elaphe guttata* mindestens einmal pro Woche kontrolliert. Bei Temperaturen zwischen 25 und 32 °C schlüpfen die jungen Kornnattern nach einer Inkubationsdauer von 60 bis 75 Tagen. Die 20 bis 24 cm langen Jungschlangen sind einzeln unterzubringen und nach der ersten Häutung mit nestjungen Mäusen zu füttern. Nichtfressende Jungtiere werden mit Eiklar oder Wasser gleitfähig gemachten nackten Mäusen gestopft. Nach einigen Zwangsfütterungen fressen die jungen Kornnattern meist selbständig.

Die Haltung, Pflege und Nachzucht der Erdnatter *(Elaphe obsoleta)* und der Fuchsnatter *(Elaphe vulpina)*, die fast das gleiche Verbreitungsgebiet und die gleichen Lebensansprüche wie die Kornnatter haben, sind identisch. Die Kornnatter und die Erdnatter sind Schlangen für jeden Anfänger. Die Fuchsnatter, die ungefähr vier Monate zu überwintern ist, ist ein wenig heikler in der Pflege und daher nur dem Fortgeschrittenen zu empfehlen.

Elaphe taeniura
Streifenkletternatter

Kennzeichen: *Elaphe taeniura* kommt in mindestens sieben Unterarten vor, die in ihrem äußeren Erscheinungsbild sehr vielgestaltig sind. Die am häufigsten gepflegte und zur Nachzucht gebrachte Unterart ist *Elaphe taeniura friesi*. Sie erreicht eine Körperlänge von 250, unter Umständen sogar von 300 cm und ist somit die größte Rasse dieser Art. Der Kopf ist länglich und setzt sich kaum vom Hals ab. Eine schwarze Binde zieht sich vom Auge zum Mundwinkel. Es sind neun Oberlippenschilde vorhanden, von denen das 5. und 6. Oberlippenschild an das Auge grenzen. Auf der Rumpfmitte umgeben 25, seltener 23 glatte Schuppen den Körper in schrägen Reihen. Die Anzahl der Bauchschilde variiert zwischen 241 und 258, die der Schwanzschilde zwischen 95 und 111. Kopf- und Halsregion sind einfarbig gelbbraun. Die schwarzen Rückenflecken verschmelzen mehr oder weniger paarweise miteinander. Die vorderen zwei Drittel der Körperseiten sind ebenfalls schwarz gefleckt. Im letzten Körperdrittel löst sich die Körperzeichnung auf jeder Körperseite in eine schwarze und auf dem Rücken in eine gelbe Linie auf. Die porzellanfarbene Bauchseite ist von schwarzen, schachbrettartigen Flecken bedeckt.

Herkunft und Lebensraum: *Elaphe taeniura* hat in Südostasien ausgehend vom östlichen Himalaja über China, Taiwan, Korea, Japan, Assam, Burma, Laos, Thailand, die Malayische Halbinsel, Sumatra und Borneo eine weite Verbreitung. Die Streifenkletternatter kommt in den unterschiedlichsten Lebensräumen und in Höhenbereichen von mehr als 3000 m vor. Auch scheint sie nicht selten zu sein. Sie lebt ebenso im dichten Wald wie um menschliche Ansiedlungen herum. Auch in der Nähe von Gewässern wird sie angetroffen. Sie hält sich im hohen Gras auf, und im Gebüsch wurde sie mehrere Meter über dem Erdboden angetroffen. STEJNEGER berichtet von einem Exemplar, das er bei Tatsienlu in China in einer Höhenlage von 3660 m fing. Die Unterart »*ridleyi*«, die in der südthailändischen Provinz Yala, auf der Malayischen Halbinsel und auf Sumatra beheimatet ist, lebt in der Nähe von und in Höhlen und ernährt sich hier von Nagetieren und Fledermäusen. *Elaphe taeniura grabowskyi* kommt auf Borneo vor, während *Elaphe taeniura friesi* auf Taiwan beheimatet ist. Die Streifenkletternatter ist flink und wendig. Sie bewegt sich geschickt auf dem Erdboden, im Gestrüpp und auf Bäumen.

Haltung und Pflege: *Elaphe taeniura*, vor allem die Unterart »*friesi*«, gehört zu den empfehlenswertesten Terrarienpfleglingen überhaupt. Diese stattliche Schlange ist leicht zu halten und ebenso leicht zur Nachzucht zu bringen. In Anbetracht der Maximalgröße von ca. 250 bis 300 cm Körperlänge ist ein etwas größerer Behälter von mindestens 100 cm Länge, 60 cm Breite und Höhe und mehr angezeigt, um dieses prachtvolle Geschöpf so richtig zur Geltung zu bringen.

Oben: Elaphe taeniura friesi.
Unten: Elaphe mandarina lebt in den Bergen von Nordburma bis Westchina. Die Art ist sehr begehrt, aber heikel in der Pflege. Überwinterung zwischen 10 und 15 °C ist angezeigt. Ansonsten hält man diese im Boden wühlende und nachtaktive Art bei Tagestemperaturen zwischen 23 und 28 °C. Futter: kleine Mäuse.

Aber auch in kleineren Behältern fühlt sich ein Pärchen der Streifenkletternatter wohl und pflanzt sich ohne Schwierigkeiten fort. Als Bodenfüllung verwendet man ein Gemisch aus Sand und Waldhumus, das man mit einer Schicht von Fichten- und Tannennadeln sowie trockenen Blättern überdeckt. Ein größeres Wassergefäß ist notwendig. Man verzichtet auf eine Bepflanzung, da Pflanzen auf jeden Fall zerstört werden. Als Unterschlupf kommen ein hoher Baumstamm, eine große Zierkorkröhre oder schwere Steine in Betracht, die zu einem Versteck zusammengestellt werden, unter denen sich die weitgehend nachtaktiven Tiere fast ganztägig aufhalten. Der Bodengrund unter dem Versteck sollte stets leicht feucht gehalten werden. Ein heller bis sonniger Terrarienstandort ist empfehlenswert, andernfalls muß die Beleuchtung zehn bis zwölf Stunden täglich in Betrieb sein. Die optimalen Luft- und Bodentemperaturen liegen am Tage zwischen 25 und 32 °C und in der Nacht zwischen 22 und 24 °C.

Elaphe taeniura ist ungemein gefräßig und schnellwüchsig. Gut gefütterte Jungtiere werden bereits nach zwei Jahren geschlechtsreif. Als Futter bietet man frisch abgetötete Mäuse, Ratten und Hühnerküken, die sofort gepackt, erdrosselt und hinuntergewürgt werden. Da Streifenkletternattern sehr futterneidisch sind, ist jede Fütterung zu überwachen, da eine Schlange sofort das Futtertier der anderen packt.

Unter ungünstigen Umständen kann es vorkommen, daß das größere Exemplar das kleinere erdrosselt und mit hinunterwürgt. Gefüttert werden wöchentlich bis zehntägig vier bis sechs große Mäuse oder Küken oder eine große Ratte.

Nachzucht: Auch hier ist die Überwinterung die Voraussetzung für die Nachzucht. Ich überwintere meine Tiere von Mitte Dezember bis Ende Februar bei 12 bis 15 °C im Dämmerlicht in einem Behälter mit leicht feuchtem Sphagnum. Die Eiablage findet im Mai und im Juni statt. Die Schlangen kopulieren im März und im April. Man inkubiert die Eier in leicht feuchtem Waldhumus und Sphagnum bei 25 bis 32 °C und einer Luftfeuchtigkeit von 80 bis 90%. Die Jungen sind beim Schlupf bereits 35 cm lang. Sie werden unter den gleichen Haltungsbedingungen in ein kleineres Terrarium überführt, wo sie nach der ersten Häutung sofort Nahrung in Form kleiner behaarter Mäuse annehmen und problemlos heranwachsen. *Elaphe taeniura friesi* eignet sich besonders für den Anfänger, der über ein größeres Terrarium verfügt. *Elaphe carinata, E. climacophora, E. quadrivirgata* und *E. dione* verlangen fast die gleichen Pflegebedingungen wie *E. taeniura*. Sie sind auch in ungefähr gleicher Weise zur Nachzucht zu bringen.

Elaphe quatuorlineata
Vierstreifennatter

Kennzeichen: Diese kräftige Kletternatter erreicht eine Körperlänge von 150 cm, gelegentlich sogar von über 200 cm. Der längliche Kopf setzt sich ein wenig vom Hals ab. *Elaphe quatuorlineata* ist stämmiger und gedrungener gebaut als jede andere europäische Kletternatter. Die Anzahl der Oberlippenschilde beträgt acht. Das vierte und fünfte Oberlippenschild berührt das große Auge. Die leicht gekielten Rückenschuppen umgeben die Körpermitte in 23 oder 27 schrägen Reihen. Die Anzahl der Bauchschilde variiert zwischen 195 und 234, die der Schwanzschilde zwischen 68 und 90.

In der Grundfärbung ist die genannte Art hell bis dunkelbraun. Je nach Unterart zeigen erwachsene Exemplare vier schwarze Längsstreifen oder dunkle Flecken auf dem Rücken, die zum Schwanzende hin zunehmend verblassen. Die Bauchseite ist dunkel gesprenkelt. Ein dunkler Schläfenstrich verbindet das Auge mit dem Mundwinkel. Junge Vierstreifennattern sind auf dem Rücken und auf den Körperseiten dunkelbraun oder schwarz gefleckt.

Herkunft und Lebensraum: *Elaphe quatuorlineata* ist auf dem Balkan, auf einigen griechischen Inseln und in Westasien weit verbreitet. Sie bevorzugt sonnige, buschbestandene Hänge auf steinig-felsigem Untergrund. Ebenso kommt sie an Waldlichtungen, im Karst, an und in ausgetrockneten Bachbetten und seltener an den Ufern stehender Gewässer vor, besonders wenn letztere in trockenes, steiniges und bebuschtes Hinterland übergehen. Hier ist die Vierstreifennatter je nach Jahreszeit und nach den jeweiligen Temperaturen am frühen Morgen, während des ganzen Tages, in der Dämmerung, aber auch in der Nacht unterwegs.

Haltung und Pflege: *Elaphe quatuorlineata* verlangt ihrer Körpergröße entsprechend einen geräumigen, hell bis sonnig stehenden Behälter von 100 bis 120 cm Länge, ungefähr 60 bis 80 cm Breite und Höhe. Als Bodengrund verwendet man ein Gemisch aus Lauberde, Sand und Waldhumus. Die Bodenschicht bedeckt man mit Moosplatten und trockenen Blättern und hält den Bodengrund an einer Stelle leicht feucht. Ein größeres Wassergefäß ist notwendig. Als Versteck kommt ein hohler Baumstamm, große Zierkorkröhren oder zum Unterschlupf zusammengestellte Steine in Betracht. Auch einige Kletteräste sind anzuraten. Wenn kein Sonnenlicht einfällt, muß die Beleuchtung täglich zehn bis zwölf Stunden in Betrieb sein. Während der Aktivitätsperiode von März bis Oktober sollen die Luft- und Bodentemperaturen am Tage zwischen 25 und 30 °C betragen und in der Nacht auf 18 bis 22 °C absinken.

Als Futter für diese leicht zu haltende Natter genügen Mäuse, Ratten und Hühnerküken.

Je nach ihrer Herkunft sind die Tiere zwei bis vier Monate bei 5 bis 10 °C zu überwintern.

Nachzucht: Die Paarung findet im April, Mai oder Anfang Juni in der bei Nattern üblichen Weise statt. Vor der Kopulation verfolgen die Männchen die Weibchen oft stundenlang. Die sechs bis 17 ungefähr 60 × 30 mm großen Eier werden acht bis neun Wochen nach der Kopulation abgelegt und in einem leicht feuchten Substrat von Vermiculite, Lavaerde oder einem Gemisch von Waldhumus und Sand bei Temperaturen um 27 °C inkubiert. Die 28 bis 41 cm langen und 20 bis 30 g schweren Jungschlangen schlüpfen nach einer Entwicklungsdauer von ungefähr acht Wochen. Man bringt sie zur besseren Entwicklung einzeln in Kleinterrarien unter und füttert sie nach der ersten Häutung mit jungen Mäusen. Bei guter Fütterung ist die Aufzucht unproblematisch, und die jungen Schlangen sind schnellwüchsig. Bereits nach einem Jahr können sie eine Körperlänge von 90 cm erreicht haben. Die Äskulapnatter (*Elaphe longissima*) und die Treppennatter (*Elaphe scalaris*) sind in der Pflege und in der Nachzucht mit der Vierstreifennatter vergleichbar.

Elaphe situla
Leopardnatter

Kennzeichen: Die Leopardnatter ist eine der farbigsten europäischen Schlangen, die eine Körperlänge von 100 cm kaum überschreitet. Das schlanke Tier mit dem länglichen Kopf, der sich nur unbedeutend vom Hals absetzt, hat glatte Schuppen, die die Rumpfmitte in 27, selten in 25 oder 21 schrägen Reihen umgeben. Die Anzahl der Oberlippenschilde beträgt sieben oder acht, die der Bauchschilde variiert zwischen 201 und 220, die der Schwanzschilde zwischen 48 und 68.

Der Rücken und die Körperseiten sind hell bis dunkelgrau. Vom Nacken aus setzt sich eine Reihe unregelmäßig geformter, orangefarbiger, brauner, rotbrauner bis ziegelroter Flecken über den Rücken hinweg fort. Die Flanken nehmen in Richtung auf den Schwanz hin an Größe ab und verblassen schließlich gänzlich. Die Rückenflecken sind von dunklen bis schwarzen Rändern umgeben. Die Körperseiten sind von schwarzgesäumten roten Flecken sowie von kleinen schwarzen Flecken bedeckt. Die Bauchseite ist im vorderen Drittel porzellanfarben und nach hinten zunehmend schwarz gesprenkelt. Das Kopfornament besteht aus beidseitigen dunklen Querbinden. Der Nacken ist mit einem winkelförmigen Flecken versehen, dessen nach rückwärts zeigende Schenkel sich an den Enden oft miteinander verbinden. Neben der gefleckten Variante tritt eine gestreifte Variante auf, die seltener ist.

Herkunft und Lebensraum: Die hübsche Natter hat in Süditalien, auf Sizilien, auf der Balkanhalbinsel sowie auf zahlreichen griechischen Inseln, auf Kreta, in der Türkei, im Kaukasus und auf der Krim eine weite Verbreitung. Das Tier bewohnt sowohl Natur- wie altes Kulturland. Es bevorzugt trockene, steinige und von niederem Buschwerk durchsetzte Örtlichkeiten, die dem vollen Sonnenlicht ausgesetzt sind. Während des Tages hält sich die Leopardnatter unter Steinen, in Steinhaufen, in Legesteinmäuerchen, in Felsspalten und in ähnlichen Verstecken auf, die sie in der Nacht verläßt.

Haltung und Pflege: In Anpassung an ihren mediterranen, trockenwarmen Lebensraum wird das Leopardnatterterrarium in diesem Sinne gestaltet. Die Bodenfläche bedeckt ein Gemisch aus Lehm und Sand mit ein wenig Waldhumus. Als Verstecke dienen eine Reihe flacher Steine, die mauerähnlich zusammengestellt werden sowie eine Zierkorkröhre. Ein Wassergefäß, eine schwache Bodenheizung und einige Kletteräste vervollständigen die Inneneinrichtung des Terrariums.

Als Bepflanzung eignen sich eingetopfter Efeu, Kirschlorbeer oder einige andere an die Trockenheit angepaßte Pflanzen.

Das ungefähr 1 m lange und 60 cm breite Terrarium sollte auf jeden Fall hell stehen und während einiger Stunden Sonnenstrahlen erhalten. Während wolkiger Tage hält man die Beleuchtung tagsüber zehn bis 14 Stunden in Betrieb.

Elaphe situla verlangt während des Tages Luft- und Bodentemperaturen zwischen 22 und 28 °C und in der Nacht 18 bis 20 °C. An sonnigen Tagen hält sich die Leopardnatter beim Sonnenbad oft stundenlang im Geäst auf. Manche Exemplare suchen vor der Häutung den Wasserbehälter auf.

Als Futter bietet man alle zwei bis drei Wochen eine kleinere bis mittelgroße Maus an, die durch Erdrosseln getötet wird. In der Regel frißt die Leopardnatter gut. Allerdings legt sie gelegentlich wochen- oder gar monatelange Fastenpausen ein, die bei gesunden Exemplaren nichts Ungewöhnliches sind.

Elaphe situla wird am besten im Terrarium drei bis vier Monate in der Dunkelheit oder im Dämmerlicht bei Temperaturen zwischen 5 und 15 °C überwintert. In einem geräumigen, richtig eingerichteten Terrarium, das einen sonnigen Standort aufweist und bei dem die Licht- und Temperaturverhältnisse stimmen, ist die Pflege eines Pärchens der genannten Art durchaus nicht schwer.

Nachzucht: Auch hier ist die Voraussetzung für die Nachzucht eine drei- bis viermonatige Überwinterung. *Elaphe situla* paart sich von Mai bis Juni. Die zwei bis fünf Eier, gelegentlich sind es bis zu acht, werden im Terrarium meist unter flachen Steinen abgelegt. Mit Ausmaßen von 4 × 2 cm oder gar 6 cm Länge sind sie ungewöhnlich groß. Man inkubiert sie in einem leicht feuchten Substrat, wie Vermiculite, Schaumstoffschnitzel oder einem Sand-Torf-Gemisch, bei 24 bis 28 °C. Nach einer Entwicklungsdauer von 60 bis 70 Tagen schlüpfen die 27 bis 35 cm langen Jungschlangen, die man einzeln in Kleinterrarien unter den bereits geschilderten Haltungsbedingungen unterbringt.

Nach der ersten Häutung bietet man den jungen Leopardnattern nackte Mäuse an. Nicht fressende Exemplare werden zwangsgefüttert. Die jungen Leopardnattern sind bei guter Fütterung nach drei bis vier Jahren geschlechtsreif.

Lampropeltis getulus

Kettenkönigsnatter, Kettennatter

Kennzeichen: *Lampropeltis getulus* existiert in elf geographischen Rassen und ist daher in seinem äußeren Erscheinungsbild von Unterart zu Unterart verschieden. Die Körperlänge schwankt zwischen 100 und etwas über 180 cm. Der Kopf von *Lampropeltis getulus* ist länglichoval und setzt sich kaum vom Hals ab. Die Grundfärbung des Körpers ist schwarz oder grau und von einem weißen, gelblichen, hell- oder dunkelgrauen Zeichnungsmuster durchsetzt, das von Unterart zu Unterart so abgewandelt ist, daß eine allgemeine Beschreibung kaum möglich ist. Darüber hinaus gibt es in der Färbung und Zeichnung viele individuelle Übergänge, wobei die einzelnen Unterarten an den Überschneidungspunkten ihrer Verbreitungsgrenzen noch verbastardieren. Durch den Menschen entstanden im Laufe der Jahrzehnte durch künstliche Zuchtwahl die verschiedenartigsten Zuchtformen, die man heute überall erwerben kann. Auch albinotische Tiere werden gelegentlich angeboten. Bei *Lampropeltis getulus californiae* tritt beispielsweise eine geringelte Variante auf und eine, die auf der Rückenmitte ein Längsband aufweist. Beide Zeichnungsvarianten können im gleichen Gelege vorkommen.

Herkunft und Lebensraum: Die Kettennatter ist über weite Teile der USA von Südoregon und Kalifornien bis in die östlichen und südöstlichen Teile dieses Landes verbreitet. In Mexiko kommt sie in Baja California, in Chihuahua, in Sonora, in San Luis Potosi und in Tamaulipas vor.

Lampropeltis getulus bewohnt die weiten Ebenen. Im Gebirge erstreckt sich ihre vertikale Verbreitungsgrenze kaum über 800 m hinaus. In Anpassung an ihre weite Verbreitung werden die einzelnen Unterarten in ganz verschiedenen Lebensräumen angetroffen. Sie umfassen feuchte Kiefernwälder mit oft sandigem Untergrund, gestrüpp- und gebüschreiches Gelände, die Uferzonen und das angrenzende Hinterland von Gewässern, Weg-, Wiesen-, Acker- und Straßenränder sowie Berghänge und Geröllhalden, die von vereinzelten Bäumen und Gebüschen durchsetzt sind. Hier hat *Lampropeltis getulus* ihre Schlupfwinkel unter umgefallenen Bäumen und im Wurzelwerk von Baumstümpfen, in Tierhöhlen im Erdboden, unter Felsen, Steinhaufen usw.

Haltung und Pflege: In Anbetracht ihrer Körperlänge sollte ein Pärchen dieser Art in einem etwas größeren Terrarium von 80 bis 100 cm Länge, 40 bis 50 cm Breite und der gleichen Höhe untergebracht werden. Gut gefütterte Tiere fallen in der Regel nicht übereinander her und fressen sich nicht auf. Da bei *Lampropeltis getulus* in freier Natur Schlangen einen Teil ihres Beutespektrums ausmachen, ist Einzelhaltung jedoch sicherer.

Als Bodengrund eignet sich ein Gemisch aus Gartenerde mit Waldhumus. Als oberste Schicht kann man trockene Kiefern- oder Fichtennadeln, trockene Blätter und Moos verwenden. Der Bodengrund sollte an einer Stelle leicht feucht gehalten werden. Ein etwas größerer Wasserbehälter ist notwendig. Als Verstecke eignen sich Baumstubben, Steinplatten sowie große Rindenstücke. Auf eine Bepflanzung kann man verzichten oder man verwendet einen eingetopften Efeu oder einige Brombeerranken.

Am Tage bietet man während der Aktivitätsperiode Temperaturen zwischen 24 und 30 °C an, die in der Nacht auf 20 bis 22 °C abfallen sollen. Das Terrarium sollte einen hellen Standort aufweisen und Sonnenlicht erhalten; ansonsten ist die tägliche Beleuchtung zehn bis 14 Stunden in Betrieb. In einem beheizten Terrarienzimmer, in dem die genannten Temperaturen über die Luft erreicht werden, erübrigt sich eine lokale Bodenheizung.

Eine Überwinterung in Dunkelheit oder Dämmerung von zwei bis vier Monaten bei Temperaturen zwischen 5 und 15 °C ist notwendig. Tiere aus Florida sollen nicht länger als zwei Monate überwintert werden. *Lampropeltis getulus* ist im Futter in keiner Weise wählerisch. Je nach der Größe der Schlange sollten wöchentlich bis 14tägig ein bis vier Mäuse oder Hühnerküken gefüttert werden.

Nachzucht: Nach der Überwinterung findet die Paarung in den Frühjahrsmonaten April, Mai und Juni statt, wobei das Männchen züngelnd und in Wellenlinien über den Rükken des Weibchens kriecht. Das Weibchen legt zwischen Juni und August drei bis 30 längliche Eier. Wenn man an die feuchten Stellen im Terrarium einen kleinen Haufen feuchten Torfmooses legt, kann man sicher sein, daß das Weibchen unter dem Moos eine muldenförmige Vertiefung scharrt und hier ihre Eier ablegt. Nach der Eiablage wird das Gelege in einem leicht feuchten Substrat (Vermiculite, Lavaerde, Gemisch von Sand und Waldhumus usw.) bei Temperaturen zwischen 26 und 30 °C untergebracht. Nach einer Dauer von 60 bis 85 Tagen schlüpfen die Jungen, die ihre erste Häutung nach zehn bis 14 Tagen durchmachen.

Junge Kettennattern haben kannibalistische Neigungen und gedeihen auch in Einzelhaltung besser als in gemeinsamer Aufzucht. Aus diesem Grunde werden die Jungtiere in Kleinterrarien oder Plastikboxen einzeln untergebracht. Die meisten Jungschlangen nehmen lebende und frisch abgetötete Nacktmäuse anstandslos an. Ein geringerer Anteil ist aber nicht an das Futter zu bringen und muß daher zwangsgefüttert werden. Für die Zwangsfütterung verwendet man Herzfleischstreifen, da das Maul junger Kettennattern kleiner ist als das der Kletternattern. Darüber hinaus muß man das Maul einer jungen Kettennatter mit Gewalt öffnen, da die Jungschlange starke Abwehrreaktionen zeigt. Nach einiger Zeit gehen diese Futterverweigerer selbständig an nackte Mäuse, so daß man mit der weiteren Aufzucht in der Regel keine Probleme mehr hat.

Lampropeltis getulus ist eine für den Anfänger wie für den fortgeschrittenen Terrarianer empfehlenswerte Art, die leicht haltbar und nachzüchtbar ist und über 20 Jahre im Terrarium ausdauert. Ebenso gepflegt und nachgezüchtet wird *Lampropeltis calligaster*. Diese Art wird aber nicht so häufig in Terrarien gehalten.

Lampropeltis alterna
Transpecos-Königsnatter

Kennzeichen: Die Transpecos-Königsnatter hat mehrfach ihren nomenklatorischen Status gewechselt. Vor ungefähr 20 Jahren war sie unter der Bezeichnung *Lampropeltis blairi* bekannt. Anschließend wurde sie als *Lampropeltis mexicana blairi*, heute wird sie als *Lampropeltis alterna* geführt. Diese sehr schöne und wegen ihrer leichten Haltbarkeit gerade dem Anfänger zu empfehlende Art erreicht im Adultzustand eine Körperlänge zwischen 70 und maximal 120 cm. Der Kopf ist flach und setzt sich deutlich vom Hals ab. Auffällig sind die großen, vorstehenden Augen, deren Pupillen sich im hellen Licht punktförmig zusammenziehen. Der kräftige Körper ist sehr muskulös.

Die Schuppen sind ungekielt. Die Rumpfschuppen umgeben die Körpermitte in 25 schrägen Reihen. Die Anzahl der Bauchschilde betrug bei einem Exemplar 229 und die der Schwanzschilde 63. Von den acht Oberlippenschilden berühren das dritte und das vierte den unteren Augenrand.

In der Färbung ist *Lampropeltis alterna* ungemein variabel. Die Grundfärbung des Rückens und der Körperseiten durchläuft alle Grautöne von fast porzellanweiß über hellgrau, dunkelgrau bis schiefergrau oder gar schwarzgrau. Die Kopfoberseite kann einfarbig schwarz oder dunkel gefleckt und gestrichelt sein oder ein hufeisenförmiges Muster aufweisen. Eine dunkle Linie verbindet den unteren Augenrand mit dem Mundwinkel. Die Rücken- und die Flankenzeichnung sind charakteristisch und machen diese Art unverwechselbar. Sie besteht in der Regel aus 14 mehr oder weniger breiten, dunkelroten Sattelflecken, die schwarz eingefaßt sind. Die Bauchseite ist regelmäßig gefleckt. Der Schwanz wird von vier bis fünf schwarzen, im Kern oft rötlich getönten Ringen umgeben.

Herkunft und Lebensraum: *Lampropeltis alterna* ist in Südwesttexas im Transpecos-Gebiet westlich von Del Rio bis zum Big Bend Nationalpark und nach Süden hin bis über den Rio Grande verbreitet. Hier bewohnt sie vor allem trockene, aber auch mäßig feuchte Biotope im Flachland sowie im Gebirge, wo sie während des Tages unter Felsblöcken, am Rande von Geröllhalden und in steinigen Bachbetten lebt. Das Vegetationsbild ist durch allerlei Kakteen, vor allem Opuntien, *Echinocereus*-Arten, Ocotillos, Mesquite, Creosotbüsche und Yuccas gekennzeichnet. *Lampropeltis alterna* ist ein nächtlich lebendes Geschöpf, das in der Dämmerung und in der Dunkelheit munter wird und zu dieser Zeit auch über Straßen und Wege kriecht. Sie wird wegen ihrer nächtlichen Bewegungsaktivität nicht nur häufig ein Verkehrsopfer, sondern auch von Schlangenfängern, die vom Auto aus mit den Autoscheinwerfern die Straße ableuchten, aufgesammelt.

Haltung und Pflege: Die Haltung und Nachzucht dieser farbenprächtigen Art ist ungemein einfach. Bei einer einigermaßen korrekten Pflege wird die Transpecos-Königsnatter unter Terrarienbedingungen über 20 Jahre alt und pflanzt sich bis ins hohe Alter fort.

Das Terrarium für ein Pärchen von *Lampropeltis alterna* sollte mindestens 50 cm lang, 40 cm breit und ebenso hoch sein. Als Bodengrund kann man Gartenerde, vermischt mit Sand oder Lehm verwenden. Zwingend notwendig sind Verstecke, die man durch Übereinanderschichtung flacher Steine herstellt. Die Bodenheizung sollte während des Tages lokal eine mäßige Wärme von 25 bis 30 °C oder maximal 32 °C hervorrufen. Die Luft-

Lampropeltis alterna.

temperaturen sollen am späten Nachmittag die gleichen Werte aufweisen. Als Beleuchtung eignen sich normale Leuchtstoffröhren. Die Beleuchtung soll während des Tages zehn bis 14 Stunden in Betrieb sein.

Gefüttert wird wöchentlich mit lebenden oder frisch getöteten Mäusen. Die beste Fütterungszeit ist am späten Nachmittag oder gegen Abend, wenn die Tiere munter werden. Obwohl es sich bei *Lampropeltis alterna* um an die Trockenheit angepaßte Schlangen handelt, darf ein Wassergefäß nicht fehlen.

Nachzucht: Die Nachzucht der Transpecos-Königsnatter ist nur möglich, wenn die Tiere bei herabgesetzten Temperaturen zwischen 5 und 15 °C, optimal sind Temperaturen zwischen 10 und 15 °C, in einem abgedunkelten Behälter überwintert werden. Ohne Überwinterung bringen Transpecos-Königsnattern keinen Nachwuchs hervor.

Werden *Lampropeltis alterna* jedoch 3 bis 4,5 Monate in der angegebenen Weise im Trockenterrarium, in dem auch im Winter das Wassergefäß nicht fehlen darf, bei herabgesetzten Temperaturen und abgeschalteter Beleuchtung über den Winter gebracht, so bleiben Kopulationen von Anfang April bis Juni nie aus.

Man sollte nur ein Männchen und ein Weibchen im Terrarium pflegen. Zwei Männchen stören sich regelmäßig während der Fortpflanzungsperiode durch Kommentkämpfe, was die Kopulationshäufigkeit vermindert. Wenn man ein Männchen austauscht und zu einem anderen Weibchen setzt, kommt es in vielen Fällen bereits nach Minuten zur Kopulation. Vier bis sechs Wochen nach der Kopulation setzt das Weibchen meist vier bis sechs, ältere Weibchen sogar bis zu zehn länglich-ovale Eier ab. Vor der Eiablage scharrt das Weibchen tagelang an einer etwas feuchten Stelle den Bodengrund muldenartig auf, um hier seine Eier abzulegen. Zu dieser Zeit legt man ein Gurkenglas oder eine Plastikdose mit leicht feuchter Walderde oder Moos ins Terrarium. Das Gefäß wird fast ausnahmslos vom Weibchen zur Eiablage angenommen. Am gleichen oder in den nächsten Tagen findet man in dem Gefäß die zu einem Gelege zusammengeklebten Eier. Man bettet die Eier in ein leicht feuchtes Substrat (Vermiculite, Lavaerde, Sand, vermischt mit Waldhumus) ein. Die günstigsten Bruttemperaturen liegen zwischen 28 und 30 °C. Die Entwicklungsdauer der Jungschlangen bis zum Schlüpfen nimmt zehn bis 13 Wochen in Anspruch. Die geschlüpften Jungen sind 21 bis 23 cm lang. Nach zehn bis zwölf Tagen häuten sie sich zum ersten Mal in ihrem Leben. Anschließend an die erste Häutung nehmen alle Jungschlangen sofort als Erstfutter junge Eidechsen an. Nur der geringere Teil geht an nestjunge, nackte Mäuse. Da die jungen Schlangen nackte Mäuse meist als Erstfutter verschmähen und junge Eidechsen nur selten zur Hand sind, entschließt man sich zur Zwangsfütterung. Die meisten jungen *Lampropeltis alterna* entschließen sich nach einigen Zwangsfütterungen bald zu selbständiger Nahrungsaufnahme und wachsen dann problemlos und zügig heran.

Lampropeltis pyromelana
Arizona-Königsnatter
Kennzeichen: Die etwas über 100 cm lang werdende Natter hat einen kräftigen, gestreckten Körper. Der Kopf setzt sich kaum vom Hals ab. 23 bzw. 25 glatte Schuppen umgeben die Rumpfmitte in schrägen Reihen. Die Anzahl der Bauchschilde variiert zwischen 216 und 235, die der Schwanzschilde zwischen 62 und 79. Es sind sieben Oberlippenschilde vorhanden, von denen das dritte und das vierte den unteren Augenrand berühren. Das vordere Kopfdrittel ist weiß oder gelblich, dahinter ist es schwarz und in manchen Fällen von einem weißen oder rötlichen Fleck durchsetzt. Der Körper ist von ziegel- bis leuchtendroten und schwefelgelben bis weißen Ringen umgeben, die durch engere schwarze Umrandungen getrennt sind. Somit ist *Lampropeltis pyromelana* eine der buntesten Schlangen überhaupt. Die Pflege und Nachzucht dieser Art ist ungemein einfach.

Herkunft und Lebensraum: *Lampropeltis pyromelana* bewohnt in vier Unterarten die westlichen USA vom nördlichen Zentralutah bis nach Südostnevada, Arizona, Südwestneumexiko und in Mexiko Ostsonora und Zentralchihuahua, wo sie in Höhenlagen zwischen 900 und 2300 m vorkommt. Hier lebt sie in lichten Kiefern- und Eichenwäldern, in Cañons, an den Rändern von Geröllhalden und in Geröllhalden, an Bachufern und in von Felsen durchsetztem Gelände zwischen Felsspalten und unter Steinen. Je nach geographischer Lage und Höhenlage überwintert die Schlange vier bis sechs Monate.

Haltung und Pflege: Die Pflege dieser prachtvollen Natter ist in einem 50 cm × 40 cm × 40 cm großen Terrarium, das auch größere Ausmaße haben darf, denkbar einfach. Als Bodengrund kommt ein Gemisch von Lehm mit Sand und ein wenig Waldhumus in Betracht. Wesentlich für die dämmerungs- bis nachtaktive Arizona-Königsnatter sind einige Steine und Rindenstücke, die so aufgebaut werden, daß sie einen passenden Unterschlupf bilden. Eine oder einige eingetopfte, trockenheitsliebende Pflanzen, deren Blumentöpfe geschickt durch Steine kaschiert werden, bilden eine naturnahe Dekoration. Während der Aktivitätsperiode von März bis Oktober sind am Tage Luft- und Bodentemperaturen zwischen 25 und 30 bis 32 °C notwendig. Nachts sollte die Temperatur nicht unter 18 °C sinken. Am Tage soll die Beleuchtung zehn bis 14 Stunden in Betrieb sein. Ein Wassergefäß mit stets frischem Wasser ist eine Lebensnotwendigkeit.

Da *Lampropeltis pyromelana* erst gegen Abend und in der Dunkelheit munter wird, ist auch gegen Abend zu füttern. Als Futter eignen sich je nach Größe der Schlangen, von denen man nie mehr als ein Pärchen in einem Terrarium pflegen sollte, kleinere bis mittelgroße Mäuse, die man lebend oder frisch abgetötet anbietet.

Die Voraussetzung für eine Nachzucht ist eine 4 bis 4½monatige Überwinterung bei abgeschaltetem Licht und Temperaturen zwischen 5 und 15 °C. Ich belasse meine Exemplare während des Winters stets in ihren Terrarien und dunkle die Behälter mit Zeitungspapier ab. Jedes Jahr habe ich regelmäßig Nachzucht.

Nachzucht: Die Paarung von *Lampropeltis pyromelana* findet zwischen April und Juni statt. Das Männchen kriecht züngelnd und mit ruckartigen Kopfbewegungen in Wellenlinien über den Rücken und die Flanken des Weibchens. Schließlich drückt das Männchen den Schwanz des Weibchens nach oben und führt einen seiner beiden Hemipenes in die Kloake des Weibchens ein. Zwischen Juni und Juli legt das Weibchen je nach Körpergröße zwei bis sechs Eier, zuweilen können es auch bis zu zehn Eier sein, an einer leicht feuchten Stelle im Terrarium ab. Sie sind mit einer Länge von 5 bis 6 cm ungewöhnlich lang. Einige Tage vor der Eiablage wird das Weibchen unruhig, kriecht umher und scharrt meist unter einem

Oben: Lampropeltis pyromelana pyromelana.
Unten: Lampropeltis zonata pulchra.

Stein oder Rindenstück eine muldenartige Vertiefung in das Substrat. Spätestens zu diesem Zeitpunkt bringt man ein Gefäß mit feuchtem Moos im Terrarium unter. Fast immer legt das Weibchen seine Eier in dieses Gefäß ab. Man entfernt das Gelege, über dem das Weibchen nach der Eiablage noch eine Zeitlang wie zum Schutz ruht, und bringt es in einem Sand-Waldhumus-Gemisch, in Vermiculite oder in einem ähnlichen, nur leicht feuchten Substrat unter. Die Eier werden so inkubiert, daß ein Teil der pergamentähnli-

Lampropeltis triangulum hondurensis.

chen Eischale mit der Luft in Verbindung steht. Anschließend werden sie mit leicht feuchtem Fließpapier oder Sphagnum überdeckt und bei 28 bis 32 °C zur Entwicklung gebracht. Wenn die Umgebungstemperaturen zeitweilig tiefer absinken, so nehmen die sich entwickelnden Embryonen keinen Schaden. Die durchschnittlich 22 bis 24 cm langen und 5 bis 6 g schweren Jungschlangen schlüpfen nach einer Inkubationsdauer von ungefähr 70 bis 80 Tagen. Die erste Häutung findet neun bis zehn Tage nach dem Schlupf statt.

Die jungen *Lampropeltis pyromelana* sind in ausbruchssicheren Kleinterrarien oder Plastikboxen einzeln auf Zeitungs- oder Fließpapier mit einem Rindenstück als Unterschlupf und einem Wassergefäß unterzubringen, da sie kannibalistische Neigungen zeigen. Sie gehen stets an junge Geckos oder sonstige Echsen, die man ihnen als erste Nahrung anbietet. Nur wenige Exemplare nehmen von Anfang nestjunge, nackte Mäuse als erste Nahrung an. Die nichtfressenden jungen *Lampropeltis pyromelana* werden wöchentlich einmal mit einer

nackten Maus zwangsgefüttert. Manche Exemplare gehen nach der dritten oder vierten Zwangsfütterung, andere erst nach Wochen oder gar nach Monaten bis zu einem Jahr selbständig an die dargebotenen Mäuse. Wenn die Jungtiere selbständig fressen, schreitet das Wachstum schnell voran. Wenn man die Jungmäuse mit Echsenblut oder mit Echsenwitterung versieht, werden sie oft eher gefressen.

Die gleichen Haltungs- und Nachzuchtbedingungen wie für *Lampropeltis pyromelana* gelten gleichermaßen auch für die sieben geographischen Rassen der gleich schönen *Lampropeltis zonata*.

Lampropeltis triangulum
Rote Königsnatter
Kennzeichen: Die 23 Unterarten von *Lampropeltis triangulum* sind überaus variabel in der Körperfärbung, im Zeichnungsmuster und in der Körpergröße. So erreicht *Lampropeltis triangulum elapsoides* gerade 60 cm, während *L. triangulum sinaloae* durchaus eine Körperlänge von 130 cm erreichen kann.

Im Körperbau stimmen die einzelnen Unterarten weitgehend überein. Der Kopf ist länglich bis oval und setzt sich kaum oder nicht vom Hals ab. Die unterschiedlichen geographischen Rassen dieser Art haben rote, schwarze, gelbe oder rote, schwarze und weiße Körperringe. Vom Nichtfachmann können sie daher leicht mit den giftigen Korallenschlangen verwechselt werden. Die Nominatform besitzt auf dem Rücken dunkelrote bis kastanienbraune Sattelflecken, die schwarz gerandet sind. Die Sattelflecken sind durch weiße bis helle Querbinden voneinander getrennt. Die Körperseiten sind braun oder schwarz gefleckt, der Kopf braun oder schwarz gefärbt. Am Hinterrande des Kopfes befindet sich eine V-förmige, weiße Zeichnung, die schwarz gerandet ist. Auf der Kopfoberseite verläuft eine dunkle Querbinde von Auge zu Auge und setzt sich als Schläfenbinde

zum Mundwinkel fort. Die Unterseite des Kopfes und der Hals sind weiß bis gelb. Der Bauch ist schwarz gefleckt oder weist dunkle Binden auf. Besonders hübsch und ebenfalls leicht halt- und leicht nachzüchtbar sind *Lampropeltis triangulum campbelli*, *L. t. annulata*, *L. t. hondurensis*, *L. t. nelsoni* und *L. t. sinaloae*.
Herkunft und Lebensraum: Das Vorkommen von *Lampropeltis triangulum* und seiner zahlreichen Unterarten erstreckt sich über ein riesiges Gebiet in fast den gesamten Vereinigten Staaten bis nach Mittel- und in zwei Unterarten sogar bis in das nordwestliche Südamerika. Die einzelnen Unterarten leben in ganz unterschiedlichen feuchten bis trockenen Biotopen, in der Ebene wie im Gebirge, wonach sich auch die Einrichtung des Terrariums zu richten hat. Rote Königsnattern leben in lichten Wäldern, an den Rändern von Wäldern, an von Pflanzen verwachsenen Berghängen, auf Wiesen und an Ackerrändern, auf Brachland, in trockenem, von Steinen und von Felsen durchsetztem Gelände. Hier halten sich die weitgehend nachtaktiven Schlangen unter loser Baumrinde, unter morschen, umgekippten Bäumen und Baumstubben, in Erdspalten sowie unter Steinen und Felsen auf.
Haltung und Pflege: Die meisten *Lampropeltis triangulum* bevorzugen feuchte Lebensräume. Somit ist ihr Terrarium auch in artgerechter Weise einzurichten. Als Bodengrund eignet sich ein Gemisch aus Walderde und Waldhumus oder Walderde und Torf. Als Verstecke kann man einen verrottenden dünnen Baumstamm, große Rindenstücke und flache Steine oder Zierkorkröhren verwenden. Einige Moospolster lassen sich ebenso wirkungsvoll im Terrarium unterbringen. Es kommen nur eingetopfte Pflanzen in Betracht. Teile des Terrariums sind leicht feucht zu halten. Ein etwas größeres Wassergefäß ist lebensnotwendig. Während des Tages ist die dämmerungs- bis nachtaktive Rote Königsnatter immer in ihrem Unterschlupf anzutreffen. Erst

gegen Abend wird sie munter und kriecht umher. Während der Aktivitätsperiode müssen die Tagestemperaturen zwischen 25 und 30 °C liegen, wenn sich die Schlangen wohlfühlen sollen. In der Nacht kann die Temperatur auf 20 bis 24 °C absinken. Die Beleuchtung ist täglich zehn bis 14 Stunden in Betrieb zu halten. Wie bei anderen *Lampropeltis*-Arten wird erst am Abend gefüttert, wenn die Schlangen ihre Verstecke verlassen. Je nach Größe der Schlangen kommen als Futter in wöchentlichen bis zweiwöchentlichen Zeitabständen ein bis drei kleinere oder größere Mäuse in Betracht, die man abgetötet oder lebend anbietet. Eine drei- bis viermonatige Überwinterung zwischen 10 und 15 °C im Dämmerlicht oder in der Dunkelheit ist zur Erhaltung von Nachzucht notwendig.

Giftnattern (Elapidae)

Naja kaouthia
Monokelkobra
Kennzeichen: Erwachsene Exemplare sind 100 bis 150 cm lang, selten 200 cm oder ein wenig mehr. Der kurze, verhältnismäßig flache Kopf setzt sich kaum vom Hals ab. Das Auge ist mittelgroß, die Pupille rund. *Naja kaouthia* hat sieben Oberlippenschilde, von denen das 3. und das 4. den Augenrand berühren. 19 bis 21 glatte Schuppen umgeben die Rumpfmitte. Die Anzahl der Bauchschilde schwankt zwischen 164 und 196, die der Schwanzschilde zwischen 43 und 58. Das Analschild ist ungeteilt.
Monokelkobras können sehr unterschiedlich gefärbt sein. Es gibt olivfarbene, graugrüne, bräunliche, schwarze, rotbraune, beigefarbene und gelbe Tiere, deren Rumpf in der Regel einfarbig, seltener gebändert ist. Hin und wieder treten ganz helle bis weiße Kobras auf. Albinos sind ebenfalls selten. Ich besitze neben sieben normal gefärbten Exemplaren ein einfarbig gelblichweißes Tier ohne die

typische Rückenzeichnung und eine dreifarbige Monokelkobra, deren Körperkolorit aus dunkelbraunen, orangefarbenen und porzellanweißen Flecken besteht. Die Bauchseite ist einfarbig oder gefleckt. Das Artcharakteristikum ist der ovale, dunkle Monokelfleck auf der Nackenmitte, der in der Regel weiß und schwarz gerandet und bei hellen Tieren angedeutet ist oder auch fehlen kann.

Herkunft und Lebensraum: *Naja kaouthia* kommt in Nordostindien, Nepal, Bhutan, in Bangladesh, in Burma, in Südchina, in Laos, Kambodscha und in Vietnam vor. Hinsichtlich der Biotopauswahl ist die genannte Art ungemein anpassungsfähig und somit fast überall anzutreffen. Sie lebt in jeder Art von Kulturgelände und kommt sowohl in Städten wie in und am Rande von Bauerndörfern, auf Reisfeldern und Plantagen ebenso, wie am Rande von Regenwäldern, Dornbuschwäldern und auf Waldlichtungen vor. Bevorzugt werden Lebensräume in Wassernähe. Ihre Schlupfwinkel in Erdlöchern, Termitenhügeln, unter Laubhaufen, unter Steinen, in Komposthaufen, unter alten Brettern, unter dem Gerümpel der Hinterhöfe, unter Baracken und Holzhäusern, in der Kanalisation usw. verläßt sie meist in der Nacht, zuweilen auch am Tage, um Fröschen, Kröten, Echsen, Vögeln, allerlei Kleinsäugern und selbst Fischen und Schlangen nachzustellen.

Haltung und Pflege: Die Haltung von *Naja kaouthia* ist sehr einfach, wenn man dieser Giftnatter gleichmäßig hohe Temperaturen zwischen 27 und 34 °C bietet. Ein geräumiger Behälter, der als Bodenfüllung ein Gemisch aus Walderde und Sand, einen Unterschlupf in Form einiger zusammengestellter Steine, einen Baumstubben oder eine große Zierkorkröhre, einen Wasserbehälter und eine lokal wirkende Bodenheizung enthält, hält *Naja kaouthia* über viele Jahre gesund und stets freßfreudig. Der Standort des Terrariums ist von untergeordneter Bedeutung. Es darf sonnig oder auch schattig stehen. Da manche Kobras sehr reizbar sind,

ist ein ruhiger, störungsarmer Platz zu bevorzugen. Die Beleuchtung sollte zehn bis 14 Stunden am Tage in Betrieb sein. Wesentlich ist, daß die Luft- und Bodentemperaturen am Tag und in der Nacht fast gleichmäßig hoch sind und nur wenig schwanken. Als Futter bietet man tote und lebende Mäuse, Ratten und Hühnerküken an.

Nachzucht: Die Nachzucht ist keinesfalls schwierig und schon häufig gelungen. Die Paarung findet im November und Dezember statt. Hierzu bedarf es keiner besonderen Stimulation. Die Eiablagen erfolgen zwischen Januar und April. Die Schlupfdauer hängt von der Bruttemperatur ab. Die Kobraeier werden in einem leicht feuchten Substrat bei Umgebungstemperaturen zwischen 28 und 32 °C und einer Luftfeuchtigkeit von 80 bis 90 % untergebracht. Die Entwicklungsdauer im Ei schwankt in der Regel zwischen 50 und 90 Tagen.

Die jungen Monokelkobras haben beim Schlupf eine Körperlänge von etwas unter oder über 30 cm. Sie entwickeln sich am besten unter den Bedingungen der Einzelhaltung. Als Futter bietet man nackte bis gerade behaarte Mäuse. Aus einem Zuchtprotokoll des Verfassers geht folgendes hervor: »Mein großes, ungefähr 170 cm langes, graubraunes *Naja kaouthia kaouthia*-Männchen kopulierte mit einem kleineren Weibchen am 6. 12 1990 gegen 19³⁰ h. Die Lufttemperatur betrug zu diesem Zeitpunkt ungefähr 27 °C. Das bezeichnete Weibchen legte am Morgen des 16. 1. 1991 14 Eier ab, wobei sich das Weibchen schützend wie bei der Brutpflege über ihr Gelege legte. Ich bettete die Eier in leicht feuchtes Vermiculite ein und brachte sie in einem Inkubator unter. die Bruttemperaturen schwankten zwischen 29 und 33 °C. Am 6. 3. 1991 waren drei Jungtiere geschlüpft. Die anderen Eier waren zum Teil angeritzt und die Jungen streckten ihre Köpfe heraus, die sie jedoch sofort wieder einzogen, wenn sie von mir gestört wurden. Am Morgen des 7. 3.

waren neun und am Abend des gleichen Tages die beiden letzten Jungtiere geschlüpft. Die ersten Häutungen erfolgten am 10., 11. und 12. März. Danach nahmen alle Kobras selbständig gerade behaarte Mäuse an. Sie fraßen in Zukunft ausgezeichnet und waren sehr schnell wüchsig.

Die Pflege und Nachzucht der anderen südasiatischen *Naja*-Arten verläuft im wesentlichen gleich. Die afrikanischen Kobras sollten mit wenigen Ausnahmen etwas trokkener als die asiatischen Arten gehalten werden. Alle Kobras sind leicht zu halten, werden sehr alt im Terrarium und sind ohne Schwierigkeiten zur Fortpflanzung zu bringen.

> Ich möchte aber darauf hinweisen, daß alle Kobraarten ein ungewöhnlich starkes Nervengift besitzen und ein Biß in vielen Fällen zum Tode führt. Daher sind diese Tiere nur erfahrenen und umsichtigen Giftschlangenpflegern zu empfehlen.

Vipern (Viperidae)

Cerastes cerastes
Hornotter

Kennzeichen: Die Hornviper hat eine Körperlänge von 50 bis 60, selten bis zu 80 cm. Der Kopf ist flach, breit, herzförmig dreieckig und setzt sich auffällig vom Hals ab. Er ist von zahlreichen kleinen Schuppen bedeckt. Über jedem Auge befindet sich ein stachelähnliches Schuppenhörnchen, das bei manchen Exemplaren ungewöhnlich lang ist, bei anderen kürzer oder auch gänzlich fehlen kann. In Anpassung an ihr Leben im feinen Wüstensand sind die auf der Schnauzenkante stehenden Nasenöffnungen klein und halbmondförmig ausgebildet. Der Körper ist gedrungen, der Schwanz kurz.

Die stark gekielten, ein wenig abstehenden Körperschuppen umgeben die Rumpfmitte in 27 bis 36 schrägen Reihen. Mit Hilfe der

seitlich stehenden Körperschuppen vermag diese Giftschlange ein knisterndes Geräusch zu erzeugen, wenn sie im Zustande der Erregung ihren Körper in seitlichen Windungen bewegt und die Schuppen dabei aneinanderreiben. Die Körperoberseite ist sandgelb bis rostbraun gefärbt. Auf der Rückenmitte und auf den Flanken befinden sich eine Reihe brauner und grauer Flecken. Die Rückenflecken sind größer und deutlicher gefärbt als die Seitenflecken.

Herkunft und Lebensraum: Die vier geographischen Rassen der Hornviper bewohnen ein weites Gebiet, das die Sahara und Gebiete südlich davon, die Arabische Halbinsel, die Sinai-Halbinsel und Israel umfaßt. *Cerastes cerastes* kommt in der Ebene und im Gebirge vor. Sie bewohnt Sandwüsten mit spärlicher, niedriger Vegetation. In der Steinwüste hält sie sich bevorzugt an solchen Stellen auf, an denen der Wind ein wenig Flugsand vor Steinen, Felsbrocken, Halfagras und sonstiger Vegetation angeweht hat. Die plump aussehende, aber doch recht bewegliche Otter bevorzugt als Unterschlupf Löcher und Erdbauten von Wüstenspringmäusen, vor denen sie sich sonnt und die sie bei Gefahr sofort aufsucht. Im Frühjahr und im Herbst ist sie am Morgen und am Nachmittag, teilweise sogar während des ganzen Tages aktiv. Sie gräbt sich in den feinen Sand ein, der ihren Körper teilweise bedeckt, in dem sie stundenlang bewegungslos liegt und von wo aus sie auf vorbeilaufende Beutetiere wie Echsen, kleine Vögel und Nager lauert. In der Sommerhitze wird sie am Abend und in der Dunkelheit munter und wandert dann oft stundenlang auf der Suche nach Nahrung über den sandigen Wüstenboden, wobei sie ihre arttypischen Kriechspuren hinterläßt.

Haltung und Pflege: Die Voraussetzung für eine erfolgreiche Pflege und Nachzucht der Hornviper besteht in einem geräumigen, sonnig stehenden Wüstenterrarium mit lokaler, milder Bodenheizung, einer Bodenfüllung aus feinem Sand und einigen größeren Steinen als zusätzlichem Unterschlupf sowie einem Wassergefäß. Als Bepflanzung ist ein eingetopfter Christusdorn recht dekorativ. In der Aktivitätsperiode von Mitte Februar oder Anfang März benötigt *Cerastes cerastes* sehr viel Licht und hohe Tagestemperaturen von 28 bis 32 °C, wobei die Sandtemperaturen lokal noch höher sein sollen.

Die Beleuchtung soll stark sein und am Tage zwölf bis 14 Stunden arbeiten. Als Futter bietet man einem erwachsenen Exemplar alle zehn bis 14 Tage eine große Maus an, die von der Viper blitzartig gepackt und in vielen Fällen bis zum Tod im Maul gehalten wird. Hornvipern werden zwei bis drei Monate im gleichen Terrarium bei ungefähr 15 °C überwintert. Man sollte den Sand an einer sehr begrenzten Stelle ein wenig feucht, auf keinen Fall naß halten, wie auch die Temperatur während der Überwinterung nicht unter 12 °C sinken soll, weil die Tiere sonst häufig tödlich verlaufende Lungenentzündungen bekommen.

Nachzucht: Nach der Überwinterung häuten sich die Tiere und paaren sich gegen Ende April und im Mai. Die Männchen sind in ihrem instinkthaften Paarungsdrang ungewöhnlich aktiv. Züngelnd kriechen sie in Wellenlinien über den Rücken der Weibchen, wobei sie mit dem Kopf und Rumpf zuckende Bewegungen ausführen. Schließlich findet die Kopulation statt, und das Männchen führt einen seiner Hemipenes in die Kloake des Weibchens ein. Das Weibchen legt im Juli oder August zehn bis 20 Eier ab, die man bei einer Temperatur von 30 bis 33 °C in einem leichten Sand-Torf-Gemisch unterbringt. Je nach der Höhe der Bruttemperaturen schlüpfen die Jungen nach 45 bis 60 Tagen. Die erste Häutung findet nach sieben bis neun Tagen statt. Als erste natürliche Nahrung kommen in freier Natur Echsen in Betracht. Einige junge Hornvipern nehmen kurz nach dem Schlupf bereits junge Mäuse an. Diejenigen, die nicht

an dieses Futter gehen, müssen mehrmals zwangsernährt werden, bis sie selbständig Nahrung annehmen.

Cerastes vipera, Echis carinatus, E. coloratus, Bitis caudalis, B. cornuta und *Crotalus cerastes* verlangen die gleichen Haltungsbedingungen wie *Cerastes cerastes. Echis coloratus* legt Eier, *Echis carinatus* legt Eier oder bringt je nach geographischer Rasse lebende Junge zur Welt. Die anderen aufgezählten Arten sind lebendgebärend.

> Obwohl leicht zu halten, möchte ich die genannten Vipern wegen ihrer hohen Giftigkeit nur dem fortgeschrittenen Giftschlangenpfleger empfehlen.

Vipera ammodytes
Europäische Hornotter

Kennzeichen: In der Regel erreicht diese Giftschlange eine Körperlänge von 60 bis 80 und in Extremfällen bis zu 100 cm und ein wenig darüber. Der Kopf ist dreieckig und setzt sich deutlich vom Hals ab. An dem beschuppten Schnauzenfortsatz ist diese Art sofort zu erkennen. Die Pupille ist im hellen Licht zu einem senkrechten Schlitz verengt. Zwischen den Augen und dem Oberlippenrand befinden sich drei Reihen von Schuppen, von denen die unterste – die Supralabialia – gewöhnlich aus neun Schuppen besteht. Die Körperschuppen sind deutlich gekielt. Sie umgeben die Rumpfmitte in 21 oder 23 schrägen Reihen. Die Bauchschilde variieren zwischen 143 und 161. Die Anzahl der Schwanzschilde beträgt zwischen 24 und 40. Die Körperfärbung ist ungemein variabel und schwankt zwischen kupferrot, braun, grau und weißgrau in allen Farbabstufungen.

Die Männchen sind meist intensiver und auffälliger gefärbt als die Weibchen. Vom Hinterkopf beginnend verläuft eine dunkle Zickzack- oder Rautenbinde über die Rücken- und Schwanzmitte. Die Körperseiten sind dunkel gefleckt. Das Rückenband der Männchen ist tiefschwarz oder dunkel. Ein dunkles Band verbindet das Auge mit dem Mundwinkel und zieht sich ein wenig darüber hinaus. Die Nominatform und *Vipera ammodytes gregorwallneri* haben eine rote, die anderen geographischen Rassen eine gelbgrüne bis grüne Schwanzspitze.

Haltung und Pflege: *Vipera ammodytes* bewohnt Nordostitalien, Südostösterreich, große Teile des Balkans, Teile der griechischen Inselwelt, Teile Kleinasiens, Syriens und Transkaukasiens. Das vertikale Verbreitungsgebiet erstreckt sich vom Meeresniveau bis in Höhenlagen von 2000 m. Die Otter liebt sonnenexponierte, steinige bis felsige Gebiete in Südlagen, die von niedrigem Gebüsch durchsetzt sind.

Vipera ammodytes ist in einem geräumigen Trockenterrarium, dessen Bodengrund aus einem Gemisch von Lehm, Sand und Waldhumus besteht, unterzubringen. Als Versteck gruppiert man flache Steine zu einem passenden Unterschlupf. Ein Wasserbehälter mit frischem Wasser darf nicht fehlen. Alle paar Tage wird mit leicht angewärmten Wasser gesprüht.

Das Terrarium sollte möglichst hell stehen und am Morgen und Abend Sonneneinstrahlung erhalten. Ansonsten soll die Beleuchtung während des Tages zwölf bis 14 Stunden in Betrieb sein. Desgleichen soll eine Bodenheizung den Boden lokal auf 30 bis 32 °C erwärmen. Die Lufttemperaturen sollen von Mitte März bis Ende Oktober während des Tages Werte zwischen 24 und 32 °C aufweisen. Ein nächtliches Absinken der Temperatur auf 18 bis 20 °C ist natürlich und der Gesundheit der Schlangen zuträglich. Als Futter verabreicht man lebende und tote Mäuse unterschiedlicher Größe. Bei Futtermangel kann man zeitweilig die weniger nahrhaften Hühnerküken geben.

Eine Überwinterung von Ende Oktober bis Anfang oder Mitte März ist zwingend notwendig. Vor der Überwinterung geraten die Schlangen in große Unruhe, stellen die Nahrungsaufnahme ein und kriechen pausenlos im Behälter umher. Die Vipern pflanzen sich auch nach kürzeren Überwinterungszeiten zwischen sechs bis neun Wochen fort. Während der Überwinterung, die sich am günstigsten im gleichen Terrarium im Dämmerlicht oder in der Dunkelheit vollzieht, sollen Temperaturen zwischen 6 und 10 °C herrschen.

Nachzucht: Die Nachzucht dieser schönen Giftschlange ist einfach und gelingt dem erfahrenen Giftschlangenpfleger regelmäßig. Man pflegt am besten ein Pärchen dieser Art in einem Terrarium. Mehrere Männchen stören sich im Frühjahr häufig durch Kommentkämpfe. Während die Weibchen in den meisten Fällen nach überstandener Überwinterung Nahrung zu sich nehmen, fasten die Männchen in der Regel bis nach der Kopulation. Die Kopulation findet im April, meist jedoch im Mai nach der ersten Häutung statt. Zu dieser Zeit sollte das Terrarium volle Sonne erhalten oder mit Leuchtstoffröhren und einem Wärmestrahler möglichst hell beleuchtet sein. Vor der Kopulation kriecht das erregte Männchen in Wellenlinien und heftig züngelnd über den Rücken des Weibchens.

Im Juli, August oder September werden die 18 bis 20 cm langen Jungvipern geboren, die sich sofort nach der Geburt häuten. Die optimale Aufzucht vollzieht sich am günstigsten einzeln in Kleinterrarien oder Plastikbehältern mit einer Papierunterlage als Bodensubstrat, einem Rindenstück als Unterschlupf und einem kleinen Wassergefäß. Jungvipern, die zwei bis drei Wochen nach der Geburt nicht selbständig ans Futter gehen, müssen zwangsgefüttert werden. Ein mal pro Woche erhalten sie eine frisch geborene nackte Maus oder einen Mäuseschwanz, was zu einem gesunden Wachstum völlig ausreicht.

Vipera aspis aspis, V. latastei, V. xanthina, V. raddei und *V. lebentina* verlangen die gleichen oder fast die gleichen Haltungsbedingungen und sind mit Ausnahme der teilweise ovipa-

Oben: Vipera ammodytes transcaucasiana ♂.
Links unten: Vipera ammodytes transcaucasiana ♀.
Rechts unten: Vipera aspis aspis ♀.
Rechte Seite oben: Vipera latastei latastei ♀.
Rechte Seite unten: Vipera raddei kurdistanica.

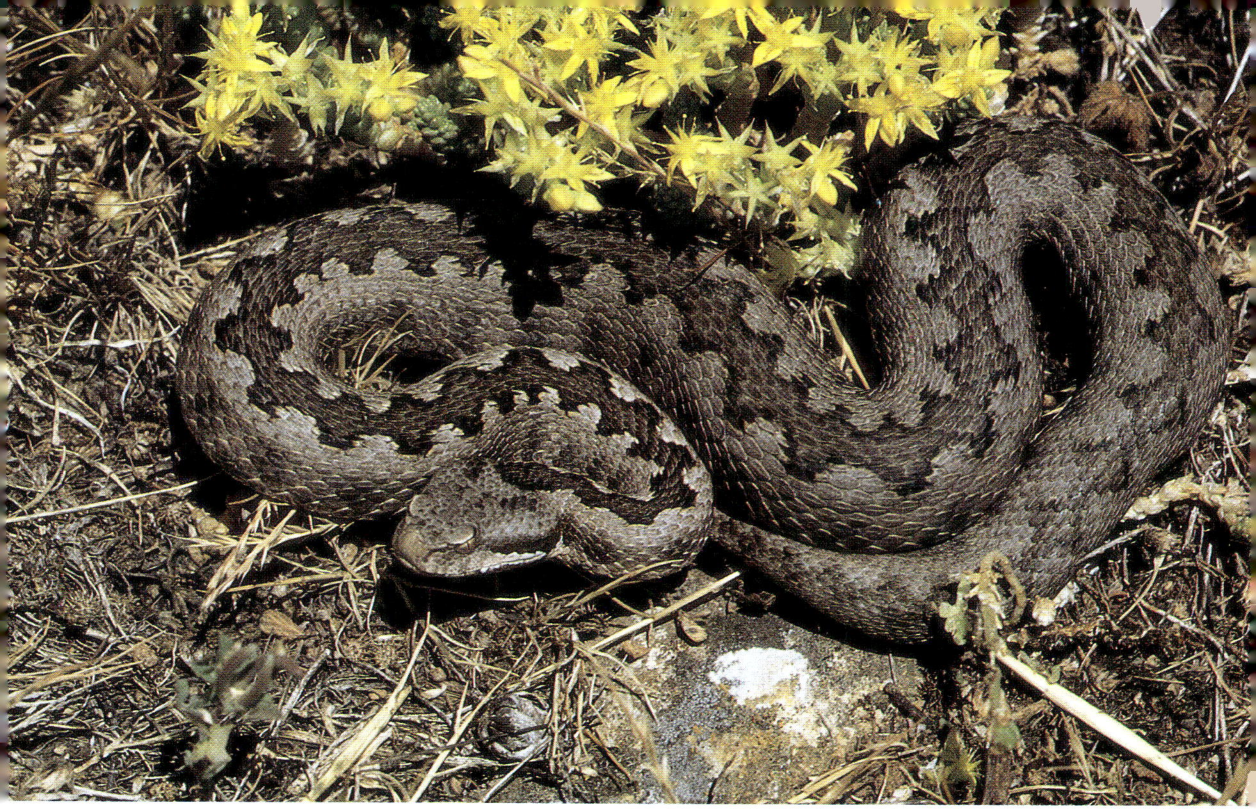

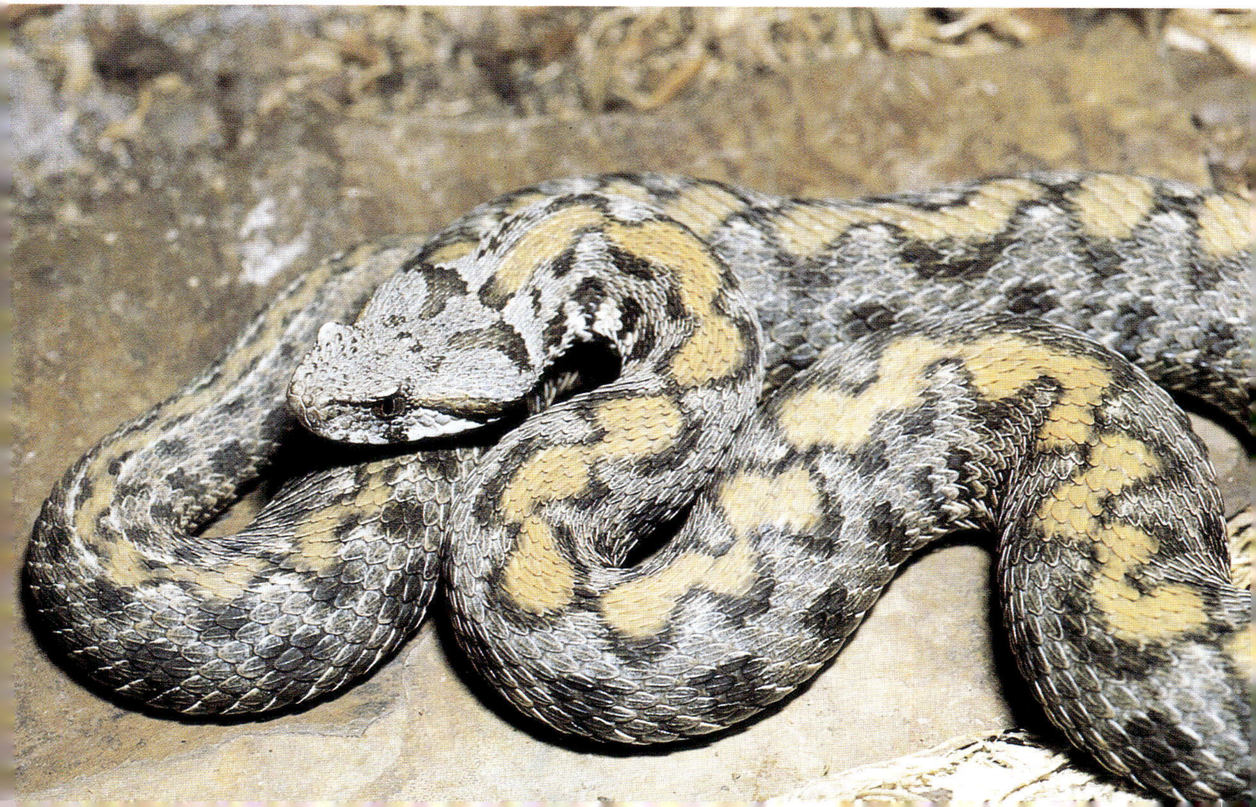

ren *Vipera lebetina* wie *Vipera ammodytes* nachzuzüchten.

Die genannten Giftschlangen eignen sich
für den Anfänger, der bereits eine längere
praktische Erfahrung mit ungiftigen Schlangen hinter sich hat. Cites!

Grubenottern (Crotalidae)

Agkistrodon contortrix
Kupferkopf

Kennzeichen: In der Regel sind erwachsene
Exemplare 70 bis 90 cm lang. In seltenen
Fällen erreicht der Kupferkopf eine Maximallänge von 130 cm oder ein wenig darüber.
Diese prachtvolle und im Terrarium unver-
wüstliche Giftschlange hat einen flachen,
dreieckigen, sich deutlich vom Hals absetzen-
den Kopf. Die Pupille ist im hellen Licht
senkrecht geschlitzt. Die beiden Lorealgruben zwischen den Augen und den Nasenöffnungen sind deutlich sichtbar. Mit Hilfe dieser
Lorealgruben können Kupferköpfe Wärmestrahlen von warmblütigen Beutetieren und
Feinden wahrnehmen.

Die Anzahl der Oberlippenschilde variiert
zwischen sieben und acht. Die stark gekielten
Rückenschuppen umgeben die Körpermitte
in 23 bis 25 schrägen Reihen. Die Anzahl der
Bauchschilde variiert zwischen 139 und 156,
die der Schwanzschilde zwischen 37 und 51.
Das Afterschild ist stets ungeteilt. Die silbrig-
schimmernde bis licht-ockerfarbene Körperoberseite bedecken 14 bis 16 mehr oder weniger regelmäßige und teilweise unterbrochene
kupferrote Querbinden. Die schwarz gesäum-
ten Querbinden werden gegen die Rückenmitte hin schmäler. Der Kopf ist prachtvoll
kupferrot gefärbt. Die Schläfenstreifen sind
hell. Die Grundfärbung der Körperoberseite
ragt mehr oder weniger in Gestalt heller Flek-
ken in die rötlichweiße Bauchfärbung hinein.
Juvenile Exemplare haben eine gelbe, erwachsene Tiere eine schwarze, braune oder dun-

kelgrüne Schwanzspitze. Die fünf geographischen Rassen des Kupferkopfes sind an ge-
ringfügigen, aber unterarttypischen Merkmalen schnell zu erkennen und am besten mit
Spezialwerken zu bestimmen.

Herkunft und Lebensraum: Das Verbreitungsgebiet von *Agkistrodon contortrix* erstreckt sich
in Nordsüdrichtung von Massachusetts bis
nach Nordflorida. Im Westen dringt die
Schlange bis ins Transpecos-Gebiet nach Texas und nach Nordwestmexiko vor. *Agkistrodon contortrix* besiedelt die unterschiedlichsten Lebensräume. Im Südosten seines Verbreitungsgebietes bewohnt die genannte Art
vor allem lichte Flachlandwälder mit sandigem Untergrund, weiterhin Auwälder und
Viehweiden. Der Kupferkopf kommt auf bu-
schigem und waldigem Terrain im Hügelland
und im niederen Bergland bis zu einer Höhe
von ungefähr 1000 m vor, im Ödgelände und
selbst in unmittelbarer Nähe menschlicher
Ansiedlungen und in Ortschaften. Die weitgehend nächtlich lebende Grubenotter, die
während des Tages nur selten außerhalb ihrer
Verstecke anzutreffen ist, hat ihren Unterschlupf in Erdhöhlungen, unter Baumstümpfen, Steinen, alter Rinde, unter Laubansammlungen, alten Brettern, Blechen usw. Meist ist
der Kupferkopf in der Dämmerung und in der
Nacht und besonders bei schweren Regenfällen unterwegs, wenn ihre Schlupfwinkel überschwemmt werden.

Haltung und Pflege: Der Kupferkopf ist für
den beginnenden Giftschlangenpfleger die
ideale Anfängerschlange. Er ist prachtvoll gefärbt, für wenig Geld zu erwerben, stellt mini-
male Ansprüche an die Pflege, frißt regelmäßig und schreitet ebenso regelmäßig zur Fortpflanzung. Ein geräumiges, sonnig stehendes
Terrarium von 80 cm × 60 cm × 40 oder
50 cm, das auch kleinere Ausmaße haben
kann, bietet optimale Voraussetzungen für das
Wohlbefinden eines Pärchens dieser Grubenotter. Als Bodenfüllung verwende man ein
Gemisch aus Gartenerde oder Lehm mit ei-

ner Schicht Waldhumus, alten Blättern und Fichten- oder Kiefernnadeln an der Oberfläche. Ein Baumstubben, große, hohle Rindenstücke und Steine sind passende Versteckmöglichkeiten. Als Bepflanzung kann man eingetopfte Efeuranken und Brombeerpflanzen verwenden.

Ein größeres Wassergefäß ist notwendig. Hin und wieder wird leicht angewärmtes Wasser versprüht. Das Terrarium sollte Morgen- und Nachmittagssonne erhalten, ansonsten soll die Beleuchtung am Tage zehn bis 14 Stunden in Betrieb sein. Auf eine Bodenheizung, die lokal milde Wärme spendet, sollte nicht verzichtet werden. Für das Wohlbefinden des Kupferkopfes sind Tagestemperaturen zwischen 20 und 25 °C und zeitweise bis zu 30 °C förderlich, die in der Nacht auf 18 bis 22 °C absinken sollen. Kupferköpfe kann man mit Erfolg auch auf der Veranda oder im Freilandterrarium halten und nachzüchten.

Als Futter bietet man wöchentlich bis 14tägig lebende und frisch getötete Mäuse, kleine Ratten, Hühnerküken und Sperlinge an. Eine Überwinterung ist die Voraussetzung für eine lange Lebensdauer und für die Nachzucht. Zuweilen sind es über 30 Jungtiere pro Jahr.

Nachzucht: Kupferköpfe paaren sich sowohl im Frühjahr wie auch im Herbst. Die Paarung findet häufig am Abend und in der Dunkelheit statt. Das Männchen führt mit dem Kopf und dem Rumpf ruckende Bewegungen aus. Es reibt mit dem Unterkiefer und den Kopfseiten über den Körper des Weibchens und führt dabei schlängelnde und krümmende Körperbewegungen aus. Schließlich schiebt das Männchen das hintere Ende seines Rumpfes unter das des Weibchens und umschlingt den Schwanz des Weibchens mit seinem eigenen. Das Männchen stülpt einen seiner bläulichgefärbten, mit stachelähnlichen Fortsätzen besetzten Hemipenes hervor und führt ihn in die Kloake des Weibchens ein. Die Kopulation nimmt zuweilen mehrere Stunden in Anspruch. Während der Trächtigkeit, die in der Regel 105 bis 110 Tage dauert, benötigen Kupferkopfweibchen mehr Wärme als gewöhnlich. Die 20 bis 25 cm langen Jungschlangen werden im Juli, August oder September geboren. Es sind gewöhnlich sechs bis acht, zuweilen auch über zehn an der Zahl. In einem Fall wurden bei mir 17 und in einem anderen Fall sogar 23 Jungtiere von einem Weibchen geboren. Die jungen Kupferköpfe häuten sich einige Tage nach der Geburt. In Einzelhaltung sind sie unschwer mit nackten und gerade behaarten Mäusen aufzuziehen. Nichtfressende Jung-Kupferköpfe werden mit nackten Mäusen zwangsgefüttert. *Agkistrodon blomhoffii, A. halys* und *A. intermedius* sind wie Kupferköpfe zu halten, zu überwintern und zur Nachzucht zu bringen.

Agkistrodon piscivorus
Wassermokassinotter

Kennzeichen: *Agkistrodon piscivorus* existiert in drei geographischen Rassen, von denen *Agkistrodon piscivorus conanti* die größte ist. Erwachsene Exemplare sind gewöhnlich 75 bis 120 cm lang. Die Maximallänge beträgt 180 cm. Die Wassermokassinotter ist ungemein kräftig gebaut. Sie hat einen breiten wuchtigen Kopf, der sich deutlich vom Hals absetzt.

Die Kopfoberseite ist von neun großen Kopfschilden bedeckt. Die Anzahl der Oberlippenschilde beträgt sieben oder acht. 25 Reihen gekielter Körperschuppen umgeben die Rumpfmitte. Die Anzahl der Bauchschilde schwankt zwischen 129 und 141, die der Schwanzschilde zwischen 40 und 51. Die Körperoberseite ist olivgrün bis braun gefärbt und von dunklen bis schwarzen, zuweilen undeutlichen Querbinden mit helleren Zwischenräumen überzogen. Das Zeichnungsmuster tritt bei den farbigen Jungtieren und bei halb erwachsenen Exemplaren besonders deutlich hervor.

Mit zunehmendem Alter geht die abwechslungsreiche Juvenilzeichnung in ein mehr oder

Agkistrodon blomhoffii ussuriensis.

weniger einfarbiges Schwarzbraun bis glänzendes Lackschwarz über. Die Bauchseite ist schmutzig gelb und dunkel bis schwarz gesprenkelt. Erwachsene Exemplare haben eine schwarze, Jungtiere eine gelbliche Schwanzspitze.

Herkunft und Lebensraum: Diese stattliche Grubenotter ist von Südillinois und vom westlichen Zentralkentucky, von Virginia bis nach Florida, Alabama, Zentraloklahoma und Zentraltexas verbreitet. Die Wassermokassinotter lebt im Flachland an und in allerlei stehenden und langsam fließenden Gewässern, wo ein üppiger Pflanzenwuchs herrscht. Das träge Tier sonnt sich oft in unmittelbarer Gewässernähe oder liegt auf umgefallenen Baumstämmen oder auf Ästen und Zweigen. In der heißen Sommerzeit hält sie sich während des Tages verborgen und kommt erst in der Dämmerung und in der Nacht hervor. Im Frühjahr und Herbst ist sie weitgehend tagaktiv. Je nach Verbreitung überwintern Wassermokassinottern drei bis fünf Monate im Jahr.

Dort, wo *Agkistrodin piscivorus* mit *Agkistrodon contortrix* sympatrisch auftritt, kommt es vereinzelt zu Verbastardierungen unter den beiden Arten. So fingen mein Freund Mike Stuart und ich am Abend des 31. Juli 1973 in einem Sumpfwald bei Bienville in Zentrallouisiana einen Bastard zwischen einem *Agkistrodon contortrix contortrix* und einem *Agkistrodon piscivorus leucostoma* der Merkmale beider Arten aufwies.

Haltung und Pflege: Wie der Kupferkopf, so ist auch die Wassermokassinotter ein ideales Terrarientier, das langlebig, ungemein leicht in der Pflege und in der Nachzucht ist und das man zu niedrigen Preisen erwerben kann. Die genannte Giftschlange wird pärchenweise in einem geräumigen Terrarium von etwa 100 bis

120 cm Länge, 60 bis 80 cm Breite und 50 cm Höhe an einem hellen Standort untergebracht.

Als Bodengrund verwendet man ein Gemisch aus grobem Sand, Walderde und Torf, als Unterschlupf einen Baumstubben. Auch ein großer Wasserbehälter, in dem sich die Schlangen zuweilen baden, darf nicht fehlen. Es ist besser, wenn man auf Pflanzen verzichtet, da diese von den plumpen Ottern regelmäßig zerdrückt werden. Eine lokale Bodenheizung ist notwendig. Das Terrarium sollte am Morgen und am Nachmittag Sonnenstrahlen erhalten. Wenn dies nicht der Fall ist, hält man die Beleuchtung am Tage 10 bis 14 Stunden in Betrieb. Die Wassermokassinotter fühlt sich bei Tagestemperaturen zwischen 25 und 28 °C wohl. Nachts soll die Temperatur auf 18 bis 20 °C absinken. *Agkistrodon piscivorus* ist ungemein gefräßig. Hungrige Wassermokassinottern erscheinen gewohnheitsmäßig an der Terrarientür, um ihr Futter entgegenzunehmen. Da sie dabei nicht selten blitzartig und schnell vorstoßen, hüte man sich, den Tieren zu nahe zu kommen. Als Futter bietet man Mäuse, Ratten, Goldhamster, Hühnerküken und Süßwasserfische an. Selbst Fleischstreifen werden anstandslos angenommen. In freier Natur ist das Beutespektrum der Wassermokassinotter jedoch viel größer. Wassermokassinottern dürfen nie mit anderen Schlangenarten vergesellschaftet werden, da sie sich wegen ihrer kannibalistischen Neigungen häufig an letzteren vergreifen. Um Nachzucht zu erzielen, ist eine zwei- bis viermonatige Überwinterung im Dämmerlicht oder in der Dunkelheit bei Temperaturen zwischen 6 und 15 °C im gleichen Terrarium angezeigt.

Nachzucht: Wassermokassinottern schreiten nach erfolgter Überwinterung im Frühjahr zur Paarung. Paarungsaktivitäten beobachtete ich auch im Spätsommer und im Herbst. Wenn man zwei ungefähr gleich große Männchen

Oben: Agkistrodon bilineatus bilineatus.
Unten: Deinagkistrodon acutus aus China verlangt die gleichen Pflegebedingungen wie die Wassermokassinotter bei einer zweimonatigen Überwinterungsdauer von ca. 15 °C.

im Behälter pflegt, kommt es wie bei Kupfer-köpfen und zahlreichen anderen Schlangen regelmäßig zu Kommentkämpfen. Das Paarungsverhalten entspricht dem des Kupferkopfes.

Die Jungen werden nach einer Entwicklungsdauer von vier bis sechs Monaten geboren. Bei ihrer Geburt haben sie eine Körperlänge von ca. 25 cm. Nach der ersten Häutung einige Tage nach der Geburt nehmen die jungen Wassermokassinottern die erste Nahrung in Form von Fischstreifen und nackte bis behaarte Mäuse an. Es ist darauf zu achten, daß ein Teil des Bodens feucht, der andere jedoch trocken ist, denn junge Wassermokassinottern reagieren auf zu große Trockenheit und zu niedrige Temperaturen mit Futterverweigerung. Die weitere Aufzucht in einem separaten Terrarium ist völlig unproblematisch.

Die Mexikanische Mokassinotter *(Agkistrodon bilineatus)* verlangt fast die gleiche Pflege wie die Wassermokassinotter. Sie ist ein wenig trockener und bei gleichmäßigeren Temperaturen von 25 bis 28 °C zu pflegen. Eine eigentliche Überwinterung entfällt. Die Tiere sind im Winter bei etwas reduzierten Temperaturen zwischen 22 und 25 °C zu halten. Nachwuchs stellt sich bei reichlicher Fütterung regelmäßig ein. Die Aufzucht mit nackten oder gerade behaarten Jungmäusen ist auch hier einfach. Nahrungsverweigerer gehen nach zwei- bis dreimaliger Zwangsfütterung in der Regel selbständig ans Futter.

Beispielhafte Terrarien

Die angegebenen Beispiele bieten in Kurzform Anregungen dar, wie man ein Terrarium gestalten und betreiben kann. Sie sollen vor allem dem Anfänger eine Vorstellung vermitteln, welche technischen Hilfsmittel er benötigt und wie er sein Terrarium einrichten kann. Die angegebenen Behältermaße sind Optimalmaße, die über das Übliche hinausgehen. Selbst bei viel kleineren Terrarien sind eine artgerechte Haltung der Tiere und Nachzuchterfolge möglich.

Terrarium für Feuersalamander
(Salamandra salamandra)

Geeignet für Anfänger und Fortgeschrittene.
Behältergröße: 80 bis 120 cm (L) × 40 bis 60 cm (B) × 50 cm (H). Die Seiten sollten teilweise mit Plastikgaze versehen sein, um eine optimale Durchlüftung zu gewähren.
Technik: Im Wasserbehälter sollen die Steine zum Rand hin flach ansteigen, damit die Tiere das Wasser ohne Schwierigkeiten verlassen können. Das Wasser des Wasserbehälters soll durch einen Außenfilter angesaugt werden, so daß ein steter Wasserfluß bei gleichzeitiger Wassersäuberung gewährleistet ist. Als Beleuchtung dienen Leuchtstoffröhren, die im Frühjahr zwei bis drei Stunden pro Tag in Betrieb sein sollen.
Standort: Hell bis schattig, aber nicht besonnt, am besten auf einer Veranda oder in einem leicht feuchten Raum, beispielsweise im Keller. Freilandterrarien sind sehr gut geeignet.
Bepflanzung: Topfefeu, kleinbleibende Farnarten, Moos auf flachen Steinen und Baumstubben, unter denen die Tiere hinreichend Versteckplätze finden.
Einige Hinweise: Temperaturbedürfnis zwischen März und Oktober zwischen 15 und 20 °C am Tage mit Absenkungen von wenigen Graden in der Nacht. Die Luftfeuchtigkeit soll hoch sein. Stickluftbildung ist zu unterbinden. Am Abend wird gesprüht. Das Bodengemisch aus Walderde und Sand soll leicht feucht, aber nie naß sein. Etwa viermonatige Überwinterung von Ende Oktober bis März in frostfreiem Raum bei 4 bis 6 °C. Nachzucht nur bei kalter Überwinterung möglich.
Besatz: Drei bis fünf Exemplare.

Aquarium für Feuerbauchmolche
(Cynops pyrrhogaster)

Geeignet für Anfänger.
Behältergröße: 50 bis 80 cm (L) × 40 cm (B) × 40 cm (H). Aquaterrarium mit großem Wasserteil und kleinem, ansteigendem Landteil, so daß die Tiere den Landteil leicht erreichen können oder ein Aquarium mit schwimmender Korkrinde als Landteil. Gutschließende Abdeckung, um ein Entweichen der Tiere zu vermeiden.
Technik: Aquarienfilter, Leuchtstoffröhren.
Einrichtung: Gut gewaschener Reinsand als Bodengrund. Steine und Moorkienwurzeln werden zu Verstecken aufgebaut. Schwache Filterung des Wassers für Wasserreinhaltung und geringe Wasserströmung. Heller, aber kein sonniger Standort, ansonsten Leuchtstoffröhren, die im Frühjahr und Sommer vier bis acht Stunden pro Tag in Betrieb sein sollen.

Bepflanzung: Dichter Pflanzenbewuchs aus Wasserpest *(Elodea)*, Tausendblatt *(Myriophyllum)* und als Schwimmpflanzen Wasserlinsen *(Lemna)*.

Einige Hinweise: Zwischen März und Oktober Temperaturen zwischen 18 und 22 °C. Überwinterung bei 5 bis 10 °C unumgänglich, da sonst keine Nachzucht erfolgt. Überwintert wird im Aquarium, in Kühlschrankdosen oder in feuchtem Moos. Die Fütterung erfolgt mit kleinen Regenwürmern, Tubifex, Enchyträen, Mückenlarven, Wasserflöhen.

Besatz: Vier bis sechs Exemplare.

Aquaterrarium für Korallenfinger
(Litoria caerulea)

Geeignet für Anfänger und Fortgeschrittene. Behälter: 60 cm (L) × 60 cm (B) × 90 cm (H). Um eine gute Durchlüftung zu gewährleisten, sollten die beiden Seitenscheiben mit Plastikgazestreifen versehen sein. Eignet sich auch für die freie Haltung im Zimmer, wenn eine Bromelienecke oder Blumenbank vorhanden ist. Lokale Wärmemöglichkeit ist erforderlich.

Technik: Leuchtstoffröhren für Pflanzenwachstum, wie sie in der Aquaristik üblich sind. An der Hinterseite der Rückwand empfiehlt sich die Installation einer milden Heizung. Aquarienheizer mit Thermostat für den Wasserteil.

Einrichtung: Ungefähr ²⁄₃ Land- und ¹⁄₃ Wasserteil. Bodengrund des Landteils mit grobem Kies, darüber Gemisch von Sand, Walderde und Torf. Bodengrund des Wasserteils mit gesäubertem Reinsand oder grobkörnigem Bachschutt in Höhe von 2 cm. Verzweigte Kletteräste.

Bepflanzung: Rankende Pflanzen wie *Scindapsus, Philodendron,* oder Epiphyten wie Bromelien und Farne auf Kletterästen.

Einige Hinweise: Am Tage Lufttemperaturen zwischen 24 und 28 oder 30 °C mit nächtlicher Absenkung auf 20 bis 24 °C. Luftfeuch-tigkeit am Tage zwischen 60 und 75 % und in der Nacht auf 80 bis 95 % ansteigend. *L. caerulea* verlangt Ruhe und ist bei guten Haltungsbedingungen ein idealer Pflegeling, der alle paar Tage mit großen Insekten, wie Grillen, Heimchen, Heuschrecken, Käfer, Raupen und selbst kleinen Nacktmäusen, zu füttern ist.

Besatz: Drei bis vier Exemplare.

Gewächshaus für Stumpfkrokodile
(Osteolaemus tetraspis)

Geeignet für Anfänger und Fortgeschrittene in der Krokodilhaltung.

Gewächshausgröße: 5 bis 7 m (L) × 3 bis 4 m (B) × 2 bis 2,5 m (H). Das Gewächshaus ist am besten an die Hauswand angebaut mit einem nichtrostenden Aluminiumgerüst und Doppelstegplatten, wie sie für Gärtnereien und Pflanzenhäuser in botanischen Gärten üblich sind. Haltung auch in Kellerräumen und Großterrarien mit entsprechender Einrichtung möglich. Die Großbehälter sollten entsprechende Fenster aufweisen und belüftbar sein.

Technik: Entsprechende Gewächshäuser, die auf zementierten Mauern errichtet werden können, sind in allen Größenklassen bei Gewächshausfirmen erhältlich. Als Heizung kommt Zentralheizung in Betracht, die so angebracht wird, daß sie die Luft und das Wasser beheizt. Tageslicht mit mehrstündiger Sonneneinstrahlung genügt. Ansonsten Leuchtstoffröhren als Lichtquelle und ein bis zweimal wöchentlich kurzzeitige UV-Lichtbestrahlung.

Einrichtung:: Der Landteil soll ungefähr genau so groß wie der Wasserteil sein. Als Bodengrund verwendet man ein Gemisch aus Erde und sandigem Kies und Steinen am Ufer, so daß die Tiere beim Verlassen des Wassers abtropfen können. An der tiefsten Stelle soll die Wassertiefe 80 bis 100 cm betragen, kann aber auch weniger aufweisen.

Bepflanzung: Kletterbäume, die sich ziemlich naturgetreu aus Beton gestalten lassen, werden mit allerlei Epiphyten bepflanzt. Ansonsten eignen sich *Philodendron, Tetrastigma, Ficus, Scindapsus, Tradescantia* und *Monstera,* die so eingepflanzt werden, daß sie für die Krokodile unerreichbar sind.

Einige Hinweise: *Osteolaemus tetraspis* ist ein Regenwaldkrokodil, das bei gleichmäßig hohen Temperaturen zwischen 25 und 30 °C den Schatten liebt und nicht so sehr die Sonne aufsucht. Die Haltung ist einfach, falls die Raumbedürfnisse, die angegebenen Wasser- und Lufttemperaturen und eine abwechslungsreiche Ernährung berücksichtigt werden. Die Fütterung erfolgt mit Mäusen, Ratten, Hühnerküken, Süßwasserfischen, Vögeln, Gehäuseschnecken und Schlachtabfällen, in denen man Multivitaminkapseln versteckt. Die Tiere sind vom Temperament her unterschiedlich. Viele Exemplare sind ruhig und werden bei entsprechender individueller Versorgung handzahm, andere sind ruppig und beißen kräftig zu. Die Nachzucht ist möglich und auch schon mehrfach gelungen.

Besatz: Ein Männchen, ein Weibchen.

Aqarium oder Aquaterrarium für Kielrückige Moschusschildkröten
(Sternotherus carinatus)

Geeignet für Anfänger und Fortgeschrittene.

Behälter: 50 bis 100 cm (L) × 30 bis 50 cm (B) × 40 bis 50 cm (H). Der Behälter kann als Aquaterrarium mit ¹/₄ Landteil und ³/₄ Wasserteil eingerichtet sein oder als Aquarium mit einer eher quadratischen Kühlschrankplastikdose als Einsatzlandteil, als Eiablageplatz oder zum gelegentlichen Sonnen. In der warmen Jahreszeit von Mai bis September können die Tiere auch im Freiland gepflegt werden.

Technik: Aquarienheizer für das Wasser, Tages- und zeitweiliges Sonnenlicht genügen, ansonsten Verwendung von Spotlampen und Leuchtstoffröhren. Filterung des Wassers mit Eheim- oder ähnlichem Außenfilter.

Einrichtung: Bodengrund aus gewaschenem Reinsand oder Kies, ca. 2 cm hoch. Einige Versteckplätze in Form von zusammengestellten Steinen und Moorkienwurzeln oder einer Tonröhre.

Bepflanzung: Einige *Scindapsus* oder *Tradescantia* auf dem Landteil so anbringen, daß sie von den Schildkröten nicht plattgewalzt werden können.

Einige Hinweise: In der Aktivitätsperiode sollten die Wasser- wie die Lufttemperaturen zwischen 20 und 30 °C liegen. Im Winter sind die Schildkröten bei ca. 10 °C im Wasser oder im feuchten Laub oder Moos zu überwintern. Gefüttert wird mit Schildkrötenpudding, Regenwürmern, Fisch- und Fleischstückchen, Nacktschnecken, Insekten und Katzenfutter. Die Schildkröten sonnen sich gelegentlich kurzzeitig, lieben aber auch dunkle Verstecke im Wasser.

Besatz: Ein Männchen und ein bis zwei Weibchen.

Terrarium für Skorpion-Krustenechsen
(Heloderma horridum)

Geeignet für Fortgeschrittene und Spezialisten.

Behälter: 120 bis 80 cm (L) × 80 bis 120 cm (B) × 80 bis 120 cm (H). Die vier Seiten des Behälters bestehen aus Glas oder drei Seiten aus Beton und die Frontscheibe aus Glas, wobei der Deckel aus grobmaschigem Drahtgitter gefertigt ist.

Technik: Milde Bodenheizung (Heizteller), die im Terrarium so eingebaut oder unter der Bodenplatte des Terrariums so installiert ist, daß sie von den Tieren nicht erreicht und zerstört werden kann. Als Beleuchtung kommen Vita-lite-Röhren und eine Infrarotlampe in Betracht.

Einrichtung: Als Bodengrund wird Sand, sandiger Kies, gemischt mit Erde, verwendet.

Die Felsbrocken oder flachen Steine werden so zu einer Höhlung zusammenzementiert, daß sie von den kräftigen wühlenden Echsen nicht eingerissen werden können.

Bepflanzung: Pflanzen entfallen, da sie von den Skorpion-Krustenechsen stets ausgewühlt werden. Zur Dekoration kann man jedoch einen Kunststoffkaktus verwenden.

Einige Hinweise: Die Temperaturen sollen von April bis Oktober zwischen 16 und 34 °C und von November bis März zwischen 13 und 22 °C variieren. Saisonbedingt ist die Beleuchtung täglich neun bis 14 Stunden in Betrieb zu halten. Die Substrattemperatur soll auf der Heizplatte während des Tages 30 bis 35 °C betragen. Der Bodengrund ist im Bereich des Versteckes leicht anzufeuchten und erst bei völliger Austrocknung erneut zu befeuchten. Als Futter kommen Eier, hauptsächlich jedoch frisch getötete Mäuse und gelegentlich Hühnerküken in Betracht. Je nach Größe der Tiere werden wöchentlich zwei bis vier Mäuse angeboten. Die Haltung ist verhältnismäßig einfach, die Nachzucht jedoch bisher nur selten gelungen.

Besatz: Ein Männchen und ein oder zwei Weibchen.

Terrarium für Korallen-Königsnattern
(Lampropeltis zonata)

Geeignet für Anfänger und Fortgeschrittene.

Behälter: 80 bis 120 cm (L) × 50 bis 60 cm (B) × 40 bis 50 cm (H). Belüftung durch Plastik-Gaze von der Seite her oder durch Gaze-Deckel.

Technik: Milde Bodenheizung, die unter dem Terrarium angebracht werden kann. Als Beleuchtung eine oder zwei Leuchtstoffröhren von je 25 bis 30 Watt.

Einrichtung: Gemisch von Sand und Waldhumus mit einigen übereinander gelegten flachen Steinen und Rindenstücken, unter denen sich die Schlangen am Tage verber-

gen. Ein Wasserbehälter mit frischem Wasser zum Trinken ist notwendig.

Bepflanzung: Ein eingetopfter Christusdorn verleiht dem Terrarium ein dekoratives Aussehen, ist aber nicht notwendig.

Einige Hinweise: Die Tagestemperaturen sollen zwischen 25 und 30 °C variieren und in der Nacht um 2 bis 5 °C absinken. Die Schlangen halten sich während des Tages in der Regel unter den Steinen oder im Schlupfwinkel auf und kommen nur selten zum Vorschein. Sie werden erst in der Nacht aktiv. Gefüttert wird mit kleinen lebenden oder frisch getöteten Mäusen, die hauptsächlich am Abend angeboten werden. Eine viermonatige Überwinterung bei Temperaturen zwischen 5 und 15 °C ist zur Nachzucht erforderlich. Die Beleuchtung soll zehn bis 14 Stunden am Tage in Betrieb sein.

Besatz: Ein Männchen und ein bis zwei Weibchen.

Wichtige Fachbegriffe

Akinese: Das Sichtotstellen auf bestimmte äußere Reize hin.

Albinismus: Angeborenes, vollständiges oder teilweises Fehlen der Farbpigmente in Haut, Haar und Augen.

Allantois: Embryonaler Harnsack, aus dessen Anfang Harnblase und Harnblasengang hervorgehen.

Amine: Organische Stickstoffverbindungen, in denen der Stickstoff die Oxidationsstufe des Ammoniaks besitzt.

Aminosäuren: Carbonsäuren mit einer oder mehreren Aminogruppen.

Amnion: Schafhaut; die das Fruchtwasser und den Embryo umgebende Eihaut.

Amöben: Protozoen, die auch unter der Bezeichnung Wurzelfüßer bekannt sind. Sie können ihre Gestalt verändern und leben häufig in stehenden Gewässern. Einige Amöbenarten rufen bei Menschen und Tieren gefährliche Krankheiten hervor. Bei Echsen und Schlangen ruft Entamoeba invadens die gefürchtete Amöbendysenterie hervor, die unbehandelt stets einen tödlichen Ausgang nimmt.

Amplexus: Umklammerung vor und während der Kopulation.

Anamnier: Fische und Reptilien werden als Anamnier bezeichnet, da sie im Embryonalzustand kein Amnion besitzen.

Anastomose: Netzartige Vereinigung von Blut- und Lymphgefäßen, wodurch die Ernährung eines Organs auch bei Ausschaltung eines Gefäßes erhalten bleibt.

Anomalie: Abweichen vom Normalen.

Antibiotikum: Chemisch nicht einheitliche Stoffwechselprodukte lebender Pilze, Bakterien und höherer Pflanzen, die schon in sehr geringen Konzentrationen das Wachstum verschiedener Bakterienarten hemmen oder unterbinden.

Aposematisch: Bestimmte Verhaltensweisen von Tieren, die auf andere Tiere abschreckend oder vergrämend wirken.

Autotomie: Schutzverhalten bei vielen Wirbellosen und Wirbeltieren, das sich durch Abwerfen von Körperteilen an vorgebildeten Bruchstellen äußert.

Autotoxine: Im Organismus entstandene Gifte, die zur Selbstvergiftung führen.

Avitaminose: Mangelkrankheit, die durch das vollständige Fehlen von Vitaminen entstanden ist.

Bakterien: Die kleinsten lebenden Pflanzen, die als Saprophyten (Leichenzersetzer), Symbionten und Parasiten (krankheitserregende Bakterien) die Kontinuität des Lebens aufrecht erhalten.

Beutespektrum: Die Gesamtheit sämtlicher, einem Räuber zur Nahrung dienender Tiere.

Biddersches Organ: Rudimentärer Eierstock der Kröten, der in beiden Geschlechtern ausgebildet ist. Nach Kastration der Männchen wird das Biddersche Organ zum voll funktionsfähigen Ovar umgewandelt.

Brutfürsorge: Ein Verhalten der Elterntiere, das den abgelegten Eiern oder geborenen Jungtieren günstige Entwicklungsbedingungen schafft. Die Brutfürsorge endet stets mit der Eiablage oder der Geburt der Jungtiere.

Brutpflege: Ein Verhalten der Elterntiere, die ihre Eier und geborenen Jungtiere in jeder Hinsicht versorgen, füttern, schützen und verteidigen. Die Brutpflege kann in der mannigfaltigsten Art und Weise ausgebildet sein.

Carapax: Rückenpanzer der Schildkröten.

Chemotherapeutikum: Medikament auf der Basis chemisch reiner, synthetisch hergestellter Substanzen, die auf pathogene Erreger wachstumshemmend oder abtötend wirken.

Chromatophoren: Farbstoffträger.

Chromosomen: Faden-, schleifen- oder punktförmige Nukleinsäurestrukturen, auf denen die Gene (Erbanlagen) lokalisiert sind.

Dehydratisierung: Wasserverlust und dadurch bedingte Austrocknung der Körperzellen.

Diagnose: Erkennung einer Krankheit.

Dornfortsatz: Knochenfortsatz eines Rückenwirbels.

Enteritis: Dickdarmentzündung.

Enzyme: Biokatalysatoren, die im lebenden Organismus eine Vielzahl bestimmter Stoffe umsetzen.

Epiphyse: Zirbeldrüse, die der Gehirnbasis anliegt.

Epiphyten: Überpflanzen oder Baumsiedler. Pflanzen, die in der Regel auf Bäumen wachsen und deren Äste und Zweige als Substrat verwenden, um sich so günstigere Lichtverhältnisse zu schaffen.

Femoralporen: Schenkelporen, die sich auf der Innenseite der Oberschenkel vieler Echsen befinden.

Filarien: Sammelbezeichnung für verschiedene Gattungen von Fadenwürmern.

Gastroenteritis: Magen-Darm-Entzündung.

Gonaden: Keimdrüsen.

Grampositive Bakterien: lassen sich mittels der sogenannten Gramfärbung dunkelblau, gramnegative Bakterien rot anfärben.

Hämoglobin: Roter Blutfarbstoff, der den Sauerstoff locker anlagert und in den Haargefäßen an jede Körperzelle abgibt.

Hardersche Drüse: Augendrüse der Landwirbeltiere, die ein fettartiges Sekret abscheidet. Die Hardersche Drüse kommt bei den meisten Amphibien und bei allen Reptilien vor.

Harnsäure: Einziges stickstoffhaltiges Endprodukt des Eiweißstoffwechsels der Reptilien und der Vögel, das sich in Schlangenexkrementen zu etwa 90% befindet.

Hemipenis: Einer der paarigen Kopulationsorgane der Echsen und der Schlangen.

Hypovitaminose: Mangelkrankheit, die durch ein teilweises Fehlen von Vitaminen entstanden ist.

Iris: Regenbogenhaut.

Jacobsonsches Organ: Zusätzliches Geruchsorgan bei den Amphibien und den meisten Reptilien mit Ausnahme der Chamäleons und der Krokodile, bei denen es nur embryonal angelegt ist.

Karzinom: Aus dem Epithelgewebe stammender, bösartiger Tumor, der typischerweise in der Haut, den Schleimhäuten, den Lungen, verschiedenen Drüsen, des Magen-Darm-Traktes und anderer Organe entsteht.

Kloakale Dosis: Medikament, das in einer gewissen Gewichtsmenge über die Kloake verabreicht wird.

Kloake: Körperöffnung, aus der Kot, Urin und Geschlechtsprodukte austreten.

Kohlenhydrate: Naturstoffe, vorwiegend pflanzlichen Ursprungs, die aus Kohlenstoff, Wasserstoff und Sauerstoff aufgebaut sind.

Kokzidiose: Infektion und Erkrankung, verursacht durch Kokzidien.

Kolitis: Dickdarmentzündung.

Kommentkampf: Ritualisiertes Kampfverhalten meist von zwei Männchen, das nach einem angeborenen artspezifischen Zeremoniell turnierartig abläuft.

Konvergenz: Eine im Zuge der Evolution

erfolgte Parallelentwicklung von Organen, Körperteilen und Verhaltensweisen unter dem Einfluß gleichartiger Umweltbedingungen bei Organismen unterschiedlicher Abstammung.

Leukismus: Weißfärbung der Haut.
Leukophoren: Weiße Farbstoffträger.
Lichtzyklus: Periodischer Helligkeitswechsel zwischen Tag und Nacht sowie kalter und warmer Jahreszeit.
Lipide: Fette und fettähnliche Stoffe.
Litophyten: Pflanzen, die Steine und Felsen als Substrat verwenden.
Luteismus: Angeborene Gelbfärbung der Haut.

Melanismus: Dunkel- oder Schwarzfärbung der Haut.
Melanom: Bösartiger Tumor, der den dunklen, pigmentbildenden Zellen der Haut entspringt.
Melanophoren: Verbreitetster Typ der Chromatophoren mit braunen bis schwarzen Farbstoffen.
Melanosarkom: Bösartiger Tumor, der sich aus den dunklen, pigmentbildenden Zellen der Haut entwickelt.
Metamorphose: Gestaltsumwandlung.
Metaplasie: Übergang einer Gewebeart in eine andere, nahe verwandte.
Metastasen: Verschleppung von Zellen einer Primärgeschwulst (in der Regel bösartig), fern von ihrem ursprünglichen Entstehungsort an einer anderen Stelle im Organismus.
Monsun: Jahreszeitlich wechselnder Wind, bedingt durch den Temperaturunterschied von Wasser und Land.
Müllerscher Gang: Embryonaler Eileiter.
Mykosen: Pilzerkrankungen.
Myzelium: Pilzgeflecht.

Nekrose: Abgestorbene Körpergewebe.
Neotenie: Erlangung der Geschlechtsreife im Larvenzustand.

Neotropis: Tropen Mittel- und Südamerikas.

Orale Dosis: Medikament, das in einer gewissen Gewichtsmenge über den Mund oder das Maul verabreicht wird.
Osmose: Diffusion durch eine semipermeable Membran.
Osteochondrom: Geschwulst aus Knochen- und Knorpelgewebe.
Oxytozin: Hormon des Hinterlappens der Hirnanhangdrüse (Hypophyse), das die glatte Muskulatur der Gebärmutter beeinflußt und die Wehentätigkeit anregt.

Papillom: Ein meist gutartiges, den Hautpapillen ähnelndes Geschwulst.
Parietalorgan: Auch Parietalauge genannt; kommt vor allem bei Brückenechsen (Sphenodon) und verschiedenen Echsen vor. Das auf dem Scheitel befindliche Parietalorgan besitzt lichtempfindliche Sinneszellen, die über einen Nerv mit dem Zwischenhirn verbunden sind.
Photosynthese: Der wichtigste biochemische Vorgang auf dieser Erde, wobei die grünen Pflanzen aus Wasser und Kohlendioxid unter dem Einfluß von Licht, namentlich von Sonnenlicht, Kohlenhydrate aufbauen und gleichzeitig Sauerstoff in die Umgebung freisetzen.
Plastron: Bauchpanzer der Schildkröten.
Plattenepithelkarzinom: Krebs äußerer Häute oder Schleimhäute.
Plazenta: Mutterkuchen, Nachgeburt.
Poikilotherm: Wechselwarm.
Population: Gesamtheit der in einem gewissen Gebiet lebenden Individuen einer Art, unter denen ein dauernder Genaustausch erfolgt.
Proglottiden: Einzelne Bandwurmglieder.
Prophylaxe: Krankheitsvorbeugung.
Proteine: Einfache Eiweißstoffe, die aus den Elementen Kohlenstoff, Wasserstoff, Sauerstoff und Stickstoff bestehen.
Protozoen: Tierische Einzeller.

Reflex: Antwort auf einen Reiz.

Resistenztest: Bakterienkultur, auf die man anschließend Antibiotika oder Chemotherapeutika einwirken läßt, um so die Wirksamkeit des Antibiotikums bzw. des Chemotherapeutikums auf bestimmte pathogene Keime zu testen.

Salmonellose: Durch Erreger der Salmonellen-Gruppe hervorgerufene Infektionskrankheiten vor allem des Magen-Darm-Kanals.

Seitenlinienorgan: Sinnesorgan, das als Organ des Ferntastsinnes Wasserbewegungen registriert und bei Amphibienlarven, Schwanzlurchen während des Wasseraufenthaltes, Rundmäulern und Fischen ausgebildet ist.

Sensorische Erregungen: Ein Reiz, der in Form einer Sinneserregung über eine sogenannte sensible Nervenfaser vom Empfangsorgan zum Rückenmark oder Gehirn geleitet wird.

Septikämie: Blutvergiftung, hervorgerufen durch eiterbildende Bakterien.

Sexualdimorphismus: Geschlechtsunterschiede.

Somatolyse: Auflösung der Körpergestalt eines Tieres in seinem natürlichen Umfeld durch bestimmte körperliche Strukturen, eine kontrastreiche Färbung und Zeichnungsmuster.

Spermatophore: Samenpaket, das von Tieren mit innerer Befruchtung gebildet wird. Eine Spermatophore wird von den meisten Amphibien gebildet. In der Spermatophore sind die Spermatozoen, die in Form einer Kittsubstanz zusammengehalten werden.

Symptom: Krankheitszeichen.

Taxon: Eine Kategorie innerhalb der Systematik.

Therapie: Behandlung einer Krankheit.

Thiaminase: Enzym, das das Vitamin B_1 vor Resorption in den Körper aufspaltet und so unwirksam macht.

Trematoden: Saugwürmer, eine Klasse der Plattwürmer, die einen komplizierten Entwicklungsweg durchmachen und als erwachsene Tiere stets parasitisch an oder in Wirbeltieren leben.

Ulzerative Gastritis: Geschwürartige Magenschleimhautentzündung.

Virus: Winziger, aus Nukleoproteiden bestehender Krankheitskeim, der in den lebenden Zellen von Pflanzen, Tieren und Menschen parasitiert, sich deren Stoffwechsel ausborgt und sich hier auch vermehrt.

Wolffscher Gang: Primärer Harnleiter, der als Urnierengang den Ableitungsweg der Niere der Anamnia darstellt.

Zwischenwirt: Ein Organismus, in dem ein Parasit einen bestimmten Entwicklungszyklus durchläuft, der für die Weiterverbreitung dieses Parasiten unabdingbar ist.

Zwitter: Lebewesen, die gleichzeitig männliche und weibliche Keimdrüsen besitzen.

Zyste: Geschwulst, die außen von einer Kapsel abgeschlossen ist und im Inneren einen dünn- oder dickflüssigen Inhalt aufweist.

Literaturverzeichnis

ANGEL, F. (1942): Les Lézards de Madagascar. Mémoires de l'Académie Malgache, Imprimerie Moderne de l'Emyrne Pitot de la Beaujardière, Tananarive.

BECH, R. und U. KADEN (1990): Vermehrung von Terrarientieren. Echsen. Urania-Verlag, Leipzig/Jena/Berlin.

BECHTEL, H. (1976): Terrarientiere I. Lurche und Schlangen. Landbuch-Verlag, Hannover.

BECHTLE, W. (1971): Bunte Welt im Terrarium. Franckh'sche Verlagshandlung, Stuttgart.

BEHLER, J. L. and F. W. KING (1979): The Audubon Society Field Guide to North American Reptiles and Amphibians. Chanticleer Press Edition, New York.

BNA-Nachzuchtstatistik (1989): Zusammenstellung einer Umfrage. Verlag Bundesverband für fachgerechten Natur- und Artenschutz e. V., Köln.

BOGERT, CH. M. and R. M. DEL CAMPO (1956): The Gilamonster and its Allies. – The Relationships, Habits, and Behavior of the Lizards of the Family Helodermatidae. Bulletin of the American Museum of Natural History, Volume 109: Article 1, New York.

BOWLER, K. J. (1977): Longevity of Reptiles and Amphibians in North American Collections. Zoological Society of Philadelphia, Philadelphia.

BRAUER, K. (1991): Kröten. Urania-Verlag, Leipzig/Jena/Berlin.

BRÜNNER, G. (1981): Terrarienpflanzen richtig gepflegt. Franckh'sche Verlagshandlung, Stuttgart.

COGGER, H. G. (1975): Reptiles and Amphibians of Australia. A. H. and A. W. Reed Pty Ltd., Sydney.

CONANT, R. (1975): A Field Guide to Reptiles and Amphibians of Eastern and Central North America. Houghton Mifflin Company, Boston.

DIESENER, G., R. DIESENER und J. REICHHOFF (1986): Lurche und Kriechtiere. Mosaik Verlag, München.

DOWLING, H. G. and W. E. DUELLMAN (1984): Systematic Herpetology: A Synopsis of Families and Higher Categories. Hiss Publications, New York.

DUELLMAN, W. E. (1970): The Hylid Frogs of Middle America. Volume 1 and 2. Monograph of the Museum of Natural History. The University of Kansas, Lawrence, Kansas.

– (1979): The South American Herpetofauna: Its Origin, Evolution and Dispersal. Museum of Natural History. The University of Kansas, Lawrence, Kansas.

DUNN, E. R. (1972): Salamanders of the Family Plethodontidae. Published by the Society for the Study of Amphibians and Reptiles, Ithaca, New York.

EDWARDS, H. (1989): Crocodile Attack. Harper & Row Publishers, New York/Grand Rapids/Philadelphia/St. Louis/San Francisco/London/Singapore/Sidney/Tokyo.

ERNST, C. H. and R. W. BARBOUR (1972): Turtles of the United States. The University Press of Kentucky, ohne Ortsangabe.

FOCHLER-HAUKE, G. (1959): Allgemeine Geographie. Fischer Bücherei, Frankfurt/Main.

FRIEDRICH, U. und W. VOLLAND (1981): Futtertierzucht. Lebendfutter für Vivarientiere. Verlag Eugen Ulmer, Stuttgart.

FRITSCHE, J. (1981): Das praktische Terrarienbuch. Verlag Neumann-Neudamm, Melsungen/Berlin/Basel/Wien.

FROST, D. R. (1985): Amphibian Species of the World. Allen Press, Inc. Lawrence, Kansas.

FRYE, F. L. (1973): Husbandry, Medicine and Surgery in Captive Reptiles. VM Publishing, Inc., Bonner Springs, Kansas.

GOIN, C. J. and O. B. GOIN (1962): Introduction to Herpetology. W. H. Freeman and Company, San Francisco/London.

GOODE, J. (1967): Freshwater Tortoises of Australia and New Guinea. Lansdowne Press, Melbourne.

HACKBARTH, R. (1962): Krankheiten der Reptilien. Franckh-Kosmos Verlags-GmbH, Stuttgart.

HENKEL, F. W. und W. SCHMIDT (1991): Gekkos. Biologie, Haltung und Zucht. Verlag Eugen Ulmer, Stuttgart.

HESELHAUS, R. (1986): Taggeckos – Praktische Winke zur Pflege und Zucht. Verlag Reimar Hobbing, Essen.

– (1988): Pfeilgiftfrösche. Verlag Eugen Ulmer, Stuttgart.

HORN, H.-G. (1988): Erfolge und Probleme bei der Zucht von Wildtieren in menschlicher Obhut. Verlag Bundesverband für fachgerechten Natur- und Artenschutz e. V., Köln.

IPPEN, R. H., H.-D. SCHRÖDER und K. ELZE (1985): Handbuch der Zootierkrankheiten. Akademie-Verlag, Berlin.

JAHN, J. (1955): Das Freilandterrarium. Lehrmeister-Bücherei, Bd. 959, Albrecht Philler Verlag, Minden.

– (1964): Lebendfutter für ausgewachsene Aquarien- und Terrarientiere. Lehrmeister-Bücherei. Bd. 17, Albrecht Philler Verlag, Minden.

JOCHER, W. (1954): Futter für Vivarientiere. Das Vivarium. Franckh'sche Verlagshandlung, Stuttgart.

KABISCH, K. (1990): Wörterbuch der Herpetologie. VEB Gustav Fischer Verlag, Jena.

KAHL, B., B. GAUPP und G. SCHMIDT (1980): Das Terrarium. Falkenverlag, Niederhausen.

KLAUBER, L. M. (1956, 1972): Rattlesnakes. Their Habits, Life Histories, and Influence on Mankind. In 2 Volumes. University of California Press, Berkeley and Los Angeles.

KLINGELHÖFFER, W. (1955): Terrarienkunde. 1. Teil. Allgemeines und Technik. Alfred Kernen Verlag, Stuttgart.

– (1956): Terrarienkunde. 2. Teil. Lurche. Alfred Kernen Verlag, Stuttgart.

– (1957): Terrarienkunde. 3. Teil. Echsen. Alfred Kernen Verlag, Stuttgart.

– (1959): Terrarienkunde. 4. Teil. Schlangen, Schildkröten, Panzerechsen, Reptilienzucht. Alfred Kernen Verlag, Stuttgart.

KREBS, I. (1957): Amphibien im Terrarium. Pechan's Perlenreihe, Bd. 118, Verlag A. Pechan, Wien/München/Zürich.

KREFFT, P. (1926): Das Terrarium, 2. Aufl. Verlag Fr. Pfenningstorf, Berlin.

LILGE, D. und H. VAN MEUREN (1979): Grundlagen der Terrarienhaltung. Landbuch Verlag, Hannover.

LIU, CH'ENG-CHAO (1950): Amphibians of Western China. Fieldiana: Zoological Memoirs. Volume 2. Chicago Natural History Museum, Chicago.

MARCUS, L. C. (1983): Amphibien und Reptilien in Heim, Labor und Zoo. Ferdinand Enke Verlag, Stuttgart.

MARKEL, R. G. (1990): Kingsnakes and Milksnakes. T. F. H. Publications, Neptune City, N. J.

MATZ, G. und M. VANDERHAEGE (1978): BLV-Terrarienführer. BLV-Verlagsgesellschaft, München/Wien/Zürich.

MENZEL-TETTENBORN, H. (1967): Das bunte Terrarienbuch. C. Bertelsmann Verlag, Gütersloh.

MERTENS, R. (1930): Die Amphibien und Reptilien der Inseln Bali, Lombok, Sumbawa und Flores. Abh. Senckenberg. Naturf. Ges., Frankfurt/Main.

– (1959): La Vie des Amphibiens et Reptiles. Horizons de France, Paris.

MERTENS, R. und H. WERMUTH (1960): Die Amphibien und Reptilien Europas. Verlag Waldemar Kramer, Frankfurt/Main.

MÜLLER, G. (1987): Schildkröten. Land-, Sumpf- und Wasserschildkröten im Terrarium. Verlag Eugen Ulmer, Stuttgart.

NICKERSON, M. A. and CH. E. MAYS (1973): The Hellbenders. Publications in Biology and Geology No. 1. Milwaukee Public Museum, Milwaukee.

NIETZKE, G. (1978): Die Terrarientiere 1 und 2. Verlag Eugen Ulmer, Stuttgart.

NOBLE, G. K. (1954): The Biology of the Amphibia. Dover Publications, Inc., New York.

NÖLLERT, A. (1987): Schildkröten. Landbuch-Verlag, Hannover.

OBST, F. J., K. RICHTER und U. JAKOB (1984): Lexikon der Terraristik und Herpetologie. Landbuch-Verlag, Hannover.

OLIVER, A. (1955): The Natural History of North American Amphibians and Reptiles. D. Van Nostrand Company, Inc., New York.

POPE, C. H. (1935): The Reptiles of China. The American Museum of Natural History, New York.

PRITCHARD, P. C. H. (1979): Encyclopedia of Turtles. T. F. H. Publications Inc., Neptune City, N. J.

REICHENBACH-KLINKE, H.-H. (1961): Krankheiten der Amphibien. Gustav Fischer Verlag, Stuttgart.

– (1977): Krankheiten der Reptilien. VEB Gustav Fischer Verlag, Jena.

REICHERT, E. (1952): Giftschlangen im Terrarium. Verlag Adalbert Pechan, Wien/München.

RIMP, K. (1977): Amphibien und Reptilien im Terrarium. Falken Verlag, Niederhausen, Ts.

– (1978): Salamander und Molche. Schwanzlurche im Terrarium. Verlag Eugen Ulmer, Stuttgart.

– (1986): Das Terrarium. Verlag Eugen Ulmer, Stuttgart.

ROGNER, M. (1992): Echsen 1. Haltung, Pflege und Zucht im Terrarium. Verlag Eugen Ulmer, Stuttgart.

ROSS, CH. A. (1989): Krokodile und Alligatoren. Jahr-Verlag, Hamburg.

RUDLOFF, H.-W. (1990): Vermehrung von Terrarientieren. Schildkröten. Urania-Verlag, Leipzig/Jena/Berlin.

SACHS, W. B. und R. OESER (1953): Terrarienpflege leicht gemacht. Franckh'sche Verlagshandlung, Stuttgart.

SCHULTE, R. (1980): Frösche und Kröten. Verlag Eugen Ulmer, Stuttgart.

SCHMIDT, D. (1989): Vermehrung von Terrarientieren. Schlangen. Urania-Verlag, Leipzig/Jena/Berlin.

SEUFER, H. (1985): Geckos – Haltung, Fortpflanzung und Artbeschreibungen. Albrecht Philler Verlag, Minden.

STEBBINS, R. C. (1966): A Field Guide to Western Reptiles and Amphibians. Houghton Mifflin Company, Boston.

STEEL, R. (1989): Crocodiles. Christopher Helm Publishers, Bromley.

STEJNEGER, L. (1907): Herpetology of Japan and Adjacent Territory. Government Printing Office, Washington.

STETTLER, P. H. (1978): Handbuch der Terrarienkunde. Franckh'sche Verlagshandlung, Stuttgart.

THORN, R. (1968): Les Salamandres d'Europe, d'Asie et d'Afrique du Nord. Éditions Paul Lechevalier, Paris.

TRUTNAU, L. (1975): Europäische Amphibien und Reptilien. Belser Verlag, Stutgart.

– (1979, 1988): Schlangen im Terrarium. Band 1. Ungiftige Schlangen. Verlag Eugen Ulmer, Stuttgart.

– (1981, 1990): Schlangen im Terrarium. Band 2. Giftschlangen. Verlag Eugen Ulmer, Stuttgart.

– (1986): Krokodile und Echsen in Farbe. Albert Müller Verlag, Rüschlikon-Zürich/Stuttgart/Wien.

VOGEL, ZD. (1963): Wunderwelt Terrarium. Urania-Verlag, Leipzig.

VOGT, D. und H. WERMUTH (1961): Knaur's Aquarien- und Terrarienbuch. Droemersche Verlagsanstalt, München.

WAHLERT, G. v. (1965): Molche und Salamander. Das Vivarium. Franckh'sche Verlagshandlung, Stuttgart.

WERMUTH, H. (1953): Systematik der rezenten Krokodile. Mitteilungen aus dem Zoologischen Museum Berlin. Akademie-Verlag, Berlin.

WERMUTH, H. und R. MERTENS (1961): Schildkröten, Krokodile, Brückenechsen. VEB Gustav Fischer Verlag, Jena.

WERMUTH, H. und K. FUCHS (1978): Bestimmen von Krokodilen und ihrer Häute. Gustav Fischer Verlag, Stuttgart/New York.

WILLIAMS, K. L. (1978): Systematics and Natural History of the American Milksnake, *Lampropeltis triangulum*. Published by the Milwaukee Public Museum, Milwaukee.

ZIMMERMANN, E. (1983): Das Züchten von Terrarientieren. Franckh'sche Verlagshandlung Stuttgart.

Fachzeitschriften

Abhandlungen der Senckenbergischen Naturforschenden Gesellschaft. Senckenbergische Schriftenreihen, Frankfurt am Main.

Amphibia-Reptilia. Publications of the Societas Europaea Herpetologica. E. J. Brill Leiden/Akademische Verlagsgesellschaft, Postbus 9000, 2300 PA Leiden, Niederlande.

ASRA – The Journal of the Association for the Study of Reptilia and Amphibia c/o The Cotsworld Wildlife Park, Burford/Oxon, England.

Bulletin of the Maryland Herpetological Society. Department of Herpetology, The Natural History Society of Maryland, Inc., 2643 North Charles Street, Baltimore, Maryland 21218, USA.

Copeia – American Society of the Ichthyologists and Herpetologists. Linda Trueb, Publications Secretary ASIH, Museum of Natural History.
The University of Kansas, Lawrence, Kansas 66045, USA.

DATZ (Die Aquarien- und Terrarienzeitschrift) Verlag Eugen Ulmer, Postfach 70 05 61, 70574 Stuttgart.

Elaphe (Neue Folge) – Zeitschrift und Mitteilungsblatt der Deutschen Gesellschaft für Herpetologie und Terrarienkunde e. V. (erscheint viermal jährlich). DGHT-Geschäftsstelle, Postfach 14 21, Locher Straße 18, 56154 Rheinbach.

Herpetofauna (Die Zeitschrift für den Terrarianer) Herpetofauna-Verlags GmbH, Römerstr. 21, 71384 Weinstadt.

Journal of Herpetology. Zeitschrift der SSAR (Society for the Study of Amphibians and Reptiles). Kansas/Ohio.

Literatura Serpentium – Anthony van Woerkom, Volkerakstraat 19, 3522 RB Utrecht, Niederlande.

Salamandra (Zeitschrift für Herpetologie und Terrarienkunde) Deutsche Gesellschaft für Herpetologie und Terrarienkunde (DGHT), Frankfurt am Main.

Sauria (Eine Zeitung der Terrariengemeinschaft Berlin e. V.).

Bildquellen

Baumeister, W.: Abb. Seite 18 unten, 23 oben, 55, 95, 99, 101, 102, 103, 113, 127, 131, 174, 182 unten, 245

Beck, D.: Abb. Seite 49 unten

Tashjian, J.: Abb. Seite 34 rechts, 273 oben links

Trutnau, A.: Abb. Seite 2, 19 Mitte, 155, 208 unten, 263

Vanderhaege, M.: Abb. Seite 73
Alle anderen Fotos stammen vom Autor.

Die Zeichnungen fertigte Malgorzata und Piotr Gusta nach Vorlagen des Autors.

Sachregister